Dans les archives secrètes de la police

Ouvrages de Bruno Fuligni

Les Constituants de l'Eldorado ou la République de Counani, Plein Chant Libraire-Éditeur, 1997.

L'État c'est moi. Histoire des monarchies privées, principautés de fantaisie et autres républiques pirates, Les Éditions de Paris, 1997.

Le Feu follet de la République. Philibert Besson, député, visionnaire et martyr, Éditions Guénégaud, 1999.

La Chambre ardente. Aventuriers, utopistes, excentriques du Palais-Bourbon, Les Éditions de Paris, 2001.

Victor Hugo président ! Les Éditions de Paris, 2002.

L'Île à éclipses. Histoire des apparitions et disparitions d'une terre française en Méditerranée, Les Éditions de Paris, 2003.

Jules Verne en verve, Éditions Horay, 2005.

Les Quinze mille. Députés d'hier et d'aujourd'hui, Éditions Horay, 2006.

La Police des écrivains, Éditions Horay, 2006.

Votez fou ! Candidats bizarres, utopistes, chimériques, mystiques, marginaux, farceurs et farfelus, Éditions Horay, 2007.

Dans les secrets de la police. Quatre siècles d'Histoire, de crimes et de faits divers dans les archives de la Préfecture de police (dir.), L'Iconoclaste, 2008.

La Parlotte de Marianne. Mille mots d'argot politique, Éditions Horay, 2009.

Dans les archives secrètes de la police

Quatre siècles d'Histoire, de crimes et de faits divers

Sous la direction de Bruno Fuligni

Avec le soutien
de la Fondation d'entreprise
La Poste

L'Iconoclaste

Direction éditoriale
Sophie de Sivry
Jean-Baptiste Bourrat

Coordination éditoriale
Aleth Stroebel

Création de la grille et mise en pages
Dominique Guillaumin

Révision des textes
Liliane Crapanzano

Photogravure
Taïga Media, Paris

L'Iconoclaste
3 rue Rollin, 75005 Paris
Tél. : 01 42 17 47 80
Fax : 01 43 31 77 97
e-mail : iconoclaste@editions-iconoclaste.fr
www.editions-iconoclaste.fr

Cet ouvrage a été achevé d'imprimer sur les presses
de Corlet Imprimeur en septembre 2009.

N° d'impression : 123079
ISBN : 978-2-91336-621-3
Dépôt légal : septembre 2009
Imprimé en France

L'administration a souvent intérêt à savoir ce qui a été dit ou écrit sur le compte de la personne qui a éveillé son attention. Le dossier répond à cet intérêt. Il n'a pas seulement pour but de faire connaître qui vous êtes, mais surtout ce qu'on a dit de vous. L'imputation la plus mensongère peut être une lueur, éclairer une trace, avoir par conséquent un intérêt de police.

Aussi mettra-t-on dans votre dossier, pêle-mêle, sans distinguer entre le vrai et le faux, tout rapport dont vous aurez été l'objet, toute dénonciation vous concernant, tout article de journal, tout fait divers où vous serez nommé.

Louis Andrieux,
Souvenirs d'un Préfet de police, 1885

Les auteurs

Éric Anceau
Maître de conférences à l'université Paris IV-Sorbonne

François Aron
Maître de conférences des universités, ancien médiateur de La Poste

Pierre Assouline
Journaliste, écrivain

Isabelle Astruc
Conservateur du Musée de la Préfecture de police

Grégory Auda
Historien

Jean-Pierre Azéma
Professeur des universités

Jean-Pierre Babelon
de l'Institut

Jean-Marc Berlière
Professeur d'histoire contemporaine à l'université de Bourgogne, chercheur au Cesdip (CNRS/ministère de la Justice)

Olivier Blanc
Historien, conférencier

Hugues Blunat
Chargé des relations extérieures de la Musique des gardiens de la paix de la Préfecture de police

Pascal Bonafoux
Professeur d'histoire de l'art à l'université Paris VIII-Vincennes-Saint-Denis

Gérard Bonal
Écrivain

Philippe Charlier
Assistant hospitalo-universitaire au service de médecine légale et d'anatomie/cytologie pathologiques de l'hôpital universitaire Raymond Poincaré de Garches

Claude Charlot
Administrateur civil hors classe, chef du service des Archives et du Musée de la Préfecture de police

Charles Diaz
Contrôleur général de la police nationale, spécialiste de l'histoire de la police judiciaire

Bruno Fuligni
Écrivain

Françoise Gicquel
Commissaire divisionnaire, chef de la section des Archives et du Musée de la Préfecture de police

Kathia Gilder
Journaliste, officier de réserve chez les pompiers de Paris

Gilles Henry
Écrivain, historien

Gabrielle Houbre
Enseignante-chercheuse à l'université Paris VII-Denis Diderot

Claude Jeancolas
Écrivain, historien d'art

Jean Lacouture
Journaliste, écrivain

Jacqueline Lalouette
Professeur à l'université Charles-de-Gaulle-Lille III, membre de l'Institut universitaire de France

Gilles Laurendon
Écrivain

Laurence Laurendon
Écrivain

Thierry Lentz
Historien, directeur de la Fondation Napoléon

Stéphane Mahieu
Écrivain

Claude Mesplède
Auteur, critique de littératures policières

Dominique Missika
Historienne

Amélie Nothomb
Écrivain

Nuala O'Faolain
Écrivain

Pascal Ory
Professeur d'histoire contemporaine à l'université Paris I-Panthéon-Sorbonne

Alain Pagès
Professeur de littérature française à l'université Paris III-Sorbonne nouvelle

Frédéric Pagès
Journaliste

Jean-Christian Petitfils
Historien, écrivain

Clémentine Portier-Kaltenbach
Journaliste, écrivain

Emmanuel Ranvoisy
Conservateur du Musée de la Brigade des sapeurs-pompiers de Paris

Jean-Pierre Rioux
Ancien inspecteur général de l'Éducation nationale, rédacteur en chef de *Vingtième Siècle*

Pascal Roman
Conseiller scientifique du Musée de la Poste

Michael Sibalis
Professeur d'histoire à l'université Wilfrid Laurier, Canada

Marieke Stein
Docteur ès lettres, maître de conférences à l'université de Metz

Danielle Tartakowsky
Professeur d'histoire contemporaine à l'université Paris VIII-Vincennes-Saint-Denis

DANS LES ARCHIVES SECRÈTES DE LA POLICE

Renaud Thomazo
Historien

Jean Tulard
de l'Institut

Rémy Valat
Archiviste au Musée de la Préfecture de police

Michel Winock
Historien, professeur émérite à l'Institut d'études politiques de Paris

Conventions d'édition :

Dans les textes retranscrits et les citations d'ouvrages anciens, l'orthographe a été corrigée – sauf les cas où les fautes sont significatives – et la ponctuation, modernisée. Les textes provenant des archives et ceux provenant de Mémoires sont différenciés par un sigle (⌈ : pour les documents d'archives, ✍ : pour les extraits de Mémoires).

Les cotes des documents d'archives sont toujours précédées d'une abréviation indiquant leur fonds de provenance. BSPP : Brigade des sapeurs-pompiers de Paris. LCPP : Laboratoire central de la Préfecture de police. SAM : Service des Archives et du Musée de la Préfecture de police.

Préfaces

Un patrimoine vivant

Michel Gaudin
Préfet de police

Née de la volonté impériale, à l'issue de la période révolutionnaire, l'institution que j'ai l'honneur de diriger est l'héritière, en ligne directe, de la Lieutenance générale de police de Louis XIV et de la Prévôté de Paris qui l'avait précédée, dès le XIe siècle. Inscrite dans la continuité de la puissance publique, dès l'aube de la structuration des États modernes, elle est l'une des plus anciennes administrations françaises.

Acteur constant de l'Histoire, la Préfecture de Police détient des archives particulièrement riches, tenant à ses compétences évidentes de sécurité des personnes et de protection des institutions politiques, mais également à sa mission de service aux citoyens, plus rarement mise en lumière.

Cette diversité est abondamment illustrée dans le patrimoine que lui a légué son histoire, jalonnée d'événements politiques, de grandes affaires criminelles ou d'agitations sociales.

Les plus anciennes archives de la Préfecture de Police sont librement consultables. D'autres touchant aux périodes sensibles de notre Histoire bénéficient de mesures générales d'ouverture ; tel est le cas notamment des documents relatifs à l'Occupation, à la Libération ou à la guerre d'Algérie, que des instructions spécifiques, sous la signature du Premier ministre, ont rendus largement accessibles. S'agissant enfin des collections encore protégées en vertu des lois, de nombreuses dérogations ponctuelles sont accordées annuellement aux chercheurs et universitaires du monde entier, afin de servir utilement l'analyse historique.

Le beau livre illustré *Dans les secrets de la Police*, paru au printemps 2008, a fait connaître au grand public les traces d'un riche passé et la culture professionnelle d'une administration à la fois étatique et municipale. Le vif succès rencontré par cet ouvrage témoigne de l'attrait particulier des lecteurs pour des documents inattendus, des événements oubliés ou des personnages hors du commun.

Fenêtre ouverte sur un patrimoine précieux, cette première publication a constitué un événement sans précédent, la Préfecture de Police ayant rarement apporté sa contribution à un ouvrage d'un tel prestige.

Dans un même esprit d'ouverture elle a laissé libre cours aux auteurs qui partagent le texte de ce second ouvrage, venus d'horizons de pensée très divers.

Version aux textes enrichis, *Dans les archives secrètes de la Police* est appelé à devenir une référence historique et politique.

Un patrimoine vivant

Dans la lignée de la collection, portée par les Éditions de l'Iconoclaste, deux ouvrages consacrés à la Préfecture de Police rejoignent ceux dédiés précédemment à l'Assemblée nationale, au ministère des Affaires étrangères, au Muséum d'Histoire naturelle ou au Musée national de la Marine.

Ce voisinage avec d'autres institutions prestigieuses de la Nation est un honneur.

Ces deux publications complémentaires illustrent ainsi l'importance patrimoniale d'une administration atypique, sur laquelle, désormais, un autre regard est possible.

Cet ouvrage a bénéficié, comme les précédents titres de la collection «Mémoires», du soutien de **la Fondation d'entreprise La Poste** qui a pour objectif de promouvoir l'expression écrite en aidant l'édition de correspondances, en favorisant les manifestations artistiques qui rendent plus vivantes la lettre et l'écriture, en encourageant les jeunes talents qui associent texte et musique et en s'engageant en faveur des exclus de l'écriture.

La Poste et la police

Jean-Paul Bailly
Président du groupe La Poste
et de la Fondation d'entreprise La Poste

La Fondation d'entreprise La Poste soutient la publication et l'étude des lettres : certaines d'entre elles figurent en bonne place dans les archives de la police, notamment des lettres de dénonciation – un genre littéraire très particulier – mais aussi des correspondances envoyées à d'autres destinataires et qui ont été saisies, prélevées ou copiées. Le déroutement de ces documents s'inscrit dans une histoire.

Contrôler la correspondance

Quand, au XVIIe siècle, on ouvrit officiellement les postes – naguère réservées au service du roi – aux envois des particuliers, l'usage de les contrôler s'imposa ; il y eut plus de lettres qu'on s'appliqua à espionner. Louvois, efficace surintendant des Postes, organisa cette surveillance comme une mission de ce service : Louis XIV, grâce aux copies qui lui étaient portées, était averti des projets des puissances étrangères et connaissait les pensées et la loyauté de ses sujets. Comme le Diable boîteux, il était informé d'une foule de secrets intimes qui pouvaient guider ses décisions, conforter sa supériorité, voire le distraire, comme on le reprocha surtout à Louis XV.

Le Cabinet noir disposait alors de spécialistes reconnus qui savaient reconstituer discrètement les cachets. Saint-Simon rapporte qu'on ouvrait presque toutes les lettres et Mme de Sévigné s'indignait : « Ce n'est jamais pour d'autres que j'écris. » Le médecin de Mme de Pompadour clamait qu'il ne dînerait pas plus volontiers avec le bourreau qu'avec l'intendant des Postes : les secrets révélés étaient communiqués à des ministres, au Lieutenant général de police, à des puissants et entraient dans le jeu des intrigues et des manipulations.

Une revendication impossible

Répondant à la revendication unanime des cahiers de doléances, l'Assemblée constituante abolit, comme d'autres pratiques despotiques, le contrôle des lettres, déclara inviolable le secret de la correspondance, exigea des agents des postes qu'ils jurent de l'observer et de dénoncer les infractions ; elle renvoya à leur destinataire, sans en prendre connaissance, les pièces qui provenaient de tels détournements. Toutefois, l'invasion et la proclamation de la Patrie en danger incitèrent les élus des communes et des départements à ouvrir les « lettres de l'étranger » et celles des suspects. Le Comité de salut public, qui avait institué partout des comités de surveillance, proclama, le 25 avril 1793, que « le secret de la correspondance est un moyen funeste de perdre la patrie». Les viols de correspondances se multiplièrent et se prolongèrent. Le Code du 3 brumaire an IV (25 octobre 1795) réaffirma les règles républicaines – mais il en excepta le courrier étranger.

Le Cabinet noir fut ainsi reconstitué, noua des relations plus étroites avec la police, avant que Bonaparte, peu désireux d'en partager le contrôle avec Fouché, le maintienne aux Postes que dirigeait un de ses fidèles.

Cet organisme de surveillance, secret mais dénoncé, subsista donc (à l'exception de courtes interruptions, lors des Cent-Jours et sous la IIe République), en dépit des règles légales et des dénégations des gouvernants. À ce contrôle s'ajoutèrent les interventions des préfets, particulièrement pressantes sous la Restauration. Sous le Second Empire, dans un endroit reculé de l'hôtel des Postes, un responsable remettait les copies des lettres qu'il avait fait prélever à un policier discrètement hébergé à ses côtés : l'exploitation du renseignement était l'affaire de la police et des Affaires étrangères.

La fin du cabinet noir

La diminution du budget du Cabinet noir sous la monarchie de Juillet découlait d'un choix politique. Mais les années qui l'avaient précédée avaient vu le début d'une évolution : l'augmentation du trafic et la maîtrise par la police de méthodes adaptables à de multiples situations encourageaient le prélèvement par ses agents auprès du destinataire ou de l'expéditeur désigné. Ils savaient s'assurer des concours du porteur ou de l'entourage pour capter et pour rendre ; les copies des lettres étaient entre-temps transmises à la Sûreté ;

le savoir-faire des postiers n'était plus indispensable, y compris pour recacheter les enveloppes. Inversement, dès 1822, un député avait attribué un tassement des revenus postaux à la perte de confiance engendrée par le contrôle des lettres et une plus grande attention finit par être portée au respect des correspondances. En 1834, la loi aggrava les sanctions ; le gouvernement de Louis-Philippe avait même désavoué un préfet qui avait exigé qu'on lui remette du courrier. Mais ce n'est que plus tard que la loi et une plus grande précision des instructions devaient permettre aux agents, déjà motivés par une conception exigeante de leur métier, de résister à ce genre de pressions. Le Cabinet noir retrouva une intense activité au sein du système de surveillance politique du Second Empire – mais ne lui survécut pas.

Victoire républicaine de l'État de droit et du secret de la correspondance qui ne peut plus être levé que par un juge dans le cadre d'une procédure judiciaire ? Certes, et c'est une des missions actuelles de La Poste et des postiers de les garantir : l'écriture de la lettre peut s'épanouir dans l'intimité de l'échange. Toutefois, ils n'ont pas oublié que la raison d'État, la guerre, des circonstances particulières ont parfois imposé d'autres logiques : les commissions de contrôle postal, instituées en décembre 1939, ne tardèrent pas à alimenter la répression de Vichy et de l'occupant, mais des postiers repéraient et ouvraient alors les lettres de dénonciation et prévenaient les personnes visées au péril de leur vie.

AVANT-PROPOS

Dans le secret des archives

C'est la police, d'habitude, qui a le pouvoir de perquisitionner chez les particuliers. Deux années durant, la Préfecture de police a accepté un étonnant renversement de situation : une équipe de quarante-cinq historiens, chercheurs et experts s'est lancée à l'assaut de ses richesses, ouvrant les armoires aux secrets, les dossiers compromettants, les vieux albums de photos. Vingt-cinq kilomètres linéaires d'archives policières soudain passés au crible, sans compter quelques placards oubliés du Laboratoire central et de la Brigade des sapeurs-pompiers.

De ce vaste coup de filet est né un livre illustré qui, pour la première fois, révélait au grand public les trésors accumulés par une des plus anciennes institutions de France : fondée en 1800, la Préfecture de police n'est-elle pas l'héritière directe de la Lieutenance générale voulue par Louis XIV, elle-même continuatrice de la Prévôté médiévale ?

Il fallait qu'un livre de référence vienne compléter l'album illustré, un livre centré sur les textes et ce qu'ils nous apprennent. Comme toute administration en effet, la police produit des notes et des rapports, mais ces documents ont une force toute particulière : parce qu'ils constituent souvent de véritables récits, parce qu'ils renvoient le lecteur à des épisodes troubles ou violents de notre histoire commune, ils jettent une lueur inattendue sur un passé qu'on se figure ordinairement plus statique.

Certes, les incendies de la Commune nous ont privés de pièces sans doute exceptionnelles, consumées dans l'apocalypse de la Semaine sanglante. Au moins les registres d'écrou des anciennes prisons parisiennes ont-ils survécu, dans un réduit où s'était aussi réfugiée la Vénus de Milo. Une belle collection de lettres de cachet, quelques cartons échappés aux flammes, nous renseignent sur la police de l'Ancien Régime, de la Révolution et du premier XIXe siècle.

Quant aux affaires postérieures à 1871, les dossiers sont si abondants que des choix douloureux ont dû être faits. Dossiers d'affaires traitées mais plus encore dossiers secrets, constitués par les services à l'insu des intéressés et en dehors de toute affaire à juger : dossiers de renseignements accumulés de manière préventive, réunissant pêle-mêle rapports officiels, billets d'informateurs et lettres de dénonciation, pour l'information personnelle et avisée du Préfet de police.

À partir de ces sources, il ne s'agissait pas d'écrire une simple histoire de l'appareil policier, mais plutôt de relire des pages de l'Histoire de France à travers le regard de la police. Longtemps avant que l'informatique leur procure des outils efficaces de tri et de recoupement, les services ont constitué des fichiers, des registres, qui renferment une multitude d'informations et d'imputations. Du petit peuple des rues aux élites politiques et littéraires, c'est toute la société française qui se trouve radiographiée dans les dossiers de la Préfecture.

AVANT-PROPOS

Nous sommes fiers de publier cette nouvelle édition, enrichie de nombreux témoignages et documents. On y retrouvera, classées selon les trois grands mobiles classiques – l'argent, le pouvoir, l'amour –, les affaires qui ont passionné la France.

Bruno Fuligni

INTRODUCTION

Mais que fait la police ?

Le 14 mai 1610, profitant de la cohue, Ravaillac réussit à poignarder le roi. Mais que fait la police ?

Paris au XVIIe siècle atteint cinq cent mille habitants. Nous sommes dans le « petit âge glaciaire » : les printemps sont pluvieux, les étés pourris, les hivers glaciaux. Après la guerre de Trente Ans qui ravage le Nord du royaume, des milliers de pauvres, d'orphelins, de mendiants se concentrent sur la « Grand'Ville ». On s'installe, on devient domestique ou bien on entre dans une bande de malandrins. Dans la Cour des miracles se cachent environ trente mille voyous, voleurs, mendiants et marginaux en tout genre.

De la police du roi à la police de la Nation (1610-1800)

La police, jusqu'en 1667, n'est qu'un parent pauvre de la justice : il n'y a pas de corps de police indépendant. Les juges et leurs auxiliaires n'ont pas le temps matériel d'assurer la sécurité des personnes et des biens, ni de lutter contre les divers fléaux. Il y a vingt commissaires au Châtelet pour les dix-sept quartiers de la ville. Théoriquement, deux cent quarante militaires constituent « le Guet ». En fait, la moitié seulement assure le service… La ville est d'une saleté repoussante, pleine d'ordures, souillée d'une boue puante : Paris est un cloaque parsemé de monuments et de boutiques luxueuses.

Enfin La Reynie vint… En 1667, Louis XIV crée, à la demande de Colbert, une magistrature indépendante : la Lieutenance générale de police, qui doit « assurer le repos du public et des particuliers, purger la ville de ce qui peut causer les désordres, procurer l'abondance et faire vivre chacun selon sa condition ». Comme l'écrit Colbert à son souverain, « il faut que notre Lieutenant de police soit un homme de simarre[1] et d'épée, et si la savante hermine du docteur doit flotter sur ses épaules, il faut aussi qu'à son pied résonne le fort éperon du chevalier, qu'il soit impassible comme magistrat, et comme soldat, intrépide, qu'il ne pâlisse devant les inondations du fleuve et la peste des hôpitaux, non plus que devant les rumeurs populaires et les menaces de vos courtisans ».

Pendant trente ans, jusqu'en 1697, Gabriel Nicolas, seigneur de La Reynie, métamorphose la ville : les quarante-huit commissaires de police, bénéficiant d'un traitement, de primes, d'avantages fiscaux, veillent sur les quartiers. On compte 2736 lanternes publiques à la fin de 1667. Le Guet est réorganisé. Le Lieutenant a ses observateurs qui scrutent l'opinion publique.

La prévention des risques se développe : contre l'incendie, contre les inondations, contre les épidémies. Trente pompes à eau sont installées dans les quartiers, un corps de « garde-

1. Robe de magistrat.

pompes » est créé. Le ramonage est obligatoire. Il est interdit de vider les ordures dans la rue ou dans le fleuve. Chaque maison doit avoir des latrines. La Reynie organise l'approvisionnement de Paris en pain, l'aliment de base. Le Lieutenant empêche la spéculation et fait venir des convois. Finalement, Paris devient une ville plus sûre, plus propre, plus saine, mieux éclairée et mieux approvisionnée.

Jusqu'en 1789, le Lieutenant est un puissant qui s'entretient régulièrement avec le roi et avec les ministres. L'institution est centralisée : tout remonte à lui, mais le commissaire est libre de son action.

Les problèmes de circulation deviennent prépondérants : La Reynie interdit les constructions avançant sur la chaussée et les enseignes saillantes. Ses successeurs réglementent les marchands à la sauvette et les marchés. Les véhicules, carrosses, charrettes et voitures de louage sont immatriculés.

Mais le Parisien est rebelle de nature : alors que sa police sert d'exemple à d'autres pays européens, elle devient la cible des réformateurs et, parce qu'elle exécute les lettres de cachet, le symbole de l'arbitraire royal. C'est pourquoi, sous la Révolution, la police devient une compétence municipale. Le « département de police » de la mairie est chargé de l'ordre public, de l'approvisionnement, de la sécurité des habitants et des questions de propreté. Dans les soixante districts de la ville, les commissaires de police sont élus. En revanche, leurs nouveaux auxiliaires, les vingt-quatre officiers de paix institués par la loi du 29 septembre 1791, sont désignés par la mairie.

Quand survient la Terreur, chaque faction a sa police. Néanmoins, Paris conserve un « Bureau central de police », logé depuis 1792 dans l'hôtel du Premier président, dans l'ancienne rue de Jérusalem et quai des Orfèvres. La tentative révolutionnaire de confier la police aux municipalités va montrer ses limites : au Bureau central ne pourra succéder qu'un organisme d'État. Ce sera la Préfecture de police.

De l'État policier à la révolution sociale (1800-1871)

À Paris, « un Préfet de police sera chargé de ce qui concerne la police et aura sous ses ordres des commissaires distribués dans les douze municipalités », dispose l'article 16 de la loi du 17 février 1800 (28 pluviôse an VIII). L'arrêté des Consuls du 1er juillet 1800 (12 messidor an VIII) énumère les compétences de cette Préfecture de police, continuatrice de la Lieutenance générale d'Ancien Régime (voir texte intégral p. 633).

Il y a trois « divisions ». La première traite de la « haute police », c'est-à-dire de la police politique au sens large : complots, attentats, renseignement, délivrance des passeports, mais aussi prostitution, presse et imprimerie. La deuxième est compétente en matière criminelle : assassinats, vols, mendicité, vagabondage, recherche des prévenus ou des évadés. Quant à la troisième, elle s'occupe de la ville, c'est-à-dire de la voirie et des approvisionnements.

Le Préfet a aussi sous ses ordres les quarante-huit commissaires de police, compétents dans les quartiers de la ville. À côté des commissaires siègent, au nombre de deux par arrondissement, des officiers de paix, qui disposent d'inspecteurs en civil. Ils surveillent l'opinion, effectuent des rondes et procèdent aux arrestations. Ce dispositif double, entre une administration centrale – installée quai des Orfèvres et rue de Jérusalem, sur l'île de la Cité – et des agents locaux, va perdurer tout au long du siècle et au-delà.

Bonaparte a repris le modèle de l'Ancien Régime, en le perfectionnant et en lui donnant plus de moyens : en 1815, Paris est mieux tenu, plus propre et mieux approvisionné que sous la Révolution. C'est à la Préfecture qu'a été prise l'ordonnance du 12 février 1806, le premier texte écologiste : l'installation des établissements polluants et dangereux est réglementée. Les complots, comme celui de Cadoudal, sont déjoués. La police judiciaire est efficace, avec Vidocq et sa brigade de Sûreté. Certes, il y a des erreurs judiciaires, mais elles sont dues aux dysfonctionnements de la justice.

Instrument du pouvoir en place, la Préfecture devient cléricale sous la Restauration. Les anciens révolutionnaires, les francs-maçons, les libéraux sont surveillés, quand ils ne sont pas victimes de provocations policières. En 1829, le Préfet Debelleyme crée la première police en uniforme : les sergents de ville. En 1829, ils sont 85 ; leur nombre monte à 292 en 1846. Leur uniforme les désigne au public : représentants de la loi, ils ne peuvent se soustraire à leur devoir et on leur doit obéissance.

Sous Louis-Philippe, la Révolution industrielle remplit Paris d'ouvriers et de pauvres. Le socialisme apparaît, le régime censitaire est contesté par la violence. Jamais les tentatives d'attentats n'ont été si nombreuses. La police arrête les comploteurs, comme Fieschi. On constate une augmentation continue du budget et des effectifs de la « Grande Maison ». De 1836 à 1848, le Préfet Gabriel Delessert mène une politique de salubrité et d'urbanisme, se préoccupant d'améliorer l'hygiène, de créer une police des chemins de fer, de réglementer la navigation sur la Seine... À la même époque, Balzac, Eugène Sue, Alexandre Dumas, inspirés par la figure de Vidocq, font de la police un mythe littéraire. Paraissant en feuilleton dans la presse, le roman populaire ouvre la voie au « roman policier ».

Après la parenthèse agitée de la IIe République, le Second Empire se caractérise par un contrôle accru des groupes minoritaires : la police politique se développe, qui surveille révolutionnaires et socialistes, mais aussi prostituées et homosexuels. Un îlotage serré est mis en place. La loi du 15 juin 1853 a étendu la compétence du Préfet de police au département de la Seine, et les effectifs s'accroissent encore : en 1860, la police municipale compte plus de 5 200 agents.

Le policier, surtout en uniforme, fait désormais partie du décor parisien. Dans le Paris d'Offenbach, le « sergot » a sa place : il protège le bourgeois contre les malfaiteurs et les mendiants, mais aussi contre « les rouges » qui militent pour la République sociale...

De l'Année terrible à la Belle Époque (1871-1914)

La vieille Préfecture de la rue de Jérusalem est incendiée pendant la Semaine sanglante. Jules Ferry installe le Préfet de police et ses services dans la caserne de la Cité, où ils demeurent encore aujourd'hui. La Commune, malgré son échec, laisse planer une menace : jusqu'en 1914, les « socialistes » restent une préoccupation constante des policiers.

Après une période d'incertitude, les républicains s'installent solidement au pouvoir en 1879. Non seulement ils conservent la Préfecture de police, mais ils augmentent ses effectifs et son budget.

D'abord impopulaire et très mal formée, la police parisienne se modernise sous l'impulsion de Louis Lépine, Préfet de police de 1893 à 1897 et de 1899 à 1913. En dix-huit ans de règne, celui qu'un pamphlétaire surnomme « Sa Majesté Lépine Ier » marque la période de son empreinte. Chansonné, caricaturé, il acquiert une grande popularité. Avec les 9500 policiers de « la Municipale », il met en œuvre une technique de maintien d'ordre qui canalise la foule, évitant ainsi que les manifestations de tous bords ne dégénèrent. Or s'il y a une période agitée, c'est bien celle-ci, et Lépine fait preuve d'habileté et de sang-froid. Il crée des écoles de formation pour les policiers, ainsi que des unités spécialisées comme la Brigade cycliste ou la Brigade fluviale. Il définit les premières règles de la circulation automobile, équipe les gardiens de la paix d'un bâton blanc et d'un sifflet, fait installer des avertisseurs téléphoniques d'alerte. Surtout, c'est la Préfecture qui met fin aux exploits de la bande à Bonnot en 1912 : les « bandits en auto » sont éliminés à l'issue de véritables sièges qui mobilisent des centaines de policiers et de militaires.

Jusqu'en 1883, la police ne sait pas reconnaître les récidivistes : même si elle dispose de volumineux fichiers, il n'existe pas de système de classement ni d'identification des personnes. Un simple employé, Alphonse Bertillon, met au point un système fondé sur l'énumération de caractères physiques sur une fiche signalétique. Il invente la photo anthropométrique et le signalement descriptif, c'est-à-dire le portrait-robot. Il ajoute à cette panoplie la « dactyloscopie » : en 1902, pour la première fois en France, un criminel est identifié grâce à ses empreintes digitales.

La Belle Époque, on le sait, n'a été surnommée ainsi que rétrospectivement. En réalité, il s'agit d'une période mouvementée, violente. Dans le Paris 1900, il y a certes des flonflons, des poètes, des chansonniers, des gens qui s'amusent, mais aussi des criminels qui tuent, des anarchistes qui effraient le bourgeois, des enfants et des prostituées qui travaillent comme des esclaves… La Préfecture de police est au centre de la vie parisienne. Elle autorise les miséreux à exercer des petits métiers dans la rue, elle organise les secours pendant la grande inondation de 1910, tout en restant attentive aux secrets d'alcôve de la bonne société. Quand Mme Steinheil, l'ex-égérie de Félix Faure, est soupçonnée de meurtre, quand Colette et Willy se déchirent, qui intervient ? Le Préfet et ses services. « Les agents sont de brav'gens », chante-t-on alors dans les caf'conc'…

D'une guerre à l'autre (1914-1940)

Le 31 juillet 1914, Jean Jaurès tombe assassiné en plein Paris. Le leader socialiste et pacifiste est le premier mort du conflit, au cours duquel le Préfet de police doit partager ses pouvoirs avec le général Galliéni, Gouverneur militaire de Paris.

La Préfecture organise la défense passive, le couvre-feu, le camouflage des fenêtres, les secours, dans une ville bombardée par les zeppelins. Les chimistes du Laboratoire municipal sont requis sur le front pour analyser une arme nouvelle, le gaz de combat. Les policiers font la chasse aux espions et expulsent les suspects, comme le dénommé Bronstein, dit Trotsky.

Avec la victoire, les clartés reviennent, mais Paris peine à redevenir la « Ville lumière ». Les veuves en noir sont partout, les mutilés manifestent, la France a vieilli. La capitale veut malgré tout s'amuser. Dans les maisons closes à la mode, comme Le Sphinx, on danse, on boit, on s'étourdit frénétiquement. Des avant-gardes artistiques – cubisme, dadaïsme, surréalisme – sèment le trouble dans les esprits, tandis qu'une force politique nouvelle, le communisme, s'installe en force à Paris et dans la « ceinture rouge ». Autre forme de subversion, le féminisme sort des salons pour investir la rue : les « suffragettes » font le siège du Sénat, qui refuse obstinément d'accorder le droit de vote aux femmes.

La Police judiciaire, qu'on appelle familièrement « le Quai des Orfèvres », connaît dans l'entre-deux-guerres une grande popularité. La police scientifique continue de se développer, le service de l'Identité judiciaire perfectionnant la dactyloscopie et utilisant les dernières découvertes des criminologues. Qu'il s'agisse du ténébreux Landru ou de la jeune parricide Violette Nozières, les enquêtes criminelles sont suivies avidement par un public de lecteurs passionnés. Des journalistes et des journaux se spécialisent dans ce secteur de l'information, au point que leurs enquêtes doublent souvent celles des enquêteurs officiels. Surtout, le roman policier connaît un succès mondial. Simenon crée Maigret, qui devient l'archétype du policier.

De 1927 à 1934, le Préfet Jean Chiappe équipe les commissariats de bornes d'appel et met en circulation les véhicules de police-secours. Il installe des feux de signalisation et multiplie les sens uniques, tant le nombre des automobiles a augmenté. Il crée la Maison de santé des gardiens de la paix, toujours en activité.

Sa révocation est à l'origine de la manifestation du 6 février 1934, qui menace la République. Si la Préfecture parvient à contenir la montée en puissance des ligues et de l'extrême droite, elle ne peut rien contre les périls extérieurs. En septembre 1939, elle organise à nouveau la défense passive, mais en juin 1940, c'est au Préfet de police que revient la triste tâche d'accueillir les Allemands dans Paris, déclaré « ville ouverte ».

Des années noires aux jours nouveaux (depuis 1940)

Occupation, bombardements, guerre civile, rationnement : dans les années noires, la Préfecture de police est mise à la disposition de l'occupant, devenant un des rouages de la machine allemande. C'est ainsi qu'à partir de 1941, mais surtout de juillet 1942, elle met en œuvre les rafles demandées par les Allemands et préparées avec eux. Jusqu'en juillet 1943, elle administre le camp de Drancy, où sont regroupés les internés juifs qui vont être déportés, le plus souvent vers Auschwitz.

Les Brigades spéciales combattent la Résistance communiste et lui portent des coups très durs. Néanmoins, les mouvements de résistance regroupent des policiers qui, malgré les risques, organisent des attentats, fabriquent des faux papiers ou renseignent les réseaux alliés. Le 15 août 1944, c'est par la grève des policiers que commence la libération de Paris. La Préfecture est au centre des combats et, après que Leclerc et sa 2e division blindée ont atteint Paris, c'est dans ses murs qu'est finalement signée la reddition allemande.

L'heure est venue de rendre des comptes. L'Occupation a permis au monstrueux docteur Petiot de mettre sur pied un « réseau d'évasion hors de France » qui aboutit dans la sinistre cave de la rue Le Sueur... La police fait la chasse à tous les trafiquants qui, tel Joinovici, ont fait fortune en trafiquant avec les Allemands. Mais dans cette période de troubles, le grand banditisme prospère, même si le milieu triomphant se déchire pour conquérir l'hégémonie sur les trafics : prostitution, cigarettes, drogue.

Quand la guerre froide succède aux fièvres de l'épuration, la Préfecture devient un rempart contre les mouvements insurrectionnels orchestrés par le Parti communiste et la CGT. Les agents de la Préfecture doivent affronter les militants du « premier parti de France », qui manifestent violemment.

À partir de 1954, les effets de la guerre d'Algérie se font sentir dans la région parisienne : les attentats contre les policiers se multiplient, les manifestations dégénèrent, la répression policière se durcit, le FLN et l'OAS posent des bombes.

Il faut attendre 1962 pour que la France et sa capitale vivent en paix. Mais la contestation couve, ne serait-ce que sous la forme pittoresque du soutien à Ferdinand Lop... Dans ces années de calme et de prospérité, « la France s'ennuie », comme l'écrit Pierre Viansson-Ponté dans *Le Monde*. En mai 68, elle se réveille. La Sorbonne est occupée, les manifestations se succèdent pendant un mois, les ouvriers finissent par suivre, le pays est paralysé. Barricades, véhicules incendiés, pavés et projectiles : confrontés à cette épreuve exceptionnelle par sa longueur et sa dureté, les policiers, sous les ordres du Préfet Maurice Grimaud, contiennent cette révolution d'un nouveau style sans effusion de sang.

Claude Charlot

PREMIÈRE PARTIE

L'argent

L'ESPRIT DE LUCRE ET LA HAINE DU TRAVAIL, lorsqu'ils se conjuguent, aboutissent aux formes les plus diverses de la délinquance. Du simple vol à la tire aux escroqueries les plus élaborées, les différentes manières de s'enrichir hors la loi forment un catalogue qu'on pourrait trouver fort pittoresque, s'il ne comportait aussi l'option du meurtre crapuleux.

Pour de l'argent, que ne ferait-on pas ? Cartouche invente la bande organisée, la d'Oliva se fait passer pour la reine de France, Chicago May tapine devant l'agence de l'American Express que dévalise son amant de cœur, les Corses de Marseille mitraillent généreusement leurs cousins de Paname... Les plus résolus sèment la mort avec férocité : la Brinvilliers accélère les héritages par ses « poudres de succession », comme Violette Nozières, trois siècles plus tard, deviendra parricide. Landru vide les comptes de celles qui se sont données à lui, comme Petiot pillera les bagages des malheureux qui se sont fiés à son pseudo-réseau d'exfiltration.

La Préfecture de police conserve dans ses archives les traces de ces criminels illustres, mais aussi la mémoire des innombrables apaches, casseurs, baluchonneurs et demi-sel de toutes catégories qui composent la tourbe des « droits communs ».

I. Le vol

Grinchir, greffir, goupiner les poivriers, rincer, tiquer, courir le rat, papillonner, faire nonne… Dans le *Dictionnaire d'argot* que publie Vidocq en 1836, les traductions du verbe « voler » sont aussi nombreuses que précises. Selon qu'il fait les poches, entre par les fenêtres ou crochette les serrures des portes, celui que la société nomme indifféremment « voleur » sera un *tire-laine,* un *venternier,* un *caroubleur,* sans oublier le *doubleux de sorgue* qui opère la nuit ou le *mion de boule* qui coupe les cordons de la bourse au passant distrait.

Par violence ou par ruse, il existe cent moyens plus ou moins astucieux de s'approprier le bien d'autrui. Alors que les besogneux et les gagne-petit de la confrérie s'en tiennent au savoir immémorial hérité de la Cour des miracles, des chefs ambitieux préparent des coups fumeux qui entreront dans la légende. Les uns et les autres déploient des trésors d'adresse pour échapper aux forces de l'ordre, qui s'efforcent quant à elles de moderniser leurs prisons et leurs méthodes d'investigation. Comme le déclare emphatiquement le Préfet de police Louis Andrieux à ses troupes, le 10 mars 1879, pour sa prise de fonctions : « Notre bataille à nous, elle est de tous les jours, car il n'y a pas d'armistice avec les criminels. »

◇

CARTOUCHE, UN CHEF DE BANDE

Le héros des humbles

Gilles Henry

À la mort de Louis XIV, en 1715, chacun veut s'affranchir des pesanteurs passées, du souvenir des guerres et des impôts écrasants. Trois ans plus tard, l'envol des actions du Mississippi, gagées sur le commerce avec la Louisiane, permet de s'enrichir rapidement. Dans ce Paris bouillonnant, défiant la morgue des puissants, émerge le héros des humbles : Louis Dominique Cartouche.

Ce nom d'origine allemande – Garthausen devenu Gartouse puis Cartouche – claque comme une balle. Cartouche et ses complices, en volant les riches, redistribuent les gains et s'attirent la faveur populaire.

Les « Cartouchiens » sont organisés en deux équipes étanches, l'une dirigée par Cartouche lui-même, sous les pseudonymes de Bourguignon ou de Lamarre, l'autre par Gruthus du Châtelet. Le premier a pour lieutenants d'Entragues, Messié, Magdelaine et Rozy ; l'autre, Pellissier, Marcant et Balagny, neveu du premier valet de chambre du Régent. On trouve encore dans cette bande organisée les deux frères François et Louison Cartouche, Marie-Antoinette Néron, la «promise» du chef, Jeanne Roger dite «La Grande Jeanneton», le cousin Jacques Tanton et de nombreux affidés, venus de tous les horizons sociaux.

Lâché par les siens

Trahi par Gruthus, Cartouche est arrêté dans un cabaret de Belleville le 6 janvier 1721. Le brigand de la Régence devient alors la vedette de Paris; à peine est-il en prison que les comédiens Italiens et Français interprètent sa vie au théâtre, sous les ovations; pourtant, il a volé, il a tué à quatre reprises. Et on murmure qu'il a rencontré secrètement le Régent...

Rudement interrogé, Cartouche nie tout, mais il est condamné à mort. Constatant que ses amis ne viennent pas à son secours, il «jaspine». La liste des membres de la bande, rédigée sur quinze folios, est établie en 1721 à partir des aveux de Cartouche et de ses complices, ainsi que des procès-verbaux des commissaires qui le traquent depuis qu'il a assassiné un exempt de police.

Les aveux du chef déçu entraînent des procès qui dureront jusqu'à la fin de la Régence, en 1723. Cartouche est roué vif en place de Grève le 28 novembre 1721, mais il est déjà entré dans la légende.

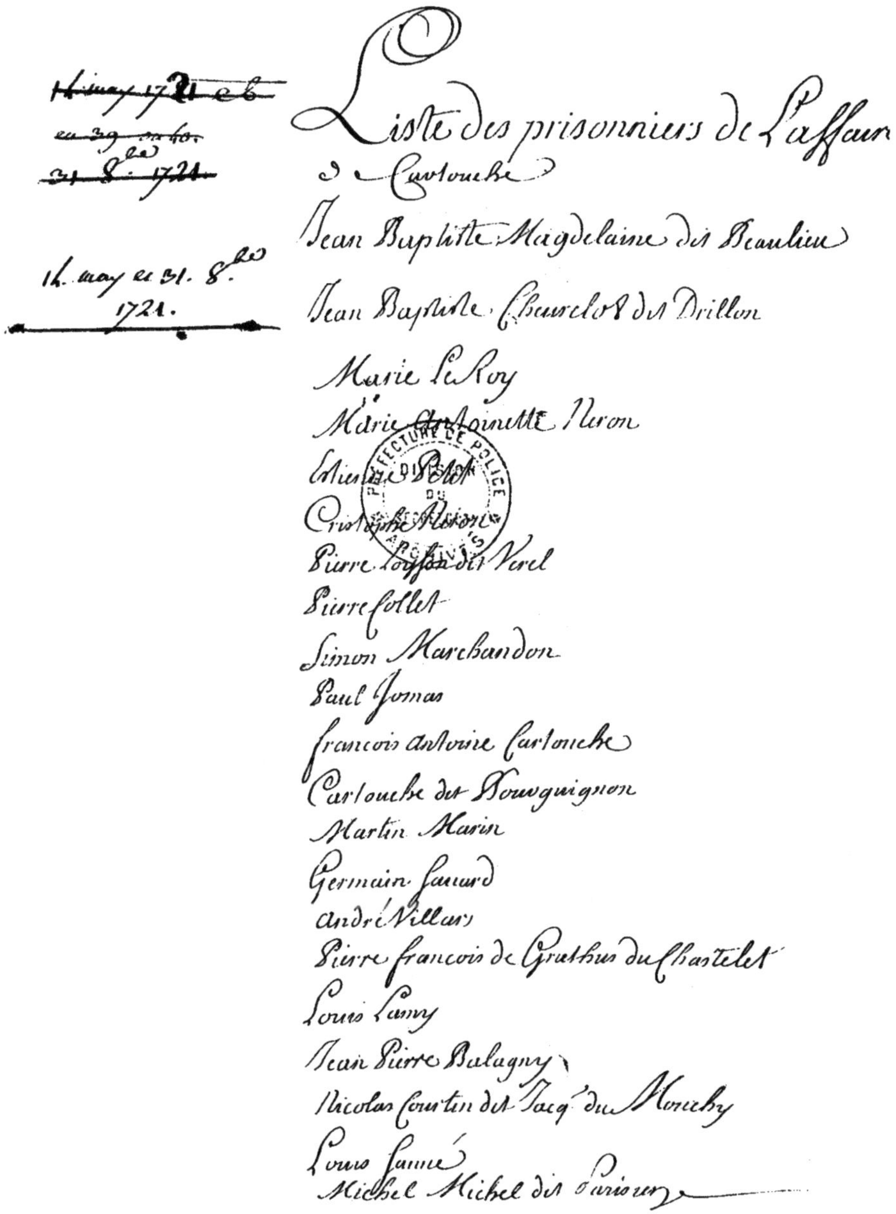

~~14 may 1721 et en 29 ou 30~~
~~31 8bre 1721~~

14 may et 31. 8bre
1721.

Liste des prisonniers de l'affaire de Cartouche

Jean Baptiste Magdelaine dit Beaulieu
Jean Baptiste Chevrelot dit Drillon
Marie Le Roy
Marie Antoinette Neron
Etienne Pellet
Cristophe Neron
Pierre Loyson dit Verel
Pierre Follet
Simon Marchandon
Paul Jomas
françois Antoine Cartouche
Cartouche dit Bourguignon
Martin Marin
Germain Gaucard
André Villars
Pierre françois de Gruthus du Chastelet
Louis Lamy
Jean Pierre Balagny
Nicolas Courtin dit Jacq. du Mouchy
Louis Lamé
Michel Michel dit Parisien

La « liste des prisonniers de l'affaire de Cartouche » (ici, la première page) recense trois cent soixante-dix personnes – hommes et femmes – écrouées au Châtelet avant leur transfert au For-l'Évêque ou à la Conciergerie pour complicité de vol et d'assassinat.

L'AFFAIRE DU COLLIER

Tempête sur la monarchie

Jean-Christian Petitfils

Ce 11 août 1784, dans la fraîcheur ombreuse de la nuit, un vent léger fait frissonner le feuillage. Le parc de Versailles est sombre, à peine éclairé par la trouble clarté de la voûte étoilée. Enveloppé dans une large redingote, un chapeau rabattu sur la tête, le cardinal Louis de Rohan, grand aumônier de France, attend, fébrile, dans le bosquet de Vénus, une discrète charmille du côté de l'Orangerie, en contrebas de l'escalier des Cent-Marches. L'endroit, planté d'arbres exotiques et de buissons treillagés, est désert. Viendra-t-elle, comme promis ? Enfin, peu avant minuit, une ombre légère glisse dans l'allée, vêtue d'un mantelet blanc et d'une robe de linon moucheté, coiffée d'une « thérèse » lui dissimulant le haut du visage. Il la reconnaît à sa taille fine, à sa gorge épanouie, à son port de tête inimitable. Oui, c'est elle : la reine, celle qu'il chérit, et avec qui il échange depuis quelques mois une correspondance secrète, « intime et tendre » ! Sa protégée, Jeanne de Valois, comtesse de La Motte, ne lui a point menti. Grâce à son entremise, il peut enfin voir sa chère souveraine qui, en public, le bat froid depuis que, lors de son ambassade à Vienne, il s'est permis quelques pointes contre elle. Enfin, il va se réconcilier avec elle, peut-être même devenir Premier ministre, son rêve.

L'ombre se précise. Le cardinal s'incline profondément. La jeune femme lui tend une rose : « Vous savez ce que cela veut dire ! » lui dit-elle. Mais, vite, il faut partir. Mme de La Motte surgit, annonce que des promeneurs s'avancent de leur côté. L'ombre s'évanouit. Rohan reste là quelques instants, ivre d'extase, sa rose en main.

Il n'a rien compris de l'intrigue : ni les lettres de la reine, œuvres d'un faussaire, Rétaux de Villette, amant de la comtesse, ni ce marivaudage nocturne, où lui, le fastueux et libertin quinquagénaire, vient de s'incliner devant une grisette du Palais-Royal, Nicole Leguay, dite la demoiselle d'Oliva, sosie de Marie-Antoinette !

Le joyau des joyaux

Quelques mois plus tard, la diabolique comtesse de La Motte susurre à son protecteur bien-aimé que la reine, avec laquelle elle est au mieux, souhaite acquérir en secret le magnifique collier que les joailliers Böhmer et Bassenge ont créé pour Mme du Barry et n'ont pu vendre à cause de la mort de Louis XV : le joyau des joyaux, qui pèse 2 800 carats ! Certes, ce collier somptueux, elle l'a refusé, déclarant que le roi avait plus besoin d'un vaisseau que d'un bijou ! Mais, maintenant, elle le veut. Le prix est exorbitant : 1 600 000 livres, payables en quatre quartiers. Rohan doit se porter acquéreur en son nom propre, la reine le couvrira, bien entendu, à chacune des échéances. Il acquiesce, sans s'apercevoir que le traité que lui remet la prétendue comtesse est signé de « Marie-Antoinette de France », nom que la fille des Lorraine-Habsbourg n'a jamais porté…

Le collier est livré chez le cardinal dans son écrin de cuir rouge et or. Les joailliers peuvent-ils douter de lui ? Le prélat le porte à la comtesse pour être remis à la reine. À peine est-il sorti que les complices, Mme de La Motte, le mari et l'amant dépècent la pièce avec des couteaux de cuisine et disparaissent. Le mari file en Angleterre. L'alerte est donnée en août 1785, à la première échéance financière. Böhmer et Bassenge, impatients, font un compliment ambigu à Marie-Antoinette, qui tombe des nues. Le collier ? Elle a dit qu'elle n'en voulait pas ! Qu'ils n'insistent pas ! Les jours passent. On finit par s'expliquer. Elle ne leur a jamais rien commandé, même par personnes interposées. Le cardinal ? Elle ne lui parle plus depuis des mois !

Une erreur fatale

L'affaire remonte aux ministres et au roi, tous persuadés que Rohan, connu pour vivre à crédit, s'est octroyé le collier sans le payer, en faisant croire qu'il agissait au nom de la reine. Une escroquerie, doublée d'un crime de lèse-majesté ! Le 15 août, il est convoqué par Louis XVI, alors qu'il s'apprête, revêtu de ses habits épiscopaux, à célébrer la grand-messe de l'Assomption. La reine, giflée par l'outrage, est vindicative. Le naïf réalise qu'il a été dupe d'une friponne. Il admet ses fautes. Au sortir du cabinet royal, il est arrêté dans la galerie des Glaces, devant la Cour ébahie. Le scandale

Le retentissement de l'affaire du Collier a rendu célèbres jusqu'à ses plus modestes protagonistes : la demoiselle d'Oliva, dont le portraitiste souligne la ressemblance avec Marie-Antoinette, et le respectable comte de La Motte, parti en Angleterre.
Paris, BNF.

est immense. Le grand aumônier, qui continue de croire à l'authenticité de la correspondance de la reine, a juste le temps de donner ordre à un domestique de se rendre à son hôtel et de faire brûler le contenu de son portefeuille rouge. Le voilà à la Bastille. L'opinion publique se déchaîne contre la bergère de Trianon, cette coquette lubrique et perverse, complice du cardinal, son amant naturellement. Les libelles pornographiques prolifèrent. Rohan fait figure de victime.

Bientôt Jeanne de La Motte, Rétaux de Villette et la d'Oliva sont arrêtés ainsi que Cagliostro, le mage, ami de Rohan. Louis XVI et Marie-Antoinette veulent faire éclater la vérité. Au lieu de régler l'affaire discrètement, ils la défèrent devant le parlement de Paris. Erreur fatale ! Celui-ci tient sa revanche contre le pouvoir royal : démêlant l'intrigue, il innocente totalement Cagliostro, la d'Oliva et Rohan – qui sort ovationné de la Bastille –, condamne la femme La Motte à être marquée au fer rouge et enfermée à perpétuité et Rétaux au bannissement.

Marie-Antoinette enrage : on a porté atteinte à son honneur, et le principal coupable est libre, pas même réprimandé ! Les pamphlets continuent de la couvrir d'ordures. La haine est féroce, la monarchie discréditée, l'État ébranlé. L'affaire du Collier annonce la Révolution. Une rivière de diamants, belle et scintillante, qui va déboucher bientôt sur des fleuves rouges comme des rubis…

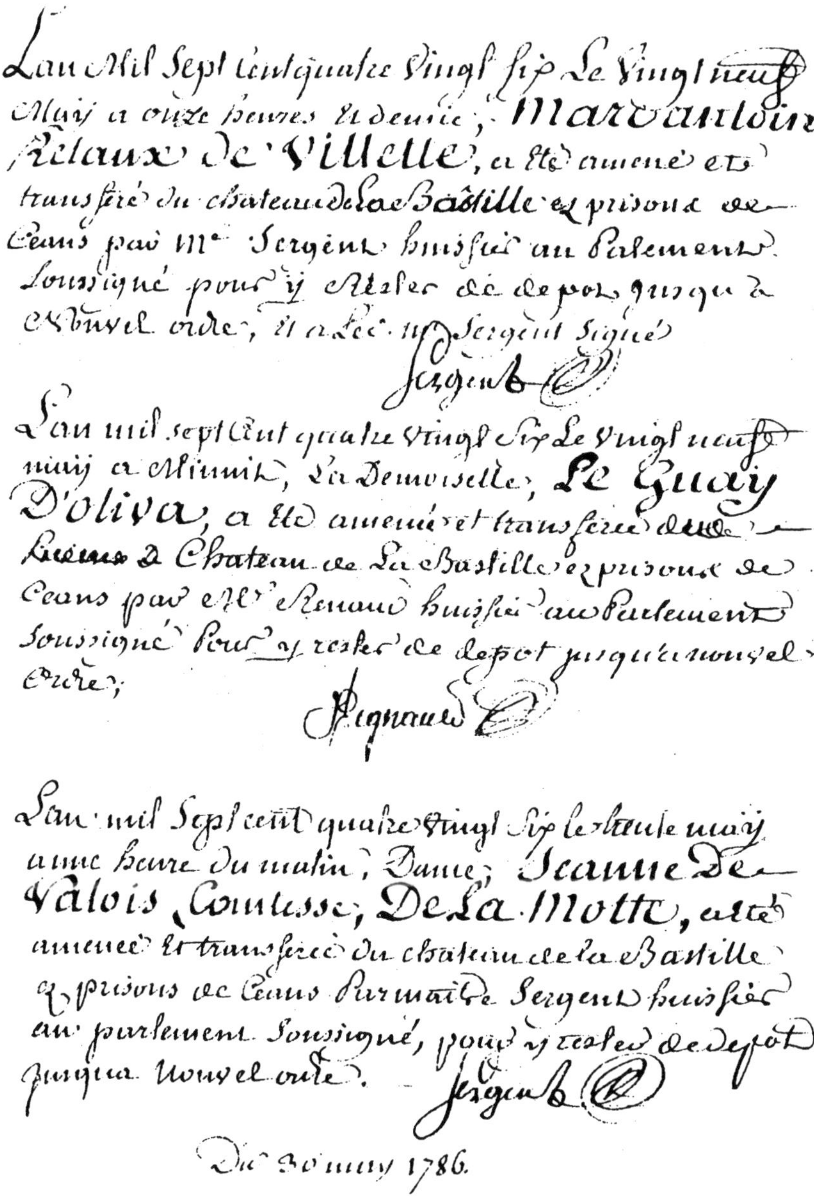
L'an Mil Sept cent quatre Vingt Six Le Vingt neuf Mai a onze heures et demie, Marc antoine Rétaux de Villette, a été amené et transféré du chateau de la Bastille es prisons de Ceans par Me Sergent huissier au Parlement Soussigné pour y rester de depot jusqu'a nouvel ordre, et a été m. Sergent signé

Sergent

L'an mil sept cent quatre Vingt Six Le Vingt neuf mai a Minuit, La Demoiselle, Le Guay D'oliva, a été amenée et transférée du [illegible] Chateau de La Bastille es prisons de Ceans par Me Renaud huissier au Parlement Soussigné Pour y rester de depot jusqu'a nouvel ordre;

Rignaud

L'an mil Sept cent quatre Vingt Six le trente mai a une heure du matin, Dame, Jeanne de Valois, Comtesse, De La Motte, a été amenée et transférée du chateau de la Bastille es prisons de Ceans Par maître Sergent huissier au parlement Soussigné, pour y rester de depot jusqu'a nouvel ordre. Sergent

Du 30 mai 1786.

Sur cette page du registre d'écrou de la Conciergerie apparaissent les noms de Rétaux de Villette, de la demoiselle Le Guay d'Oliva et de la comtesse de La Motte, tous trois transférés de la Bastille le 29 mai 1786.

Transcription page suivante.

◆

À la Conciergerie !

Registre d'écrou de Rétaux de Villette, de la demoiselle d'Oliva et de la comtesse de La Motte

Le 29 mai 1786 à onze heures et demie, Marc Antoine Rétaux de Villette a été amené et transféré du château de la Bastille ès prisons de céans par maître Sergent, huissier au Parlement soussigné, pour y rester de dépôt jusqu'à nouvel ordre.

Et le mercredi 21 juin 1786, Marc Antoine Rétaux de Villette, dénoncé en la mention ci-dessus, est sorti de la prison de céans en vertu de l'arrêt de la cour du 31 mai dernier, qui l'a banni à perpétuité du royaume.

Le 29 mai 1786 à minuit, la demoiselle Le Guay d'Oliva a été amenée et transférée du château de la Bastille ès prisons de céans par maître Regnaud, huissier au Parlement soussigné, pour y rester de dépôt jusqu'à nouvel ordre.

Et le vendredi 2 juin 1786, la demoiselle Le Guay d'Oliva, dénoncée en la mention ci-dessus, a été mise en liberté et hors de la prison de céans en vertu de l'arrêt de la cour du 31 mai 1786 qui l'a mise hors de cause.

Le 29 mai 1786 à une heure du matin, dame Jeanne de Valois, comtesse de La Motte, a été amenée et transférée du château de la Bastille ès prisons de céans par maître Sergent, huissier au Parlement soussigné, pour y rester de dépôt jusqu'à nouvel ordre.

Et le [blanc] juin 1786, dame Jeanne de Valois comtesse

de La Motte, dénoncée en la mention ci-dessus, a été remise à maître [blanc], huissier au Parlement soussigné pour être reconduite à la prison de la Bastille, conformément aux ordres qui lui en ont été donnés.

Paris, SAM [Série Ab,
prison de la Conciergerie, registre n° 128]

◆

Devant le Parlement de Paris, Cagliostro poussant à bout la fausse comtesse de La Motte. Gravure de Chovin.

L'AFFAIRE DU COURRIER DE LYON

Chronique d'une erreur judiciaire

François Aron

Le 27 avril 1796, après le relais de Lieusaint dans les environs de Melun, le « courrier » de Lyon est attaqué et tué. La malle-poste est délestée des valeurs qu'elle transporte – dont 7 millions envoyés par le gouvernement à ses payeurs – et son unique voyageur disparaît, ainsi que l'un des trois chevaux.

Les gendarmes relèvent les indices et, pendant deux jours, recueillent les témoignages le long de la route. Quatre cavaliers se sont restaurés à Montgeron et à Lieusaint ; ils se sont attardés un peu plus loin, mais ne sont pas passés à Melun. Cinq cavaliers, vers la fin de la nuit, ont gagné Paris à bride abattue. On retrouve le cheval manquant et la police apprend d'un garçon d'auberge qu'un certain Couriol lui a confié au petit matin quatre chevaux – le temps de partager le butin, apprendra-t-on plus tard – avant de les reprendre. L'individu est arrêté à Saint-Quentin où il est hébergé par un entrepreneur de transports, rentré chez lui la veille en compagnie d'un collègue de Douai, Guénot. Dans la voiture de Couriol, fournie par un brocanteur que son valet accusera d'avoir procuré des montures pour l'attaque, on trouve des marchandises suspectes et des billets, environ un cinquième du butin, dont l'origine est bientôt confirmée par les marques des caissiers.

Afin de rentrer en possession de papiers saisis à Saint-Quentin, Guénot vient à Paris accompagné d'un « pays », Lesurques. Les deux hommes se retrouvent dans l'antichambre du juge Daubanton, qui dirige l'instruction. Deux servantes les identifient formellement : ils sont arrêtés, tout comme un certain Richard, chez qui Couriol s'est installé le lendemain du crime et chez qui Guénot descend quand il vient à Paris. Chez Richard, Guénot a amené Lesurques et ils ont rencontré Couriol.

Identifié par sa chevelure

Au tribunal, réuni dès le 2 août, ces coïncidences peu probantes emportent moins la conviction des jurés populaires que les témoignages des citoyens et des citoyennes qui disent reconnaître tous les inculpés – à l'exception de Richard, qui sera condamné au bagne comme receleur. Lesurques est identifié à la quasi-unanimité par sa chevelure blonde. Alors que Guénot, qui sera acquitté, peut faire comparaître des personnages officiels qui l'ont vu à Paris le jour du crime, les témoins de Lesurques ne sont pas crus : un bijoutier, à cause d'une date raturée sur un registre, des Douaisiens, comme le peintre Hilaire Ledru, des parents, des employés. Lesurques, dont les papiers ne sont pas en règle et qui s'est enrichi en spéculant sur les biens nationaux, est condamné à mort – comme le brocanteur et Couriol.

Une justice expéditive

Ce dernier, qui finit par reconnaître sa culpabilité, donne les noms de ses quatre complices, dont l'un ressemble à Lesurques, qui, clame-t-il, est innocent. Le Directoire s'en émeut ; le Conseil des Cinq-Cents, que les déclarations d'un condamné à mort n'ont pas convaincu, s'en tient aux principes : l'autorité des jugements du peuple rendus dans le cadre des lois, la séparation des pouvoirs – dont la transgression, dans la tourmente révolutionnaire, a laissé de terribles souvenirs.

Il n'y a pas de droit de grâce à l'époque. Lesurques est exécuté le 29 octobre, victime d'une justice trop rapide qui n'a pas su distinguer entre les assassins, les voleurs, les comparses et les simples relations.

Les quatre complices de Couriol – dont le voyageur mystérieusement disparu – seront peu à peu retrouvés, grâce à l'entêtement de Daubanton. Avant de monter à leur tour sur l'échafaud, deux d'entre eux vont confirmer l'innocence de Lesurques, guillotiné pour avoir eu un sosie coiffé d'une perruque blonde. Sa famille n'obtiendra jamais la révision du procès.

L'attaque du courrier de Lyon dans l'imagerie populaire. Le panonceau porte l'inscription : « Forêt de Sénart. Route de Lieusaint. »

◆

Condamnation à mort d'un innocent

Registre d'écrou de Joseph Lesurques

Du 9 brumaire an V de la République française

Le nommé ci contre est sorti le d. jour pour subir l'exécution de son jugement, et remis au citoyen Masson huissier de justice du tribunal de département de Seine qui a signé,

Masson.

Huissier audiencier au Tribunal criminel.

Du même jour neuf thermidor an quatrième de la République française.

Le nommé Joseph Lesurque, rentier, marié à Jeanne Campion, demeurant lors de son arrestation rue Montmartre n° 205 à Paris, âgé de trente-trois ans, natif de Douay département du Nord, taille de cinq pieds trois pouces, cheveux et sourcils blonds, front haut, nez long mince et pointu, yeux bleus, bouche moyenne, menton rond, visage rond et pâle, ayant une cicatrice au haut du front à droite et un doigt de la main droite estropié.

A été extrait et transféré de la Maison de Justice de la Conciergerie de brigade en brigade, en vertu d'un Jugement rendu par le Tribunal criminel du Département de Seine.

En date du 18 thermidor an IV qui le condamne à la peine capitale

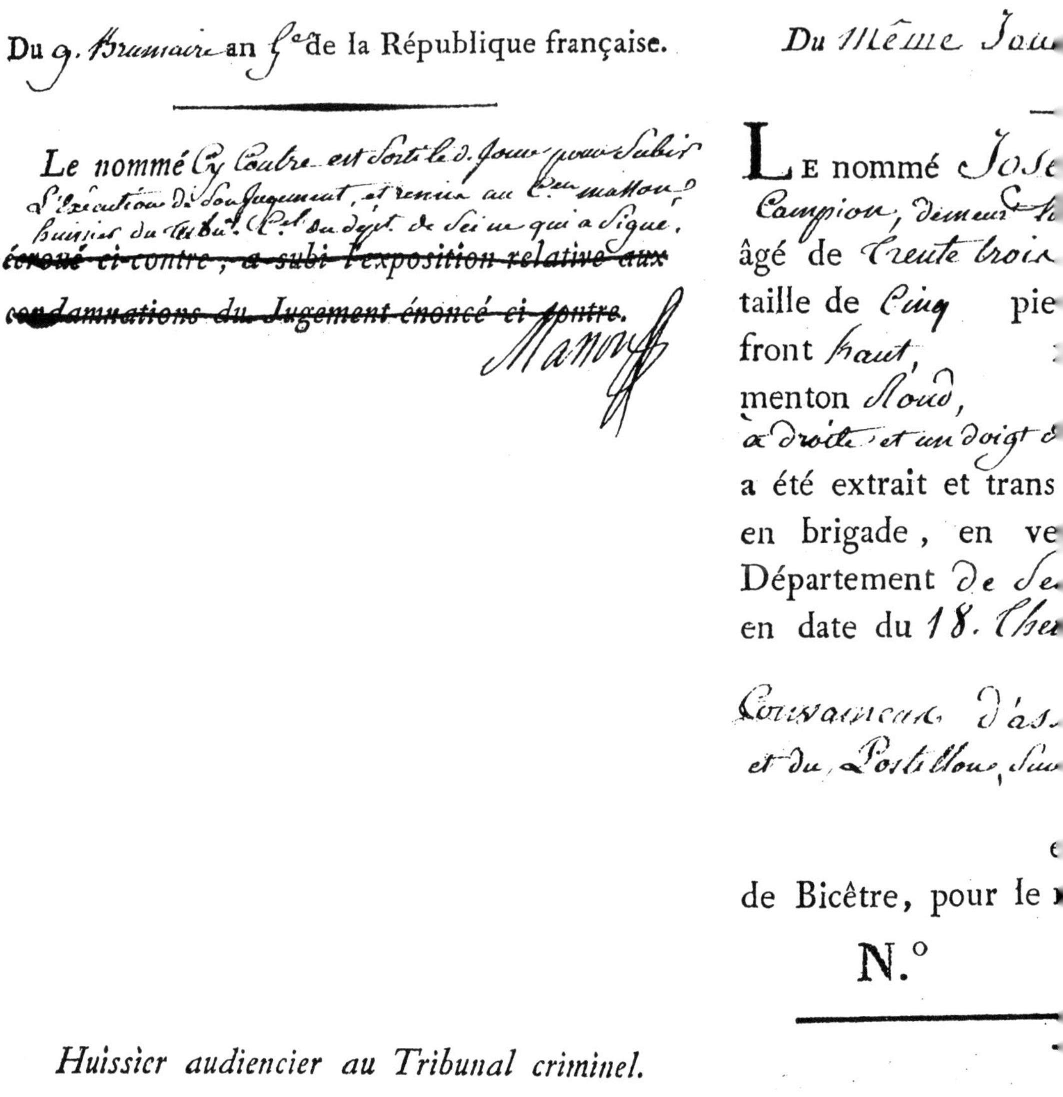

Du 9. Brumaire an 5e de la République française.

Le nommé Cy Coutre est sorti le d. jour pour subir l'exécution de son jugement, et remis au Cen Mallou huissier du Trib. Cel du dépt. de Seine qui a signé. ~~énoncé ci-contre, a subi l'exposition relative aux condamnations du Jugement énoncé ci-contre.~~

Mallou

Huissier audiencier au Tribunal criminel.

Du même Jou

Le nommé Jose
Campion, demeur
âgé de trente trois
taille de cinq pie
front haut,
menton rond,
à droite et un doigt
a été extrait et trans
en brigade, en ve
Département de Se
en date du 18. Ther

Convaincu d'ass
et du Postillon, sur

de Bicêtre, pour le

N.°

Extrait du registre d'écrou de Joseph Lesurques, « convaincu d'assassinat sur les personnes du courrier de Lyon et du postillon », daté du 9 brumaire an V (30 octobre 1796) an quatrième de la République française.

Lesurque, Rentier, marié à Jeanne à la
arrestation rue montmartre N° 205. Sn à Paris Seine
tif de Douay département du nord Capitale.
pouces cheveux et sourcils blonds,
une ... yeux bleus bouche moyenne Sorti
... et pâle ayant une Cicatrice au haut du front
droite Estropié
Maison de Justice de la Conciergerie de brigade
Jugement rendu par le Tribunal criminel du

qui le condamne à la peine Capitale

Commis sur les Personnes du Courier de Lyon
chemin avec les n.es Couriol Bernard et Richard.

é à la garde du Concierge de la Maison de détention
r toutes les fois qu'il en sera légalement requis.

...

udiencier au Tribunal du Département de la Seine.

Convaincu d'assassinat commis sur les personnes du courrier de Lyon et du postillon, sur un grand chemin avec les nommés Couriol, Bernard et Richard.

Et l'ai laissé à la garde du Concierge de la Maison de détention de Bicêtre, pour le représenter toutes les fois qu'il en sera légalement requis.

Masson
Huissier audiencier au Tribunal
du Département de la Seine

Paris, SAM [Musée, série Ab, registre n° 342]

Daté du 15 fructidor an VIII (2 septembre 1800), ce rapport sur l'arrestation de Dubosq porte l'en-tête de la Préfecture de police, créée deux mois plus tôt.

Transcription page suivante.

arrestation de Dubosq, assassin du Courrier de Lyon.

~~BUREAU~~
5e Division

Préfecture de Police.

Rappeller ce Bureau en marge de la réponse, ainsi que le N.°

Liberté. Egalité.

PRÉFECTURE DE POLICE
DIVISION DU SECRÉT. GÉNÉ
ARCHIVES

adopté

Paris, le 15e fructidore an huit de la République française, une et indivisible.

Le Préfet de Police est parvenu à découvrir la retraite du nommé Dubosq, l'un des six assassins du Courier de la Malle de Lyon qui fut massacré avec son Postillon la nuit du 8 au 9 floréal, an 4, entre Lieursain et Melun, et volé d'une somme de 10 millions mandats, et de 10 à 12 mille francs en numéraire, destinés pour l'armée d'Italie. Dubosq a été arrêté hier, et amené à la Préfecture de Police, ainsi que sa femme déjà condamnée à vingt deux ans de réclusion; et qui s'étoit échappée avec lui des prisons de Versailles. Il étoit muni d'une infinité d'instrumens à voleurs d'une perfection dont il n'y a pas encore eu d'exemple.

◆

L'arrestation de Dubosq

C'est le plus ancien document à l'en-tête de la Préfecture de police, qui vient d'être créée : daté du « 15 fructidor an VIII de la République française, une et indivisible », ce rapport est encadré au Musée, si bien que seul le recto peut encore être lu.

Rapport du 2 septembre 1800

Le Préfet de police est parvenu à découvrir la retraite du nommé Dubosq, l'un des six assassins du Courrier de la Malle de Lyon qui fut massacré avec son postillon la nuit du 8 au 9 floréal, an IV, entre Lieursain et Melun, et volé d'une somme de 10 millions mandats, et de 10 à 12 milles francs en numéraire, destinés pour l'armée d'Italie. Dubosq a été arrêté hier et amené à la Préfecture de police, ainsi que sa femme déjà condamnée à vingt-deux ans de réclusion, et qui s'était échappée avec lui des Prisons de Versailles. Il était muni d'une infinité d'instrumens à voleurs, d'une perfection dont il n'y a pas encore eu d'exemple. [...]

Paris, SAM [Musée]

◆

La police selon Vidocq

Un bagnard au service de la Sûreté

Claude Charlot

Une bande de repris de justice et d'évadés du bagne, pour traquer les voleurs et les assassins de la capitale : l'idée est aussi simple qu'immorale, mais d'une incontestable efficacité. « Ces individus sont de la plus grande utilité pour la police de Sûreté dans Paris », écrit Jean Henry dans un rapport de 1814 : chef de la deuxième division de la Préfecture de police, c'est lui qui est chargé d'élucider les assassinats et les vols. Dès 1809, par deux fois, Vidocq lui a fait des offres de service. En 1811, une « brigade de Sûreté » de quatre hommes est constituée. En 1814, le nombre de ces « agents particuliers » s'élève à sept, dont Vidocq « qui dirige les autres et rédige les rapports particuliers des captures qu'ils ont faites »...

Quand le pragmatique Jean Henry résume ainsi la situation, Vidocq a trente-neuf ans. Depuis trois années qu'il agit au service de l'ordre, il n'a toujours pas été réhabilité, ce qui signifie qu'il demeure un forçat évadé, risquant de retourner au bagne si sa collaboration avec la Préfecture de police devait cesser.

Une célébrité du milieu

Après une adolescence pleine de bagarres et de vols, Vidocq n'a pas seize ans quand il s'enfuit d'Arras, sa ville natale, avec une grosse somme d'argent volée à ses parents. En 1792, il combat parmi les volontaires de la République à Valmy et à Jemmapes. Chassé de l'armée régulière, il mène une vie d'escroc et de voleur, seul ou en bande, et finit par être condamné à huit ans de bagne le 27 décembre 1796. D'une certaine manière, il a acquis ses lettres de noblesse dans le milieu.

« Vidocq, note Henry, se montre sous toutes sortes de costumes. » Grand pour l'époque, avec un torse très musculeux et une grosse tête aux cheveux bouclés châtain clair, il devrait être reconnaissable au premier coup d'œil. Or, il a l'art de se grimer et le génie de passer inaperçu. Incroyable transformiste, il s'est échappé du bagne de Brest en février 1798 et de celui de Toulon en mars 1800. Il se tasse parfois et parfois se rehausse, si bien qu'on ne connaît pas exactement sa taille : 1 mètre 68 ou 1 mètre 72 ? Ce goût du déguisement le sert doublement : évadé, on ne le remarque pas ; policier, il peut approcher ses proies sans qu'elles le repèrent. Doué d'un œil perspicace, il reconnaît toujours ceux qu'il a dévisagés une fois, quel que soit leur costume, et il confondra durant sa carrière des dizaines d'échappés du bagne.

Grâce à une connaissance intime du milieu, la brigade de Sûreté multiplie les arrestations, envoie au bagne ou à l'échafaud de nombreux récidivistes, purgeant Paris d'une grande partie de ses bandes. Lorsque le Préfet de police Pasquier découvre l'existence de cette équipe mal famée, il est tenté de la dissoudre, mais devant l'évidence des résultats obtenus par Vidocq, il s'incline bon gré mal gré.

Entre 1811 et 1827, la brigade peut revendiquer trois fois plus de captures que les policiers « officiels », qui détestent Vidocq, le calomnient et lui tendent des pièges, obtenant finalement son renvoi. Après un bref retour en 1832 – il exerce pendant sept mois les fonctions de chef de la Sûreté –, Vidocq fonde une agence de renseignement. C'est une officine de détective privé pour conjoints jaloux, mais aussi, très précocement, une agence de renseignement économique.

Vidocq excelle à transformer son apparence et à se déguiser, n'hésitant pas à se travestir en femme pour les besoins d'une enquête.

◆

Des auxiliaires très utiles

Sous la première Restauration, la Préfecture de police est supprimée et fusionnée avec le ministère de la Police générale. C'est donc auprès du Directeur général de la Police du Royaume, Beugnot, qu'il faut plaider la cause de Vidocq et de ses « cosaques », ainsi qu'il surnomme ses agents particuliers de Sûreté issus de la pègre. Cette note de Jean Henry n'a pas d'autre objet.

Note sur la dépense des agents secrets et des agents particuliers de Sûreté du 7 octobre 1814

L'obscurité de la nuit étant toujours favorable aux malfaiteurs, ils commettent ordinairement beaucoup moins de vols pendant l'été que pendant l'hiver, où les besoins de la vie sont plus multipliés et plus impérieux, et où d'ailleurs les ouvriers de certaines professions manquent de travail, tels que les maçons, tailleurs de pierres, couvreurs, charpentiers, peintres en bâtiment, etc.

Cette année il n'en a pas été de même. Dès le mois de juin les vols se sont multipliés, des bandes se sont formées et plusieurs vols ont eu lieu sur la voie publique, parce que beaucoup de voleurs dont la conscription et les bataillons coloniaux avaient débarrassé Paris y sont revenus pour y répandre leur métier de voleur[1]. Ces derniers, qu'on avait incorporés dans des régiments de ligne, desquels une partie avait été chassée comme mauvais sujets, ont, ou déserté, ou obtenu leur congé depuis la conclusion de la paix ; et ayant appris à manier

1. Souligné dans le texte.

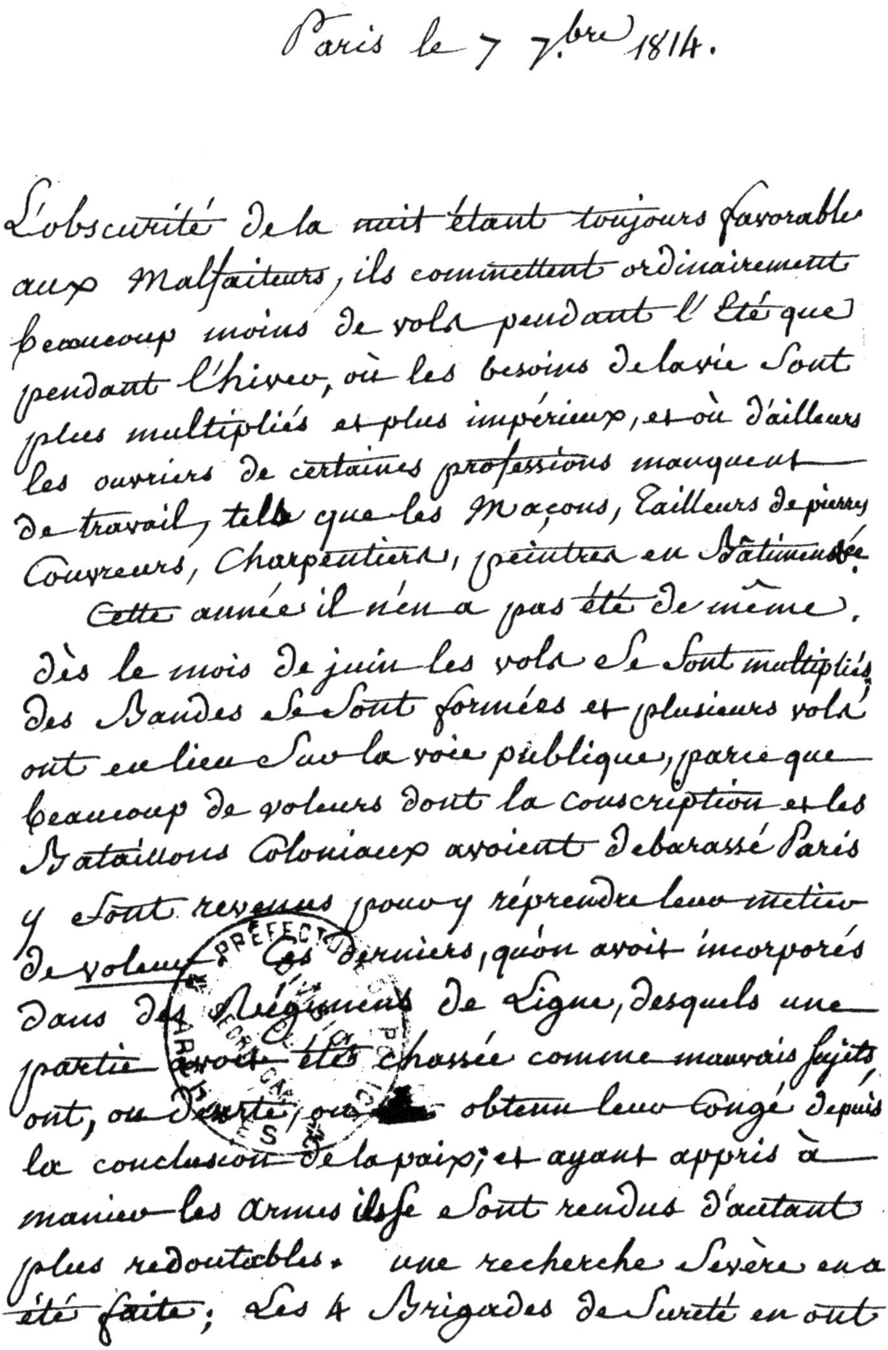
Paris le 7 7.bre 1814.

L'obscurité de la nuit étant toujours favorable aux Malfaiteurs, ils commettent ordinairement beaucoup moins de vols pendant l'Eté que pendant l'hiver, où les besoins de la vie sont plus multipliés et plus impérieux, et où d'ailleurs les ouvriers de certaines professions manquent de travail, tels que les Maçons, Tailleurs de pierre, Couvreurs, Charpentiers, peintres en Bâtiment &c.

Cette année il n'en a pas été de même. dès le mois de juin les vols se sont multipliés des Bandes se sont formées et plusieurs vols ont eu lieu sur la voie publique, parce que beaucoup de voleurs dont la conscription et les Bataillons Coloniaux avoient débarassé Paris y sont revenus pour y reprendre leur métier de voleur. Ces derniers, qu'on avoit incorporés dans des Régimens de Ligne, desquels une partie avoit été chassée comme mauvais sujets ont, ou deserté, ou obtenu leur Congé depuis la conclusion de la paix; et ayant appris à manier les armes ils se sont rendus d'autant plus redoutables. une recherche sévère en a été faite; Les 4 Brigades de Sureté en ont

Première page du rapport par lequel Jean Henry, chef de la deuxième division, justifie le recours à Vidocq et à sa brigade.

les armes ils se sont rendus d'autant plus redoutables. Une recherche sévère en a été faite ; les 4 Brigades de Sûreté en ont trouvé fort peu ; mais les 4 agents particuliers que j'employais en ont arrêté un grand nombre. Ceux qui circulaient encore dans Paris redoutant ces agents particuliers de Sûreté, dont ils savaient être connus, résolurent de les tuer à coups de sabres, de couteaux ou de bâtons, lorsqu'ils les rencontreraient le soir. En effet, deux d'entre eux furent attaqués à l'entrée de la nuit, en juin dernier, par 4 de ces brigands et une femme, qui les frappèrent de coups d'un instrument piquant et à 4 quarts, de couteaux et de bâtons. Les deux autres accoururent à leur secours ; ils furent aussi frappés et blessés, mais beaucoup moins que les deux premiers. Ces malfaiteurs prirent la fuite. Ils furent arrêtés successivement depuis cette époque. Cette affaire ayant été considérée comme une rixe et aucun témoin n'ayant pu dire par qui cette rixe avait été commencée, Monsieur le Directeur général de la Police du Royaume ne put en saisir les tribunaux.

Deux de ces agents particuliers de Sûreté se trouvant hors de service et placés, l'un chez lui, et l'autre à l'hôpital pour être soignés de leurs blessures, et ces agents ayant besoin d'être en nombre suffisant pour en imposer aux malfaiteurs qu'ils rencontreraient, je leur en ai adjoint trois autres qui connaissaient également beaucoup de voleurs. Ces derniers ont été d'un grand secours aux premiers dans les captures importantes qu'ils ont faites depuis six semaines et dont je joins ici l'état.

Le nombre de ces agents particuliers est actuellement, y compris les deux qui avaient été si grièvement blessés, de sept ; savoir

Vidocq, principal agent qui dirige les autres, et rédige les rapports journaliers des captures qu'ils ont faites.

Il a	1800 f.
Levesque, est porté à	1200
Bouché, id.	1200
Compere, id.	960
Doré, id.	1200
Gaspard, id.	1200
Galisson, id.	1200
	8760

Ces individus sont de la plus grande utilité pour la police de Sûreté dans Paris, surtout après une guerre désastreuse qui, ayant heureusement cessé, a ramené dans cette capitale un grand nombre de malfaiteurs qui ne manqueront pas de se rendre redoutables dans le cours de l'hiver qui approche.

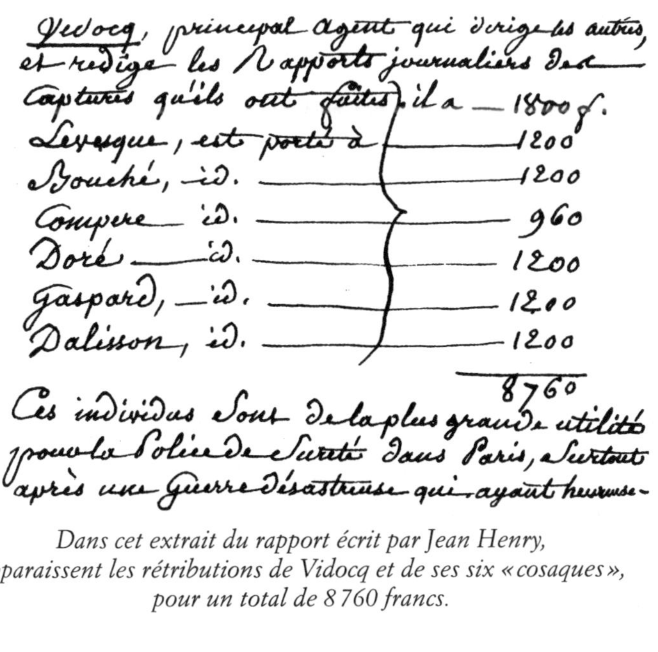
Vidocq, principal agent qui dirige les autres,
et rédige les rapports journaliers des
captures qu'ils ont faites, il a — 1800 f.
Levesque, est porté à — 1200
Bouché, id. — 1200
Compere id. — 960
Doré id. — 1200
Gaspard, id. — 1200
Dalisson, id. — 1200
8760
Ces individus sont de la plus grande utilité
pour la Police de Sureté dans Paris, surtout
après une Guerre désastreuse qui ayant heureuse-

Dans cet extrait du rapport écrit par Jean Henry, apparaissent les rétributions de Vidocq et de ses six « cosaques », pour un total de 8760 francs.

J'ai d'autres agents qui se trouvent les uns dans les prisons et les autres dans la société ; ceux-ci sont véritablement des agents secrets qui ne consentent à donner des renseignements sur les auteurs des crimes ou délits parvenus à leur connaissance, pour en faciliter la capture, qu'à condition que personne n'en aurait connaissance. Ils viennent le soir, ou m'envoient leurs femmes ou maîtresses pour me faire part de leurs découvertes s'ils ne peuvent m'écrire. Ils ne reçoivent leur récompense qu'après les captures et saisies faites des objets volés, et tous ensemble ne coûtent guère que 1200 f. dans l'année.

Les mémoires de frais des 7 agents particuliers de Sûreté peuvent coûter dans l'année environ 5 à 600 f.

Ainsi la dépense totale de ces auxiliaires précieux des officiers de paix et inspecteurs des 4 Brigades de Sûreté peut être portée approximativement à 10560 f.

J'ai l'honneur d'observer au Magistrat que Vidocq, qui dirige les six autres, et qui se montre sous toutes sortes de costumes, sollicite une augmentation de traitement et désirerait être porté à 200 f. par mois, au lieu de 150 f.

Il voudrait aussi voir porter l'indemnité des six autres agents à 4 f par jour au lieu de 3 f attendu qu'ils sont obligés d'être une grande partie des nuits sur pied, et qu'ils font un métier bien dangereux pour leur propre sûreté. Ce qui porterait alors la dépense de leur traitement à 12 620 f au lieu de 8 760.

Si Son Excellence Monsieur le Directeur de la Police du Royaume pouvait leur accorder cette amélioration de leur sort la chose publique ne pourrait qu'y gagner.

Henry

Paris, SAM [Série Db, carton n° 45]

◆

◆

La police sous Louis-Philippe, des agents peu recommandables

Antoine Claude, ancien chef de la police de Sûreté sous le Second Empire, a débuté sous la monarchie de Juillet. Œuvre d'un « teinturier », ses Mémoires ont subi l'influence du roman-feuilleton, si bien que les récits ne doivent pas toujours être pris pour argent comptant. Mais ses souvenirs n'en demeurent pas moins précieux et ses opinions nous renseignent sur l'état d'esprit d'un officier de police au XIXe siècle. Comme beaucoup de fonctionnaires, M. Claude réprouve le recrutement d'agents dans la pègre.

***Extrait des* Mémoires de M. Claude,**
Antoine Claude, 1883

Lorsque j'entrai comme greffier d'instruction criminelle, pour collationner, compulser, redresser les rapports de la police secrète, cette police n'avait rien de bien recommandable par elle-même.

Elle se ressentait du passage de Vidocq, et ses *moutons* qui filaient les voleurs ne valaient guère mieux que le gibier qu'ils pourchassaient.

Ce fut M. Allard qui, le premier, fit justice de cet odieux préjugé selon lequel pour bien être au courant des faits et gestes du bandit, il fallait être un peu fripon.

Allard, habile administrateur, collaborateur de Canler dans l'arrestation de Lacenaire, épura le personnel des agents de la Sûreté générale. Il pensa avec raison que, pour inspirer du respect et de la terreur aux ennemis de la société, il fallait opposer à leurs vices une honnêteté absolue et à leurs honteux débordements une conduite irréprochable.

C'est Allard qui a jeté les bases, dans le service de la Sûreté générale, d'une administration régulière, scrupuleuse, vigilante, en y faisant disparaître une bande de gens tarés en chasse contre des scélérats plus persévérants !

Avant Allard, les *moutons* étaient aussi bien de la bande des loups que du troupeau des brebis. Il y avait certains *indicateurs* qui, dans les deux bandes, touchaient d'une main leur part de butin et de l'autre le gain de la dénonciation. Il n'était pas rare de voir un indicateur déjeuner du produit du vol et souper avec l'argent distribué pour le faire découvrir. La police ne voulait pas voir, à cette époque, cette incrustation de mouchards dans cette mosaïque de filous.

Voici un exemple qui prouve ce qu'était la police avant et après l'avènement de Louis-Philippe.

À la suite d'un vol considérable opéré chez un personnage de distinction, tous les agents de la Sûreté furent mis en campagne pour arrêter le voleur, qui ne tarda pas à être pris, puis conduit à la maison du volé pour expliquer à la justice de quelle façon il avait opéré son vol.

Deux jours après cette confrontation, le maître du logis s'aperçoit qu'une émeraude entourée de diamants, d'une valeur de dix mille francs, a disparu de sa chambre à coucher. On fait part de cet événement à l'un des chefs de la police de Sûreté, qui se doute que l'auteur de ce vol ne peut être qu'un de ses agents.

Voici le moyen ingénieux qu'employa ce chef de police pour découvrir ce nouveau voleur du volé :

On était aux approches du Jour de l'An. Le chef des limiers rassemble ses hommes ; il leur tient à peu près ce langage… pittoresque :

– Mes enfants, vous savez que nous devons bientôt souhaiter

la bonne année à M. le Préfet. Je prétends que, pour ce jour-là, on mette sa pelure la plus soignée et son linge le plus fin. Je veux que ceux qui ont des bijoux *en plan*, des *toquantes au clou*, les dégagent pour la cérémonie. Il ne faut pas que nous nous montrions à notre chef dans une tenue *canaille*. C'est assez d'être mécanisé au-dehors ; il faut prouver à notre supérieur que nous sommes des hommes d'ordre et de conduite. Ceux qui n'auront pas d'argent pour décrocher leurs parures n'ont qu'à le dire ; j'avancerai le nécessaire, allez.

Le matin du jour de l'An, les agents, tout habillés de neuf, fidèles au poste, attendaient leur chef de file à l'hôtel de la préfecture.

La première chose que le regard pénétrant de cet homme de génie aperçut au jabot de l'agent qu'il soupçonnait, c'était l'émeraude volée.

– Vous êtes un gonsse[1], monsieur, murmura le chef à l'agent porteur du bijou, qu'il lui arracha aussitôt. Il y a des *mangeurs de fer*, au bagne, qui sont moins coupables que vous. Mais j'ai pitié de votre famille. Que ceci seulement vous serve de leçon.

Et, fichant l'émeraude à sa cravate, il s'en para dans un geste majestueux qu'eût envié Robert Macaire. Il alla briller avec cette émeraude aux yeux du Préfet, et oublia, pour l'*honneur* de son agent, de la restituer à son légitime propriétaire.

1. Imbécile.

La prison de Mazas

Une utopie carcérale

Isabelle Astruc

La Conciergerie, la Force, les Madelonnettes, Sainte-Pélagie, Bicêtre : dès sa création, la Préfecture de police administre les prisons parisiennes héritées de la Révolution. L'imposante Bastille royale a été remplacée par une multitude de lieux de détention aménagés dans des hôtels particuliers, d'anciens couvents, des hospices ou des casernes. Leur faible capacité d'hébergement, leur insalubrité et surtout la promiscuité des geôles communes préoccupent les élites du XIXe siècle. On décide donc de construire de véritables prisons, en s'inspirant du régime cellulaire américain.

C'est d'abord, en 1836, le pénitencier de la Petite-Roquette, où la séquestration est de rigueur pour des dizaines d'enfants délinquants qui travaillent de nombreuses heures dans leur geôle. Il faudra une campagne dénonçant les excès de ce régime et une visite de l'impératrice Eugénie pour mettre fin à ce système inhumain.

Puis, en 1840, un nouvel établissement doit remplacer le dépôt des condamnés de la Force, reconnu insalubre. On

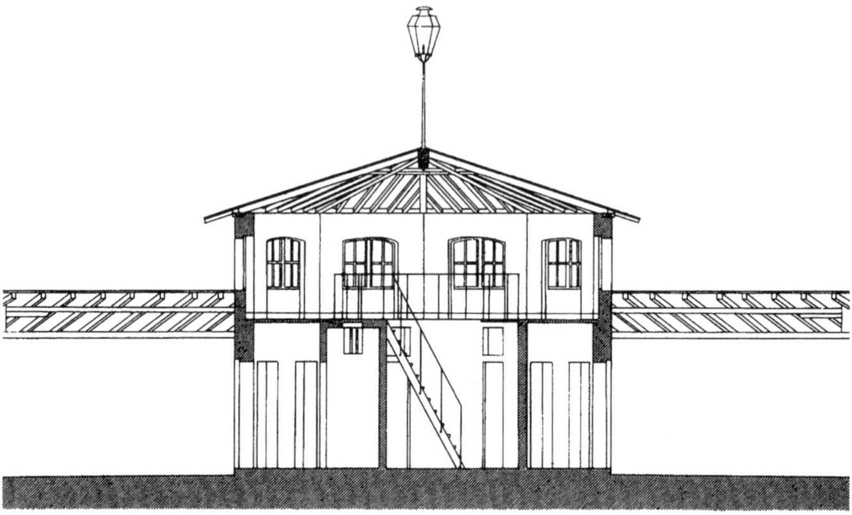

La prison de Mazas est gardée par soixante-dix agents qui disposent de postes d'observation bien placés. La seule tentative d'évasion a échoué dans le collecteur d'égout.

choisit un vaste emplacement, jouxtant le boulevard Mazas – l'actuel boulevard Diderot – qui vient d'être ouvert. Les Parisiens voient grandir les murailles en meulière de la « Maison d'arrêt cellulaire », qu'ils baptisent tout naturellement « Mazas ».

Les premiers détenus, en mars 1850, sont peu nombreux, une cinquantaine environ, pour une première expérimentation. On corrige notamment l'acoustique défectueuse, qui contrarie la règle essentielle du régime d'isolement.

L'installation des sept cents prisonniers de la Force à Mazas les fait passer avec brutalité de la vie commune à la détention isolée, provoquant d'importants mouvements de révolte. Des rapports de médecins et d'inspecteurs démontrent les conséquences néfastes de l'isolement sur l'hygiène morale. On ne laisse donc à Mazas que les prévenus, destinés à une courte détention, leur permettant ainsi d'échapper à une promiscuité dangereuse.

Une rigueur extrême

L'énorme masse de la prison, formée de six galeries convergeant vers un minaret de quarante-cinq mètres, était couronnée d'une lanterne du haut de laquelle un gardien pouvait surveiller à la fois l'enceinte, les bâtiments et les promenoirs circulaires placés entre chacun des rayons.

Le détenu qui franchit ses lourdes grilles traverse une cour avant de pénétrer dans un bâtiment administratif ; une fois accomplies les formalités du greffe et de l'écrou, il atteint le guichet central, une rotonde vitrée d'où il aperçoit tout l'édifice.

Dans la cellule, même rigueur fonctionnelle : vingt et un mètres cubes, une petite table fixée dans la paroi de pierre, une chaise de paille rattachée au mur, un hamac, une gamelle, une cuiller en bois, un bidon de fer-blanc dans lequel sont versés huit litres d'eau le matin et un sanitaire. Sur les murs, des panneaux d'avertissements. Lever à l'aube, nettoyage de la cellule, distribution du pain, de l'eau et de la soupe, visites au parloir, travail : les jours s'écoulent avec une régularité rarement troublée. La majorité des détenus, pour échapper à l'ennui, fabriquent des nattes de jute, des boutons ou des chaînettes, sous le contrôle d'un entrepreneur et de prisonniers devenus chefs d'atelier.

Une heure de promenade quotidienne, à laquelle soixante-dix détenus participent en même temps mais toujours séparément, a lieu dans un des douze compartiments d'un bâtiment

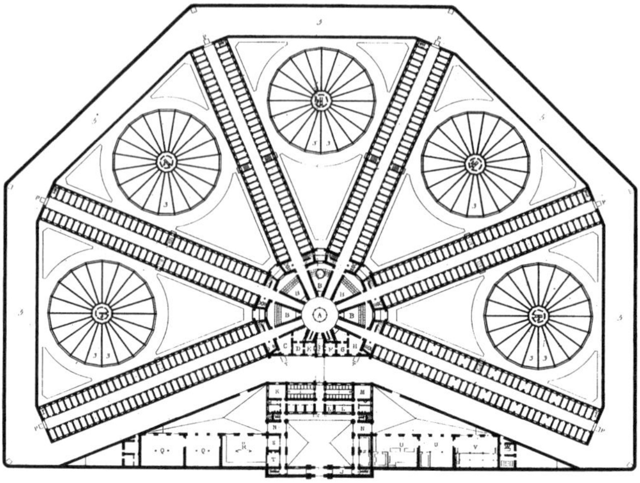

Monument d'architecture utopique, Mazas est structurée en six galeries convergentes de quatre-vingts mètres, comportant chacune deux cents unités cellulaires sur trois étages. L'ensemble est dominé par un minaret haut de quarante-cinq mètres.

circulaire disposé entre deux galeries et au centre duquel se trouve un gardien.

Contrôlés sans relâche

La seule vie sociale passe par un étroit rai de lumière : la porte de la cellule s'entrebâille faiblement, donnant au détenu le loisir d'observer ce qui se passe dans la galerie, verrouillage maintenu. Un prêtre officie le dimanche depuis la petite chapelle aménagée au-dessus de la rotonde centrale, visible de toutes les cellules par les portes entrouvertes.

Structurée en six branches de quatre-vingts mètres comportant chacune deux cents unités cellulaires sur trois étages, Mazas est bien gardée : soixante-dix agents contrôlent sans relâche l'intérieur de la prison. Une garde militaire spéciale surveille le chemin de ronde compris entre les deux murs d'enceinte. La seule évasion tentée a échoué dans le collecteur d'égout.

La prison de Mazas a été une des plus grandes réalisations d'architecture utopique du XIXe siècle. L'extrême rigueur géométrique de son plan va de pair avec une volonté d'assainissement hygiénique et moral.

Les centres d'incarcération seront bientôt relégués à la périphérie des grandes villes. Les murs de Mazas sont jetés bas en 1898. À partir du 13 mars 1911, l'Administration pénitentiaire passe sous le contrôle du garde des Sceaux.

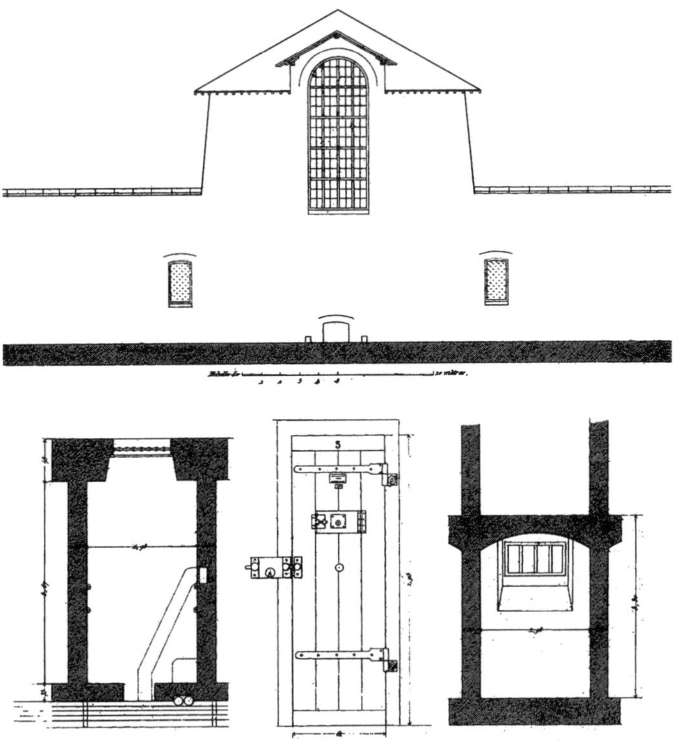

Face d'un bâtiment cellulaire sur le chemin de ronde.

Surnommée « Taze » dans l'argot des voleurs, Mazas disparaît en 1898 : la « prévenche », ou détention préventive, se fait alors « à la Santoche », la prison de la Santé.

◆

L'enfance délinquante dans les rues de Paris

Les rues de Paris, au XIXe *siècle, sont pleines d'enfants, dont une frange de très jeunes délinquants livrés à eux-mêmes qui fascinent pédagogues et criminologues. Gustave Macé, ancien chef de la police de Sûreté, les décrit dans son* Musée criminel.

Extrait de Mon musée criminel*, Gustave Macé, 1890*

Tête-d'Or doit son sobriquet à la couleur jaune de ses cheveux et Museau-de-Brochet par analogie à la forme de sa bouche semblable à celle de ce poisson. Ils portent tous les deux le costume de la maison des jeunes détenus (Petite-Roquette). Le dernier, baptisé Moule-à-Singe par ses camarades, aurait, d'après eux, le *facies* de ce quadrumane.

Dans ce bouquet de «fleurs d'échafaud» File-Menton et Maltourné crevaient, à l'aide de frondes et de chasse-pierres, les yeux des animaux du Jardin des Plantes, et lorsqu'ils s'emparaient de pigeons ramiers, sous prétexte de s'amuser, ils les plumaient vivants.

La Comète, Margoulin et Museau-de-Brochet faisaient partie d'une bande de malfaiteurs ayant pour chef Os-à-Moelle, bandit qui n'avait pas vingt ans. Porteurs d'outils nécessaires aux effractions, ils s'introduisaient la nuit dans les maisons habitées, afin d'y commettre des vols.

Surpris par une femme, Museau-de-Brochet n'hésita pas à lui porter un violent coup de marteau sur le visage.

Tête-d'Or, avec sa remarquable construction frontale, a une intelligence exceptionnelle, toute concentrée vers le mal

Il pratiquait le vol dit : « à la tire », et c'est les mains dans les poches de son paletot qu'il dévalisait ses victimes.

Ce vêtement, au lieu de poches, n'en possédait que les ouvertures extérieures et le jeune gredin, par son attitude inoffensive, n'éveillait aucun soupçon. Cependant, aux stations des omnibus il enlevait, avec habileté, les montres et les porte-monnaie des voyageurs. Tête-d'Or dissimulait ses mains sous les pans de son paletot pour mieux les introduire dans de véritables poches. Conduit en extraction, sous la surveillance de jeunes agents, il parvint à échanger, chez un marchand de chapeaux, sa coiffure, afin de ne pas être reconnu. Dans son lit j'ai saisi la *Vie de Cartouche*, les *Exploits de Mandrin*, les *Anecdotes relatives aux brigands célèbres* et la *Clé des songes*, brochures soustraites aux étalages des bouquinistes.

Condamné à un an de prison, il s'écria : « Un an, ça ne fait que douze mois, la Petite-Roquette n'est pas faite pour les chiens. » Et d'un bond prodigieux, franchissant la balustrade qui enferme les détenus, il disparut de la salle des audiences de la Police correctionnelle. Arrêté cour de la Sainte-Chapelle, on fut obligé de l'attacher, et voulant se défaire de ses liens il les usa par des frottements continus sur l'arête d'un mur.

La Savate et Bec-de-Lampe avaient résolu de s'approprier l'argent du tiroir-caisse de l'épicier, principal locataire de la maison habitée par l'un d'eux. La cave de ce commerçant sise sous la boutique s'ouvrait au moyen d'une trappe. À la tombée du jour ils se glissèrent dans la cave et attendirent l'instant favorable pour l'exécution du projet qu'une circonstance imprévue déjoua. L'épicier ayant reçu des caisses d'oranges les fit provisoirement mettre sur la trappe, de telle sorte que les petits vauriens furent pris dans leur propre piège. Le lendemain matin le propriétaire les trouva blottis derrière des tonneaux et ramassa sur le sol plusieurs fausses clés et deux pinces dites monseigneur. Interrogés par le commissaire de police, Bec-de-Lampe raconta les vols auxquels il avait participé, vols prémédités par La Savate, dont il reconnaissait le flair et la connaissance des bons endroits. La Savate, pour toute réponse, lança une gifle à son complice en lui disant : «Bec-de-Lampe, tu manges le morceau, je gèlerai ton conduit.»

Moule-à-Singe a la peau noire, les traits accentués, les yeux durs, perçants, l'un à demi fermé, l'autre ouvert, l'oreille attentive; l'ensemble de sa physionomie canaille a l'expression féroce. Il n'a pas eu le temps de vieillir dans le crime pour l'enseigner à ses compagnons, et parmi ces jeunes fauves le louveteau est devenu loup. Le monstre a, par jalousie, dit-il, noyé une fillette de treize ans, assez jolie, déjà formée, et que d'insoucieux parents laissaient vagabonder. Loin de se repentir de l'atrocité de son acte, il répondit à ses juges : «La gosse ne voulait pas de moi, je l'ai poussée à l'eau.»

Au point de vue physique, ces types sont absolument dissemblables; mais en les examinant avec soin il est facile de lire sur leurs visages, qu'au point de vue moral, les idées, les sentiments bas et communs sont identiques et c'est là surtout ce qui les marque d'un même cachet.

J'ai toujours éprouvé une pénible émotion en écoutant les plaisanteries, les bravades, les mots d'argot, les termes obscènes, sortir de la bouche de ces enfants pervertis, et si bien doués que dans leur précocité criminelle ils possèdent la connaissance du bien et du mal acquise dans le milieu où ils se meuvent.

Les perquisitions pratiquées chez les parents de ces jeunes vauriens m'ont permis de voir des intérieurs d'une immoralité repoussante. L'union libre y régnait, et cette brouille avec le Code civil, en dégradant la femme, rejaillissait sur les enfants.

Des familles ainsi constituées, indépendantes, ne reconnaissent aucune loi et luttent contre les articles du Code pénal.

Au domicile des pères et mères de File-Menton et de Maltourné, j'ai trouvé les animaux tués par leurs enfants et des œufs de palmipèdes volés dans les parcs du Jardin des Plantes.

Le père de File-Menton, rempailleur de chaises, avait pour maîtresse une fleuriste travaillant au-dehors, et c'est au concubinaire qu'incombait la garde des enfants.

À mon arrivée chez lui, au mois de juillet, j'ai vu le frère et la sœur, âgés de dix et onze ans, se roulant nus sur de la paille.

Le maître du logis avait pour unique vêtement un tablier n'ayant pas l'ampleur d'un jupon.

Étonné lui-même de ma surprise, ce chef de famille me répondit par cette phrase apprise au cabaret : « L'homme et la femme ayant la même origine et la même fin, je laisse à la nature le soin d'agir. »

– Et vous laissez aussi vos enfants voler ? répliquai-je.

– Dites : S'amuser.

Je fis condamner ce misérable ; et les trois enfants entrèrent dans des maisons d'apprentissage.

Après l'expiration de sa peine, l'amant reprit son court tablier, sa fleuriste, et tous deux recommencèrent la vie commune. Ils eurent même l'audace de réclamer leurs enfants pour les replonger dans le vice.

La mère de Maltourné se livrait au braconnage, et sous ses jupes passait à l'octroi le gibier en fraude. Son principal amant, hardi braconnier, faisait l'éducation de l'enfant né des œuvres d'un de ses camarades mort en prison. Ce ménage irrégulier, toujours en chasse, n'avait aucun domicile, et l'homme, la femme et l'enfant s'étendaient souvent sur le même lit. On put enfin arrêter la mère. Mise en présence de son fils, au lieu de lui adresser des reproches, elle le traita d'idiot, de maladroit, et le menaça d'une bonne correction.

– Vous n'empêchez donc point, lui dis-je, votre enfant de maltraiter, de tuer et de voler les animaux du Jardin des Plantes ?

– Là ou ailleurs, répondit-elle, le gibier appartient à tout le monde, et je ne comprends pas les lois qui entravent la liberté de la chasse.

Le père de File-Menton et la mère de Maltourné étaient des criminels conscients, responsables, qui avaient inculqué à leurs enfants le mépris de toute morale.

Ni reconnus, ni baptisés, dressés à la mauvaise conduite et au vol, ces pauvres enfants avaient été voués, dès le berceau, à une coupable vie. L'empreinte d'exemples détestables laissée sur de jeunes cervelles s'efface difficilement, et, parmi maintes preuves tombées entre mes mains, je vais citer celle de cette petite bouquetière de dix ans que sa mère envoyait mendier.

Elle me dit : « Papa et maman boivent de l'eau-de-vie, se disputent, se battent et s'embrassent. Je ne suis ni sourde ni aveugle ; je vois, j'entends ce qui se passe autour de moi. »

La situation de cette intelligente gamine, qui savait observer les paroles, les habitudes, les actes, la vie de ses parents, ressemble à celle de beaucoup de ses pareilles, mal vêtues, mal nourries, mal chaussées, peu aimées, souvent battues, et qui préfèrent la prison à cette horrible existence de famille où le soi-disant père ivre, grossier, crie, tape la concubine, et d'un coup de pied envoie rouler l'enfant sur le sol, parce qu'il pleure en voyant frapper sa mère.

◆

À L'AUBE DE LA POLICE SCIENTIFIQUE

La révolution du bertillonnage

Charles Diaz

Paris, été 1879. Dans une vaste salle de cette caserne de la Cité où siège depuis quelques années la Préfecture de police, un jeune commis auxiliaire au visage pâle, maigre, triste et froid s'applique à compléter – pour le compte du 1er bureau de la division du cabinet – des fiches signalétiques de détenus, à partir d'indications plus ou moins fidèles fournies par les inspecteurs du département de la Seine. Affublé, comme tous ses collègues, de la blouse grise réglementaire, il remplit, trie et classe à longueur de journée des centaines de fiches qui en rejoignent des milliers d'autres au fond de casiers alignés partout : des « cabriolets », dans le jargon du service.

Ce jeune homme de vingt-six ans, d'un caractère renfermé et opiniâtre, ce modeste employé s'appelle Alphonse Bertillon. Rien ne laisse présager que, dans la décennie suivante, il va révolutionner les méthodes policières d'identification des malfaiteurs, faire entrer l'enquête judiciaire dans

FIGURE I

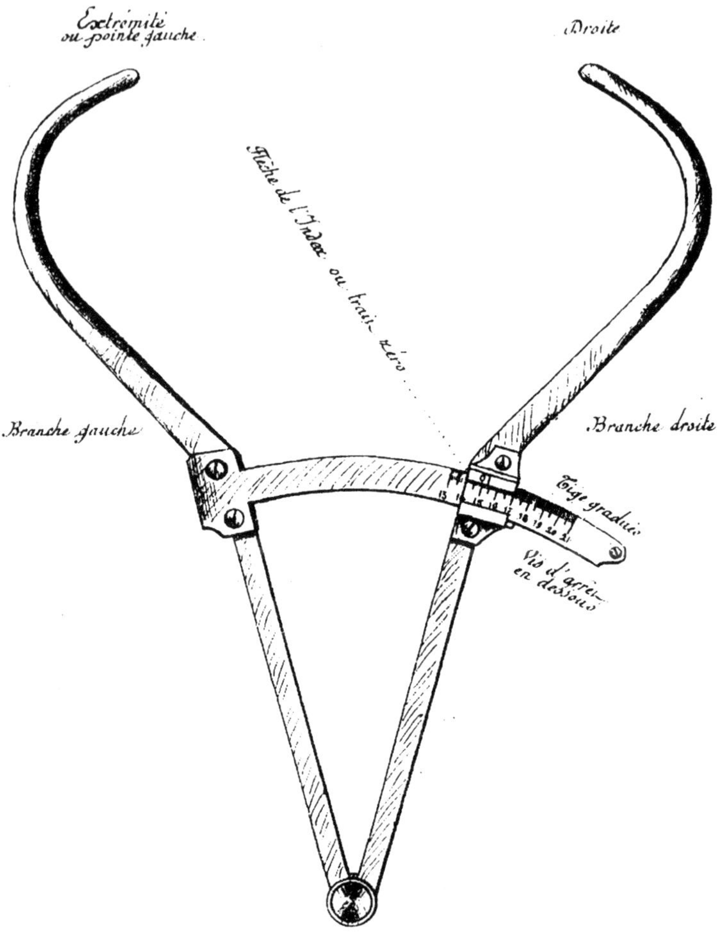

COMPAS D'ÉPAISSEUR

pour la mensuration de la longueur et de la largeur de la tête.

NOTA. — Pour lire les indications de l'instrument, se reporter vis-à-vis le trait zéro.

Exemple : L'ouverture des branches, sur le dessin ci-dessus, est d'environ 15 centimètres, 1 millimètre.

FIGURE II

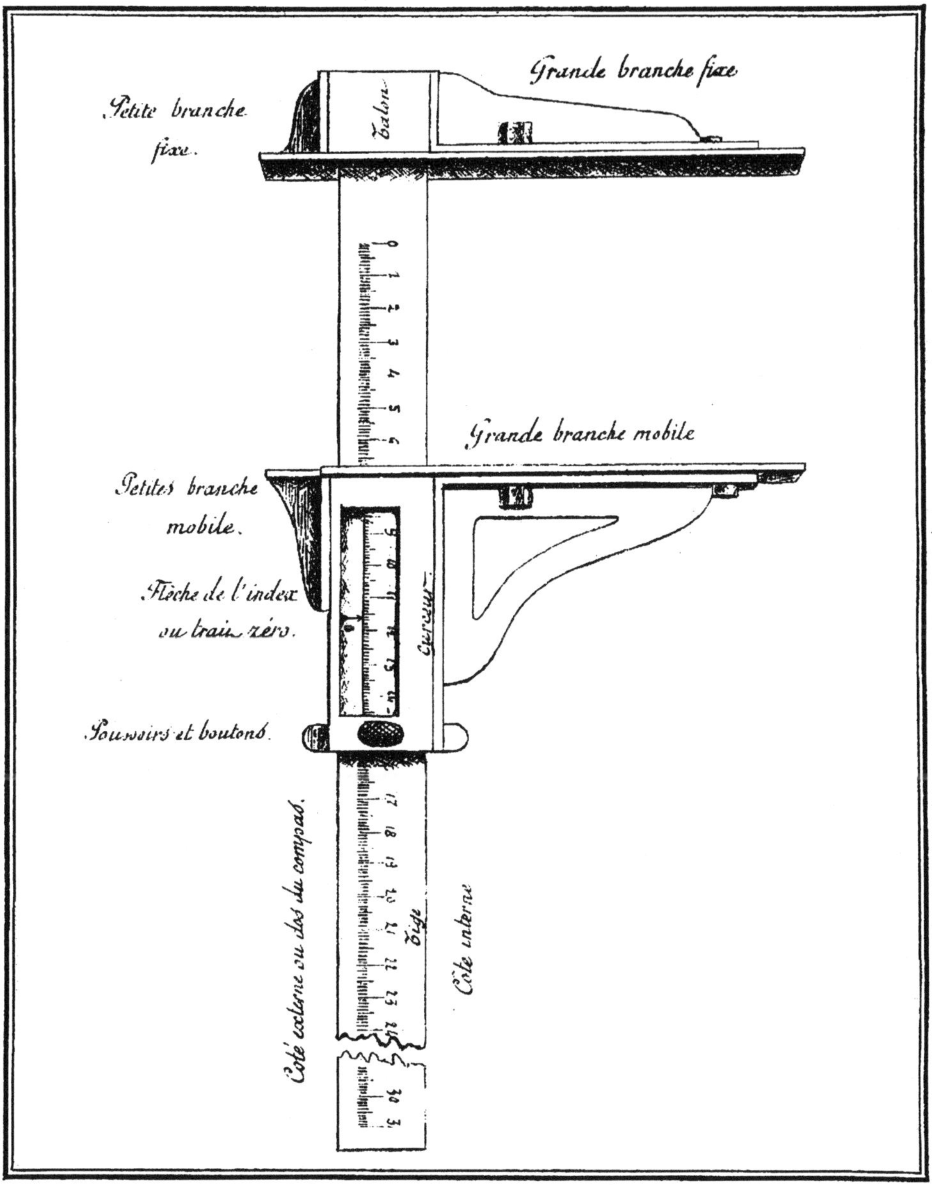

Onze mesures forment la base du procédé d'identification mis au point par Bertillon, qui emploie des instruments de précision : un compas pour les mensurations crâniennes (à gauche) et un pied à coulisse (ci-dessus).

l'ère de la criminalistique et conquérir ainsi une renommée internationale.

Issu d'un milieu aisé, entouré depuis toujours de sommités du monde scientifique – son professeur de père, Louis-Alphonse, est directeur de la statistique de la préfecture de la Seine et cofondateur de l'École d'anthropologie –, Alphonse Bertillon a gardé de son enfance une « monomanie du pied à coulisse », un goût prononcé pour la mesure du corps humain. Influence familiale : il a foi en la science et en sa capacité à résoudre tous les problèmes, une croyance dans l'air du temps quand triomphent le positivisme d'Auguste Comte et les romans de Jules Verne. Bertillon ne brille cependant guère dans l'étude. Élève médiocre, étudiant en médecine peu inspiré, il finit par abandonner les bancs de la faculté et doit alors à son père d'obtenir, sur recommandation, en mars 1879, une place de commis à la Préfecture de police.

Des méthodes dépassées

C'est là qu'il découvre l'incapacité de la machine policière à identifier avec certitude ces « délinquants d'habitude » qui, chaque fois qu'ils sont arrêtés, cachent aux inspecteurs – et aux tribunaux – leur véritable identité, leur passé judiciaire. La concentration urbaine, les facilités de déplacement offertes par l'essor des réseaux ferrés font que le problème se pose à Paris avec plus d'acuité que partout ailleurs. La Préfecture de police s'en remet encore aux méthodes classiques héritées de Vidocq et de ses successeurs : on place des « moutons » dans les cellules, en espérant que les récidivistes se trahiront par quelque confidence, on a recours à des inspecteurs

« physionomistes » qui examinent les nouveaux arrivants au Dépôt et perçoivent cinq francs de prime pour chaque récidiviste reconnu, ce qui suscite nombre de trafics. Il y a, enfin, le service où travaille le jeune Bertillon et où s'entassent plus de quatre-vingt mille fiches de signalement, censées permettre le rapprochement des caractéristiques physiques : taille, âge apparent, pilosité, signes particuliers... La réussite tient de l'exploit tant les fiches sont mal remplies et les méthodes de classement, stériles. Certes, depuis 1874, une photographie du détenu est jointe au signalement, mais l'absence de règles, d'uniformité dans les conditions de prise de vue fait de chaque cliché un portrait d'art, peu utile en matière de reconnaissance faciale.

Une identification quasi certaine

En quelques mois, Bertillon imagine un nouveau système d'identification fondé sur la loi du statisticien belge Lambert Quételet, selon laquelle les mensurations de l'ossature humaine présentent « une fixité métrique à peu près absolue à partir de la vingtième année ». Un récidiviste pourra mentir sur son nom, se laisser pousser la moustache, prendre du poids, jamais il ne fera varier les mesures de son squelette. Si ces mesures sont prises avec rigueur, une comparaison le confondra aussitôt.

Profitant de ses temps de loisir, Alphonse Bertillon bâtit son système qu'il appellera « anthropométrie judiciaire » et le teste sur des détenus du Dépôt et de la prison de la Santé. D'après ses calculs, il suffit que deux individus « morts ou vivants » présentent neuf mesures identiques sur onze

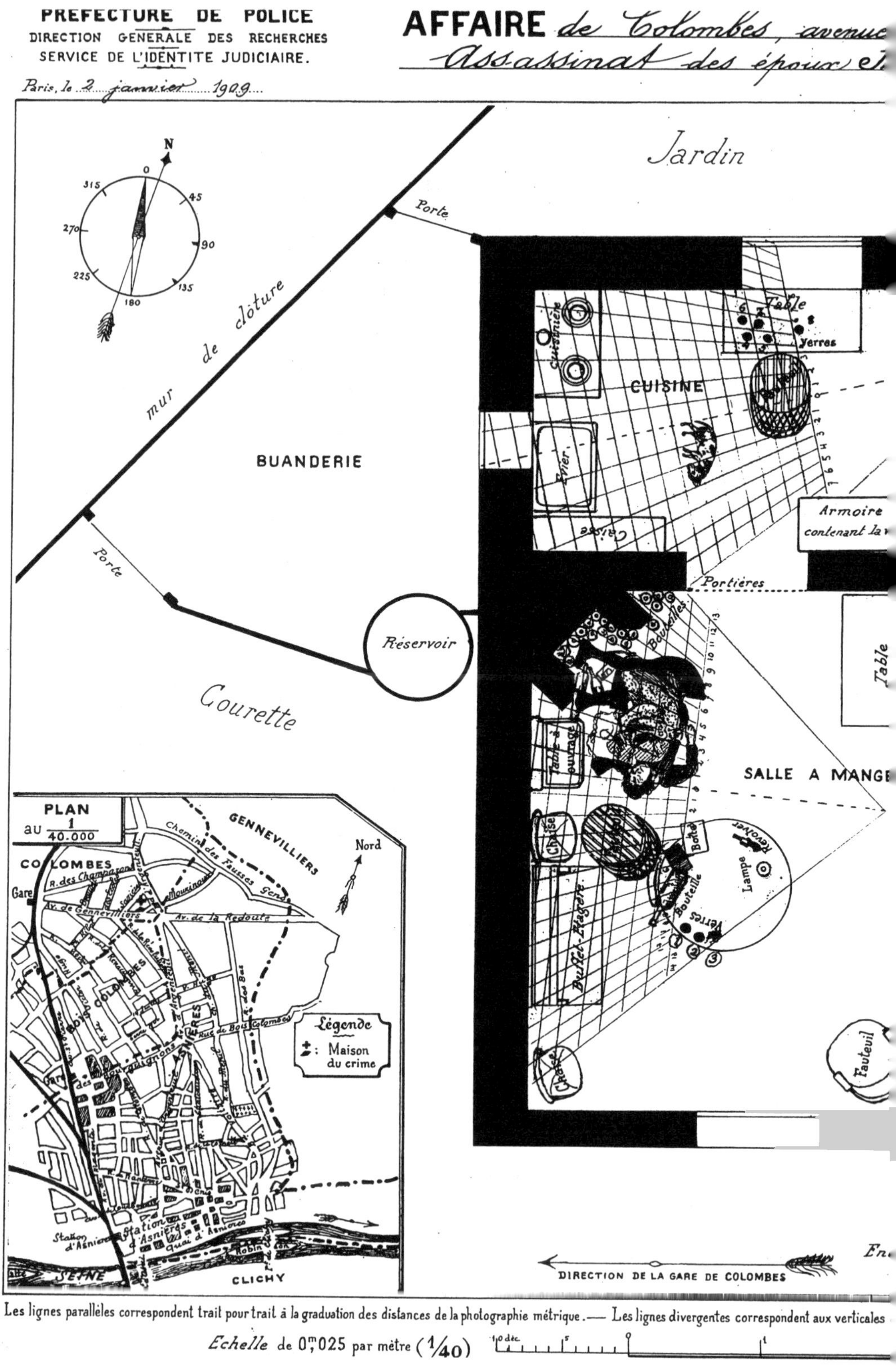

Croquis planimétrique d'un double assassinat commis à Colombes : la scène de crime est ainsi conservée dans ses moindres détails.

...illiers N° 129
(Rez de Chaussée)

CROQUIS PLANIMETRIQUE

D'APRES LES VUES PHOTOGRAPHIQUES A, B, C,

COMPLÉTÉ PAR UN PLAN À MAINLEVÉE DES PARTIES ENVIRONNANTES

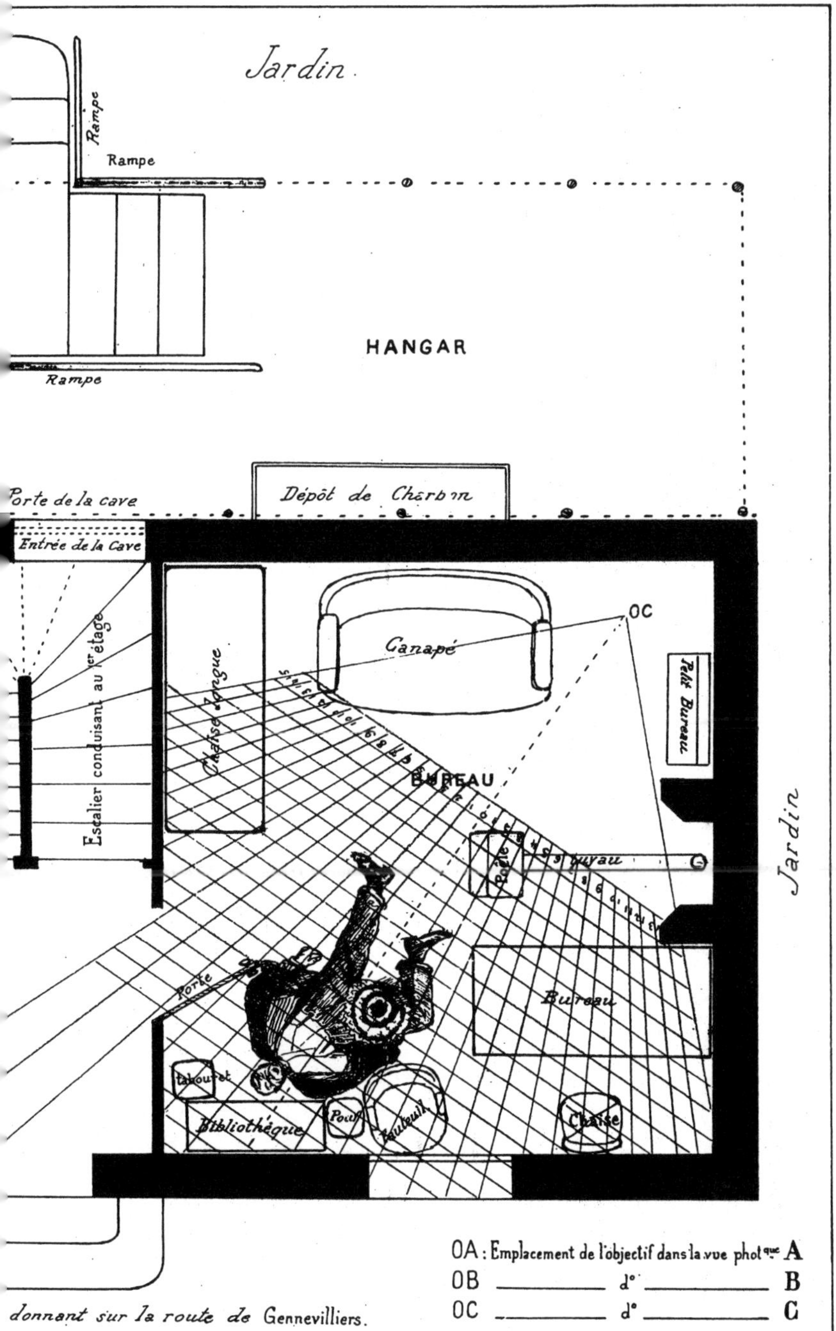

OA : Emplacement de l'objectif dans la vue phot^que A
OB ———— d° ———— B
OC ———— d° ———— C

d'après les graduations horizontales de l'encadrement de la photographie.

— — — — Axe de l'objectif.

3 4 5 6 7 mètres

soigneusement relevées pour aboutir à une identification quasi certaine.

Le 1er octobre 1879, sûr de lui, le jeune commis adresse un mémoire au Préfet de police Louis Andrieux. L'envoi reste sans réponse. Bertillon insiste et transmet, le 1er décembre, un second mémoire plus complet. Peine perdue : toute cette obstination, toutes ces considérations ostéométriques et statistiques persuadent Andrieux qu'il a affaire à « un fou dangereux », auquel il oppose une fin de non-recevoir.

Premières arrestations

Bertillon, pourtant, ne capitule pas. Au cours des deux années suivantes, il affine sa méthode, la soumet à la critique de scientifiques reconnus. Entre-temps, Andrieux a cédé sa place à un nouveau Préfet de police, Jean Camescasse, qui, lui, laisse Bertillon faire ses preuves. En décembre 1882, il lui accorde trois mois pour démontrer l'efficacité de son système. Aidé par deux inspecteurs, armé d'un pied à coulisse et d'une pince céphalique – pour les relevés crâniens –, Bertillon mesure des semaines durant les détenus de passage au Dépôt. Le 20 février 1883, alors qu'il a accumulé près de six cents fiches anthropométriques et qu'approche le terme fixé pour l'expérience, Bertillon identifie formellement son premier récidiviste : un nommé Dupont, arrêté pour cambriolage et déjà mesuré par ses soins le 15 décembre précédent, sous le nom de Martin, pour une tentative de vol de bouteilles vides.

L'anthropométrie judiciaire est lancée : 49 récidivistes sont reconnus en 1883, 241 en 1884, 425 en 1885 et jusqu'à 680 en

1892, année où l'identification de l'anarchiste Ravachol porte au zénith la réputation d'un procédé que les journalistes ont baptisé « bertillonnage ». Présenté au grand public à l'Exposition Universelle de Londres en 1884, objet de maints articles de presse qui célèbrent les « expériences géniales d'un jeune savant français », le système se répand dans le monde entier. Plus de cinquante pays – dont les États-Unis – l'adoptent en quelques années.

À Paris, Bertillon prend d'abord la tête d'un « bureau d'identité » qui, en février 1888, devient un « service d'identification anthropométrique » et obtient de pouvoir s'étendre dans les combles du Palais de justice. À lui la charge d'effectuer les signalements, de tenir les fichiers, d'opérer les recherches et de former de nouveaux praticiens quand le « bertillonnage » se généralise dans les prisons départementales françaises.

Un dédale de soupentes et passerelles

Un décret du 11 août 1893 donne naissance au « service de l'Identité judiciaire » de Paris qui, sous la houlette de Bertillon, réunit le service anthropométrique, le service photographique et les sommiers judiciaires. Rassemblant trente-six cadres et agents, cette unité policière occupe quelque 1 710 mètres carrés de bureaux, combles et greniers entre le quai de l'Horloge et le quai des Orfèvres, dans un dédale de greniers, de couloirs, de soupentes, de passerelles et d'échelles dont l'inconfort surprend les visiteurs étrangers. L'Identité judiciaire relève à ses débuts de la Sûreté (direction générale des recherches) avant de devenir, quand cette

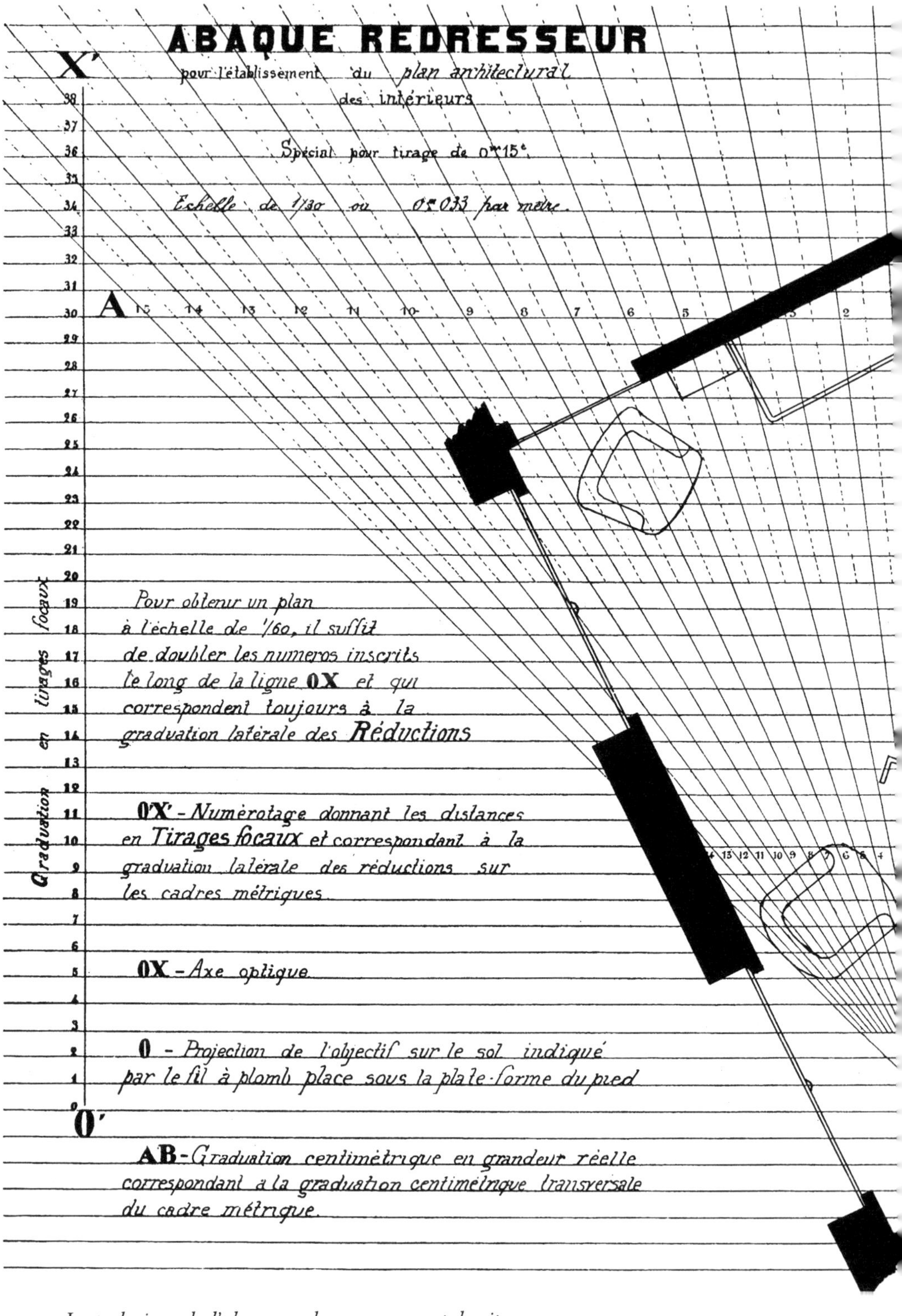

La technique de l'abaque redresseur permet de situer sur un plan architectural les photographies prises par les enquêteurs.

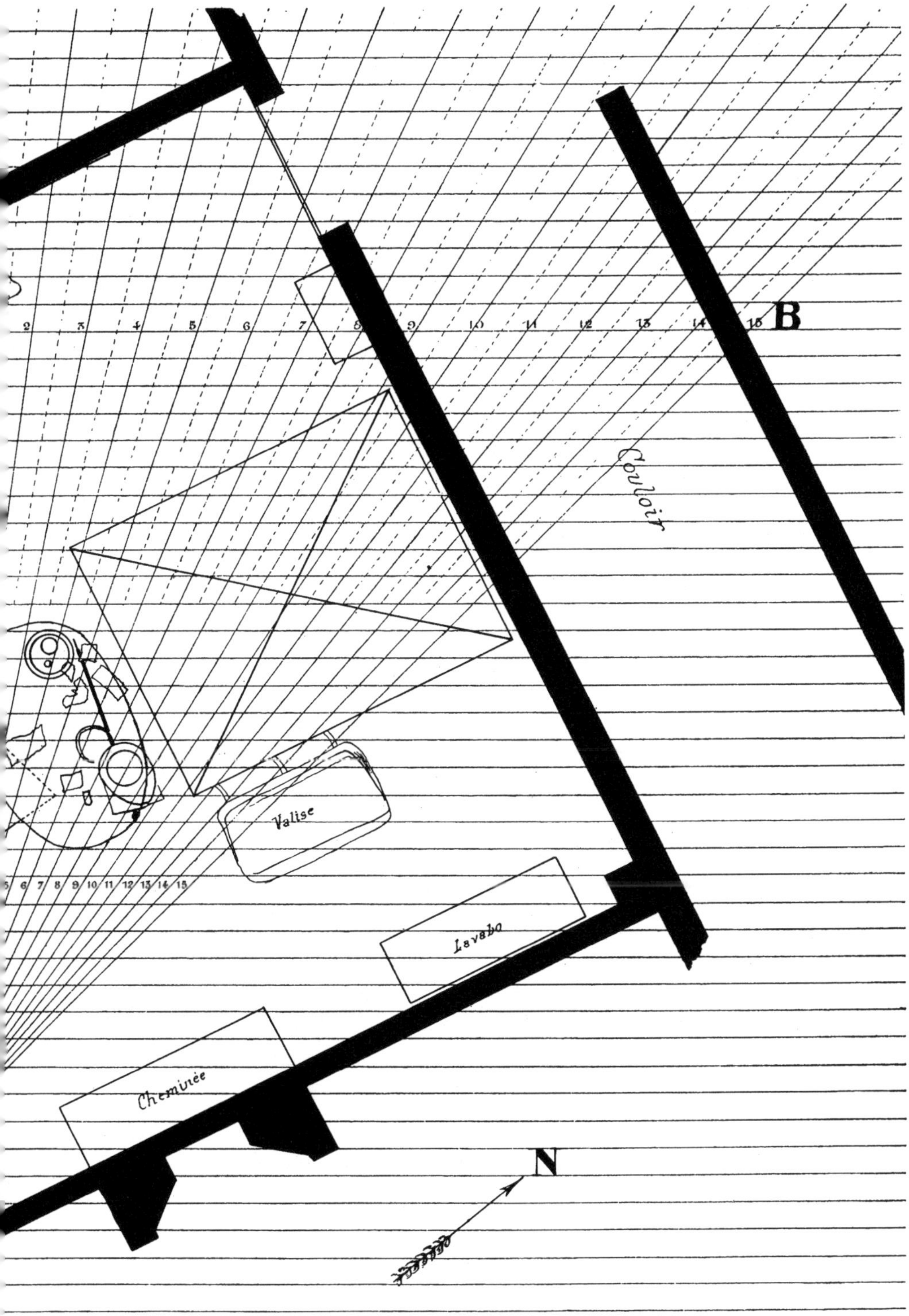

B
Couloir
Valise
Lavabo
Cheminée
N

dernière disparaît en août 1913, une composante de la nouvelle « direction de la Police judiciaire » créée dans le cadre d'une profonde réorganisation voulue alors par le Préfet de police Célestin Hennion.

Inlassable chercheur, Alphonse Bertillon est aussi à l'origine de la photographie dite « anthropométrique » ou « signalétique », qui met fin à toutes les fantaisies dans les prises de vue. L'opérateur est désormais tenu d'observer toujours les mêmes conditions de pose, d'angle, de lumière, de distance et de hauteur. Chaque individu est placé sur une chaise spéciale et deux clichés sont pris – face et profil droit. Cette photographie objective constitue, avec les mensurations et les marques particulières, les données de base de la fiche signalétique « bertillonnienne », à laquelle le chef de l'Identité judiciaire ajoutera les éléments d'un autre procédé de son invention, le « signalement descriptif » ou « portrait parlé ».

Le principe en est simple : être en mesure de décrire avec précision un visage à partir d'une décomposition analytique de ses traits caractéristiques – structure du nez, forme des oreilles, implantation des cheveux –, de manière à pouvoir très vite transmettre à distance, par téléphone ou télégramme, un signalement sûr et aussitôt exploitable par les policiers. Reposant sur des sériations multiples dont les tableaux de nez, fronts, sourcils, mâchoires, paupières utilisés pour la formation des inspecteurs nous donnent un déconcertant aperçu, le « portrait parlé » se révèle d'une application difficile. Il n'en sera pas moins longtemps utilisé par la police française.

L'empreinte des doigts

Mais l'identification humaine par l'empreinte digitale – la dactyloscopie – va sonner le glas du « bertillonnage », procédé lourd, vexatoire, critiqué comme « attentatoire à la liberté individuelle » et parfois pris en défaut. En 1901, le Préfet de police de Londres décide d'abandonner le système français au profit de la dactyloscopie. Bertillon lui-même a compris tout l'intérêt des relevés dactylaires et, dès 1896, a fait ajouter sur les fiches de signalement l'empreinte des doigts de la main droite. En octobre 1902, son initiative permet d'enregistrer la première identification d'un malfaiteur « à distance » grâce aux traces papillaires découvertes sur une scène de crime. Bertillon relève les empreintes d'Henri-Léon Scheffer, fiché par la Sûreté parisienne pour vol et abus de confiance, sur la vitre d'un meuble, dans un appartement cambriolé rue du faubourg Saint-Honoré où un domestique a été assassiné.

Une approche scientifique de l'enquête

Le « bertillonnage » ne survivra guère à son créateur, mort en 1914. Son mérite essentiel est d'avoir intéressé les pouvoirs publics à une approche scientifique de l'enquête judiciaire et d'avoir imposé sur le terrain nombre de règles et de pratiques fondamentales de la criminalistique moderne.

Le chef de l'Identité judiciaire introduit ainsi la photographie « métrique » pour fixer tous les détails du théâtre d'un crime, suivant, là encore, des règles draconiennes dans la prise de vue. Ces clichés complètent le levé de plan que réalisent invariablement les inspecteurs de Bertillon en respectant des conventions précises. La protection de la scène d'infraction, la description méthodique des lieux, la recherche systématique de traces et d'indices, tout comme l'exploitation de ces traces par l'examen technique, entrent désormais, grâce à Bertillon, dans l'arsenal de l'enquête criminelle… Le petit employé couleur grisaille aura ouvert la voie aux experts en blouse blanche.

◆

Les apaches

Médecin et licencié en droit, directeur du Laboratoire de police technique de Lyon, Edmond Locard compte parmi les grands criminologues français du début du XXe siècle. Depuis qu'en 1902 les deux chefs de bande Leca et Manda se sont battus pour Casque-d'Or, une jeune prostituée de Belleville devenue la coqueluche de la presse, les Français sont fascinés par la figure de « l'apache ». Locard, lui, s'attache à décrire le « milieu criminel » de manière scientifique et rationnelle.

Extrait de Le Crime et les Criminels, *Edmond Locard, 1925*

Voici, je pense, un assez beau paradoxe : un peuple qui n'a jamais d'enfants et dont l'effectif cependant s'accroît, ou tout au moins se maintient.

Et cependant c'est bien ce qui se passe pour le milieu criminel. L'apache ne se marie pas et, au cours de liaisons épisodiques, ne repeuple jamais. C'est donc par des conversions, si l'on ose dire, qu'il recrutera ses complices et ceux qui le remplaceront quand il mourra. Et il mourra jeune, car la tuberculose, la syphilis, l'alcoolisme et la détention se conjuguent pour abréger le temps pendant lequel son destin est de nuire. [...]

Je dirai comment l'origine principale de ce peuple hors la loi est l'enfance abandonnée. Mais ce qu'il faut savoir, c'est qu'il n'y a de véritables professionnels du crime qu'après le passage dans les établissements pénitentiaires. C'est seulement quand il a été arrêté et détenu pour un petit vol, pour une rixe, pour un outrage aux agents, qu'un homme devient un malfaiteur d'habitude. C'est quand il a passé par la maison centrale que le criminel d'occasion devient un apache. Que ferait-il, en effet ? S'il cherche du travail, on lui demandera son casier judiciaire, et partout on le repoussera. D'ailleurs, les grandes villes lui sont interdites. Et pourtant c'est là seulement qu'il pourrait trouver à vivre, caché dans la foule. Dans les petites villes, dans les campagnes, il est aussitôt connu et montré du doigt. Il lui faut alors retrouver ses anciens camarades réclusionnaires. Les conseils qu'ils lui donnent, on les devine. Suivant son tempérament, on le poussera vers le cambriolage qui veut de la décision et de la force, vers le vol à la tire qui exige de l'adresse, vers le vol à l'américaine où il faut de l'entregent et de la ruse. Le voilà embauché dans une équipe. Il restera criminel jusqu'à de nouvelles condamnations, jusqu'à la relégation, jusqu'à la mort.

On a beaucoup parlé de l'influence de la presse sur les criminels. Je ne crois pas du tout que la publicité, d'ailleurs excessive, que l'on a faite autour de certains bandits, ait jamais suffi à engager un honnête homme dans la voie du crime. Mais il paraît bien certain que la gloire dont on auréole un Landru, un Soleilland ou un Bonnot, donne aux apaches une haute idée d'eux-mêmes. J'ai eu à ce sujet d'assez curieuses confidences. Comme je demandais un jour à un meurtrier s'il savait que sa biographie et son portrait figuraient dans tous les grands quotidiens, il me répondit : « Ça m'obligera à avoir de la tenue quand je monterai sur la guillotine. » Et c'est peut-être, en effet, à cette noble opinion qu'on leur donne d'eux-mêmes qu'il faut attribuer la crânerie dont quelques-uns – mais pas tous – font preuve au dernier moment. Souvenez-vous de Schinderhannes saluant le public, au moment où on allait lui couper le cou, et disant à une petite femme qui se haussait sur la pointe des pieds : « Un peu plus à droite, madame, vous verrez mieux. »

Je crois bien davantage aux inconvénients du cinématographe. Non pas que lui non plus ait jamais suffi à déterminer une vocation reprochable. Mais je sais, de la façon la plus pertinente, qu'un certain nombre de malfaiteurs, et non des moins dangereux, y ont trouvé des conseils déplorables. Plusieurs fois, la police a vu appliquer, dans des cas trop réels, des méthodes d'agression ou de vol que le film avait représentées dans la semaine précédente. En particulier, les drames américains à épisodes ont eu une influence fâcheuse.

[...]

L'Apache est un Peau-Rouge d'une sorte particulièrement désagréable, qui florissait jadis à la frontière du Mexique et des États-Unis. Passant d'un pays à l'autre pour éviter la répression, il pillait, incendiait et assassinait, toujours à cheval, toujours en fuite et jamais soumis. Je crois bien que cette race déplorable était à peu près exterminée quand un journaliste parisien la fit ressusciter par une sorte de métempsycose. Des bandes criminelles avaient tant volé et tué le long des boulevards extérieurs et même un peu en deçà, qu'aucun terme ne parut mieux convenir pour les désigner que le nom d'une peuplade sauvage.

Il faut donc entendre par apaches les individus, presque constamment organisés en bandes, qui, dans les grandes villes, et notamment à Paris, n'ont pas d'autres moyens d'existence que le vol ou la prostitution de leurs compagnes.

Les chansonniers de café-concert, après Bruant, et, par surcroît, des littérateurs de grand talent, comme Jehan

Rictus et Carco, ont nimbé de poésie le front crasseux des malandrins. J'aime fort Rictus, qui a une âme d'apôtre et le cœur le plus tendre, mais j'ai trop fréquenté les apaches pour partager son admiration. Je concède cependant très volontiers qu'il y a, chez ce peuple hors la loi, certains sentiments louables.

Le premier est une vigoureuse horreur de la délation. L'apache ne peut admettre qu'on le trahisse. C'est d'abord qu'il a généralement pas mal de choses à cacher. C'est ensuite que la plus grave occasion pour lui d'être pris est d'être vendu à la police par un camarade sans scrupules. Ce traître – l'indicateur ou le donneur, pour parler le langage technique – est d'ailleurs un être répugnant. C'est généralement un ancien condamné. Sa peine purgée, il reste interdit de séjour. Il n'a donc plus le droit, pendant un temps qui peut être long, de pénétrer dans le département de la Seine, ni dans l'agglomération lyonnaise, ni dans une série d'autres territoires qui lui ont été spécifiés au moment de sa libération. Or, les criminels qui ont encouru des peines graves n'ont chance de trouver des moyens d'existence que dans les grandes villes. Partout ailleurs, ils sont immédiatement reconnus, signalés et honnis. Ils tâchent donc de rentrer dans une grande ville, où ils peuvent plonger dans la foule, rester inconnus, trouver du travail s'ils le veulent, ce qui est rare, ou reprendre la *mala vita*, ce qui est la règle. Quelle tentation, alors, d'obtenir la pitié en dénonçant d'anciens camarades de maison centrale ou de prison. Seulement, l'indicateur mange à deux râteliers et trahit de toutes parts.

Le deuxième beau sentiment de l'âme apache, c'est la fidélité conjugale. Ne croyez pas à une mauvaise plaisanterie : les hommes à casquette sont fidèles à leur compagne, au moins temporairement. Quant à ces dames, si leur fidélité est réelle et très sûre, elle est d'un genre tellement spécial, que je ne vois vraiment pas le moyen de vous l'expliquer.

Ajouterai-je que le peuple apache a le sentiment de l'honneur ? Et si je ne craignais pas de paraître jouer avec le paradoxe, il me serait aisé de démontrer que l'honneur de l'apache est tout précisément du même ordre que celui du gentilhomme. Ne se manifeste-t-il pas, de part et d'autre, en dernière analyse, par le duel ? Manda et Leca s'estafiladant à coups de surin pour les beaux yeux de Casque-d'Or sont aussi nobles que Beaumanoir buvant son sang dans le champ clos des Trente. Car ces rencontres ont leurs règles, aussi sévères et aussi précisément observées que celles d'une rencontre entre gens du monde. Il y a des coups permis et des coups défendus, des témoins et même des dîners de réconciliation.

En regard de ces vertus, il convient d'inscrire un vice terrible : la paresse. L'apache ne travaille pas ; il ne travaille jamais. Dans les villes où une police tracassière recherche avec obstination les preuves du vagabondage spécial, l'apache va de temps à autre s'embaucher. Dès qu'il a obtenu un livret ouvrier, il quitte le chantier où il n'a fait qu'apparaître. Le plus souvent son embauche fictive aura lieu dans une foire ou une vogue. « Je travaille aux balançoires », est une réponse bien connue de la police.

S'il ne travaille pas, ou si, par une déplorable antiphrase, il décore de ce nom la prostitution ou le cambriolage, l'apache s'amuse. Comme les femmes de la meilleure société, il aime par-dessus tout la danse. Il n'est pas très sûr qu'il ait inventé les pas tumultueux que le café-chantant ou le mélodrame lui attribuent, et je vous assure bien que la fameuse valse chaloupée n'est pas de son cru. J'ai fréquenté les bals apaches un peu partout, à Paris et à Berlin, à Rome et à Milan, à Chicago et à New York. Où qu'on aille, on retrouve ce même caractère essentiel : la gravité. Les couples tournent lentement, figés, rigides, sans joie apparente, à pas feutrés. En général, deux hommes dansent ensemble, ou deux femmes. Nul bruit. Nulle voix.

C'est à Lyon que j'ai vu le plus admirable bal de criminels. Je n'en veux pas dire l'adresse, bien que l'immeuble ait changé aujourd'hui de destination. C'était une grande salle carrée, avec une galerie au premier étage, d'où l'on pouvait jouir du spectacle. Au fond s'élevait un escalier à deux corps, en haut de quoi s'ouvraient une série de chambres avec cette inscription : « On loue à l'heure et à la nuit. » Au rez-de-chaussée, la partie centrale, réservée aux danseurs, était entourée d'une grille assez haute pour faire songer à une cage à lions. Autour, il y avait des tables. J'ai demandé un jour au patron pourquoi il avait fait placer cette grille. Il me répondit simplement : « Quand il n'y en avait pas, les danseurs heurtaient quelquefois les tables ; alors on leur donnait des coups de couteau. »

On était fort bien reçu dans cet établissement, à condition d'y venir en smoking pour bien montrer qu'on ne se cachait pas, et qu'on était là en visiteur, et d'y offrir un saladier de vin chaud. Mais j'y ai vu un jour un savant fort distingué qui a eu la candeur d'y venir déguisé en apache. Naturellement, il avait l'air d'un apache de beuglant, avec un pantalon « mince des genoux et large des pattes » et une casquette trop haute. Ça a failli se gâter : on a vu les « lingues » et les « rigolos ». Il a fallu renverser des tables. Bref, on a eu beaucoup de mal à le sortir de là.

Outre la danse, l'apache aime le cinématographe. Il y trouve la glorification de son état, et, de temps à autre, une recette ingénieuse pour le cambriolage ou l'escroquerie.

L'apache lit peu. Il n'écrit guère, si ce n'est en prison, où il compose volontiers de longs mémoires, en général fadasses, et des vers habituellement langoureux. Quand par hasard il lit, ce sont des romans d'aventures où il y a des mousquetaires et des duchesses, ou bien des personnages actuels, mais alors du plus grand monde. M. Georges Ohnet et M. Pierre Benoît satisfont à tous ses élans.

◆

LA REINE DES CRIMINELLES

Cambriolage à l'American Express

Nuala O'Faolain

Traquée par la police, Chicago May évite les photographies avec soin. Souvent, elle utilise des pseudonymes ou se fait passer pour une autre. Un seul cliché dont on soit sûr : la photo de police d'une femme âgée et visiblement brisée, une prostituée alcoolique au visage fatigué et ridé, aux cheveux gris et rêches.

Quand elle s'embarque pour l'Amérique, sa beauté lui fait pourtant croire à son destin. Mais il n'y a qu'une brève période où ses rêves d'Irlandaise semblent se réaliser. En 1903, elle se rend à Paris avec son amant – le beau et dangereux Eddie Guerin – pour préparer le casse de l'American Express. Eddie, né à Chicago, a déjà connu plusieurs prisons. Chicago May est tombée amoureuse de lui aux funérailles d'un pickpocket, à Londres. Ce voyage sera leur seul moment de bonheur, mais ils ne le savent pas encore. Ils visitent le Louvre, se promènent au bois de Boulogne et vont même voir la morgue. Cet homme et cette femme ont toujours vécu dans la violence, sans éducation ni loisirs, et pourtant il est émouvant de voir qu'ils se comportent comme les plus innocents des touristes.

À leur arrivée, les autres membres du gang ne s'embarrassent pas de discrétion. Les autorités sont alertées, et bientôt la Sûreté les prend en filature. Pendant qu'ils dévalisent le coffre de l'American Express, May met à profit son expérience de prostituée pour faire semblant de racoler sur le trottoir tout en guettant la police. Puis Eddie et May rentrent triomphants à l'hôtel, les poches pleines.

Séparés pour toujours

Eddie est reconnu par des inspecteurs dans le train pour Calais, mais personne ne s'aperçoit que May est avec lui. Elle continue jusqu'à Londres. Avec l'argent. Dans les cercles interlopes américains, May est connue pour sa dureté. Elle aurait dû passer outre et continuer sa route. Mais elle retourne à Paris pour aider son amant. Au cours du procès, elle confirme l'alibi d'Eddie en prétendant avoir passé la nuit avec lui. Mais le concierge de l'hôtel certifie que ce dernier est sorti pour ne rentrer que très tard. Une demi-heure suffit au jury pour les déclarer coupables, tous les deux. May est condamnée à cinq ans de travaux forcés et Eddie, récidiviste en France, enfermé à vie sur l'île du Diable. *La Gazette du Palais* l'atteste, « Guerin et la femme (…) se sont jetés dans les bras l'un de l'autre », avant de se séparer pour toujours.

May passe trois ans à la prison de Montpellier, avant que des dames de la bourgeoisie lui obtiennent la grâce du Président Loubet et l'extradition vers l'Angleterre. Le plus extraordinaire, cependant, c'est qu'Eddie s'évade de l'île du Diable. Un jour, il entre dans un pub londonien où il surprend May…

LE CASSE DU TRAIN POSTAL

Main basse sur la malle des Indes

Pascal Roman

En ce matin du 18 novembre 1911, consternation parmi les employés du train-poste n° 11 en arrêt à Mâcon : trois des fourgons contenant des dépêches ont été fracturés en route. « Des inconnus ont cambriolé la malle des Indes », révèle dès le lendemain le quotidien à grand tirage *Excelsior*, qui ne cache pas une certaine admiration pour ce vol sensationnel : « Commis avec un sang-froid, une audace, une sûreté d'exécution vraiment remarquables, il mérite de prendre rang parmi les plus brillantes opérations qui sont l'orgueil des virtuoses de la pince-monseigneur. »

Ce que l'on appelle alors « la malle des Indes », c'est ce service, d'abord mensuel, puis hebdomadaire, d'acheminement de dépêches en malles closes entre la Grande-Bretagne et ses colonies des Indes orientales. À sa création, en 1839, il s'agit d'une malle-poste à cheval qui traverse la France en cent deux heures. La route cédant peu à peu la place au chemin de fer, la « malle » se compose bientôt d'un train fermé de cinq à dix wagons que tire une locomotive à vapeur de type « machine coupe-vent». À partir de 1871, elle relie Calais à Brindisi en passant par le tout nouveau tunnel du Mont-Cenis, puis poursuit sa route par paquebot jusqu'à Bombay, via Suez.

C'est ce convoi prestigieux qui a donc été «visité», dans la nuit du vendredi 17 au samedi 18 novembre 1911, en pleine course à travers la campagne française. L'enquête, menée par la Sûreté de Lyon en étroite collaboration avec celle de Paris, établit que les «monte-en-l'air» ont opéré entre Dijon et Mâcon, puisqu'un employé, en gare des Laumes-Alésia où le train a fait halte pour embarquer de nouvelles correspondances, n'a rien remarqué d'anormal. Montés à contre-voie, ils ont pénétré dans les fourgons en brisant les vitres du «poste-vigie» qui se trouve à l'arrière de la voiture. Quoique l'ouverture ainsi pratiquée soit très étroite, ils ont pu descendre par l'escalier intérieur. Puis, leur forfait accompli, ils ont sans doute profité du ralentissement en vue de Mâcon pour sauter à terre en emportant leur précieuse cargaison.

Plus d'un million de francs-or

Les aigrefins ont ainsi fait main basse sur soixante-dix-huit chargements. D'abord estimée à 500 000 francs-or, la somme dérobée dépasse bientôt le million. En bons professionnels, les cambrioleurs ont dédaigné les mandats et les chèques, pour ne faire porter leurs efforts que sur les billets de banque. Peu sensibles aux secrets de la politique étrangère, ils ne se sont point attaqués à la valise diplomatique destinée à l'ambassadeur de France auprès du Sultan, mais ils ont tout de même eu l'indélicatesse d'ouvrir une sacoche envoyée par le ministère de la Guerre au commandant de la place de Marseille.

Le sous-secrétaire d'État aux Postes et Télégraphes, Charles Chaumet, ne démissionne pas : en place depuis le 2 mars, il pointe l'insuffisance des moyens dont dispose son administration. Cette dernière, pour faire face à l'importance croissante du trafic, n'est-elle pas dans l'obligation de louer aux compagnies de chemins de fer des fourgons ordinaires qui ne présentent pas les garanties de sécurité des « allèges », ces fourgons spéciaux que les cambrioleurs n'ont pu fracturer ? Habilement, le sous-secrétaire d'État demande des crédits pour sécuriser les acheminements.

Quant à la mythique « malle des Indes », célébrée par Jules Verne et Kipling, son épopée ne s'interrompra qu'en septembre 1939 ; la guerre puis le triomphe de l'aviation la feront entrer au panthéon des rêves.

LA GUERRE DES GANGS

Fin d'un caïd

Grégory Auda

Le 3 décembre 1950, vers 3 heures 30 du matin, une voiture traverse en trombe la rue Henri-Huchard et s'immobilise devant l'hôpital Bichat. Une femme affolée s'en extirpe et appelle à l'aide. Elle n'est pas blessée mais ses vêtements sont maculés de sang et la voiture qu'elle conduit présente dix-sept impacts de balles. Côté passager, on distingue une masse inerte : un homme effondré, qui tient encore un fusil de chasse serré contre lui. Atteint par trois projectiles, dont un en pleine tête, le caïd corse Ange Salicetti, dit « l'Ange » ou « le Séminariste », vient d'expirer.

Les enquêteurs de la brigade criminelle n'ont guère besoin de s'interroger sur les mobiles de l'exécution ni sur l'identité des assassins. « Nous nous trouvons en présence d'une affaire qui se passe dans le milieu corse, ce milieu est très fermé et les éléments qui le composent ont l'habitude de traiter par le mépris les autorités judiciaires et de faire justice eux-mêmes », indique le rapport d'enquête. « Salicetti avait certainement lui-même bénéficié plusieurs fois de la loi du silence. Il est probable qu'elle fera maintenant obstacle pour l'identification de ses assassins. »

En fait, les policiers attendent l'événement depuis quelques mois déjà. Cette mort annoncée est le dernier acte, tragique, d'une guerre des gangs qui secoue le milieu corse et qui a vu périr une trentaine de malfaiteurs depuis 1937.

La vendetta

Ange Salicetti a vingt-trois ans lorsque débutent les hostilités. Il appartient déjà à une bande de braqueurs audacieux dirigée par Marc Santi. Intelligent, froid, orgueilleux et violent, il est considéré comme une figure montante du milieu. Sûr de sa force, il compte bien imposer sa domination aux autres voyous. Cette attitude mène inévitablement à des conflits. En septembre 1937, à Ollioules, au cours d'un règlement de comptes aux mobiles obscurs, Salicetti exécute Philippe Graziani. Ce dernier, tenancier de maison close, est l'un des membres les plus influents de la puissante famille Graziani-Nicolaï, qui règne sur le « quartier réservé » de Toulon.

Ce premier meurtre a pour effet immédiat de déclencher une vendetta entre la famille Salicetti et le clan Nicolaï. En mars 1938, un des cousins de Salicetti est tué à Marseille. Dès lors, on assiste à la formation de deux clans rivaux. Chacun dans le milieu corse doit prendre position, et épouser la cause d'un frère, d'un cousin, d'un ami. D'anciennes solidarités se réveillent et de vieilles querelles se ravivent. Tandis que Salicetti est arrêté et condamné à huit ans de réclusion pour le meurtre de Graziani, d'autres clans entrent dans le conflit et se mettent en ordre de bataille. Du côté de «l'Ange», on retrouve les «Corses de Paris» : les Pieri, les Morazzani, les anciens du clan Santi et les vétérans du clan Stéphani. Autour des Graziani se regroupent les «Corses de Marseille» : les Morganti et une nouvelle génération de malfaiteurs audacieux et inventifs, parmi lesquels on distingue tout particulièrement Joseph Renucci, Antoine Paolini, Jean et Dominique Venturi.

Des exécutions en cascade

En février 1944, Salicetti s'évade de prison. Il fait le coup de feu contre les Allemands et participe aux combats de la libération de Paris. Il est d'ailleurs sérieusement blessé. Mais il n'a pas oublié ses ennemis et entreprend méthodiquement leur élimination.

Dès lors, les exécutions se succèdent à un rythme affolant, sous les yeux d'une police impuissante : en moins de trois ans, le clan Graziani est anéanti, les Morazzani perdent leurs leaders, la famille Salicetti est décimée.

Peu à peu, le rapport de force s'inverse. Le 27 août 1949, encadré par trois gardes du corps aux aguets, Salicetti assiste aux funérailles de Mathieu Costa, un «homme de loi» du Milieu ou *paceri,* assassiné quelques jours plus tôt. Tandis que le cortège progresse boulevard Berthier, une rafale de mitraillette crépite. Salicetti s'en sort sans une égratignure mais deux de ses derniers gardes du corps sont à terre.

Ce 3 décembre 1950, c'est donc un chef de bande sans troupe qui sort de son bar et monte dans la voiture conduite par sa femme. Il tient entre ses mains un fusil et scrute la nuit, aux aguets. Mais, tandis qu'il atteint le rond-point de la place de Pantin, il n'aperçoit pas la voiture qui surgit sur sa droite et de laquelle dépassent des canons de mitraillettes.

La vendetta de « l'Ange » précède de deux ans la « guerre des blondes » au cours de laquelle les alliés d'hier, unis contre Salicetti, se disputeront le contrôle de la contrebande de cigarettes en Méditerranée.

Ces affrontements, en modifiant les lignes de force, ont eu un impact profond sur le milieu corse. Les clans victorieux, sûrs de leur autorité et disposant d'un pouvoir incontesté, vont désormais se consacrer à élaborer les réseaux de la *French Connection*.

II. Le meurtre

Tuer n'est pas tout, il faut tuer de sang-froid. Si Cartouche ou les assassins du courrier de Lyon, à l'évidence, ont des vies sur la conscience, du moins peuvent-ils prétendre à l'excuse d'avoir agi dans le feu de l'action : la mort donnée n'est qu'une modalité malheureuse du vol, un accident regrettable en somme.

Pour entrer au panthéon des assassins, il faut au contraire justifier d'une savante préméditation, d'ingénieux préparatifs, d'accessoires suffisamment macabres pour devenir des symboles mythiques : la « malle à Gouffé », la cuisinière de Landru, l'œilleton par lequel Petiot surveillait l'agonie de ses victimes…

Peu importe que l'assassin se repente, comme la Brinvilliers, obtienne sa rédemption à l'exemple de Violette Nozières, ou défie au contraire la société par son vertigineux cynisme, tels Landru et Petiot. Emblématiques de leur époque, ces aristocrates du crime auront leur place dans les dictionnaires et les livres d'Histoire.

Derrière la légende et les anecdotes aigres-douces, pourtant, les documents de police nous ramènent à l'épouvantable réalité du crime de sang.

◇

La marquise aux poisons

Les recettes mortelles de la Brinvilliers

Jean-Christian Petitfils

Le parvis de Notre-Dame est noir de monde. Badauds, bourgeoises, femmes de qualité, tous, comme d'habitude, mus par une curiosité morbide, se pressent afin de voir le dernier condamné faire amende honorable avant son exécution. Mais ce 16 juillet 1676, au soir tombant, le spectacle est plus excitant, plus insolite que jamais : il s'agit en effet d'une femme, et de surcroît d'une femme de la haute société, la marquise de Brinvilliers, coupable de parricide et de fratricide…

Le tombereau arrive, encadré par des archers à cheval. Elle en descend, pieds nus et mains liées. Elle est petite et menue, porte une camisole de toile blanche empesée, une corde de chanvre au cou. Sa cornette relevée laisse voir un visage convulsé, de grands yeux bleus hagards. Sous les imprécations de la foule, le bourreau et son aide la soutiennent jusqu'à la première marche du portail central, où elle s'agenouille. Elle tient à la main une torche de cire dont la flamme grésille. Le silence se fait. Elle regrette ses crimes et en demande pardon « à Dieu, au roi et à la justice ».

La tête jetée dans un brasier

Elle se relève. On la hisse à nouveau dans le tombereau qui lentement la conduit en place de Grève, face à l'Hôtel de Ville, où une foule serrée se bouscule devant un échafaud et un bûcher. Les fenêtres et les toits ont été loués à prix d'or. Exhortée par son confesseur, elle gravit les marches raides de l'échelle. Elle prie, elle pleure. Sa chevelure épaisse est rasée. Sa chemise déchirée par le haut laisse voir ses épaules dénudées. Elle s'agenouille, les yeux bandés. La foule entonne le *Salve Regina*. La lame de la longue épée siffle. Le bourreau de Paris, André Guillaume, porte ensuite le corps jusqu'au bûcher qu'on a allumé avec des bouchons de paille. Puis, il prend la tête encore bandée et la jette dans le brasier féroce...

Effarante destinée que celle de Marie-Madeleine d'Aubray, fille du lieutenant civil de la vicomté et prévôté de Paris, Antoine Dreux d'Aubray ! Née à Paris en 1630, elle est violée à sept ans par un domestique. Un traumatisme qui peut expliquer la suite. Livrée à elle-même, dès dix ans, elle a des rapports sexuels avec son frère Antoine. À vingt et un ans, son père lui fait épouser un officier, le marquis de Brinvilliers, qui se révèle dépensier et volage. Marie-Madeleine, qui aura sept enfants, dont quatre ne seront pas de son mari, tombe bientôt dans les bras d'un aigrefin criblé de dettes, Jean-Baptiste Gaudin de Sainte-Croix, et s'affiche avec lui. Scandalisé, l'intègre Dreux d'Aubray fait arrêter le ruffian, qui passe deux mois à la Bastille.

Empoisonneur et faux-monnayeur, Jean-Baptiste Gaudin de Sainte-Croix a mis la chimie au service du crime. BNF.

Une mort à petite dose

Les amants veulent se venger en l'empoisonnant. Libéré, Sainte-Croix se livre alors chez lui à des expériences de chimie et d'alchimie, fabrique de la fausse monnaie, vend des « poudres de succession ». Affectueuse, douce, prévenante, Marie-Madeleine fait mine de soigner son père tout en lui versant la mort à petites doses. Le 10 septembre 1666, il expire. L'autopsie ne révèle rien de suspect.

Les deux frères de la marquise recueillent une partie de l'héritage. Il faut qu'ils meurent à leur tour, car elle est couverte de dettes de jeu. Elle fait entrer à leur service un ancien domestique de Sainte-Croix, La Chaussée. L'aîné, Antoine, comte d'Offémont, souffre bientôt de violentes douleurs d'estomac, mais résiste. Il faut doubler les doses. En juin 1670, il rend l'âme, bientôt suivi du cadet. Pourquoi s'arrêter en si bon chemin ? La marquise de Brinvilliers, perverse profonde, essaie ses poisons sur sa sœur, rêve d'en faire autant sur sa belle-sœur et sur l'une de ses propres filles, « parce qu'elle était grande», dira-t-elle. Pour se faire épouser par Sainte-Croix, elle s'attaque à son mari, mais le bellâtre, moins pressé qu'elle, fait donner du contrepoison à la victime... Les amants se surveillent, s'espionnent, finissent par se haïr. Elle se donne alors au jeune Briancourt, précepteur de ses enfants. Quand elle s'aperçoit qu'elle lui a confié trop de secrets sur l'oreiller, elle lui fait prendre une de ses décoctions. Le malheureux s'en tirera en prenant de la thériaque.

Le 30 juillet 1672, Sainte-Croix meurt de maladie. La marquise veut coûte que coûte récupérer la cassette qu'il détenait comme moyen de chantage. Flairant un mystère, la police, qui y a mis les scellés, refuse et décide de l'ouvrir. On y trouve des lettres, des reconnaissances de dettes, des poudres, du vitriol et de petites fioles contenant des liquides, qu'on essaie aussitôt sur des pigeons et des chats : tous meurent, sans que l'on décèle trace de poison dans leurs viscères ! Ce poison, c'est probablement du sublimé corrosif ou de l'arsenic, qui a été étudié par un apothicaire suisse, Christophe Glaser, dont Sainte-Croix a suivi les cours au Jardin royal des Plantes.

Repentance

La Chaussée est arrêté, jugé et roué vif, après avoir tout avoué. Mais Marie-Madeleine a pu s'enfuir en Angleterre et gagner les Pays-Bas espagnols. En mars 1676, le ministre Louvois la fait enlever du couvent de Liège, où elle s'est refugiée, et conduire à la Conciergerie. Dans ses papiers, on trouve une confession écrite de ses débauches et de ses crimes. En route, elle tente de corrompre ses gardiens, d'avaler des morceaux de verre, des épingles, de s'empaler... En vain.

En avril, elle comparaît devant la Tournelle et la Grand'Chambre réunies. Elle nie avec audace, jusqu'à ce qu'un théologien réputé, le père Pirot, la ramène à la foi chrétienne et à la repentance. Elle passe aux aveux, sans pour autant échapper au terrible supplice de l'eau.

À sa mort, on croit en avoir fini avec ces monstruosités. On se trompe. Trois ans après éclate la plus gigantesque affaire criminelle du Grand Siècle, le drame des Poisons, dont le procès de la Brinvilliers n'aura été que le sinistre prélude...

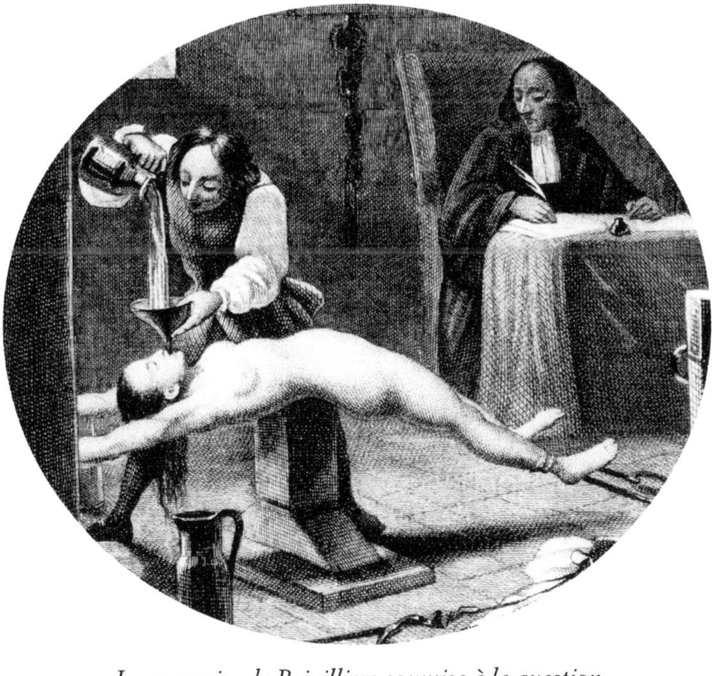

La marquise de Brivilliers soumise à la question.
On versait quatre coquemars d'eau (huit litres environ) pour la « question ordinaire » et huit pour la « question exemplaire ».

◆

La tête sur l'échafaud

Registre d'écrou de la Conciergerie, 6 avril 1673

Par arrêt de la cour du 24 mars 1673, ladite dame marquise de Brinvilliers, pour réparation d'avoir fait empoisonner messire Antoine d'Aubray, chevalier, comte d'Offémont, seigneur de Villiers et autres lieux, conseiller du Roi et en ses conseils, maître des requêtes ordinaires de son hôtel et lieutenant civil de la ville, prévôté et vicomté de Paris, et de D'Aubray, conseiller en ladite Cour, ses frères, a été condamnée d'avoir la tête tranchée sur un échafaud par effigie en un tableau qui sera attaché à une potence plantée en la place de Grève, son corps mort brûlé, ensemble les fioles et les poudres trouvées en la cassette, et les cendres jetées au vent, ses biens acquis et confisqués à qui il appartiendra et sur ceux non sujets à confiscation pris la somme de deux mille livres d'amende envers le Roi, vingt mille livres de réparation vers la dame Mangot de Villarceau, veuve dudit défunt lieutenant civil, et en tout les dépenses du procès.

Paris SAM [Série Ab, registre n° 58]

◆

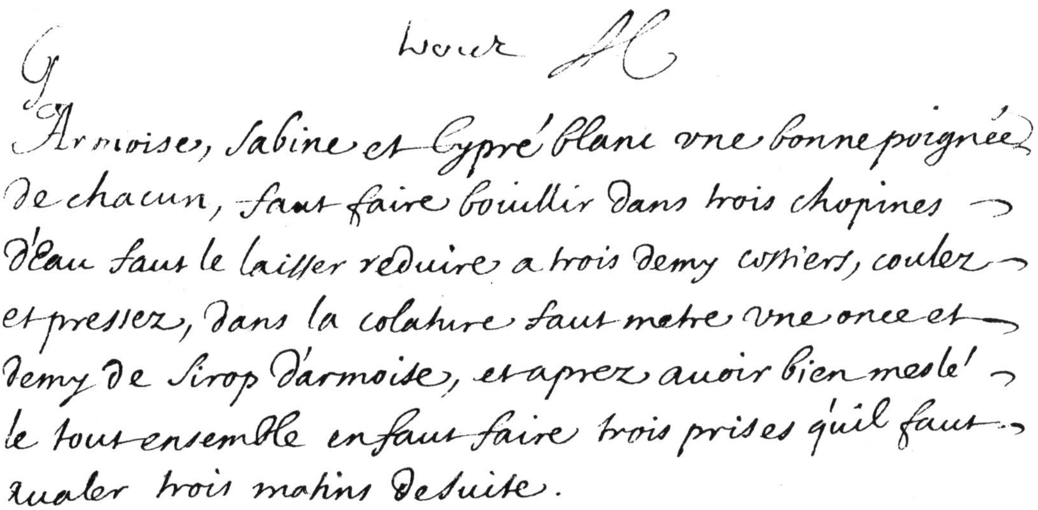
Armoise, Sabine et Cypré blanc vne bonne poignée
de chacun, faut faire bouillir dans trois chopines
d'eau faut le laisser réduire a trois demy costiers, coulez
et pressez, dans la colature faut metre vne once et
demy de Sirop d'armoise, et aprez auoir bien meslé
le tout ensemble en faut faire trois prises qu'il faut
aualer trois matins desuite.

Une recette de la main de la Brinvilliers :

« Armoise, sabine et cypré blanc une bonne poignée de chacun, faut faire bouillir dans trois chopines d'eau faut le laisser réduire à trois demy costiers, coulez et pressez, dans la colature faut mettre une once et demy de sirop d'armoise, et après avoir bien mêlé le tout ensemble, en faut faire trois prises qu'il faut avaler trois matins de suite. »

La malle sanglante

Gabrielle Bompard ou la beauté du diable

Isabelle Astruc

Le 16 août 1889, près du bois de Millery, à quinze kilomètres de Lyon, le corps d'un homme enveloppé dans un sac de toile, nu et en état de grande décomposition, est trouvé dans les broussailles par un cantonnier. On transporte la dépouille au laboratoire de la faculté et une enquête est ouverte par le parquet. Quelques jours plus tard, à quelque distance de là, un chercheur d'escargots se heurte aux débris d'une grande malle. Elle porte une étiquette des chemins de fer et une moleskine noire recouvre mal un fond bleu décoré d'étoiles dont les taches paraissent suspectes.

De son côté, le chef de la Sûreté parisienne, Goron, enquête sur la disparition d'un huissier de justice, Toussaint Auguste Gouffé, signalée le 27 juillet. L'homme, âgé de cinquante ans, veuf et père de deux filles, jouissant d'une situation financière confortable avec sept cent mille francs de capital, avait un penchant certain pour les femmes de peu de vertu. Sa dernière relation : une jeune coquette d'un peu plus de vingt ans, Gabrielle Bompard, bourgeoise en rupture de ban qui a pour amant de cœur un homme d'affaires aux pratiques douteuses, Michel Eyraud.

Goron demande une nouvelle autopsie à l'éminent professeur Lacassagne, qui dirige l'École lyonnaise de criminologie. L'analyse des cheveux détermine qu'il s'agit bien du corps de l'homme de loi, étouffé et placé dans la « malle sanglante de Millery ». La famille, à l'instigation de Goron, publie une annonce promettant dix mille francs de récompense pour tous renseignements utiles. Quantité de lettres et de fausses pistes se succèdent, jusqu'au jour où un hôtelier de Londres fait savoir qu'un de ses clients, Michel Eyraud, a abrité chez lui une malle géante, au début de l'été.

Suspects plus que sérieux, Gabrielle Bompard et son amant sont recherchés. Ils ont fui aux États-Unis, au Canada puis au Mexique, où ils sont bientôt traqués. En vain. Le crime de la rue Tronson-du-Coudray alimente les gazettes et l'imagination populaire. La malle reconstituée est exposée dans le hall de la morgue, où on se précipite pour la voir et acheter à la sortie une petite réplique-souvenir aux camelots.

Une complice sous hypnose

Gabrielle est ramenée en France par un riche rentier en affaire aux Amériques, que Michel Eyraud avait appâté. Contre le financement d'une usine qui ne vit jamais le jour, la Bompard devait devenir sa maîtresse. Convaincue par son protecteur, elle se rend sans appréhension auprès du Préfet de police, le 22 janvier 1890, pour lui faire des aveux complets. Elle dénonce son complice, toujours en cavale, qui vit d'expédients de moins en moins reluisants. Au terme de plusieurs interrogatoires, on finit par connaître le mobile du crime – l'argent dissimulé dans le coffre de l'étude – et le déroulement de la tragédie. Après avoir attiré Gouffé chez sa maîtresse, Eyraud, caché dans un recoin de la chambre, l'a étranglé au moyen d'une cordelière avant de le placer dans la fameuse malle, transportée par le couple près de Lyon, dont le meurtrier est originaire.

L'assassin ne sera retrouvé que tardivement, à La Havane, où il s'est réfugié sans le sou. Par haine de celle qui l'a trahi, il envoie des lettres incohérentes aux policiers parisiens, tentant de se disculper au détriment de sa complice. Il est arrêté devant une maison close dont on vient de le renvoyer. Lors de sa garde à vue, il tente de se suicider en se tailladant les veines au moyen de ses verres de lunettes, brisés.

Gabrielle Bompard, à son procès, nie toute participation active au crime : elle aurait été sous l'empire de l'hypnose. Grâce au talent de son défenseur et à la déposition de Lacassagne, qui croit de tels phénomènes possibles, elle n'écope que de vingt ans de travaux forcés. Libérée dès 1905, elle fait alors le voyage de Lyon pour exprimer sa gratitude au professeur. Elle meurt en 1920. Michel Eyraud, condamné à mort, est exécuté place de la Roquette, le 3 février 1891.

◆

Le signalement de Michel Eyraud

Avis de recherche diffusé au Canada

Le vendredi soir 26 juillet 1889, un assassinat a été commis à Paris rue Tronçon-Ducoudray n° 3, sur la personne de M. Gouffé, huissier à Paris. L'assassinat a été suivi de vol. Le cadavre a été renfermé dans une malle et transporté à Millery, près de Lyon. Le nommé Eyraud Michel, âgé de 46 ans, est inculpé d'être l'auteur principal du crime ; il est actuellement en fuite.

Prière de vouloir bien procéder à de très actives recherches, afin qu'Eyraud soit arrêté en exécution du mandat d'arrêt qui a été décerné contre lui, et adresser d'urgence toutes indications pouvant mettre sur sa trace.

Eyraud Michel est né à Saint-Étienne (Loire), le 30 mars 1843, fils de Louis et de Marguerite Glaise. Marié le 17 mars 1870 à Paris, avec Laure Bourgeois, père d'une fille âgée de 19 ans.

Il est de taille moyenne – trapu – forte corpulence – jambes courtes, arquées – démarche lourde – pieds grands et plats – mains grosses et fortes – figure pleine et colorée – yeux petits, ronds et brillants – paupières bouffies – rides autour des yeux – nez fort et gros – lèvres grosses – lèvre inférieure surtout épaisse – dents petites mal entretenues – à la place d'une dent qui lui manque sur le devant à droite à la mâchoire supérieure, il a une fausse dent montée sur or – cheveux châtain foncé grisonnants aux tempes – il a été indiqué qu'il se teint – il est chauve sur le dessus de la tête – il porte quelquefois une perruque dite toupet en cheveux châtain foncé, mélangés

Tribunal
de
Première Instance
du
Département de la Seine.

Cabinet d'Instruction.

N° 2379

1

Signalement.

TRIBUNAL DE 1RE INSTANCE DE LA SEINE — JUGE D'INSTRUCTION

Le vendredi soir 26 Juillet 1889, un assassinat a été commis à Paris, rue Tronson-Ducoudray N° 3, sur la personne de M. Gouffé, huissier à Paris. — L'assassinat a été suivi de vol. — Le cadavre a été renfermé dans une malle et transporté à Millery, près de Lyon. — Le N° Eyraud Michel, âgé de 46 ans, est inculpé d'être l'auteur principal du crime; il est actuellement en fuite. —

Prière de vouloir bien procéder à de très actives recherches, afin que Eyraud soit arrêté en exécution du mandat d'arrêt qui a été décerné contre lui, et adresser d'urgence toutes indications pouvant mettre sur sa trace. — Fait au Palais de Justice à Paris, le 19 Avril 1890.

Le Juge d'Instruction.
P. Dopffer.

Eyraud Michel est né à St Etienne, (Loire), le 30 Mars 1843, fils de Louis et de Marguerite Glaize, — marié le 17 Mars 1870, à Paris, avec Laure Bourgeois, — père d'une fille âgée de 19 ans —

Il est de taille moyenne — trapu — forte corpulence — jambes courtes, arquées — démarche lourde — pieds grands et plats — mains grosses et fortes — figure pleine et colorée — yeux petits, ronds et brillants — paupières bouffies — rides autour des yeux — nez fort et gros — lèvres grosses — lèvre inférieure surtout épaisse — dents petites mal entretenues — à la place d'une dent qui lui manque sur le devant à droite à la machoire supérieure, il a une fausse dent montée sur or — cheveux châtain-foncé grisonnants aux tempes — il a été indiqué qu'il se teint — il est chauve sur le dessus de la tête — il porte quelquefois une perruque de toupet en cheveux châtain-foncé, mélangés de quelques cheveux grisonnants — moustaches assez fournies châtain-foncé — portait également des favoris — au côté gauche du front il a une bosse assez apparente — il aurait une cicatrice près du mollet à la jambe gauche — une autre cicatrice près de la hanche droite — il fume le cigare — il se sert quelquefois d'un pince-nez en écaille — il a l'habitude de porter d'assez nombreux papiers dans son porte-feuille. — il avait une montre provenant de la maison Schwob, Boulevard Bonne-nouvelle Paris — des boutons de manchettes en camée — Il parle français, l'anglais, l'Espagnol et le portugais — Il est entreprenant et audacieux — Il a été courtier, représentant de commerce établi distillateur à Sèvres, sous la raison sociale: [illegible] et Eyraud — En dernier lieu il a été gérant d'une maison de commission établie à Paris, rue d'Hauteville 21, sous la raison sociale Fribourg et Cie — Il demeurait à Levallois-Perret, près de Paris, place de la République, N° 4. — Il s'est enfui de Paris avec la Née Gabrielle Bompard le 27 Juillet 1889, lendemain du crime. Il est allé à Lyon, puis à Marseille, à Villefranche, à Londres, à Liverpool, à New-York et dans diverses autres villes des Etats-Unis d'Amérique. — Il est signalé comme ayant commis des vols et des escroqueries dans différentes villes où il a passé. — Il a pris les faux noms de Labordère — de J. B. Vanaerd, de Michel — de Berthier — de Sellers — de Deporte — de P. Moulié — de Garico et de [illegible].

Signalement en français de Michel Eyraud diffusé au Canada.
Des traductions anglaise et espagnole
furent diffusées aux États-Unis et au Mexique.

de quelques cheveux grisonnants – moustaches assez fournies châtain foncé – porterait également des favoris – au côté gauche du front, il a une bosse assez apparente – il aurait une cicatrice près du mollet à la jambe gauche – une autre cicatrice près de la hanche droite – il fume le cigare – il se sert quelquefois d'un pince-nez en écaille – il a l'habitude de porter d'assez nombreux papiers dans son portefeuille – il avait une montre provenant de la maison Schwob, boulevard Bonne-Nouvelle, Paris – des boutons de manchette en camée – il parle le français, l'anglais, l'espagnol et le portugais – il est entreprenant et audacieux – il a été courtier, représentant de commerce établi, distillateur à Sèvres sous la raison sociale : Joltrais et Eyraud – en dernier lieu il a été gérant d'une maison de commission établie à Paris, rue d'Hauteville n° 21, sous la raison sociale Fribourg et Compagnie – il demeurait à Levallois-Perret, près de Paris, place de la République, n° 4 – il s'est enfui de Paris avec la nommée Gabrielle Bompard, le 27 juillet 1889, lendemain du crime. Il est allé à Londres, à Liverpool, à New York et dans diverses autres villes des États-Unis d'Amérique. – Il est signalé comme ayant commis des vols et des escroqueries dans différentes villes où il a passé. – Il a pris les faux noms de Labordère – de J. R. Vanaerd – de Michel – de Berthier – de Sellers – de Deporte – de P. Moulié – de Garico et de Avrard.

Paris, SAM [Série Ba, carton n° 85]

◆

◆

Scène violente entre inculpés

Reçu premier au concours de commissaire de police après une vie d'aventures en Argentine, François-Marie Goron n'est pas un policier ordinaire. Chef de la Sûreté au moment de l'affaire Gouffé, c'est lui qui parvient à confondre les assassins par une utilisation habile de la presse et l'exacerbation des tensions entre les deux amants. La reconstitution du crime, qu'il décrit dans son livre de souvenirs L'Amour criminel, *constitue l'aboutissement d'un long travail de sape psychologique.*

Extrait de* L'Amour criminel, *François-Marie Goron, 1899

D'abord, comme il arrive souvent, l'officier de paix du quartier, en voulant prendre des précautions trop minutieuses et en exagérant les mesures de police, attira l'attention de la foule. En quelques minutes, les boutiques se fermèrent dans le quartier, et plusieurs milliers de curieux furent massés aux alentours de la Chapelle expiatoire, lorsque les deux voitures, amenant les inculpés, arrivèrent.

Dans la première se trouvait Eyraud avec le juge. Dans la seconde, j'amenais Gabrielle Bompard, et, durant le trajet, elle m'avait raconté ce qui lui était passé par la tête pendant cette nuit où elle était restée seule à côté de la malle contenant le cadavre de Gouffé.

En apercevant Eyraud qu'elle n'avait pas vu depuis des mois, Gabrielle pâlit un peu :

– Dieu ! qu'il est changé ! murmura-t-elle.

Quant à Eyraud, il détourna vivement la tête…

Il y avait un monde énorme dans la maison même, si

bien qu'on étouffait dans la chambre du crime – les architectes, les médecins, le concierge, les agents de police, les magistrats...

Ce fut devant tout ce monde que sur les indications d'Eyraud on reconstitua le crime, un de nos agents jouant le personnage de Gouffé...

C'est alors que se produisit entre les deux amants la scène violente attendue.

Quand Eyraud déclara que c'était elle qui lui avait donné l'idée de choisir Gouffé pour victime, Gabrielle sursauta.

– Oh ! quel toupet, s'écria-t-elle. Mais ce n'est pas vrai ! Est-ce moi qui savais que Gouffé avait toujours beaucoup d'argent sur lui ?

Enfin, après une reconstitution du crime très complète, si complète que le lendemain des journaux prétendaient que les magistrats avaient fait de la pornographie, – on en vint à la fameuse question de la cordelière.

– C'est Eyraud qui l'a étranglé avec ses mains ! s'écria Gabrielle.

– Madame ment, répond Eyraud ; c'est elle qui a passé au cou de Gouffé sa cordelière, en lui disant : « Cela te ferait une belle cravate ! »

Je sortis de ma cachette, criant : « Il est pris. »

Alors je vis qu'il était inanimé. Gabrielle l'avait étranglé.

– Menteur ! menteur ! criait la femme.

Eyraud, imperturbable, une flamme mauvaise dans les yeux, continuait à accuser sa maîtresse.

On devinait qu'à ce moment une dernière espérance faisait battre le cœur du misérable. De temps en temps, il regardait le juge, puis moi, comme s'il eût cherché à lire notre impression sur nos visages...

Je suis sûr qu'à cet instant précis, Eyraud bien joyeusement eût posé sa tête dans la lunette de la guillotine, s'il avait pu voir Gabrielle guillotinée à côté de lui !

La haine féroce de ce monstrueux amant pour sa maîtresse infidèle éclatait. Son visage se contractait, ses lèvres frémissaient de rage ; il était effrayant à voir.

De son côté, Gabrielle, violente, la face congestionnée et tenue à grand'peine par deux agents, répétait :

– Menteur ! Menteur ! Lâche ! Lâche !

Elle méritait bien, à ce moment, le surnom de « petit démon » qu'on lui avait donné.

◆

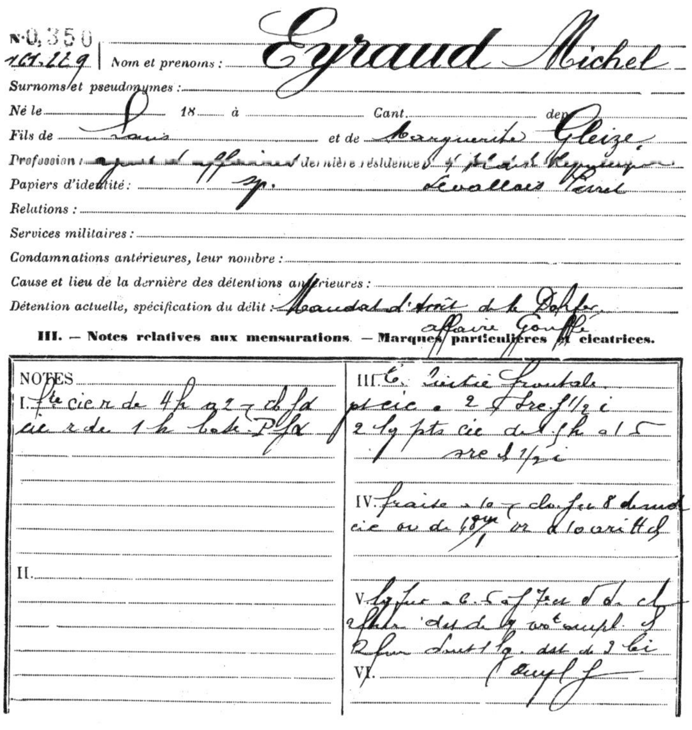

N° 0,350
101.229 | Nom et prenoms : Eyraud Michel
Surnoms et pseudonymes :
Né le 18 à Cant. de
Fils de Louis et de Marguerite Gleize
Profession : dernière résidence :
Papiers d'identité :
Relations :
Services militaires :
Condamnations antérieures, leur nombre :
Cause et lieu de la dernière des détentions antérieures :
Détention actuelle, spécification du délit : Mandat d'arrêt de M. Dopffer affaire Gouffé

III. — Notes relatives aux mensurations. — Marques particulières et cicatrices.

NOTES
I.
II.
III.
IV.
V.
VI.

Fiche anthropométrique de Michel Eyraud.

Le dossier Landru

Un Casanova meurtrier

Frédéric Pagès

Ficelée au centre du prétoire, elle ne dit rien mais elle est tellement éloquente ! C'est la plus terrible accusatrice du procès : devant cette pièce de fonte, cette cuisinière banale aux dimensions modestes, le public, les journalistes, les jurés peuvent imaginer les victimes découpées en petits morceaux, la cuisson, l'odeur… La cuisinière est muette mais l'accusé, bavard. Pour plaider son innocence, il multiplie les bons mots. Quel acteur ! Le beau monde se presse à la cour d'assises de Versailles où s'ouvre, le 7 novembre 1921, l'un des procès les plus retentissants de l'Histoire de France. Henri-Désiré Landru est accusé d'avoir assassiné en sa maison de Gambais – entre Rambouillet et Mantes-la-Jolie – dix femmes et le fils de l'une d'elles, afin de leur dérober leur argent.

Chauve, le séducteur arbore une longue barbe noire. Pointilleux, ce Casanova de cinquante-deux ans qui se dit marchand de meubles est un maniaque du carnet et de la fiche. Par exemple, pour un voyage avec une des femmes disparues, il note : « Train pour Gambais un aller et retour 3,85 F. Un aller simple, 2,40 F. » Voyage sans retour pour une femme séduite et abandonnée. Mais où ? Un assassin qui note tout est un bon client pour les enquêteurs. Ses notes en disent plus que cent témoins à la barre. Dans son imprudence, Landru a fait un dossier pour chacune des 283 femmes qu'il a approchées en cinq ans. Dans cette population, il en manque 10 à l'appel. Que sont-elles devenues ? Comment les cadavres ont-ils disparu ?

Landru dit Barbe-Bleue

La police a tout fouillé dans le pavillon, retourné le jardin, sondé les mares et les étangs. Elle a trouvé dans les cendres du petit fourneau domestique des dents, des morceaux d'os, des boutons. Mais rien ne prouve que ces restes ont appartenu à l'une des disparues. En l'absence d'aveux, l'accusation bute contre un mur. Aux assises, il faut avoir tué quelqu'un. Dans ce dossier, il n'y a que des présomptions, très fortes il est vrai. Par exemple, le passé de Landru ne plaide pas en sa faveur : depuis 1902 il a été condamné six fois pour escroquerie. Cela ne fait pas de lui un criminel, mais ce procès retentissant crée un mythe. « Landru dit Barbe-Bleue » titre *Le Figaro*. Égorgeur de femmes et grand séducteur ! Un héros satanique ?

Au sortir de la Grande Guerre, tout le monde comprend que son champ de bataille à lui, c'était le lit et qu'il s'y comportait vaillamment. Des survivantes, qui ont succombé à ses charmes mais ont échappé à son fourneau, viennent à la barre pour quelques confidences qui font glousser le public. Défenseur de Landru et ténor du barreau, Me de Moro-Giafferri ne fait pas mentir sa réputation. Tendant le bras vers le fond de la salle, il lance : « Ces femmes dont on vous dit qu'elles sont mortes, elles vont maintenant faire leur apparition ! » Toutes les têtes se tournent vers la porte d'entrée qui demeure close. L'avocat reprend : « Vous avez regardé, vous n'êtes donc pas sûr que ces femmes sont mortes. » Impavide, l'avocat général répond : « Toutes les têtes se sont tournées, maître, sauf celle de votre client. »

Séduites puis carbonisées

Mais pour qu'un procès soit un spectacle, il ne suffit pas d'un texte, il faut un contexte. Après le sang, le fiel ! Cet après-guerre transpire la rancœur contre les « planqués », ceux qui sont restés à l'arrière. Comme Landru ! Que faisait-il quand les Poilus se faisaient découper à la mitrailleuse ? Il séduisait le beau sexe. Ce prédateur jouait les belles gueules au détriment des gueules cassées. Il profitait de ces femmes seules que la guerre avait émancipées malgré elles en les mettant au travail, en les faisant sortir du foyer. Selon la plaisanterie de l'époque, Landru, source d'increvables bons mots, les y a remises, au foyer... Prenez le cas de Lyanes, trente-six ans, séparée de son mari. Voici ce qu'on trouve sur la fiche rédigée par Landru lui-même : « Catholique fervente, craint le divorce qui pourrait l'empêcher de se remarier à l'église. » Un gibier idéal pour ce petit homme volubile qui ne manque pas de promettre à ses victimes mariage et repas de noce, dressant avec elles le plan de table...

Mais à mesure que les indices se multiplient, le vent tourne pour l'accusé qui va payer pour toutes les frustrations nées

Dates		Nature des Opérations	Recettes		Avances		Remb^ts d'avance
1918.		a reporter	2834	15	60	00	160
Avril	21	Reçu journée travail Jamrat	15,	00			
Avril	28	Vente, lot objets divers (Pascal)	50,	00			
Avril	29	Reçu vente bouteilles (Pascal)	5.	00			
Avril	30	Reçu prêt de 5			100,	00	
Mai	1er	Réparation 4 Jamerats	1,	50			
mai	2	Reçu vente lot (Pascal)	5,	00			
Mai	3	Reçu vente bureau (?)	28,	00			
Mai	3	Vente tapis (Pascal)	12,	00			
Mai	5	Reçu fourneau a gaz (Pascal)	21,	00			
mai	13	Reçu de 5 avance pour achats bicyclette Jermain			400,	00	
Mai	15	Reçu de Jermain paiement de sa bicyclette 484,00					
"		Facture B-S-A 350,50					
"		Commission 133,50	133,	50			
Mai	17	Reçu de Jamerat (escroquerie)	500,	00			
		audition de Jamerat - P-V - du 11 Juin 1919					
Mai	17	Profits et pertes bénéfice	0,	15			
Mai	18	Remboursement d'avance a 5 de partie d'avance dem. 200 et part de bénéfice 10					210,
Mai	21	Reçu pistoreme de provision p. bascule	20,	00			
Mai	21	Reçu de Caisse verres vides (?)	85,	00			
Mai	25	Reçu de Caisses verres vides (?)	3,	00			
Mai	25	Reçu travail Jamrat	10,	00			
Mai	26	Reçu de 5			50,	00	
Mai	31	Reçu de Caisse verres vides (?)	4,	00			
Juin	1er	Reçu de 5			45,	00	
Juin	2	Reçu 2ème versement sur vente mobilier, (1er versement le 12 Avril) (Pascal)	100,	00			
		Report	3827,	30	655	00	370

Landru note avec précision ses recettes et dépenses, ce qui va causer sa perte.

Dates		Nature des Opérations	Recettes	Avances	Remb^ts d'avances
1918		a reporter	3827, 30	655 00	370 00
Juin	2	Remboursement à 5 d'avance			45, 00
Juin	4	Reçu caisse verres vides (?)	0, 80		
Juin	4	Vente dentier et un anneau (Pascal)	15, 00		
Juin	7	Reçu de Camerat	33, 00		
Juin	10	Reçu rendu bouteilles vides Damoy	1, 00		
Juin	10	Rendu futs vides	25, 00		
Juin	17	Reçu de 5 avance prêt		100, 00	
Juin	26	Reçu avance de 1		10, 00	
Juin	29	Reçu avance de 1		20, 00	
Juillet	2	Reçu de Robert Son solde de compte	70, 00		
Juillete	11	Remboursement a 1 de futaille vide… 25, solde de remboursement prêt 20f.			45, 00
Juillet	7	Reçu a valoir sur loyer Lambert	400, 00		
Juillete	12	Reçu de Lambert (escroquerie) audition de M. Lambert voir P-V. du 18 juin 1919.	1300, 00		
Juillete	19	Remboursement a 5 avance a valoir			112, 00
Aout	7	Reçu agis (?)	150, 00		
Septembre	1	Reçu avance de 1		20, 00	
Septembre	1	Reçu vente 3 bouteilles taviler	0, 45		
Septembre	19	Reçu vente d'objets divers (?)	15, 00		
Septembre	20	Reçu de Camrate	200, 00		
Septembre	20	Remboursement a 5 = 100+15 =			115, 00
Octobre	2	Reçu de Camrate	20, 00		
Octobre	2	Prête de 6 =		5, 00	
Octobre	3	Reçu de 1 avance		5, 00	
Octobre	9	Reçu avance de 7		20, 00	
Octobre	11	Reçu	20, 00		
Octobre	12	Remboursement a 1			100, 00
		Report	5985, 55	835 00	787 00

de cette victoire au goût amer. Comme si, après la grande boucherie de 14-18, on avait trouvé le boucher suprême. *Le Canard enchaîné* renverse joyeusement l'actualité diplomatique : « Clemenceau lance le traité (de Versailles) pour détourner l'attention publique de l'affaire Landru. » Voici l'accusé dans le rôle du bouc émissaire. Il ne s'en sortira pas. Malgré sa faconde, le public ne rit plus, surtout lorsqu'il raconte comment il a pendu son chien. Les jurés se sont fait leur intime conviction. Landru est guillotiné le 25 février 1922.

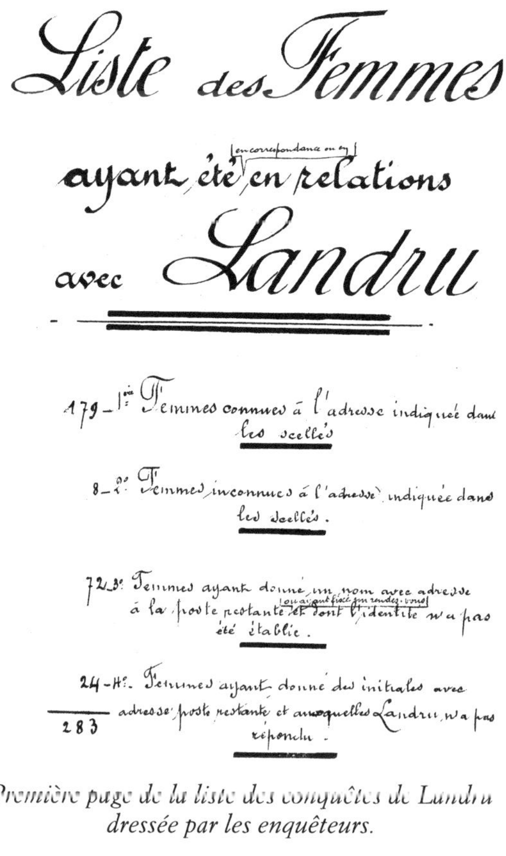

Liste des Femmes
ayant été [en correspondance ou en] en relations
avec Landru

179 – 1re Femmes connues à l'adresse indiquée dans les scellés

8 – 2e Femmes inconnues à l'adresse indiquée dans les scellés.

72 – 3e Femmes ayant donné un nom avec adresse à la poste restante [ou ayant fixé un rendez-vous] et dont l'identité n'a pas été établie.

24 – 4e Femmes ayant donné des initiales avec adresse poste restante et auxquelles Landru n'a pas répondu.

283

Première page de la liste des conquêtes de Landru dressée par les enquêteurs.

◆

Un détail révélateur

Longuement interrogé par les enquêteurs, Landru se montre fort peu loquace, se contentant de nier. Mais la police a saisi le carnet dans lequel il a lui-même noté ses déplacements et ses dépenses (pages 138-139). Le 10 août 1920, questionné sur le sort de la veuve Collomb, l'hermétique Landru se laisse enfin piéger sur un détail mesquin : partant à Gambais, pourquoi avoir acheté un billet aller-retour pour lui, mais un aller simple pour sa compagne ?

L'interrogatoire de Landru

[Demande.] – Qu'alliez-vous faire à Gambais le 24 décembre 1916, voyage qui est attesté par les comptes figurant à votre carnet, à cette date ?

[Réponse.] – Il est possible que j'y sois allé, mais je ne puis me rappeler pourquoi.

D. – Le 25 décembre, vous êtes de retour à Paris, ainsi qu'en fait foi votre carnet. Reconnaissez-vous être allé, le lendemain, 26 décembre, à Gambais, avec Mme Collomb, en prenant, pour vous rendre dans cette localité, le train du matin, heure de départ qui se trouve précisée par le témoignage de la concierge de votre domicile 22, rue de Châteaudun ?

R. – Je ne puis rien dire ; du reste, les indications de mon carnet ne sont pas toujours exactes.

D. – C'est la première fois que vous discutez les indications données par votre carnet qui, cependant, paraît être tenu avec un soin méticuleux, et il est impossible de ne pas remarquer que vos contestations s'élèvent juste au moment où les mentions de votre carnet présentent le plus haut intérêt.

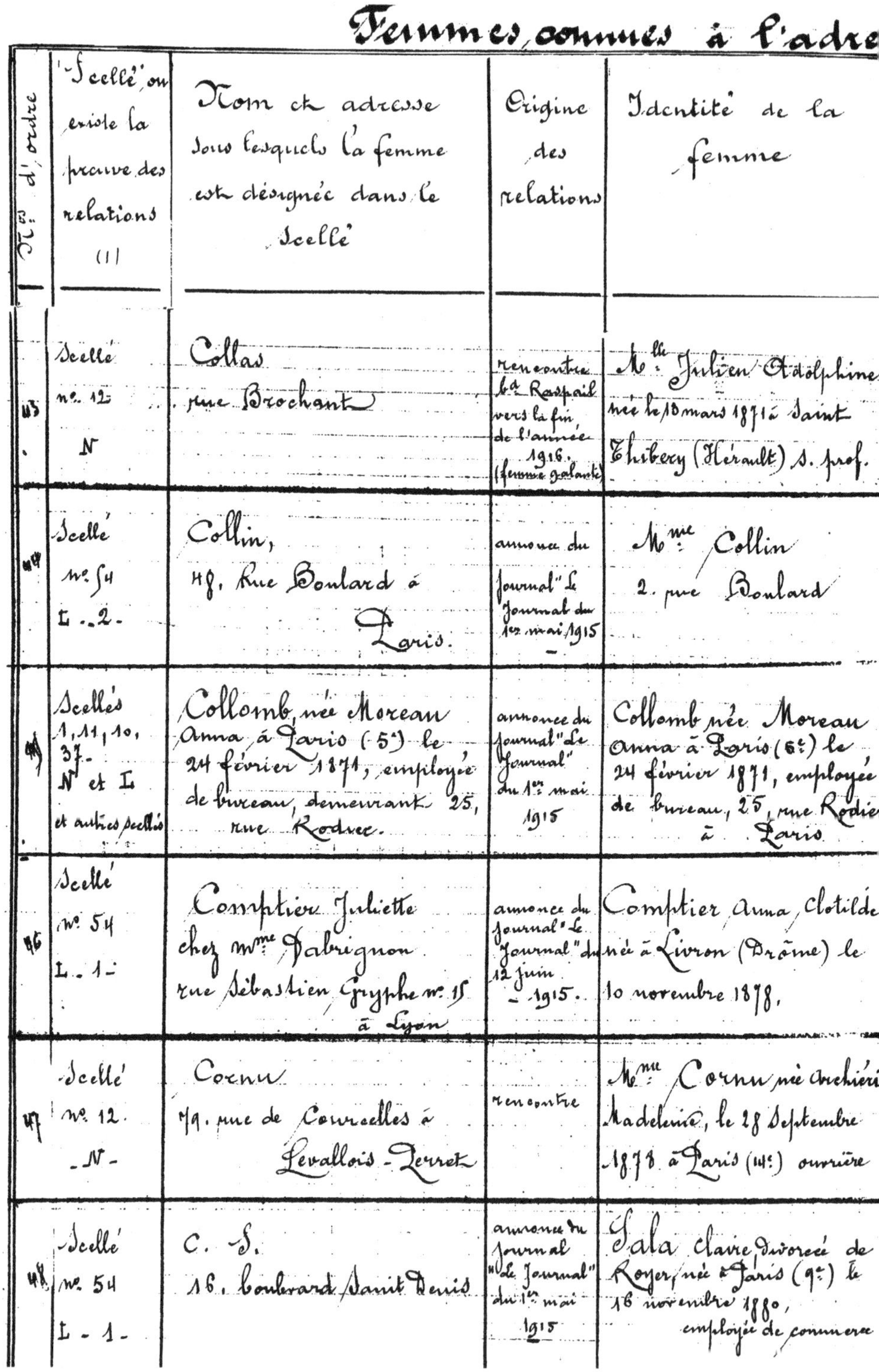

Femmes connues à l'adre

Nos d'ordre	Scellé où existe la preuve des relations (1)	Nom et adresse sous lesquels la femme est désignée dans le Scellé	Origine des relations	Identité de la femme
43	Scellé n° 12 N	Collas rue Brochant	rencontre bd Raspail vers la fin de l'année 1916. (femme galante)	Mlle Julien Adolphine née le 18 mars 1871 à Saint Thibery (Hérault) s. prof.
44	Scellé n° 54 L. 2.	Collin, 48, rue Boulard à Paris.	annonce du journal "Le Journal" du 1er mai 1915	Mme Collin 2. rue Boulard
[illegible]	Scellés 1, 11, 10, 37. N et L et autres scellés	Collomb, née Moreau Anna à Paris (5e) le 24 février 1871, employée de bureau, demeurant 25, rue Rodier.	annonce du journal "Le Journal" du 1er mai 1915	Collomb née Moreau Anna à Paris (5e) le 24 février 1871, employée de bureau, 25, rue Rodier à Paris
46	Scellé n° 54 L. 1.	Comptier Juliette chez Mme Dabrignon rue Sébastien Gryphe n° 15 à Lyon	annonce du journal "Le Journal" du 12 juin 1915.	Comptier Anna, Clotilde née à Livron (Drôme) le 10 novembre 1878.
47	Scellé n° 12. N	Cornu 79. rue de Courcelles à Levallois-Perret	rencontre	Mme Cornu née Archiéri Madeleine, le 28 Septembre 1878 à Paris (14e) ouvrière
48	Scellé n° 54 L. 1.	C. S. 16. boulevard Saint Denis	annonce du journal "Le Journal" du 1er mai 1915	Sala Claire divorcée de Royer, née à Paris (9e) le 16 novembre 1880, employée de commerce

Extrait de l'état récapitulatif des femmes ayant fréquenté Landru, établi par les enquêteurs.

…ndiquée.

…micile actuel	Indications au sujet des femmes non retrouvées mais existantes postérieurement à l'arrestation de Landru		Décédées	
	Renseignements	origine	Date et lieu	Origine des renseignements
boulevard Montparnasse	"	"	"	"
"	a quitté cette adresse, au terme d'avril 1919	Mme Jouanne Alexandrine 42 ans, principale locataire de l'immeuble	"	"
Inconnu	"	"	"	"
"	a contracté mariage à Lyon (12e arrondt) avec Bougne Jean, le 30 juin 1919	Lettre de Mr le Maire de Livron (Drôme)	"	"
…ue de Courcelles à Levallois Perret	"	"	"	"
…oulevard Saint …is à Paris				

En effet, votre carnet prouve que vous êtes parti le 26 décembre 1916, à Gambais, avec Mme Collomb, dans des conditions particulièrement étranges. Vous prenez deux billets : l'un d'aller, l'autre d'aller-retour. Avez-vous une explication à présenter à ce point de vue ?

R. – Je crois me souvenir qu'à mon voyage du 24 décembre, je n'avais pas utilisé mon retour et il m'a servi probablement à mon second voyage.

D. – Alors, vous seriez revenu le 24 décembre, sans faire usage de votre billet de retour. Tout à l'heure, vous ne [vous] souveniez pas de ce voyage du 24 décembre.

R. – En voyant mon carnet, je me rends compte en effet de mon voyage du 24 décembre.

D. – Oui ou non, Mme Collomb est-elle allée à Gambais avec vous, le 26 décembre ?

R. – Je n'en sais rien.

D. – Vous ne voulez point répondre à la question qui ne peut cependant vous surprendre, puisque vous savez par les témoignages que la preuve est faite que Mme Collomb est partie le 26 décembre à Gambais avec vous, avec l'intention formelle, selon les promesses qu'elle avait faites, de revenir le lendemain à Paris.

Encore une fois, persistez-vous à déclarer que vous ne vous souvenez pas du voyage que vous avez fait le 26 décembre à Gambais, avec Mme Collomb ?

R. – Je ne puis être affirmatif ; mes souvenirs manquent de précision.

D. – Le 27 décembre, d'après votre carnet, vous passez une partie de la journée à Gambais ; vous déjeunez avec Mme Collomb et vous repartez le soir même, vraisemblablement par le dernier train, avec des bagages dont vous mentionnez l'enregistrement.

Pièce annexe N° 4

Recettes de Landru

Tableau A – Compte n° 2. D'après les carnets de compte

Tableau A' – Récapitulation des recettes

Tableau A'' – Répartition par provenances des recettes du tableau A

Tableau B – Produit de l'escroquerie Martin - Hinaux - Chapelle

Tableau C – Produit de la vente des deux voitures "Sauyanet et Ford"

Tableau D – Détail des sommes encaissées par Landru avant juin 1916, époque antérieure à la tenue de ses comptes, et provenant des crimes.

Tableau E – Sommes totales provenant des crimes

Tableau F – Relevé des comptes du 1er au 11 avril 1919 et bilan à cette date.

Les carnets tenus par Landru ont permis aux enquêteurs de dresser avec une grande précision des tableaux récapitulatifs de ses recettes.

Que s'est-il passé dans cette journée du 27 décembre entre vous et Mme Collomb ?

R. – Je n'ai rien à dire à ce sujet.

D. – Pourquoi ne voulez-vous fournir aucun renseignement ?

L'accusé ne répond pas… puis finalement dit : « Cela ne regarde qu'elle et moi. »

D. – Mme Collomb était donc à Gambais. Qu'est-elle devenue le 27 décembre au soir, alors que vous rentriez seul à Paris ?

R. – Elle a dû rentrer avec moi.

D. – Vous n'aviez qu'un billet d'aller-retour et votre explication au sujet de la non-utilisation du billet de retour du voyage du 24 décembre paraît inadmissible. De plus, Mme Collomb, qui était attendue à Paris, ce jour-là et le lendemain, qui avait pris rendez-vous avec sa mère, n'a plus été revue à Paris depuis le 27 décembre, et les recherches les plus minutieuses faites pour la retrouver sont restées complètement infructueuses.

R. – Les recherches ont été faites là où elle n'était pas.

Paris, SAM

◆

VIOLETTE NOZIÈRES, LA PARRICIDE

La muse ambiguë des surréalistes

Amélie Nothomb

Violette Nozières fascine par son ambiguïté. Est-elle une flamboyante Antigone lavant sa pureté dans le parricide ou une calculatrice prête à tout pour toucher l'héritage au plus vite ? Pour une fois, la réponse si lassante des modernes (« ni noir ni blanc mais entre les deux ») ne convient résolument pas. Violette Nozières est soit un ange convulsif, soit un monstre. Il est impossible de l'interpréter en demi-teinte : elle est de toute façon dans l'excès.

En dépit des livres, des textes, des films, etc., que Violette Nozières n'a cessé d'inspirer, il restera toujours un doute au sujet de ce personnage. Chérissons cette incertitude : c'est elle qui fait l'éternité de Violette Nozières.

Les faits

À dix-huit ans, Violette Nozières est arrêtée le 28 août 1933 pour avoir empoisonné ses parents au moyen de somnifères, crime qu'elle a tenté de maquiller en asphyxie par le gaz. La mère est sauvée mais le père, modeste cheminot du train présidentiel, ne se réveillera pas.

Jeune fille à la dérive, qui se prostitue occasionnellement aux alentours de l'École militaire et semble avoir voulu hériter de ses parents pour mener la grande vie avec son amant de cœur, Violette Nozières devient le symbole de la jeunesse décadente : honnie par les conservateurs, elle sera la muse des surréalistes qui lui consacrent un recueil de dessins et de poèmes édité en Belgique. « Une haute flamme noire danse plus haut que l'horizon et l'habitude, proclame le groupe en juin 1934. Tous les orages vont faire écho à la voix qui hurla en mots de soufre, en mots de souffrance, la condamnation d'un monde où tout était contre l'amour. »

Pour justifier son geste, Violette Nozières accuse son père d'inceste. « Mon père oublie parfois que je suis sa fille », a-t-elle confié à un de ses clients. Le jury n'admet pas ce système de défense que rien ne vient étayer, mais André Breton prend l'explication au sérieux, écrivant que le père a donné à sa fille « un prénom dans la première partie duquel on peut démêler psychanalytiquement son programme ».

De tels soutiens ne peuvent servir l'accusée. Violette Nozières est condamnée à mort le 13 octobre 1934, peine commuée dès le mois de décembre en réclusion criminelle à perpétuité. Sa rédemption commence. Prisonnière pieuse et exemplaire, pardonnée par sa mère, elle est libérée en août 1945 de la maison d'arrêt de Rennes : elle épouse le fils du greffier comptable et devient une mère de famille respectable dont les enfants ignoreront jusqu'à sa mort le passé sulfureux. Violette Nozières sera la seule condamnée à mort réhabilitée par la justice, le 18 mai 1963.

Petiot, le docteur Satan

Un industriel du crime

Claude Mesplède

Si on considère Landru comme un artisan du crime, le docteur Marcel Petiot, avec soixante-trois victimes revendiquées, fait figure d'industriel. Comment dire l'horreur du lieutenant Maigre, qui rapporte la macabre découverte du 11 mars 1944 ? (page 154) À la suite d'un incendie dans l'hôtel particulier du 21, rue Le Sueur, dans le XVIe arrondissement, les pompiers découvrent au sous-sol « un calorifère où se consumaient de la chair et des ossements humains », mais aussi « un amas et un sac de quartiers de corps humains ayant macéré dans la chaux vive » et « un tas de cendres et de scories mélangées avec des débris calcinés d'ossements humains »...

Le propriétaire des lieux, Marcel Petiot, est déjà en fuite ; une lettre qu'il a la fatuité d'adresser à la presse semble indiquer qu'il est entré dans la clandestinité sous un faux nom. Reproduit dans les journaux, ce courrier va le perdre, car un officier des FFI reconnaît son écriture et le dénonce.

« Fouillé à corps, Petiot a été trouvé porteur d'un revolver 6,35 mm armé », indique le capitaine Simonin dans le procès-verbal relatant l'arrestation du tueur, le 31 octobre 1944, à la station de métro Saint-Mandé-Tourelles. Aucun des documents trouvés sur lui ne mentionne son vrai patronyme. Carte des milices patriotiques, papiers d'identité, ordre de mission, laissez-passer et bien d'autres sont au nom de Valeri, l'alias qu'il a choisi depuis son affectation comme adjoint du commandant Raffy, 2e bureau, caserne de Reuilly. Toujours au nom de Valeri, une carte de l'association France-URSS et une autre d'adhérent au Parti communiste, toute récente, en gage de patriotisme.

Le chef du groupe Fly-tox

Sitôt arrêté, Marcel Petiot se donne le beau rôle : « Réformé de la guerre 14-18, je n'ai pas participé aux opérations en 39-40. [...] Dès 1941, j'ai cherché à me rendre utile. » Il détaille alors ses premiers contacts avec la Résistance et comment, fin 1941, il entre dans l'organisation de Pierre Brossolette. Puis, sous le nom de « docteur Eugène », il fonde le groupe Fly-tox – marque d'un célèbre insecticide –, spécialisé dans le dépistage et l'exécution des mouchards de la Gestapo. Ceux-ci sont éliminés soit au revolver, soit avec son arme secrète qui, selon ses dires, « permettait de tuer à une distance d'une trentaine de mètres sans aucun bruit » (page 158).

Très bavard pour décrire l'activité de son groupe, Petiot est moins prolixe quand on lui demande d'en citer les membres : « Les précisions que vous me demandez sont inutiles. »

Il perd également la mémoire des lieux où ses victimes étaient transportées une fois abattues, mais persiste à bâtir sa défense autour du mythe de la Résistance, décrivant les tortures subies par la Gestapo, citant des contacts tous morts ou introuvables, nimbant ses propos d'un épais brouillard.

Atteint de déséquilibre mental

Si la période troublée de la guerre favorise ses activités de psychopathe, Petiot a manifesté ses penchants bien plus tôt. À six ans, il plonge son chat dans l'eau bouillante, crève les yeux des oiseaux. À presque quarante ans, interpellé pour avoir volé un livre boulevard Saint-Michel, il précise par lettre qu'il a emporté l'ouvrage par distraction, lui qui est en train de concevoir « un appareil destiné à délayer et aspirer alternativement les matières fécales chez les constipés graves »... Ses propos, son emportement, comme l'écrit le commissaire de police dans son rapport, « permettent de conclure que l'on se trouve en présence d'un homme atteint de déséquilibre mental, qui, s'il ne paraît pas actuellement dangereux pour la sécurité publique, et en raison de la profession qu'il exerce, doit être tenu en observation ». Une prescription trop peu suivie : à partir de 1942, Petiot se prétend l'organisateur d'une filière d'évasion vers l'Argentine. Des juifs, des clandestins, quelques malfrats même se succèdent dans son cabinet. Là, le « docteur Satan » les gaze ou leur administre un vaccin fatal, s'approprie argent et valeurs, puis découpe les cadavres pour les brûler. Après enquête, les restes humains découverts rue Le Sueur attestent vingt-sept assassinats.

«Comment vingt-sept? Soixante-trois vous voulez dire!» s'indigne Petiot à son procès, qui s'ouvre le 18 mars 1946. Avec morgue, plein d'emphase, le «capitaine Valeri» maintient qu'il s'agissait de traîtres. Mais les monticules de bagages pillés rendent vaine sa défense. Petiot ne trompe pas ses juges qui, le 4 avril 1946 à minuit dix, le condamnent à la peine capitale. Le couperet fait son office le 25 mai. Où sont passés les 250 millions dérobés aux victimes? Petiot garde pour lui ses secrets. Comme il l'a déclaré cyniquement : «Je suis un voyageur qui emporte ses bagages.»

Les propos tenus par le Docteur PETIOT, qui m' représenté une carte de circulation de mutile de guerre, et m'a déclaré avoir été interné trois fois, son emportement permettent de conclure que l'on se trouve en présence d'un homme atteint de déséquilibre mental, qui, s'il ne parait pas actuellement dangereux pour la sécurité publique, et en raison de la profession qu'ilexerce doit être tenu en observation.

Le Commissaire de Police :

.....

Extrait d'un rapport prémonitoire du 18 juin 1936 :
Petiot n'est alors arrêté que pour le vol d'un livre.
Transcription complète page suivante.

◆

Les pièces maîtresses du dossier Petiot

Rapport relatif à l'état mental de Marcel Petiot, 18 juin 1936

Le 4 avril, à midi et demi, un inspecteur de la librairie Gibert, 30 boulevard Saint-Michel, a surpris en flagrant délit de vol d'un livre, d'une valeur de 25 f., un individu qui a été conduit au contentieux de cette librairie où il a fait connaître son identité comme suit : Petiot Marcel, docteur en médecine, demeurant 66 rue de Caumartin.

Invité à accompagner l'inspecteur au commissariat, en cours de route, M. Petiot s'est livré à des violences sur cet inspecteur et a pris la fuite. Saisi de ces faits par une plainte, j'ai invité par téléphone le docteur Petiot à se présenter à mon cabinet. Il m'a été répondu qu'il était en voyage.

J'ai alors prié mon collègue du quartier Chaussée d'Antin de faire toutes les vérifications utiles et de déposer une convocation à son domicile pour ce jour, 15 heures, mon collègue m'a informé que le docteur Petiot était à son domicile.

M. Petiot s'est présenté ce jour à mon cabinet à 16 heures. Il m'a déclaré qu'étant malade, il ne pouvait pas répondre à mes questions sur les faits qui lui sont reprochés et il m'a déposé une lettre me priant d'en prendre connaissance. Dans cette lettre, où il prétend n'avoir commis aucun délit, il ajoute n'avoir parcouru samedi que le quartier des Écoles dans le but de s'éclairer sur le problème suivant : la recherche d'un appareil destiné à délayer et aspirer alternativement les matières fécales chez les constipés graves, suivant les explications techniques et un schéma.

Les propos tenus par le docteur Petiot, qui m'a représenté une carte de circulation de mutilé de guerre, et m'a déclaré avoir été interné trois fois, son emportement permettent de conclure que l'on se trouve en présence d'un homme atteint de déséquilibre mental, qui, s'il ne paraît pas actuellement dangereux pour la sécurité publique, et en raison de la profession qu'il exerce, doit être tenu en observation.

Paris, SAM [Série J, affaire Petiot, carton n° VII]

Rapport des pompiers, 11 mars 1944

Les secours du poste de Dauphine ont été appelés pour une odeur de gaz 21, rue Lesueur[1]. À leur arrivée sur les lieux, ils reconnurent que l'odeur perçue de la rue provenait de la fumée sortant de la cheminée d'un hôtel particulier déclaré inhabité. Les sapeurs pénétrèrent dans cet hôtel à l'aide de l'échelle à crochets par une fenêtre du 1er étage.

Leur reconnaissance aboutit dans une chaufferie au 1er sous-sol où ils trouvèrent :

1) Un calorifère où se consumaient de la chair et des ossements humains.

2) Un amas et un sac de quartiers de corps humains ayant macéré dans la chaux vive.

3) Un tas de cendres et de scories mélangées avec des débris calcinés d'ossements humains.

Les sapeurs ont regagné la rue Lesueur par une porte

1. Le nom de la rue n'est pas correctement orthographié dans les rapports. Il s'agit de la rue Le Sueur, dans le XVIe arrondissement de Paris, à ne pas confondre avec l'impasse Lesueur, dans le VIIe arrondissement.

COMPTE RENDU

Les secours du Porte de Dauphine ont été appelés pour une odeur de gaz 21 Rue Lesueur. A leur arrivée sur les lieux, ils reconnurent que l'odeur perçue de la rue provenait de la fumée sortant de la cheminée d'un hôtel particulier déclaré inhabité. Les sapeurs pénétrèrent dans cet hôtel à l'aide de l'échelle à crochets par une fenêtre du 1e étage. Leur reconnaissance aboutit dans une chaufferie au 1e/sous-sol où ils trouvèrent :

1° Un calorifère où se consumaient de la chair et des ossements humains

2° Un amas et un sac de quartiers de corps humains ayant macéré dans la chaux vive

3° Un tas de cendres et de scories mélangées avec des débris calcinés d'ossements humains.

Les sapeurs ont regagné la Rue Lesueur par une porte cochère s'ouvrant de l'intérieur et ils ont trouvé les gardiens de la Paix alertés. Ils se sont retirés car la Police jugea leur concours inutile.

A 20 h 24 le Commissaire de Police chargé de l'enquête, appela les secours de Dauphine pour mettre à bas le foyer du calorifère.

Je me rendis alors sur les lieux ~~où~~. Nous avons jeté à bas le foyer du calorifère. Nous avons également découvert un tas de chaux vive de 3 m3 environ que nous avons fouillé avec la pioche et la pelle et dans lequel se trouvaient des ossements et des débris humains.

Le nombre total des victimes et leur identité sont encore inconnus. La police enquête.

Nous nous sommes retirés à 21 h 24 sur l'ordre du Commissaire Police présent sur les lieux.

Rapport des pompiers relatant la découverte de débris humains dans la chaufferie du Dr Petiot.

cochère s'ouvrant de l'intérieur et ils ont trouvé les gardiens de la paix alertés. Ils se sont retirés car la police jugeait leur concours inutile.

À 20 h 24, le commissaire de police chargé de l'enquête appela les secours de Dauphine pour mettre bas le foyer du calorifère.

Je me rendis alors sur les lieux. Nous avons jeté à bas le foyer du calorifère. Nous avons également découvert un tas de chaux vive de 3 m^3 environ que nous avons fouillé avec la pioche et la pelle et dans lequel se trouvaient des ossements et des débris humains.

Le nombre total des victimes et leur identité sont encore inconnus. La police enquête.

Nous nous sommes retirés à 21 h 21 sur l'ordre du commissaire de police présent sur les lieux.

Paris, BSPP

Rapport de la brigade criminelle, 10 septembre 1944, sur l'arrestation du Dr Petiot

M. le directeur de la sécurité militaire, j'ai l'honneur de vous rendre compte que j'ai procédé ce matin, à 10 h 45, dans la station de métro Saint-Mandé-Tourelles, à l'arrestation du nommé Petiot, Marcel-André-Henri-Félix né à Auxerre (Yonne), le 17 janvier 1897, fils de feu Félix et de Marthe Bourdon, précédemment domicilié à Paris, 66 rue Caumartin, où il exerçait la profession de docteur en médecine.

J'étais accompagné des sous-lieutenants Surville, Vian, assisté du sous-lieutenant Gabrielli, du service du colonel De Besse.

Fouillé à corps, Petiot a été trouvé porteur d'un revolver

6,35 mm armé. Les papiers dont la désignation suit ont été trouvés sur lui :

31 780 f.

Une carte d'adhérent au Parti communiste

Une carte d'identité n° 0836, au nom de Valeri Henri-Jean, délivrée par la commune de Villepinte (Seine-et-Oise).

Une carte d'alimentation au nom de Bonnasseau Virgini du XIXe arrondissement.

Une carte de membre de l'association France-URSS n° 29097, au nom de Valeri.

Un ordre de mission au nom de Valeri, délivré par le capitaine Gray, et Warnier, 2e bureau Police, 1er régiment de Paris, 19 septembre 1944 (Forces françaises de l'intérieur).

Une carte d'identité de l'Armée française, au nom de Wetterwald, alias Valeri Henri.

Une autorisation temporaire de circuler, au nom de Gilbert (demande adressée à la Préfecture de police).

Une carte de tabac au nom de M. de Frutos Angelo à Drancy.

Un laissez-passer permanent au nom de Valeri valable pour entrer et sortir de la caserne de Reuilly.

Une attestation du colonel Bourgoin, commandant le dépôt Est certifiant que le sous-lieutenant Wetterwald, capitaine FFI, était passé dans la commission de révision des grades.

Un ordre de réquisition en blanc émanant des FFI Île-de-France.

Une carte d'identité d'officier FFI au nom de Valeri.

Un passeport au nom de Cacheux René.

Deux photographies du nommé Petiot.

Une lettre en date du 27 octobre 1944 du commandant Raffy, chef du SR, caserne de Reuilly.

Trente-trois papiers, que j'ai numérotés de 1 à 33 inclus.

Au cours de l'interrogatoire que nous avons fait subir à

Petiot, ce dernier a déclaré avoir appartenu à divers mouvements de Résistance, et que c'est à ce titre qu'il se déclarerait responsable de la mort de 63 personnes.

Il est actuellement sous le nom de capitaine Valeri, officier-adjoint au commandant Raffy, chef du 2e bureau du bataillon de dépôt du 1er régiment de marche, caserne de Reuilly.

Petiot a déclaré, mais n'a pas voulu le confirmer dans sa déposition par écrit, que ses supérieurs étaient au courant de sa véritable identité. Selon renseignements reçus de la Préfecture de police, il n'existe pas de mandat judiciaire contre Petiot.

Paris, SAM [Série J, affaire Petiot]

Procès-verbal d'interrogatoire de Marcel Petiot, 31 octobre 1944

Du nommé : Petiot, Marcel-André-Henri-Félix, né à Auxerre (Yonne), le 17 janvier 1897, fils des feus Félix et de Marthe Bourdon, docteur en médecine, précédemment domicilié à Paris, 66, rue Caumartin. Se disant condamné par la cour d'appel de Paris en 1941 à 2 000 f. d'amende pour infraction aux lois sur les stupéfiants. Marié et un enfant, lequel répond comme suit à nos questions et nos interpellations successives :

Je refuse de vous dire le nom de la personne qui me donne actuellement asile à Saint-Mandé, cette personne, qui m'héberge depuis deux jours, est parfaitement honorable et je me refuse de préciser si je lui ai fait connaître ma véritable identité. Mais en tout cas, le propriétaire de l'appartement ignore tout de mon identité.

VERNEMENT PROVISOIRE
de la
PUBLIQUE FRANCAISE

H.M. Ex. N° /3

DIRECTION GENERALE
des
SERVICES SPECIAUX

Direction de la
SECURITE MILITAIRE

N° DSM/071
D.P.

Paris, le 31 octobre 1944

PROCES VERBAL d'INTERROGATOIRE

Du nommé: PETIOT, Marcel-André-Henri-Félix, né à Auxerre (Yonne), le 17 janvier 1897, fils des feu Félix et de Marthe BOURDON Docteur en médecine, précédemment domicilié à Paris, 66 rue Caumartin. Se disant condamné par la Cour d'Appel de Paris en 1941 à 2.000 Frs d'amende pour infraction aux lois sur les stupéfiants. Marié et un enfant, lequel répond comme suit à nos quéstions et nos interpellations successives:

Je refuse de vous dire le nom de la personne qui me donne actuellement asile à Saint-Mandé, cette personne qui m'héberge depuis deux jours est parfaitement honorable et je me refuse de préciser si je lui ai fait connaitre ma véritable identité. Mais en tous cas, le propriétaire de l'appartement ignore tout de mon identité.

Je suis actuellement employé en qualité d'officier enquêteur à la caserne de Reuilly -bataillon de dépôt du ler régiment de marche) avec le grade de Capitaine. Je suis entré à ce service au début du mois de septembre. Je me suis présenté spontanément au colonel RUAUX qui commande le Régiment et je crois savoir que cet officier supérieur connait depuis quelque temps ma véritable identité.

Question: Avez-vous dit au Colonel RUAUX, qui vous étiez et lui avez vous donné des précisions sur vos antécédents ?

Réponse: Non, je me suis présenté sous le nom de WETTERWALD et j'ai donné comme alias VALERY, en demandant à être enrolé sous ce nom ou plutôt qu'on se serve pour me désigner du nom de VALERY. Quant aux références que j'ai données au colonel RUAUX, je vais vous les communiquer à vous-même.

Question: Il y a t-il parmi vos collègues des officiers qui ont connu votre véritable identité dès le jour de votre arrivée au service ?

Réponse: Non, mais par la suite, mes camarades en ont acquis la certitude par suite des renseignements que j'avais fournis sur mon activité antérieure dans la résistance et je précise qu'entre

...

Première page du procès-verbal d'interrogatoire, en date du 31 octobre 1944 : tout juste découvert, Petiot tente de faire passer ses crimes pour des exécutions au service de la Résistance.

Je suis actuellement employé en qualité d'officier enquêteur à la caserne de Reuilly – bataillon de dépôt du 1er régiment de marche – avec le grade de capitaine. Je suis entré à ce service au début du mois de septembre. Je me suis présenté spontanément au colonel Ruaux qui commande le régiment et je crois savoir que cet officier supérieur connaît depuis quelque temps ma véritable identité.

Question : Avez-vous dit au colonel Ruaux qui vous étiez et lui avez-vous donné des précisions sur vos antécédents ?

Non, je me suis présenté sous le nom de Wetterwald et j'ai donné comme alias Valery, en demandant à être enrôlé sous ce nom ou plutôt qu'on se serve pour me désigner du nom de Valery. Quant aux références que j'ai données au colonel Ruaux, je vais vous les communiquer à vous-même.

Question : Y a-t-il parmi vos collègues des officiers qui ont connu votre véritable identité dès le jour de votre arrivée au service ?

Non, mais par la suite, mes camarades en ont acquis la certitude, par suite des renseignements que j'avais fournis sur mon activité antérieure dans la Résistance ; et je précise qu'entre-temps, j'avais fourni suffisamment de preuves sur ma loyauté pour qu'aucun d'entre eux n'ajoute foi aux récits fantaisistes que la presse allemande avait faits sur mon compte.

Étant réformé de la guerre 1914-1918, je n'ai pas participé aux opérations de guerre en 1939-1940. J'étais en 1939 installé 66, rue Caumartin et j'avais une très belle clientèle qui me rapportait environ 500 000 f. par an. En 1941, je me rendis acquéreur d'un immeuble sis à Paris, 21, rue Lesueur avec l'intention d'y installer après la guerre mon cabinet médical.

Dès 1941, j'ai cherché à me rendre utile tout d'abord en cherchant à démoraliser les clients officiers allemands qui venaient me consulter et, par la suite, en prenant contact avec diverses personnes appartenant à la Résistance, qui m'envoyaient systématiquement les ouvriers français renvoyés dans leur pays pour blessures ou maladie. Ces ouvriers, qui relevaient d'un organisme situé rue Cambon, fournissaient fréquemment de très intéressants renseignements sur ce qu'ils avaient vu en Allemagne. C'est ainsi que j'ai pu faire parvenir aux Alliés des détails intéressants sur une arme secrète, qui n'a jamais été utilisée d'ailleurs, basée sur le principe du boomerang et qui était à l'étude à 70 kilomètres de Berlin dans une anse de l'Elbe. Peu à peu, les contacts se sont multipliés avec les résistants, et ce qui montre que je ne me bornais pas à donner des soins à des personnes ou à des ouvriers venus me consulter par hasard, c'est que je n'ai jamais envoyé de notes d'honoraires à l'ordre des médecins ou aux assurances sociales de la rue Simon-Bolivar, ceci afin d'éviter d'attirer l'attention sur le grand nombre d'ouvriers rapatriés auxquels je donnais des soins. Par la suite, j'ai rendu d'importants services à un groupe d'Espagnols antiphalangistes qui opéraient dans la clandestinité à Levallois (faux certificats, etc.).

Ma mémoire n'est pas assez bonne pour que je vous fournisse les noms et les adresses précises des gens auxquels je suis venu en aide au cours de cette période.

Au cours du dernier trimestre 1941, je suis rentré réellement dans la Résistance dans l'organisation de Pierre Brossolette. J'ai été mis en contact, par une personne dont je n'ai jamais connu le nom, avec un agent venu de Londres pour organiser la Résistance en Franche-Comté. Il m'a mis en relation avec un « groupe d'action » de l'organisation de Pierre Brossolette. Le chef de ce groupe était un certain Cumulo (orthographe phonétique) sur le compte de qui je puis vous donner les renseignements suivants :

Son groupe d'action s'appela « l'Arc-en-Ciel ». Cumulo présentait une certaine ressemblance de silhouette et d'allure, il était brun, comme moi, et nous nous faisions parfois passer l'un pour l'autre. Par la suite, je fus appelé à fonder moi-même un groupe de sécurité qui prit le nom de « Fly-tox ». Le groupe « Fly-tox » doit être connu du système Brossolette et je vous donne mon pseudonyme, qui était connu des Allemands et qui doit être connu des personnes de ce groupe, qui est Docteur Eugène. J'avais pris ce pseudonyme lors d'un contact que j'avais eu au moment de la rupture des relations diplomatiques entre l'Allemagne et les États-Unis avec un certain Thompson, attaché au consulat des États-Unis à Paris, que j'étais venu voir dans l'espoir de communiquer un procédé, dont j'étais l'inventeur, qui permettait de tuer à une distance d'une trentaine de mètres sans aucun bruit. Thompson m'avait envoyé à un certain Muller qui devait être un de ses subordonnés à qui j'avais communiqué personnellement le secret de mon invention dans un rapport de plusieurs pages. Et c'est à cette occasion que j'avais utilisé le pseudonyme d'Eugène pour signer ledit rapport. Par la suite, je suis resté pendant deux jours en contact téléphonique ou écrit avec ce Muller, qui ne devait pas tarder à quitter la France avec tout le personnel du consulat.

Question : Nous vous invitons à nous donner les noms et tous renseignements en votre possession sur les membres de votre groupe.

J'estime que le groupe « Fly-tox » doit être connu et que les précisions que vous me demandez sont inutiles.

Bientôt mon groupe se spécialisa dans le dépistage et l'exécution des mouchards de la Gestapo. Nous avons ainsi exécuté 63 personnes et j'ai assisté à la plupart de ces exécutions. Voici comment nous procédions : nous arrêtions les personnes comme si nous étions des membres de la Gestapo, afin de provoquer leur réaction et de les amener pour se défendre à nous communiquer les renseignements sur leur activité pro-allemande. Ces interrogatoires avaient lieu dans mon hôtel, rue Lesueur. Ensuite, lorsque nous avions acquis la certitude de la culpabilité, nous procédions à l'exécution, soit au revolver, soit à l'aide de mon arme secrète. Les cadavres étaient immédiatement transportés dans la forêt de Marly ou dans les bois de Saint-Cloud dans des endroits dont je n'ai conservé aucun souvenir, sauf toutefois lorsqu'il s'agissait de militaires allemands en uniforme : au lieu de les inhumer, comme nous le faisions pour les autres, nous les placions bien en évidence auprès de maisons où habitaient des militaires de la Wehrmacht. Je ne pense pas que les Allemands aient usé de représailles contre la population française, sauf toutefois à deux reprises, où nous avions laissé tomber deux cadavres allemands tués devant le Pavillon de Madrid. Je me suis demandé si l'exécution de deux Français qui s'ensuivit n'avait pas de rapport direct avec notre manifestation.

J'affirme que je n'ai jamais laissé aucun de nos cadavres dans l'hôtel de la rue Lesueur et, de plus, j'avais dans cet hôtel la plus grosse partie de ma fortune, et en outre, ce quartier étant presque totalement réquisitionné par les Allemands, je m'attendais à tout instant à les voir s'emparer de mon hôtel. Leur garage était en face et ils avaient une maison de tolérance à côté.

On ne s'attachait pas toujours à déterminer exactement l'identité des personnes que nous exécutions, il nous importait simplement de savoir que c'étaient des gens néfastes qu'il fallait faire disparaître. Je ne puis en conséquence vous citer aucun nom.

Le groupe « Fly-tox » a poursuivi ainsi l'activité que je viens de vous décrire, ainsi que divers autres actes de violence ou de sabotage (tels que l'incendie de wagons de chemin de fer de l'organisation Todt à l'aide de bouteilles incendiaires utilisées par un procédé dont j'étais l'inventeur). Je fus arrêté par la Gestapo en mai 1943 dans les circonstances suivantes :

En liaison avec un de mes amis, Nezondet, j'avais la possibilité d'obtenir d'une personne qui se tenait dans l'entourage de Lucien Romier de faire établir des pièces permettant de se rendre à l'étranger, ou plutôt d'y séjourner une fois qu'on y était parvenu. Par l'intermédiaire d'un nommé Guelain (ami personnel du comte de Chambrun), un juif du nom d'Ivan Drefus avait été mis en rapport avec un coiffeur posticheur dont le nom m'échappe, qui avait été informé par moi de la possibilité d'assurer le séjour à l'étranger de personnes ayant intérêt à quitter la France et qui voulait en tirer argent. Drefus n'était qu'un agent provocateur, et on l'avait envoyé au coiffeur dans le but de dépister la filière d'évasion et dans le but, je suppose, d'atteindre Lucien Romier. Le coiffeur fut arrêté par ce procédé et il me dénonça, ce qui me valut d'être arrêté par la Gestapo. Il leur révéla également mon pseudonyme de Docteur Eugène, ce qui aggravait encore mon cas. Je fus interrogé d'abord rue des Saussaies par le commandant de la Gestapo, puis, à cause de mon pseudonyme dont l'activité était connue des Allemands, je fus passé au service du contre-espionnage allemand, avenue Henri-Martin.

Je fus torturé (baignoire électrique, limage des dents, appareil à écraser la tête). Je restais à Fresnes durant huit mois et je fus interrogé à la fois sur l'activité de mon groupe « Fly-tox » et sur mon arme secrète. Durant ma détention, je constatai avec surprise à différentes reprises que l'on semblait m'offrir des possibilités d'évasion, je me suis toujours demandé pourquoi. Entre-temps, Ivan Drefus était resté à l'hôtel de la rue Lesueur et j'ignore quel fut son sort.

En sortant de prison, j'allais passer quelque temps chez mon frère à Auxerre, puis je rentrais à Paris, dans l'intention de me venger et pour intensifier mon activité de patriote. Je tentais de me remettre en rapport avec le deuxième bureau de Pierre Brossolette, j'ai essayé aussi de rentrer en relation avec l'Intelligence Service par l'intermédiaire de la concierge de l'immeuble du 62, rue du Ranelagh, laquelle est actuellement concierge du 82. Cette femme était la concierge de Jacques Parent, alias Jacky, alias Mercier, en même temps que son patron, un Anglais qui était directeur des parfums d'Elizabeth Arden. La réponse ayant été retardée et désireux de retrouver contact avec la Résistance, je devins « spécial 21 », je communiquai à nouveau mon arme secrète au responsable de ce groupe qui devait se charger de transmettre les renseignements au comité central de la Résistance.

À mon retour d'Auxerre, j'étais passé à l'hôtel de la rue Lesueur et j'avais constaté la disparition d'appareils à rayon ultraviolet, à rayon infrarouge, d'une cuisinière électrique, de cinq jardinières en fer forgé, etc. Dans la cour, derrière le garage, une fosse que j'avais fait sceller par les ouvriers avait été ouverte et je constatais qu'elle contenait des cadavres pêle-mêle avec les objets dont je venais de constater la disparition. Ces cadavres étaient récents, et je suis certain qu'ils avaient été mis dans cette fosse pendant que j'étais en prison. Ces cadavres sentaient très mauvais, c'est pourquoi j'ai téléphoné à mon frère à Auxerre pour lui demander de se procurer de la chaux, sans lui indiquer le motif de ma demande. La chaux ne fut jamais mise dans la fosse. Quant aux cadavres, j'avais donné l'ordre de les faire disparaître, mais mes amis se contentèrent de les mettre dans le garage après les avoir recouverts de chaux. La plupart des cadavres furent brûlés dans la chaudière à eau chaude. La police intervint, dans des circonstances que je ne connais que très mal, au moment où l'on faisait brûler ces cadavres. La police me téléphona à mon domicile et je me présentais rue Lesueur, où je fus mis au courant par la police de la découverte qui venait d'être faite. Je demandais aux agents d'étouffer l'affaire en intervenant auprès du commissaire de police qui n'était pas encore arrivé. Puis, sur le conseil d'un des agents, je m'en allai sans attendre l'arrivée du commissaire de police. Le lendemain, je téléphonai à l'agent, à un numéro de téléphone qu'il m'avait donné, et il me conseilla de disparaître, ce que je fis.

À la suite de ces événements, j'ai demandé à avoir un rôle très actif dans la Résistance, mais on m'a tenu à l'écart parce que je présentais un danger pour elle. J'ai néanmoins participé aux combats de rues lors de la libération de Paris. Je l'ai fait à titre individuel, n'appartenant à ce moment-là à aucune formation militaire. M. Marius, 6, rue Albouy, à qui j'ai fait connaître ma véritable identité au moment des combats dont je viens de parler (et plus spécialement lors de l'attaque du dernier bastion allemand, qui s'est tenu place de la République en face du boulevard Saint-Martin), pourra témoigner de ma présence à ce moment-là à cet endroit. À la suite de cela, je suis rentré aux FFI sous le nom de Valery, au détachement du Xe arrondissement, alors à la caserne du quai de Valmy. C'est là que j'ai fait des démarches pour être affecté au 2e bureau, pensant que mon entrée dans ce service allait me mettre en contact avec Pierre Brossolette (que je n'avais jamais vu personnellement).

Je me rendis rue Saint-Dominique à l'état-major du général de Gaulle qui me renvoya au n° 10 de la rue Saint-Dominique, qui me renvoya 251, boulevard Saint-Germain. C'est au cours des démarches que je fis pour rentrer dans l'armée que je m'adressai à la caserne de Reuilly, où l'on accepta mon engagement. Je fus affecté comme lieutenant au 2e bureau et je devins bientôt officier-adjoint de ce service, sous les ordres directs du commandant Raffy. Par la suite, la Commission de révision des grades de Vincennes me donna le grade de capitaine.

J'ai adhéré au Parti communiste il y a une dizaine de jours ; je n'avais jamais été membre de ce parti mais je fus amené à lui en raison de la part importante qu'il prit dans la Résistance.

Je m'expliquerai plus en détail sur chacun des points qui figurent dans cette première déposition.

Paris, SAM [Série J, affaire Petiot]

◆

III. La combine

« Je bricole... », lâche souvent par euphémisme le suspect que la police questionne sur ses moyens d'existence. À côté des voleurs patentés et des francs assassins, vivotent dans la capitale une foule de petits malins qui tirent chichement leur subsistance d'activités obscures et peu prisées. Miséreux, déclassés ou simples cyniques, ils campent aux portes de la légalité, s'adaptant toujours aux règlements qui, un jour, les proscrivent, et le lendemain tentent vainement de les encarter.

La société les tolère, bien heureuse que ces agents de l'ombre traitent en silence et avec discrétion tous les déchets de la grande ville. Tels sont les biffins, chiffonniers, ferrailleurs, ravageurs, morgueurs et autres petits métiers de l'indigence. Tels apparaissent aussi les forains, nécromanciens et charlatans divers qui entretiennent commerce avec la mort.

La police les surveille de près, sachant bien que cette contre-société de la « combine » vit sous le règne d'une morale relative, qui a tôt fait de conduire au crime furtif aussi bien qu'à l'escroquerie pittoresque.

Les petits métiers

Gagne-petit et troque-misère

Laurence et Gilles Laurendon

À Paris, la rue est un spectacle. À toutes les époques, les petits métiers ont fait résonner l'air de leurs cris. Ici, aux portes de la ville, sur les places, lors des foires et des marchés, les montreurs d'ours, les dompteurs de puces, les marionnettistes, les musiciens ambulants, les cracheurs de feu, les diseuses de bonne aventure… Là, sur le Pont-Neuf, dans les jardins du Palais-Royal, sur les boulevards, les vendeurs d'onguents proposent, entre autres merveilles, de la poudre de fourmi et de l'orviétan, qui guérit de la peste, de la gale, de la phtisie et même des ennuis d'argent !

La misère en chantant

À côté des célébrités d'un jour, il y a la cohorte des petits métiers. Ces gagne-denier vivent et travaillent dans la rue. Ils ne sont pas assez riches pour avoir pignon sur rue. Alors ils s'installent sur le pavé. Les nomades sillonnent la capitale en beuglant à tue-tête. Ils sont porteurs de paniers, marchands de balais, marchands de coco ou vendeurs de beignets. Les sédentaires choisissent soigneusement leur carré de soleil. Les tondeurs de chiens s'installent sur les quais ; les ramasseurs de mégots, aux terrasses des cafés.

Heureusement, misère et imagination vivent dans la même maison. Une maison à ciel ouvert. Les blanchisseuses et les poissonnières élèvent leur gouaille au rang d'un art. Les plus démunis trouvent des noms poétiques à leur métier de crève-la-faim : le « maître fifi » cure les puits, le « sauveur d'âmes » répare les semelles usées, la « marchande d'arlequin » sert aux pauvres un repas où se mêlent restes de viande et de poisson, légumes bouillis et bouillon clair. Quant aux « anges gardiens », ils raccompagnent les fêtards trop éméchés jusque dans leur lit !

Un contrôle strict

Toujours présentes, les forces de l'ordre veillent. Plusieurs bureaux, sous la responsabilité du Préfet de police, se répartissent le contrôle de ces professions. Les ordonnances se succèdent, les règlementations évoluent, mais l'esprit reste le même : quiconque veut exercer un petit métier doit s'enregistrer à la Préfecture de police. Il obtient alors une carte ou une plaque qu'il doit porter ostensiblement. Les emplacements sont clairement délimités. La police contrôle l'affichage des prix, vérifie que chacun peut garantir l'origine de sa marchandise. Les plus surveillés ? Les forts des halles et les marchands de quatre-saisons : il en va de la santé publique. Quant aux chiffonniers et aux camelots, la prudence est de mise. Toute fausse déclaration entraîne le retrait immédiat de la médaille.

La Préfecture veille à ce que les petits métiers « ne racolent pas la clientèle, n'entravent pas la circulation ou ne provoquent de troubles de l'ordre public ». Elle vérifie particulièrement l'identité des titulaires de carte ou de médaille, car il existe des mercantis qui achètent ou louent des médailles pour s'assurer le contrôle d'une rue ou d'une profession entière, devenant libres de pratiquer des tarifs à leur convenance.

Après la Deuxième Guerre mondiale, la voiture envahit les rues, chassant les derniers saltimbanques. La misère se terre dans le métro. Nul chant ne monte plus des rues pour parler de ces petits métiers.

◆

Les chiffonniers et leurs « bibines »

Extrait de **Mémoires de M. Claude,** *Antoine Claude, 1883*

Ils sont plus de trente mille sur le pavé, ou plutôt sur les tas d'ordures… de Paris, ces biffins, ces chiffonniers qu'un arrêt préfectoral est toujours sur le point de supprimer.

J'ai indiqué, en parlant à plusieurs reprises des dessous de Paris, de la *route de la Révolte* où se tient le royaume, l'empire, la république des biffins.

Sa capitale, c'est la *cité du Soleil* ; c'est une colonie hérissée de baraques en planches, de toits en toile vernie, de murs en échalas, derrière lesquels flamboient, à la belle saison, des tournesols dans une atmosphère homicide et nauséabonde.

Si les mœurs des chiffonniers ne sont guère plus pures que leurs marchandises, ils rachètent par le travail, la probité, tout ce qu'ils donnent à la noce, *à la ribote et à la bûche* !

On boit dru et sec aux *bibines*, c'est-à-dire chez les marchands de vins aubergistes où chaque chevalier du crochet s'arrête, avant et après l'heure de la tournée, où il loge à pied et à cheval ; car aujourd'hui les chiffonniers-maîtres et *médaillés* ont des voitures ; elles ont remplacé le *basquin*, le *cachemire d'osier*, les plus huppés font traîner ces voitures à loques par des ânes.

La *cité du Soleil* est jumelle de la colonie de la *Femme en Culotte*, la cité Foucauld, également habitée par des chiffonniers, que la Femme-en-Culotte administrait elle-même autrefois. Là, comme je l'ai dit, on se flanque des tripotées, on se pique le nez, dans les *bibines*, à rouler sous les tables ; mais la Femme-en-Culotte, une ancienne *typote* de l'imprimerie

Dupont, n'avait pas besoin de faire valoir le prestige de ses allures masculines contre des locataires récalcitrants. Ils lui obéissaient à *l'œil.*

Les biffins composent la population honnête et travailleuse de la route de la Révolte, longue artère qui commence à la porte Maillot ; elle va de Clichy au boulevard Ornano, et contient un ramassis de coquins venus de tous les coins de Paris et de la France.

Si jamais l'on supprimait, sous prétexte d'hygiène publique, par ordonnance préfectorale, tous les tas d'ordures de Paris, c'est trente mille voleurs et vagabonds de plus qu'on donnerait à la route de la Révolte. Elle en compte déjà bien assez.

Jadis, le quartier Mouffetard était la terre classique des chiffonniers. Là les chiffonniers-maîtres avaient établi leurs *blockhaus*, sorte de phalanstères où les chiffonniers biffins indépendants se logeaient à la nuit, à la semaine dans des masures délabrées, bancales et puantes, dessinant toutes les ruelles de cette ancienne artère du Paris du Moyen Âge.

Aujourd'hui, on voit encore rue des *Deux-Portes*, rue du *Fouarre*, rues *Hôtel-Colbert* et des *Anglais*, les derniers taudis de ces anciens chiffonniers, regorgeant de sacs de papier et de chiffons, où sont occupés les vieux triqueurs de cet ancien domaine du chiffon.

Aujourd'hui, l'honnête corporation des chiffonniers a disparu du quartier Mouffetard assaini, embelli et aéré ; elle se retrouve à Grenelle, à Clichy, à Belleville, fondant ici et là de nouvelles colonies pour vivre à l'aise en dehors de la capitale.

Il y a, tant dans le chiffon que dans les industries attenantes, près de huit mille chiffonniers médaillés, quinze mille *voyageurs* sans médaille et dix mille *triqueurs* qui travaillent à la journée à trier les chiffons dans leurs *blockhaus*.

Les chiffonniers, querelleurs par goût, noceurs par tempérament, sont plus honnêtes que moraux. Ils ne vivent que de leurs salaires qui ne s'élèvent guère au-dessus de quatre francs et descendent souvent plus bas. Ils sont fiers, vantards, indépendants et batailleurs.

J'ai vu un chiffonnier qui avait la gorge entaillée, l'œil presque crevé, le front fendu par un coup de crochet à la suite d'une rixe sanglante. Comme je m'apitoyais sur son état, il me dit dans son langage pittoresque :

– Bah ! tout ça, c'est du velours ! J'ai voulu *dévisser le caillou* à Courtebotte, il m'a *égratigné le parchemin et soufflé ma Mirette*, nous sommes manche à manche.

La *journée* du chiffonnier commence à six ou sept heures du soir jusqu'à minuit ; passé cette heure, il lui est défendu de travailler.

S'il reste encore dans la rue, les sergents de ville lui font éteindre sa lanterne et le mettent à l'amende. À la seconde rencontre illégale, ils le *mènent au bloc* !

Il recommence son travail à quatre heures du matin jusqu'à huit heures, où il rentre se coucher.

Il dort jusqu'à midi et une heure, c'est le moment où il sort de son blockhaus (son garni) pour fréquenter les bibines (son restaurant et son café).

Soit par un effet de son travail solitaire, silencieux et nocturne, le chiffonnier, redevenu lui-même, aime le bruit, la multitude, les chants et les rixes. Les bibines où il passe son temps sont souvent le théâtre de scènes originales et burlesques qui eussent été une bonne fortune pour Callot.

C'est là, dans ces bouges informes, étroits, dégoûtants que l'on peut étudier les habitudes des chiffonniers ; c'est là que sans gêne et sans crainte ils se livrent à toutes les extra vagances de leur imagination surexcitée par les spiritueux frelatés, gâtés, que les débitants leur servent ; ils chantent, jouent aux cartes, racontent les nouvelles du jour, discutent des questions importantes.

Très amateurs du spectacle, ils aiment surtout à imiter les comédiens qu'ils ont applaudis, ils récitent des rôles entiers qu'ils retiennent avec une facilité extraordinaire, ils imitent les intonations, les gestes, les poses des principaux acteurs du boulevard.

C'est dans ces bibines que le chiffonnier se montre tel qu'il est : un composé d'artiste et de soldat ; c'est dans ces établissements, plus que modestes, que le chiffonnier prend ses repas ; pauvres repas qui suffisent à son estomac chargé de spiritueux.

Le matin de bonne heure, on peut voir à l'entrée des principaux restaurants un groupe de vieilles femmes déguenillées, de vieillards étiques, sales ; ce sont pour la plupart des chiffonniers et des chiffonnières qui prélèvent leur déjeuner sur la munificence de la dame de comptoir. Munis de ce pain, ils vont dans les bibines se faire servir un arlequin de trois sous qu'ils arrosent de bière à un sou le pot.

Dans les bibines, ils mangent aussi une soupe au pain confectionnée pour leur usage ; ils se mettent généralement trois ou quatre chiffonniers ensemble, ils donnent chacun deux sous et se font servir une écuelle de soupe où ils mangent à tour de rôle.

Il y a quelques années, il existait une brave femme qui vendait aux chiffonniers du bouillon à *un sou le cran*. Voici comment elle s'y prenait : cette cuisinière ambulante avait une énorme seringue pleine de bouillon ; sur le piston étaient marqués plusieurs crans ; pour un sou, elle enfonçait le piston d'un cran et le bouillon sortait tout chaud de la canule. Cette marchande parcourait toutes les bibines en criant : « À un sou le cran ! à un sou !... » Elle fit fortune !...

Moins heureuse qu'elle, une de ses compagnes fonda un établissement, ayant le même objet, dans le renfoncement situé au coin de la rue Saint-Jacques et des Noyers, dans l'emplacement qu'occupait l'escalier du clocher de la petite chapelle Saint-Yves, jetée bas pendant la Révolution ; cet établissement avait été surnommé *le restaurant des pieds humides*, parce que le consommateur était obligé d'attendre son tour dans la rue.

Ici c'était à *un sou le coup* ; moyennant cette somme, on avait le droit de plonger une énorme fourchette dans une marmite volumineuse ; heureux celui qui amenait un morceau de viande ; mais honni était celui qui amenait une carotte ou un navet.

Autrefois, lorsque la rue Mouffetard restait, depuis la Seine jusqu'à la barrière d'Italie, le domaine des chiffonniers, ses bibines les plus en vogue étaient : la *chambre des Pairs*, rue Saint-Nicolas ; la *Grande Bibine*, rue des Lavandières, et la bibine du *Père Lunette*, rue des Anglais.

La Grande Bibine était alors fréquentée autrefois par un nommé Biar, un ancien étudiant de vingt-cinq années, qui avait oublié sa classe, sa condition, son origine pour devenir un chiffonnier sans place, un *voyageur*.

C'était lui qui, à l'aide de son érudition, avait pris à tâche d'enrichir de nouveaux mots le vocabulaire de sa corporation. Les chiffonniers l'avaient surnommé l'*Avocat*. Le premier arrivé, il n'en sortait que le dernier, lorsque son dernier verre d'eau-de-vie, versé par un retardataire, lui permettait encore de sortir de la Grande Bibine.

Si les chiffonniers ont leurs cabarets particuliers, ils ont aussi des garnis qui ne sont consacrés qu'à leurs professions.

Dans ces garnis :

L'appartement du premier appartient de droit au maître chiffonnier, au propriétaire de céans; le second est divisé en logements de deux pièces où logent les chiffonniers économes et rangés; les autres étages sont divisés en pièces ou cabinets séparés. C'est là qu'il faut voir le ménage du chiffonnier : un lit, une table, deux chaises dépareillées, voilà son mobilier; une hotte de dix-huit sous, une lanterne de dix sous, voilà son gagne-pain, le matériel de son établissement.

Aux murs pendent de vieilles pipes, à côté de vieilles images saintes et profanes des illustrations tirées des romans de Paul de Kock et trouvées sur un tas d'ordures. Sur une planche des bouts de cigare sèchent; à la croisée, un morceau de miroir est attaché et sert le dimanche à faire la toilette de monsieur et madame. Sur la cheminée, dans un verre, on voit du savon, dans une bouteille une chandelle, dans une boîte à sardines des objets de toilette. Dans les coins de la chambre, par terre, sont des morceaux de chiffons, des ferrailles que le chiffonnier vend le samedi. Il ne se débarrasse tous les jours que des vieux os, des tas de graisse, enfin de tout ce qui a de l'odeur!

Dans les combles de ces maisons sont les cabinets qui se louent à la nuit, à la semaine; véritables chenils où le chiffonnier, moyennant quelques sous, trouve un abri pour la nuit. Une misérable paillasse sert de lit. Quelquefois il couche sur des tas de chiffons la tête perdue dans les détritus du ruisseau!...

Les garnis ou blockhaus sont presque tous attenants aux établissements des maîtres chiffonniers. C'est dans les chambres de ces garnis que les chiffonniers, avant de livrer aux maîtres leurs produits de la nuit ou de la semaine, les séparent préalablement à la chambrée, ainsi qu'il suit : les os, la porcelaine, le verre, les vieux rubans, les morceaux de soie, de couverture, les morceaux de drap, de laine, de coton et les chiffons proprement dits. [...]

Aujourd'hui, les bibines et les blockhaus de la barrière de Clichy, de l'avenue Saint-Charles, de Belleville, etc., sont des Eldorado, à comparer aux anciennes bibines et blockhaus du quartier Mouffetard, du *quartier souffrant*, comme on l'appelait autrefois.

Je me rappelle avoir vu autrefois dans ma jeunesse un garni de chiffonniers, rue des Bourguignons, dont l'aspect primitif offrait un tableau de la misère dans toute sa nudité.

Dans la salle de ce garni, une ancienne chapelle, les chiffonniers se couchaient sur de la paille et appuyaient leurs têtes sur une corde tendue ! Seulement on étendait sur eux une grosse et grande couverture de laine qui, fixée aux extrémités de la chambre, les couvrait entièrement. À la place des têtes, des trous étaient placés de distance en distance ; chaque chiffonnier passait sa tête par ce trou, ce qui offrait l'aspect le plus singulier : toutes ces têtes, sur une partie unie et lisse, apparaissaient ainsi comme des têtes de guillotinés !... leurs grimaces mobiles protestaient seules contre cette supposition.

Aujourd'hui, les blockhaus et les bibines des maîtres chiffonniers tranchent, par leur bonne mine, sur les taudis sans nombre pêle-mêle, sordides et louches des chevaliers du crochet.

J'ai signalé, en parlant de la route de la Révolte, des bibines à l'enseigne du *Tombeau du Lapin*, de *la Libre-Pensée*, du *Pur Sang*, etc. Ces Tortoni[1] excentriques, en plein centre des chiffons, brillent à l'intérieur comme à l'extérieur d'une propreté presque flamande ; c'est le progrès. Quelques-uns de ces éta-

1. Référence ironique à un café chic du Boulevard parisien.

BALAIS ! PLUMEAUX !

— On gagnerait bien sa vie, s'il n'y avait pas les grands magasins !

Un marchand de balais vu par Sancha dans L'Assiette au beurre *du 29 juillet 1905, numéro consacré aux « Types de Paris ».*

blissements, pour répondre à leur bonne mine, n'ont chez eux que la clientèle choisie de ce quartier : le biffin.

Il existe dans ce quartier suspect, près de la villa du Soleil et de la cité Foucaud, une bibine qui n'accepte chez elle que l'habitué de la partie. S'il n'est pas du chiffon, il n'a que faire dans la bibine. Le patron de l'établissement estime avec raison qu'un homme doit être bien indigne pour choisir un pareil domicile, s'il n'est pas digne de porter le *basquin*. Alors il n'a plus confiance.

Il y a, à la cité du Soleil, un *blockhaus*, tenu par le père Cloporte. Ce vieux biffin se pique le nez comme un autre, se cogne comme un autre, il est depuis trente ans dans la partie. C'est un *médaillé*, un chiffonnier rupin, un propriétaire. Sa maisonnette n'a qu'un étage, mais elle possède en face un jardinet, à gauche son magasin de chiffons, à droite un hangar où est remisée, à travers un amas de boîtes de conserve, une petite voiture, quatre planches sur deux roues. Au fond, on voit l'écurie avec un âne. Tout cela est propre comme un sou et coquet comme un bijou.

Le père Cloporte n'a pas toujours été chiffonnier. Autrefois, c'était un fils de famille; il sort des rangs de la bourgeoisie; viveur, par tempérament, il a eu une jeunesse orageuse, puis la faillite de sa famille acheva de le plonger dans la misère.

Longtemps, dans sa jeunesse, il fréquenta la maison Dorée, le restaurant Bignon, festoyant à plein verre de champagne avec le chansonnier Mathieu et quelques autres boulevardiers de cette époque.

Maintenant le père Cloporte ne se souvient de son orageuse jeunesse que lorsque, en sa qualité de médaillé et du consentement mutuel de la corporation, il se rend, en sa qualité de chiffonnier, devant les tas d'ordures déposés à la maison Dorée, au café Riche ou au restaurant Bignon.

Là, chaque matin, de deux à quatre heures du matin, le père Cloporte travaille consciencieusement à sa place, à *son tas*, c'est son fond, qu'il vendra à son successeur quand il se retirera.

Et, dans les derniers temps, ce n'était plus que le fantôme, la caricature grotesque de cet endroit mystérieux, crapuleux et sinistre.

La misère

À l'époque de la démolition de la cité, le cabaret du *Lapin blanc* était situé sur un côté de la rue Constantine, n° 6.

On entrait par une porte isolée entre deux murailles; la maison était dans le fond d'une cour, si l'on peut appeler cour un corridor étroit, humide et découvert.

De chaque côté de ce corridor étaient des celliers aux murs bas et peu d'aplomb, garnis de gravures tirées de journaux illustrés; derrière la porte, en se retournant du côté de la rue, entre plusieurs gravures maculées de boue, on voyait les médaillons en plâtre de Molière, de Voltaire et de J.-J. Rousseau.

Après avoir franchi une porte vitrée, juste de la largeur d'une personne et de la hauteur d'un homme de taille exiguë, on se trouvait au milieu d'un petit espace vide réservé aux personnes désirant boire devant le comptoir. À gauche était ledit comptoir; à droite, devant l'unique croisée, étaient placées des rangées de tables toujours garnies de jeunes gens au teint pâle, aux yeux injectés de sang, à la casquette posée derrière la tête, la pipe à la bouche, le verre à la main, le couteau dans la poche!

Les plus près de la fenêtre jouaient aux cartes sur de vieux journaux, pendant que des gamins marquaient les points sur de vieilles planches noircies, consacrées à cet usage.

Le soir, à dix heures, tout ce monde disparaissait pour s'éparpiller dans Paris et s'occuper la nuit *à travailler*, et revenir le lendemain passer la journée à dormir, à demi couché sur les tables, autour du poêle.

Les murs de ce cabaret étaient tapissés, comme les murs des celliers, de vignettes, de gravures empruntées aux journaux illustrés ; partout où il avait été possible de coller quelque chose, on y avait mis une vignette ; les vignettes manquant, on les avait remplacées par des inscriptions uniques, étalant le mauvais français d'un ivrogne poète ou d'un mendiant littérateur.

Le plafond, comme les murs, comme la porte et la croisée, était tapissé d'illustrations, remplaçant avec économie les peintures à fresque.

À un pied du plafond étaient tendus, dans la largeur de la pièce, des fils de fer. À ces fils de fer se balançaient, au nez des consommateurs, des animaux empaillés.

Adossés au mur séparant la croisée et la porte, on voyait deux bustes en plâtre, juchés sur un piédestal ; l'un, un buste d'homme garni d'une paire de lunettes et d'un chapeau tromblon rougi par l'usure ; l'autre, celui d'une femme coiffée et habillée à la Pompadour. On avait écrit ces mots sur le socle : HONNEUR AU SEXE.

Au-dessus du comptoir il y avait un vieux casier où s'éparpillaient quelques bouteilles vides, mêlées à des statuettes obscènes ; à gauche du comptoir, près de la porte, était accroché un panier d'osier habité par une pie lançant de temps en temps, de sa voix sèche, aiguë et froide, des cris dominant le brouhaha des habitués du lieu.

Le marchand de Journaux ambulant.

Caricature de 1848 extraite de L'Illustration.

Le cabaret du *Lapin blanc* n'était plus qu'une souricière tenue par des gens de la police.

Le maître de l'établissement était un homme très grand, très vieux, très corpulent, malgré son grand âge. Il était revêtu d'un paletot de castorine boutonné jusqu'au menton et avait la tête couverte d'un chapeau noir bas de forme, à rebords énormes, qui couvraient à demi des yeux vifs, perçants et terriblement scrutateurs.

Une petite vieille, chétive, rabougrie, à la mise sordide, aidait ce colosse à faire le service de la salle. Elle montrait aux curieux les souterrains de l'établissement. Ces souterrains, qui conduisaient à la Seine, étaient sans doute le rendez-vous des Flibustiers des anciens âges ?

Les premières enceintes de Paris n'avaient-elles pas, sous tous leurs parcours souterrains, des voûtes semblables, refuges des assiégés, réceptacles des contrebandiers sachant se soustraire à tous les droits de la dîme ?

[...]

J'oublie à dessein bien d'autres établissements, cabarets ou garnis, habités ou hantés par les chiffonniers, entre autres *L'Île des Singes*, à la barrière de Grenelle, où ces industriels sont devenus propriétaires de leurs chenils construits avec les débris des démolitions ; *la Casserole*, établissement en plein air, situé à Clichy, où l'été chaque chiffonnier boit à une casserole, passée par une fenêtre de maison close, de l'essence d'eau-de-vie pure. Elle lui donne une ivresse foudroyante, le fait renverser sur un tertre où il dort jusqu'à ce que l'humidité du soir le sorte de cette léthargie spontanée, fatale.

Il est inutile de m'appesantir sur des détails aussi tristes, aussi dégradants. Je crois en avoir dit assez pour prouver que nous n'avons rien à envier au Moyen Âge quant à ce qui touche la misère, la dégradation de certaines classes de la société.

Je ne veux pas attrister davantage l'esprit de mes lecteurs. Qu'il me suffise de leur avoir prouvé qu'en nivelant les fortunes, la société moderne n'a pas encore trouvé le moyen de diminuer la somme des misères individuelles ; qu'il me suffise d'ajouter que la grande cité, en rejetant, une fois de plus, loin d'elle la lie et la fange restée dans son sein, n'a fait que déposer cette fange à sa porte.

Or, nous appartient-il de nous glorifier d'une civilisation qui n'a su que déplacer la misère ?

Que les amis de l'humanité veuillent bien étudier ces détails et tirer, pour moi, des conclusions utiles au progrès, au bien-être et à la morale.

◆

◆

Petits trafics avec la morgue

Tous les métiers ne sont pas dans la rue, et le Musée criminel *de Gustave Macé serait incomplet sans cette plongée dans l'univers sordide de l'ancienne morgue, livrée à tous les trafics. Le public fin-de-siècle est avide de détails macabres, que l'ancien chef de la Sûreté n'a pas de mal à prodiguer.*

Extrait de Mon musée criminel, *Gustave Macé, 1890*

Que d'abus, que de profanations se commettaient autrefois dans l'enceinte de la Morgue !

L'unique garçon *morgueur* tirait profit de tout ce qu'il pouvait enlever à « ses pensionnaires ».

Les coiffeurs, les dentistes venaient se rassortir dans la boîte dite « Coffret des Macchabées ».

Les arracheurs de dents autorisés à débiter leurs boniments sur la place du Marché-Neuf s'y approvisionnaient à bas prix. Du haut de leurs voitures, ces ancêtres de Mangin faisaient alors aux yeux des badauds stupéfaits sauter et retomber en pluie dans les plates corbeilles, dites « vans », une énorme quantité de molaires, de canines et d'incisives, extraites *sans douleur*. En effet, on les avait arrachées aux cadavres.

Les vendeurs de pommades, spécialement fabriquées pour arrêter la chute des cheveux et précipiter celle des cors, durillons, œils-de-perdrix rebelles, achetaient aussi leurs précieux échantillons à la Morgue.

Les longs et beaux cheveux de diverses nuances, pendus à leurs tréteaux, que les curieux pouvaient au besoin caresser, provenaient des cadavres de femmes ; quant aux cors, durillons, œils-de-perdrix, ils étaient facilement enlevés sur les personnes non reconnues et mortes par submersion.

Le public crédule examinait, à l'aide d'une puissante loupe, ces horribles cors munis de leurs racines que le charlatan avait eu la précaution de réunir au fond d'une large coupe de cristal. « Vous pouvez voir, toucher, criait-il, je vous assure qu'ils sont tombés sans douleur. » Ce saltimbanque ne mentait point : grâce à ces exhibitions il débitait ses pots de pommade.

Livré à lui-même, le garçon morgueur donnait asile, la nuit, à des prostituées, dans la chambre de garde. Les cadavres étaient souvent témoins muets des plus viles débauches. Moyennant une rétribution, variant de deux à trois francs, certains individus, aux passions étranges, doués d'appétits malsains, toujours à la recherche d'émotions dépravées, pouvaient assister à la mise à nu et au nettoyage des cadavres. Aucune précaution n'était prise pour ces opérations, et c'est à grands coups d'un balai de bouleau que l'on débarbouillait les corps.

Le morgueur donnait aussi des soirées à spectacle. On remplaçait le thé par un saladier de vin chaud sucré flanqué de deux *petites filles* (demi-bouteilles) remplies d'eau-de-vie baptisée « eau des morts », le tout fourni par le cabaretier voisin, ami intéressé du morgueur. Lorsque chacun avait bu sa rasade, on se dirigeait vers la salle des morts où le garçon, expert en cette matière, faisait choix d'un cadavre fortement ballonné et avec la précision d'un chirurgien pratiquant les autopsies judiciaires, il enfonçait une grosse épingle dans l'abdomen. Par le trou de la piqûre s'échappait un jet de gaz auquel on mettait le feu, et l'extinction des autres lumières faisait ressortir l'éclairage par le gaz méphitique. On ne possédait pas toujours le sujet propre à cette exhibition, on restait souvent quinze jours avant d'avoir une semblable occasion. Les cadavres masculins étaient choisis de préférence. Le corps d'un homme ayant séjourné six semaines sous l'eau se trouvait dans les meilleures conditions pour la séance ; au lieu de placer comme aux femmes la piqûre sur le ventre, c'est sur les parties sexuelles qu'on opérait et l'effet n'en était que plus drôle pour les habitués. Des paris s'engageaient sur le plus ou moins de durée de ces feux d'un genre particulier ; ainsi les morts amusaient les vivants.

La Préfecture de police mit fin à l'odieux trafic des cheveux, des dents, et, pour ne plus exposer les cadavres aux profanations, interdit l'entrée spéciale de la Morgue aux personnes étrangères à son fonctionnement.

Poussant plus loin *les réformes*, elle défendit aux garçons de la Morgue de fabriquer eux-mêmes les cercueils qu'ils vendaient aux indigents, et comme l'État ne leur allouait que la somme de deux francs pour l'inhumation des inconnus, les cadavres avaient pour enveloppe une toile d'emballage que l'on ficelait, puis on les jetait pêle-mêle dans une voiture à bras requise au hasard et, la nuit, le morgueur, d'après son mot, les « roulait » au cimetière. On recouvrait la voiture de paille comme s'il s'agissait d'un cheval mort sur la voie publique et enlevé par l'équarrisseur. Maintenant un service gratuit a lieu pour les cadavres reconnus ou non et le corbillard des pompes funèbres les transporte au cimetière de Bagneux.

Les employés de la Morgue vendaient indûment les effets, les objets trouvés sur les cadavres, et ces dépouilles allaient chez les brocanteurs sans être complètement désinfectées. Les microbes étaient alors inconnus, mais le choléra faisait des ravages. Ce commerce dangereux n'existe plus. Les vêtements sont brûlés.

L'autorité supérieure transforma le mode des primes de repêchage; jadis les sommes allouées pour les gens tombés à l'eau étaient ainsi fixées : personne retirée vivante, 15 fr., morte, 25 fr., aussi les ravageurs[1] de rivières se livraient à une monstrueuse spéculation : au lieu de secourir les personnes en détresse ils les aidaient à mourir afin de toucher la plus forte prime. Ces abus barbares ne cessèrent que le jour où la somme de 25 fr. fut donnée au repêchage d'un vivant, et celle de 15 fr. au repêchage d'un mort.

Cette même énormité, sortie de la cervelle d'un bureaucrate, existait pour l'inhumation des corps; moins les garçons morgueurs reconnaissaient de cadavres, plus ils avaient de bénéfices. Le greffier actuel, en 1881, fit changer ce mode de répartition et son personnel actif est encouragé à fournir les indices qu'ils peuvent retrouver sur les corps après les enquêtes des commissaires de police. Les morts violentes, sans cause connue, deviennent des exceptions.

L'exhibition repoussante de cadavres nus, aux ventres ballonnés, aux chairs meurtries, aux teintes jaunes, bleues, verdâtres qui excitaient le dégoût, est supprimée. En laissant aux morts leurs vêtements, leurs coiffures, on a maintenu en eux l'apparence de la vie et rendu les reconnaissances plus faciles, et par conséquent plus nombreuses. De la sorte, les intérêts des familles sont mieux sauvegardés, la morale publique et la décence y gagnent, tout en observant le respect dû à des malheureux qui passent de cette triste et dernière demeure dans l'éternel oubli. [...]

1. On appelait « ravageurs » les miséreux des bords de Seine qui tamisaient l'eau du fleuve pour y trouver de menus objets et des débris métalliques qu'ils revendaient au poids.

On pourrait écrire un volume d'anecdotes relatives à la Morgue. Les anciens employés du funèbre monument connaissent l'histoire d'une «bague alliance», qui, transmise par succession de famille, revint plusieurs fois à la Morgue aux doigts des héritières auxquelles elle était échue. Cette alliance avait sa légende : quiconque la portait périssait d'une manière funeste; on l'avait surnommée *la bague fatale.*

Les funestes effets de ce bijou de famille pourraient être mis en parallèle avec les instruments dont nous avons parlé et que le hasard destine à la perpétration successive des crimes.

Le personnel actuel de la Morgue peut se souvenir de l'histoire d'un jeune ménage qui, chaque matin, à la même heure, entrait dans la salle d'exposition des cadavres. Cela durait depuis deux ans, quand la femme disparut. Le mari continua ses visites jusqu'au jour où il vit son épouse couchée sur l'une des dalles. Pour se rendre méconnaissable elle avait, avant de se jeter dans la Seine, coupé ses cheveux et endossé des vêtements qui n'étaient pas les siens; mais une brûlure de la main droite certifia son identité.

Parmi les papiers trouvés sur certains cadavres, il en existe d'obscènes, de mystiques, et de si étranges qu'ils étonnent l'observateur. «Je vais chercher l'inconnu», écrivent les uns, «je quitte le connu», écrivent les autres, et dix sur cent demandent à être incinérés.

Dans la poche d'un noyé il y avait ces lignes tracées au crayon sur son livret : «Connaissant les misères de la terre, je tiens à connaître le ciel.»

◆

LE PHOTOGRAPHE DES ESPRITS

Un escroc chez les spirites

Stéphane Mahieu

Le 22 avril 1875, Édouard Buguet, trente-quatre ans, photographe, est arrêté à son atelier du 5, boulevard Montmartre. Le procès-verbal énumère les objets saisis lors de la perquisition, dont « un cliché représentant la direction de police sous l'image d'une figure grotesque ». Ce n'est pas l'hydre de la Révolution ni la caricature d'un ministre, mais l'esprit du père d'un policier qui est venu enquêter chez le photographe.

Édouard Buguet joint en effet à la qualité de photographe ordinaire celle, plus rare, de photographe spirite. Il propose à ses clients leur portrait en compagnie de l'esprit d'un être cher et disparu. Sur ces photographies se profilent des formes drapées, aux traits souvent peu discernables... Il ne s'agit pas seulement d'un exercice de style : les six clichés coûtent vingt francs et le négoce d'Édouard Buguet, fort de l'appui de *La Revue spirite*, se porte très bien. Les plaintes de parents qui ne reconnaissent pas leur grand-mère ou leur oncle affluent cependant.

Un mannequin drapé

Le photographe profite de la vogue du spiritisme, qui se répand en Europe à partir de 1850 : Victor Hugo à Jersey ou la cour de Napoléon III y ont sacrifié avec passion, invoquant les ectoplasmes des grands hommes et des génies des lettres. Buguet ne se contente pas d'exploiter le spiritisme, il le conforte. La doctrine spirite a besoin d'être étayée par des témoignages vérifiables. Technique nouvelle, entourée d'une aura mystérieuse, la photographie peut offrir, aux âmes empressées de croire, la preuve de la matérialisation des esprits. Par maladresse de l'opérateur ou simple trucage…

Un inspecteur se fait donc passer pour un client désireux d'avoir un cliché post-mortem de son père. Son rapport décrit une séance chez le photographe : après quelques renseignements sur l'esprit à représenter, l'artiste demande au client de s'asseoir et de penser fortement au défunt, la qualité de l'apparition dépendant du degré d'attachement manifesté. Le photographe gémit bientôt et entre en transe. D'autres témoignages signalent la présence d'un médium, chargé de magnétiser l'opérateur.

Lors de la perquisition, on trouve deux poupées et une réserve de têtes interchangeables. Il suffit d'entourer la poupée d'un peu de gaze pour obtenir un spectre présentable. Buguet avoue sans difficulté qu'il préparait les clichés à l'avance. Son procès, en juin 1875, porte un rude coup au spiritisme. Condamné à un an de prison, il parvient à se réfugier en Belgique. Il reprendra ensuite son activité, mais en précisant sur sa carte : « Photographie antispirite. Manipulation invisible, illusion complète. » Ses clichés conservent tout le charme d'un bon récit de revenant.

◆

Flagrant délit d'escroquerie

Rapport de l'inspecteur Geuffroy, 10 janvier 1875

J'ai l'honneur de rendre compte à M. l'officier de Paix que, muni de ses instructions, je me suis présenté le jeudi 31 octobre 1874 au domicile du sieur Buguet, photographe ordinaire joignant à cette qualité celle de photographe spirite, demeurant boulevard Montmartre n° 5. Sur la demande que je lui fis, s'il était vrai qu'il pouvait au moyen de la photographie d'une personne vivante, faire le portrait d'une autre personne décédée de la même famille, il m'a répondu affirmativement mais que, cependant, il éprouvait quelquefois des déceptions, en me laissant entendre que la réussite dépendait du plus ou moins de sympathie qui avait existé entre les deux personnes.

Je lui demandai si, avec ma photographie en uniforme militaire que je fis faire à l'âge de 32 ans, bien que j'en aie aujourd'hui 46, il pouvait faire le portrait de mon père ; sur sa réponse affirmative, je lui fis remarquer que mon père était mort depuis longtemps (22 ans) et lui demandai s'il ne voyait pas là un obstacle à la réussite, il m'a répondu : « Plus il y a longtemps que la personne demandée est morte, plus il est facile de la faire venir. »

Il ne fit aucune question, et me donna rendez-vous chez lui pour opérer le lundi 4 janvier à 11 heures du matin, me recommandant, d'ici là, de penser sérieusement à mon père dont lui-même avait besoin de préparer la volonté.

Lorsque je me présentai le jour convenu pour l'opération, on me dit que M. Buguet était sorti et de revenir le lendemain, ce que je fis ; il me dit : « Hier j'étais tellement fatigué que je n'ai pu vous recevoir. J'ai préféré vous faire dire que j'étais absent, afin que vous ne mettiez pas ma bonne volonté en doute. »

À ce moment est arrivé dans le salon des photographies un personnage âgé de 55 ans environ, d'une tenue correcte, portant le ruban de la Légion d'honneur, que j'ai entendu interpeller du nom de M. Brunet, lequel paraît avoir avec le sieur Buguet des relations spirites ; il affecte une grande croyance en Dieu, dont je lui ai entendu prononcer le nom plusieurs fois dans le cours de quelques fragments de conversations spirites auxquelles je ne pus rien comprendre.

Ils prononcèrent aussi le nom d'un sieur Lemare[1], autre spirite avec lequel ils paraissent être en relation.

M. Buguet me fit monter à l'atelier de pose où il me suivit, en appelant le sieur Brunet pour qu'il assistât à la séance. Il me fit écrire sur le dos de mon portrait le nom et le prénom de mon père, et le plaça sur une table en face et à environ trois ou quatre mètres en avant de l'appareil, puis me fit asseoir un pas en avant et à gauche dudit appareil en me recommandant de nouveau de porter toute ma pensée sur la personne que je demandais. La personne étrangère (le sieur Brunet) s'asseyait en même temps, du côté droit, et prenant une attitude recueillie, me dit : « Demandons votre père » (je dois dire que je suivis de point en point les instructions données). Le photographe se mit à l'appareil, puis dans le cours de la séance, qui dura de six à huit minutes, le sieur Buguet laissa échapper un gémissement assez prolongé, disant ressentir une grande et forte douleur intérieure, ce qui fit dire au monsieur décoré : « Alors nous avons réussi. » Au même instant, le sieur Buguet, dont les traits paraissaient décomposés, s'assit assez

1. Il s'agit de l'éditeur Leymarie.

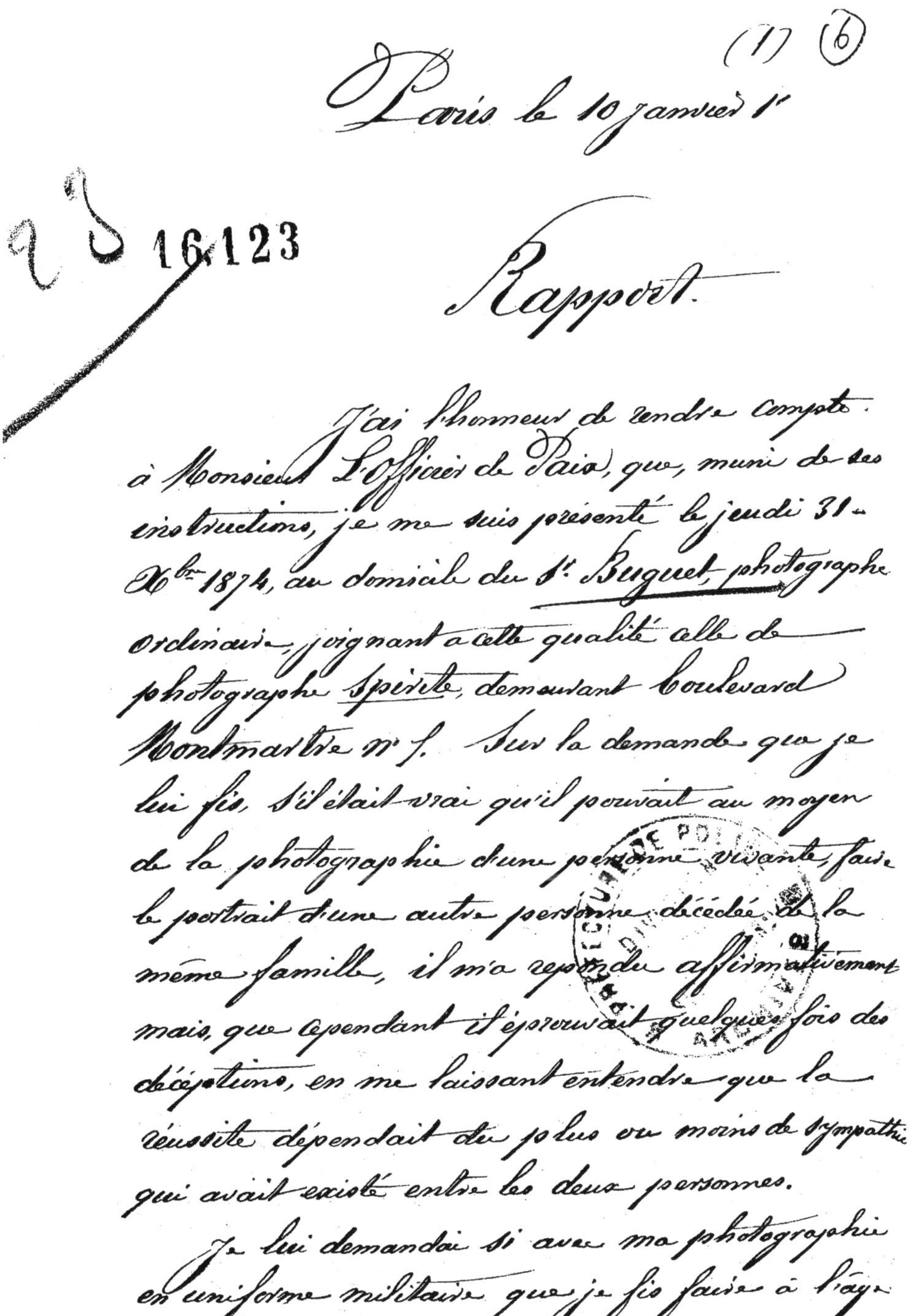
(1) (6)

Paris le 10 janvier 1

23 16.123

Rapport.

J'ai l'honneur de rendre compte à Monsieur l'Officier de Paix, que, muni de ses instructions, je me suis présenté le jeudi 31 Xbre 1874, au domicile du Sr Buguet, photographe ordinaire, joignant à cette qualité celle de photographe spirite, demeurant boulevard Montmartre n° 5. Sur la demande que je lui fis, s'il était vrai qu'il pouvait au moyen de la photographie d'une personne vivante, faire le portrait d'une autre personne décédée de la même famille, il m'a répondu affirmativement mais, que cependant il éprouvait quelquefois des déceptions, en me laissant entendre que la réussite dépendait du plus ou moins de sympathie qui avait existé entre les deux personnes.

Je lui demandai si avec ma photographie en uniforme militaire que je fis faire à l'âge

Première page du rapport de l'inspecteur Geuffroy, qui s'est fait passer pour un client potentiel auprès du photographe spirite.

lourdement sur la chaise qui se trouvait à sa portée, il me fit voir un cliché sur lequel se trouvaient reproduites, l'une à côté de l'autre, deux des épreuves ci-jointes, qu'il me dit être le portrait de la personne demandée, mais le tout était tellement confus et indistinct que je ne pus me prononcer pour la ressemblance. Cependant, l'illusion aidant, je crus reconnaître un vieillard de 62 ans, âge auquel mon père est mort. Je crus également remarquer des cheveux longs et plats comme il les portait, mais à la livraison des deux premières épreuves, je m'aperçus que ce que j'avais pris pour des cheveux plats, alors que la photographie n'était pas encore bien formée, n'était autre qu'un front chauve et totalement dégarni de cheveux. En résumé, je ne trouve rien qui me rappelle les traits de mon père dont j'ai le souvenir présent à la mémoire.

Je demandai au sieur Buguet comment il expliquait que le portrait obtenu se trouvât entouré d'un suaire, et si c'était le linceul qui avait servi à l'ensevelissement, il me répondit avec un peu d'hésitation que c'était l'enveloppe habituelle des esprits.

Lorsqu'il fit voir au monsieur décoré les deux épreuves sur verre, celui-ci s'empressa de manifester son étonnement en faisant remarquer que dans ces deux épreuves qui se trouvaient à côté l'une de l'autre, il existait une différence très sensible dans la pose, ce à quoi le sieur Buguet répondit que l'esprit avait fait un mouvement pendant la séance.

Dans l'atelier de pose se trouve une pancarte ainsi conçue : « Chaque pose spéciale est de 20 f., reconnue ou non (on règle de suite après la pose). »

Je crois utile d'ajouter que je me suis présenté à l'heure convenue pour la séance, étant porteur de mon portrait, que l'on me fit déposer, en me disant de revenir le lendemain 5 du courant pour la pose.

Le sieur Buguet me dit de venir prendre les six épreuves

le lundi 11, mais il ne m'en remit que deux, disant que les autres ne seraient prêtes que le lendemain. J'ai laissé passer deux jours, je me suis présenté aujourd'hui 14 pour réclamer mes dernières épreuves. Le sieur Buguet étant absent, les employés firent des recherches et ne purent trouver le numéro du cliché, n° 61328, et me proposèrent de me les envoyer à domicile (je dois passer les prendre demain 15).

Dans diverses pièces qui composent les ateliers du sieur Buguet, on remarque plusieurs résultats de ce genre, entre autres son portrait à lui surmonté d'un esprit entouré d'un voile dont une partie s'étend jusque sur la tête du sieur Buguet, mais parmi tous les portraits en montre à l'extérieur, sur la porte cochère de la maison n° 5, on n'y remarque rien de spirite.

Je dois dire aussi que pendant les apprêts de la séance, le sieur Buguet dit au monsieur décoré que la veille, une personne de Béziers était venue tenter le résultat mais qu'elle n'avait pas reconnu la personne demandée. Je suis porté à croire que cette conversation a eu lieu en ma présence dans le but de me prouver que la réussite n'était pas toujours possible et de me préparer à une déception.

En admettant que, comme le dit le sieur Buguet, les esprits se maintiennent dans l'espace, et qu'il ait le pouvoir de les faire se révéler à lui jusqu'au point de les faire poser devant ou dans son appareil, on doit se demander comment il se fait que ce soit un esprit dont les traits humains me sont complètement inconnus et [que], par conséquent, je ne pouvais pas demander qui se soit plutôt présenté que celui de mon père que je demandais.

Ci-joint le reçu de 20 f.

Paris, SAM [Série Ba, carton n° 880]

◆

◆

L'arrestation du spirite

Rapport du 29 août 1875 au sujet de l'arrestation d'Édouard Buguet

Buguet, Édouard, 34 ans, né à Saint-Marc-de-Réno (Orne) le 13 juillet 1840, marié, 2 enfants, photographe, demeurant boulevard Montmartre, n° 5.

Escroquerie

En exécution d'une ordonnance décernée par M. Delahaye, Juge d'Instruction, en date du 20 du courant, contre le nommé Buguet, inculpé d'escroquerie, M. Clément, commissaire de police, attaché aux Délégations spéciales et judiciaires, s'est transporté le 22 du même mois au domicile de l'inculpé, boulevard Montmartre, 5, où il opéra une perquisition qui amena la saisie de : 1° 2 clichés représentant une déclaration de la Commune de Lyon et une proclamation des membres du Comité central ; 2° Un 3e cliché représentant une proclamation des membres du Comité central et l'annonce d'un grand meeting ; 3° Un 4e cliché représentant une proclamation des Délégués du bataillon des francs-tireurs de la Révolution et une affiche des mêmes délégués ; 4° Un 5e cliché représentant la direction de Police sous l'image d'une figure grotesque, le tout placé sous un scellé.

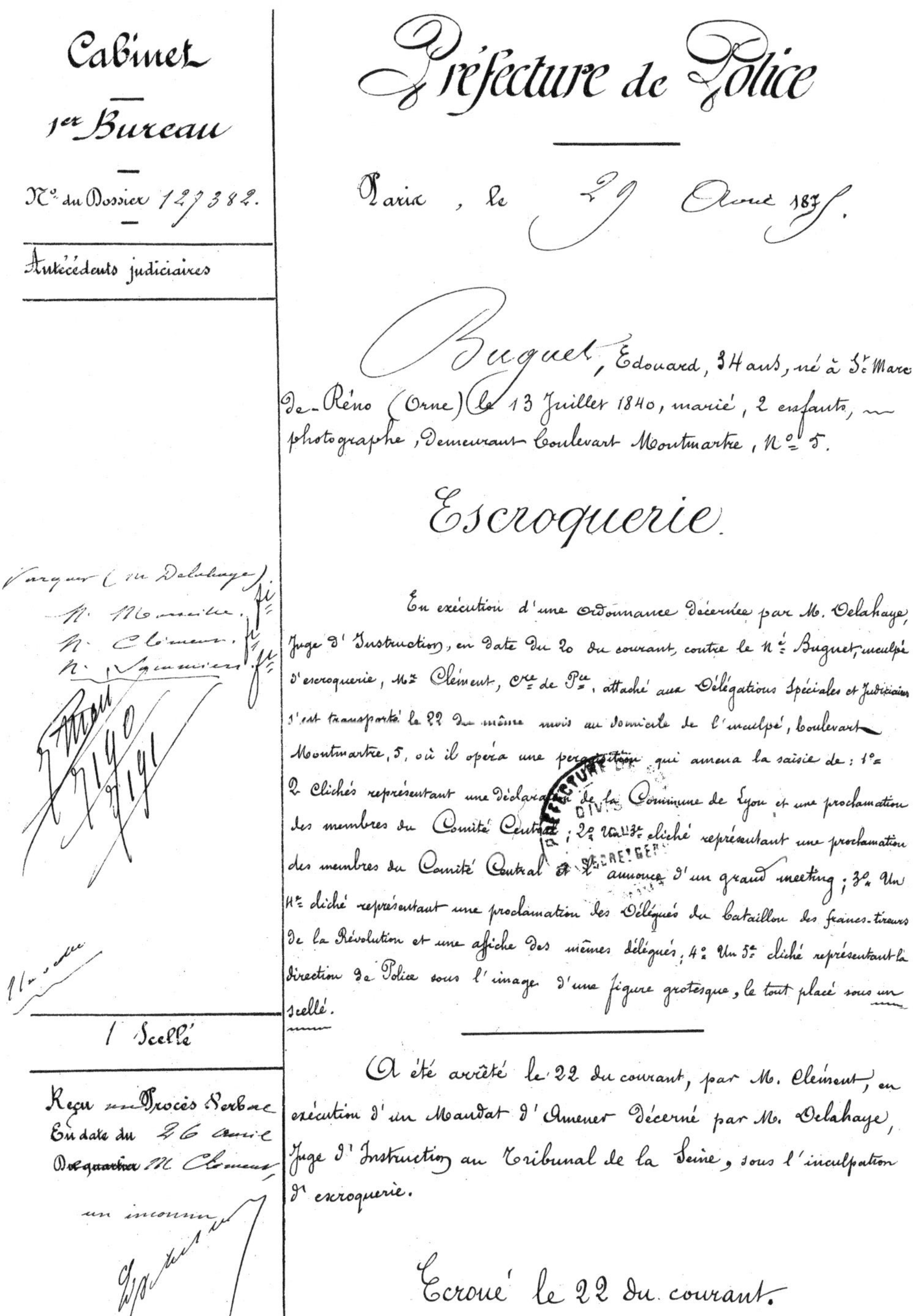
Cabinet

1er Bureau

N° du Dossier 127382.

Antécédents judiciaires

Vaquer (M. Delahaye)
M. Moncelle.
M. Clément.
M. Lemonnier.

11190
11191

1 Scellé

Reçu un Procès Verbal
En date du 26 avril
de M. Clément
un inconnu

Préfecture de Police

Paris, le 29 Avril 1875.

Buguet, Édouard, 34 ans, né à St Marc de Réno (Orne) le 13 Juillet 1840, marié, 2 enfants, photographe, demeurant boulevart Montmartre, N° 5.

Escroquerie.

En exécution d'une ordonnance décernée par M. Delahaye, Juge d'Instruction, en date du 20 du courant, contre le N° Buguet, inculpé d'escroquerie, M. Clément, Cre de Pce, attaché aux Délégations Spéciales et Judiciaires s'est transporté le 22 du même mois au domicile de l'inculpé, boulevart Montmartre, 5, où il opéra une perquisition qui amena la saisie de : 1° 2 clichés représentant une déclaration de la Commune de Lyon et une proclamation des membres du Comité Central ; 2° Un 3e cliché représentant une proclamation des membres du Comité Central et l'annonce d'un grand meeting ; 3° Un 4e cliché représentant une proclamation des Délégués du bataillon des francs-tireurs de la Révolution et une affiche des mêmes délégués ; 4° Un 5e cliché représentant la direction de Police sous l'image d'une figure grotesque, le tout placé sous un scellé.

A été arrêté le 22 du courant, par M. Clément, en exécution d'un Mandat d'Amener décerné par M. Delahaye, Juge d'Instruction au Tribunal de la Seine, sous l'inculpation d'escroquerie.

Écroué le 22 du courant.

Rapport sur l'arrestation d'Édouard Buguet, en date du 29 avril 1875.
Le motif apparaît clairement : « Escroquerie. »

A été arrêté le 22 du courant, par M. Clément, en exécution d'un mandat d'amener décerné par M. Delahaye, Juge d'Instruction au tribunal de la Seine, sous l'inculpation d'escroquerie.

Écroué le 22 du courant.

Paris, SAM [Série Ba, carton n° 880]

◆

Carte de visite d'Édouard Buguet.

Regain de métapsychisme après la Grande Guerre

Après l'hécatombe de la Première Guerre mondiale, les familles endeuillées font de nouveau tourner les tables ; les escroqueries au spiritisme réapparaissent.

Extrait de Le Crime et les Criminels, *Edmond Locard, 1925*

Je tiens à faire d'abord une déclaration de principes. Je n'ai aucune espèce de parti pris contre le spiritisme, ni contre la théosophie. J'admets très volontiers qu'il y a un grand nombre de phénomènes psychologiques actuellement mal expliqués par la science dite officielle. Je crois en particulier à la télépathie et, dans une certaine mesure, à la transmission de la pensée. Je crois, en outre, que des guérisons nombreuses sont obtenues par des moyens autres que la thérapeutique universitaire, et qu'il ne suffit pas de dire névrose, hystérie ou pithiatisme, pour rendre compte des faits observés. Je suis, en outre, tout à fait certain qu'un grand nombre de spirites et de métapsychistes sont d'une entière bonne foi, et je ne me considérerais pas comme déshonoré pour avoir pensé comme Crookes, Richet, Lombroso ou Conan Doyle. Et voilà qui me met tout à fait à l'aise pour parler maintenant des escrocs qui ne se targuent de spiritisme que pour voler leurs contemporains.

L'idée m'est venue d'étudier les opérations équivoques de certains spirites, à la suite d'une assez amusante rencontre. Une personne fort distinguée qui habite les Brotteaux avait eu le malheur de perdre son mari pendant la guerre. Elle en avait eu un profond désespoir et peut-être un peu de déséquilibre. Elle fit alors la connaissance de personnes qui s'adonnaient aux recherches spirites. On lui fit entendre qu'il lui serait possible d'entrer en communication avec l'âme de son mari. Elle vit là l'unique consolation qui lui fût désormais possible. Elle fréquenta d'une façon assidue des réunions où, dans une ombre propice, les morts étaient évoqués. En peu de temps, elle parvint à la certitude que ces sortes de relations sont aisées pour qui les désire fortement.

En ce moment, la malheureuse veuve cherchait une cuisinière. Une femme se présenta qui, outre les certificats d'usage, présentait cette inestimable qualité d'être – elle le prétendait du moins –, capable d'assurer, par des passes magnétiques, les communications avec l'au-delà. On pense si elle fut bien accueillie. Dès son entrée, elle gouverna absolument la maison. À toute heure, elle servait de truchement entre madame et l'ombre de monsieur. Les conversations, d'abord tragiques, ou tout au moins religieuses ou sentimentales, prirent bientôt le ton de la plus extrême familiarité. Lorsque le temps était incertain, on évoquait l'ombre pour savoir s'il fallait prendre un parapluie. Jamais on ne fixait le menu sans demander conseil au défunt qui, chose curieuse, semblait avoir adopté, dans le plan astral, tous les goûts de la cuisinière en matière d'alimentation.

Cette farce sacrilège dura quelque temps. La veuve versait au cordon-bleu spirite des honoraires importants en tant que cuisinière et des mensualités formidables en tant qu'évocatrice. Mais la rusée eut le tort de se vanter à tout venant de son succès et d'en faire des gorges chaudes avec les commères du quartier. On eut, bien entendu, le plus grand mal à convaincre la malheureuse victime de l'abominable duperie dont elle était l'objet.

Ceci était de l'escroquerie à domicile. Ordinairement, c'est chez le spirite, ou le prétendu spirite, que les opérations auront lieu.

Les uns annoncent l'avenir. Ce sont, par exemple, les somnambules extralucides que l'on rencontre dans les vogues[1]. Ce sont aussi les voyantes qui reçoivent à domicile. On ne peut imaginer la clientèle de ces femmes. Des gens appartenant aux classes les plus cultivées vont, sous prétexte de curiosité, mais en réalité avec la plus surprenante confiance, écouter les oracles. On voit des femmes de médecins connus aller demander aux sorcières des consultations pour la maladie de leurs enfants, des femmes de policiers chercher dans les roulottes des conseils au sujet d'objets volés ou perdus. Des légendes se créent, construites sur des coïncidences ou des amphibologies. D'ailleurs, le langage des pythonisses est toujours suffisamment vague pour pouvoir s'adapter à toutes les solutions ultérieures. Je connais une vieille dame qui se pâmait d'admiration parce qu'une devineresse lui avait annoncé qu'à son prochain déménagement elle coucherait dans une chambre d'où on verrait des arbres. Et, en effet, elle s'en fut loger dans une petite rue d'où, en se penchant aux fenêtres, on apercevait les arbres d'une avenue voisine.

Faut-il rappeler les prédictions des voyantes les plus célèbres, sur la date à laquelle la guerre devait finir ? Pour s'en tenir à l'illustre Mme de Thèbes, il suffit de se rapporter à ses almanachs, pour constater qu'elle a chaque fois fixé l'armistice à un jour de l'année même où l'almanach paraissait.

On voit de temps à autre, à la correctionnelle, des voyantes qui ont exploité avec excès leurs victimes, en se faisant payer très cher des consultations inopérantes au sujet d'objets volés.

1. Les foires.

On en a vu surtout pendant la guerre, et après la guerre, qui ont escroqué des sommes importantes en donnant des renseignements sans valeur sur l'endroit où se trouvaient des soldats disparus. Le tribunal d'Orléans, en particulier, a puni de prison une somnambule qui recevait en moyenne une vingtaine de personnes à chaque consultation et qui s'était spécialisée dans les indications sur les militaires dont on était sans nouvelles. Elle précisait le camp allemand où ils se trouvaient. Devant les juges, elle a reconnu qu'elle faisait semblant de dormir et qu'elle trompait sciemment sa malheureuse clientèle.

Le meilleur commerce des pseudo-spirites est celui des guérisons. Je répète ce que je disais en commençant. On peut s'intéresser, et beaucoup, aux résultats obtenus par telle secte de métapsychistes, Christian-Science par exemple, mais il est indiscutable qu'un très grand nombre de prétendus spirites qui soignent par le magnétisme, par des invocations, par des passes ou par des formules, sont de simples escrocs qui n'ont pas la moindre illusion sur leur propre compétence ni sur leur valeur morale. Le pis est qu'un certain nombre d'entre eux ne se contentent pas de moyens psychiques, et qu'en appliquant des remèdes parfois violents ils amènent des accidents graves, voire même des morts.

Je voudrais, en terminant, raconter une anecdote que je tiens de Dicksonn. Un spirite donnait à Paris des séances régulières où l'on voyait les spectacles les plus variés : tantôt une consultation de feu le docteur Péan, tantôt une audition de Liszt au piano, tantôt des improvisations de Lamartine, tantôt des conférences de Naquet, l'auteur de la loi sur le divorce. Dicksonn reconnut dans ce mage un ancien chansonnier de Montmartre. Il se fit reconnaître, et obtint du spirite cet aveu : « Que voulez vous, la vie est chère. Mais c'est égal, quand j'ai ouvert ce cabinet je ne me figurais pas que je trouverais tant d'imbéciles pour le fréquenter. »

Un soir, comme la séance prenait fin, un monsieur demanda à causer avec le médium. « Je voudrais, lui dit-il, savoir si l'affaire que j'ai en train va réussir. – Certainement, répond le médium, et avant peu. – Vous avez raison, reprend l'interlocuteur, l'affaire a réussi, car je suis M. Vallet, chef de la Sûreté, chargé de vous conduire au Dépôt. »

◆

EN AFFAIRE AVEC L'OCCUPANT

Les trafics de « Monsieur Joseph »

Grégory Auda

Août 1949. Devant la cour de Justice de la Seine, Joseph Joinovici, dit « Monsieur Joseph » ou « Joano », se défend avec acharnement. Non, il n'a jamais sympathisé avec les nazis : ses informations ont permis l'arrestation des gestapistes Pierre Bonny et Henri Lafont. Non, il n'est pas un vendu : il achetait tout le monde. Non, il n'est pas un traître : il a aidé Honneur de la police, le principal réseau de résistance de la Préfecture.

C'est un personnage de roman. Né en 1905 à Kichinev, en Bessarabie, il arrive en France en 1925. À Clichy, il connaît la vie misérable des immigrés juifs. Travailleur, doué d'un sens rare des affaires, il devient un ferrailleur important.

Le Bureau Otto

Fondée en 1938, la SARL Joinovici Frères affiche des bénéfices conséquents. Mais la guerre et la défaite viennent contrarier cette belle réussite. Joseph Joinovici, conscient des menaces que les mesures antijuives font planer sur son entreprise, fait appel à des hommes de paille « aryens ». Fin 1940, il passe ses premiers contrats avec les autorités allemandes. Au début de 1942, il entre en contact avec Hermann Brandl dit « Otto ». Ce membre influent de l'Abwehr – les services secrets allemands – est alors à la tête du « Bureau Otto », qui joue un rôle central dans le système de pillage nazi. Cette officine, qui perçoit les frais d'occupation versés par la France, procure à l'Allemagne les produits nécessaires à son effort de guerre. « Joano » ne tarde pas à gagner des centaines de millions en leur vendant des métaux. Mais doit impérativement trouver des protecteurs. Aussi verse-t-il des sommes importantes au truand Henri Chamberlin, dit Henri Lafont, chef de la redoutable « Gestapo française » de la rue Lauriston. Prudent, ambigu, il finance aussi Honneur de la police, de même qu'il soudoie Allemands et collabos afin de sauver des résistants ou des juifs.

À la Libération, « Joano » tente de poursuivre son commerce, mais la toute nouvelle DST entend bien l'arrêter. Il dispose de complicités dans la police. Informé, il s'enfuit lorsque son arrestation devient inévitable. Il se rend finalement en 1949. Condamné à cinq ans de prison, il est libéré en 1952 et tente de reconstituer son empire. Mais, poursuivi par le fisc, il se réfugie en Israël, où il demande à bénéficier de la « loi du retour ». Vu son passé de collaborateur, les autorités lui contestent ce droit et l'expulsent vers la France en 1958. Définitivement libéré en 1962, il se retire dans un appartement modeste de Clichy, là où son aventure avait commencé. Ruiné, usé par la prison, il y meurt le 7 février 1965.

PRÉFECTURE DE POLICE

POLICE MUNICIPALE

2e DIVISION

PARIS, LE 1er Décembre 1945

5

A T T E S T A T I O N

Je soussigné FOURNET Armand, ex-ANTHOINE, Commissaire-Divisionnaire, Chef du Mouvement "HONNEUR DE LA POLICE" sous Réseau "N.A.P.", certifie que M. JOINOVICI Joseph, demeurant 9, place des Fêtes à CLICHY, a adhéré à mon Mouvement en Novembre 1943, qu'il m'a fourni des renseignements extrêmement précieux, qu'il a démasqué en Février 1944 PLAKKET (lequel avait réussi à se faire passer pour un Commandant de l'Intelligence Service et recevait à ce titre tous les messages radiodiffusés de LONDRES).

De plus, M. JOINOVICI a hébergé, a procuré des vêtements et des vivres à de nombreux parachutistes et évadés, il a aidé de nombreux réfractaires et israélites, etc...

Il a libéré, grâce à un coup de main audacieux, Melle Irène DEMARTEAU, Mme CAMPINCHI, a prévenu de nombreuses personnes, dont M. MARCHAT, Juge d'Instruction à la Cour de Justice, des recherches dont ils faisaient l'objet de la part de la Gestapo, ce qui leur a permis d'échapper aux griffes de l'occupant.

Il a participé le 12 Juillet 1944 au coup de main effectué 101, quai de Seine à NEUILLY (immeuble de la Gestapo) qui nous a permis la récupération de 2 tonnes de matériel de guerre.

Après la Libération, m'a fourni des renseignements qui m'ont permis d'arrêter BONY, LAFONT et toute leur bande, qui étaient réfugiés dans une ferme en SEINE & MARNE.

D'autre part, avant d'appartenir au Mouvement "Honneur de la Police", M. JOINOVICI travaillait depuis 1941 avec différents groupements dont le Réseau "TURMA VENGEANCE" où il était reconnu comme agent P1 , ainsi qu'en fait foi différents certificats qu'il a en sa possession.

Conforme à la vérité.

Le Commissaire-Divisionnaire,

A. FOURNET

Tamponnée d'une croix de Lorraine, cette précieuse attestation du commissaire Fournet fait de Joinovici un résistant

◆

Joinovici résistant ?

Attestation, du 1er décembre 1945

Je soussigné Fournet Armand, ex-Anthoine, Commissaire Divisionnaire, Chef du mouvement « Honneur de la police » sous réseau « N.A.P. »[1], certifie que M. Joinovici Joseph, demeurant 9, place des Fêtes à Clichy, a adhéré à mon mouvement en novembre 1943, qu'il m'a fourni des renseignements extrêmement précieux, qu'il a démasqué en février 1944 Plakket (lequel avait réussi à se faire passer pour un commandant de l'Intelligence Service et recevait à ce titre tous les messages radiodiffusés de Londres).

De plus, M. Joinovici a hébergé, a procuré des vêtements et des vivres à de nombreux parachutistes et évadés, il a aidé de nombreux réfractaires et israélites, etc.

Il a libéré, grâce à un coup de main audacieux, Mlle Irène Demarteau, secrétaire du mouvement « Libération Nationale », Mme Campinchi, membre du réseau « Ajax », a prévenu de nombreuses personnes, dont M. Marchat, juge d'instruction à la Cour de Justice, des recherches dont ils faisaient l'objet de la part de la Gestapo, ce qui leur a permis d'échapper aux griffes de l'occupant.

Il a participé le 12 juillet 1944 au coup de main effectué 101, quai de Seine à Neuilly (immeuble de la Gestapo) qui nous a permis d'arrêter Bonny, Lafont et toute leur bande, qui étaient réfugiés dans une ferme en Seine-et-Marne.

1. Noyautage des Administrations publiques.

D'autre part, avant d'appartenir au mouvement « Honneur de la police », M. Joinovici travaillait depuis 1941 avec différents groupements dont le réseau « Turma Vengeance » où il était reconnu comme agent P1, ainsi qu'en font foi différents certificats qu'il a en sa possession.

Paris, SAM [Série PJ, carton n° 50]

◆

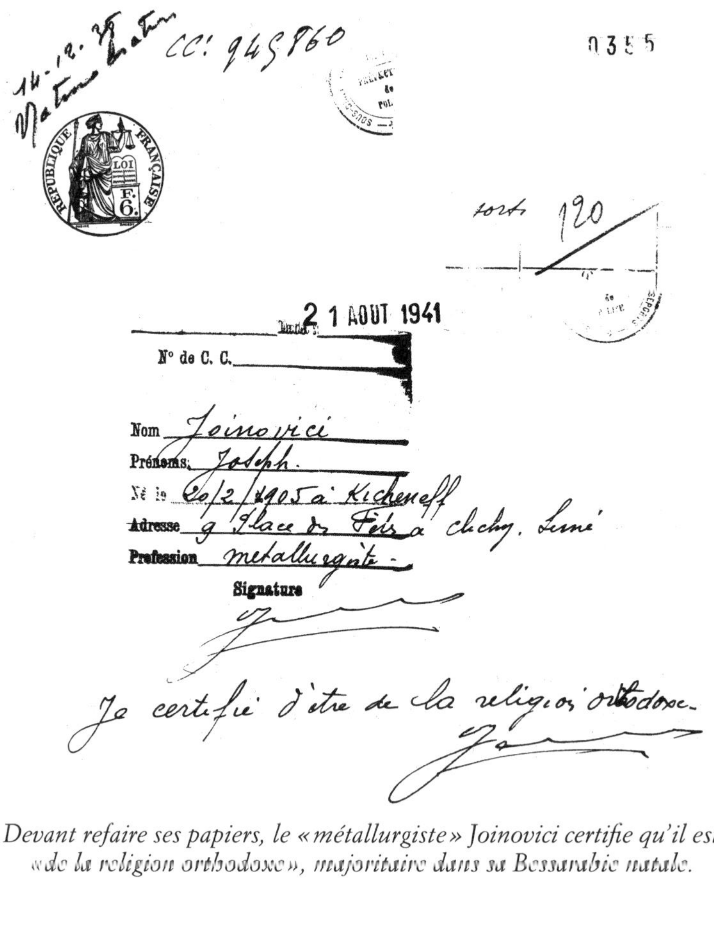
CC: 945860

0355

RÉPUBLIQUE FRANÇAISE LOI F. 6.

2 1 AOUT 1941

N° de C. C.

Nom Joinovici

Prénoms Joseph.

Né le 20/2/1905 à Kicheneff

Adresse 9 Place des Fêtes à Clichy. Seine

Profession metallurgiste.

Signature

Je certifie d'être de la religion orthodoxe.

Devant refaire ses papiers, le « métallurgiste » Joinovici certifie qu'il est « de la religion orthodoxe », majoritaire dans sa Bessarabie natale.

DEUXIÈME PARTIE

Le pouvoir

POUR L'ÉTYMOLOGISTE, l'expression de « police politique » sonne comme un pléonasme. Protéger les lieux et les hommes de pouvoir, infiltrer les mouvements subversifs, contrôler l'espace public : pour réussir dans cette triple mission, le Lieutenant général de police entretenait déjà une armée de *mouches.* Dans ses *Souvenirs d'un Préfet de police* publiés en 1885, Louis Andrieux ne cache pas qu'il a procédé de même, recrutant personnellement les « agents secrets », mouchards et provocateurs capables d'étoffer ses dossiers.

« L'agent secret, c'est le journaliste qui se fait remarquer par sa violence contre le gouvernement dans les feuilles d'opposition, c'est l'orateur qui, dans les réunions, demande aux prolétaires d'en finir avec l'exploitation capitaliste ; c'est le monsieur qu'on voit, à Saint-Augustin, à tous les anniversaires bonapartistes, avec un bouquet de violettes à la boutonnière ; c'est encore celui que vous rencontrez dans les plus purs salons du faubourg Saint-Germain avec des fleurs de lys partout où il peut en mettre.

« L'agent secret se recrute dans toutes les couches sociales : c'est votre cocher, c'est votre valet de chambre, c'est votre maîtresse, ce sera vous demain, pour peu que la vocation vous prenne, à condition toutefois que vos prétentions n'excèdent pas vos mérites, car ceux qui sont à vendre ne valent pas tous la peine d'être achetés. »

Excellemment renseignée sur les mouvements politiques organisés, la police parisienne est parfois prise en défaut par ces marginaux imprévisibles qui font les meilleurs régicides.

I. Le crime politique

C'est là le cœur du pouvoir régalien, le foyer ardent de la puissance publique : garantir la personne du roi, tuer l'ennemi du souverain. Qu'importe d'ailleurs si cette souveraineté s'incarne en un monarque absolu, un prince constitutionnel ou les membres d'une assemblée parlementaire : de Ravaillac à Raoul Villain en passant par l'énigmatique Fieschi, et jusqu'aux ligueurs royalistes assaillant Léon Blum, la foule parisienne abrite des individualités incontrôlables qui peuvent, avec de menus moyens, renverser le cours des événements.

La police politique a d'abord la mission de prévenir ces crimes ciblés, quitte à éliminer prestement l'adversaire au nom de la raison d'État : Cadoudal sur l'échafaud paie pour la machine infernale de la rue Saint-Nicaise, quand bien même son propos n'était pas véritablement d'assassiner le Premier Consul.

Quand toutefois, malgré toutes les précautions, l'irréparable a été commis, il appartient alors aux services d'enquêter et de réprimer, dans des affaires qui demeurent souvent nimbées de mystère. Les éventuels complices de Ravaillac, la main qui boucha peut-être la cheminée d'Émile Zola, restent en lisière des dossiers, dans le domaine instable des hypothèses historiques.

◇

Ravaillac le régicide

Arrestation et supplice d'un criminel politique

Jean-Pierre Babelon

Vendredi 14 mai 1610, vers 16 heures. Parti du Louvre pour rendre visite à Sully dans sa résidence de l'Arsenal, et examiner en passant les préparatifs de l'entrée triomphale de la reine Marie de Médicis dans la capitale, Henri IV est assis dans son carrosse avec quelques compagnons. La matinée a été pénible, faite d'hésitations et de vaines déambulations. Le roi est rongé par le doute, la crainte, les obsessions. On ne parle que d'acerbes critiques de sa politique, de complots contre sa vie, de fâcheuses prédictions des astrologues. « Mon Dieu, j'ai quelque chose là-dedans qui me trouble fort », dit-il en mettant sa main au front. « Ma mie, irai-je, n'irai-je pas ? »

Finalement, la voiture est partie. Rue de la Ferronnerie, près du cimetière des Saints-Innocents et du grand marché des Halles, il faut marquer un arrêt. Une charrette chargée de foin et une autre de tonneaux de vin obstruent le passage, encore rétréci par des échoppes qu'un autre roi, Henri II, a pourtant ordonné de démolir cinquante-six ans plus tôt.

Alors les valets de pied quittent la voiture royale dont ils assuraient la garde pour faire circuler les véhicules récalcitrants.

À la portière droite, un homme surgit soudain ; il met un pied sur un rayon de la roue, un autre sur une borne voisine. C'est un colosse à la mine farouche, de puissante stature, la barbe d'un roux foncé, les cheveux dorés, les yeux rêveurs profondément enfoncés dans les orbites. Ravaillac brandit un couteau. Passant par-dessus le duc d'Épernon assis au fond du carrosse à droite, son bras frappe Henri IV qui, assis à gauche, s'est penché vers le duc pour lui lire une lettre. Il atteint le roi et le blesse sans gravité près de l'aisselle. Une seconde fois, la lame l'atteint entre la cinquième et la sixième côte, elle traverse le poumon, tranche la veine cave et l'aorte. Le troisième coup perce la manche du duc de Montbazon, assis contre la portière gauche de la voiture. Un flot de sang sort des lèvres du roi qui meurt presque aussitôt.

Soumis à la question

Un peu hébété, Ravaillac est resté dressé sur la roue, le couteau sanglant à la main, sans chercher à fuir. D'Épernon s'interpose contre ceux qui voudraient massacrer l'agresseur, qu'il fait conduire à l'hôtel voisin du duc de Retz, puis dans sa propre maison. Le 15 mai, Ravaillac est transféré à la Conciergerie, pour y être longuement soumis à la question. Après sa condamnation, il sera conduit place de Grève le 27 mai pour y subir, au milieu des Parisiens surexcités, l'horrible supplice des régicides.

François Ravaillac est né à Angoulême en 1578 dans une famille divisée : un père violent, ivrogne et débauché, une mère pieuse et aimante. La région a été traumatisée par les guerres de Religion, et les actes de violence et de vandalisme commis par les huguenots ont cimenté la résistance catholique qui vit fort mal l'application de l'édit de Nantes.

L'hostilité à Henri IV n'a fait que croître durant des années, d'autant qu'à sa politique religieuse s'ajoute le scandale de sa vie dissolue, les dépenses sans cesse accrues de la Cour, la hausse des charges fiscales dont on accuse le détesté Sully. Lorsqu'on annonce le projet d'une expédition militaire contre les puissances catholiques pour défendre l'héritage de princes protestants allemands sur le Rhin, la mesure est comble. Le roi va faire la guerre au pape ! En chaire, les prédicateurs tonnent contre ces projets, les jésuites en premier. À plusieurs reprises, Ravaillac a tenté de rencontrer Henri IV, une fois au Louvre, une autre fois près des Saints-Innocents, mais à chaque occasion on l'a empêché de voir le roi. « Au nom de Jésus-Christ et de la sacrée Vierge Marie, que je parle à vous », lui a-t-il crié.

Enfer ou paradis

Alors, si la parole est impuissante, il faut passer à l'acte. L'idée, obsessionnelle, lui laboure la conscience, elle occupe ses jours et ses nuits. À Paris, il a volé un couteau pour accomplir son dessein, puis il a renoncé : reparti vers Angoulême, il a même ébréché la lame. À Étampes, il change d'avis, façonne un nouveau tranchant et revient dans la capitale. Ce 14 mai, il a voulu faire son coup lorsque le roi est venu au couvent des Feuillants, mais l'occasion a manqué, et il est venu s'asseoir dans la cour du Louvre afin de frapper lorsque le carrosse royal ralentirait pour sortir, mais la présence du duc d'Épernon à la place de droite l'a déconcerté. Alors il est parti en courant derrière le carrosse, et l'a rejoint rue de la Ferronnerie.

Une fois l'acte accompli, l'obsession mystique qui l'animera sera de savoir s'il pourra être reçu en paradis, et les juges voudront l'enfermer dans le dilemme : « C'est l'enfer si tu ne dis pas la vérité sur tes complices ou ceux qui ont guidé ton bras. » La solitude de l'assassin mystique leur paraît invraisemblable. La complicité du duc d'Épernon et de la marquise de Verneuil, l'intrigante maîtresse du roi, a fait l'objet de maintes hypothèses. Citons seulement l'intègre président Achille de Harlay, après les interrogatoires d'un témoin accusateur, la demoiselle d'Escoman. Sollicité de dire s'il y avait des preuves pour accuser de grands personnages, il s'écria : « Il n'y en a que trop, il n'y en a que trop ! Que plût à Dieu que nous n'en vissions point tant. »

Suite au geste de Ravaillac, la population, toutes critiques oubliées, pleura la mort du roi et chanta ses mérites. La célébration de la gloire d'Henri IV commençait alors, elle n'a plus connu d'éclipse.

◆

Ravaillac le régicide

Registre d'écrou de la Conciergerie, 16 mai 1610

Du samedi 16 mai 1610, François Ravaillac, praticien, natif d'Angoulême, amené prisonnier par maître Joachim de Bellangreville, chevalier, sieur de Neuvy, prévôt de l'hôtel du Roi et grand prévôt de France, par le commandement du Roi pour l'inhumain parricide par lui commis en la personne du Roi Henri quatrième.

Paris, SAM [série Ab, registre n° 19]

Portrait gravé de François Ravaillac.

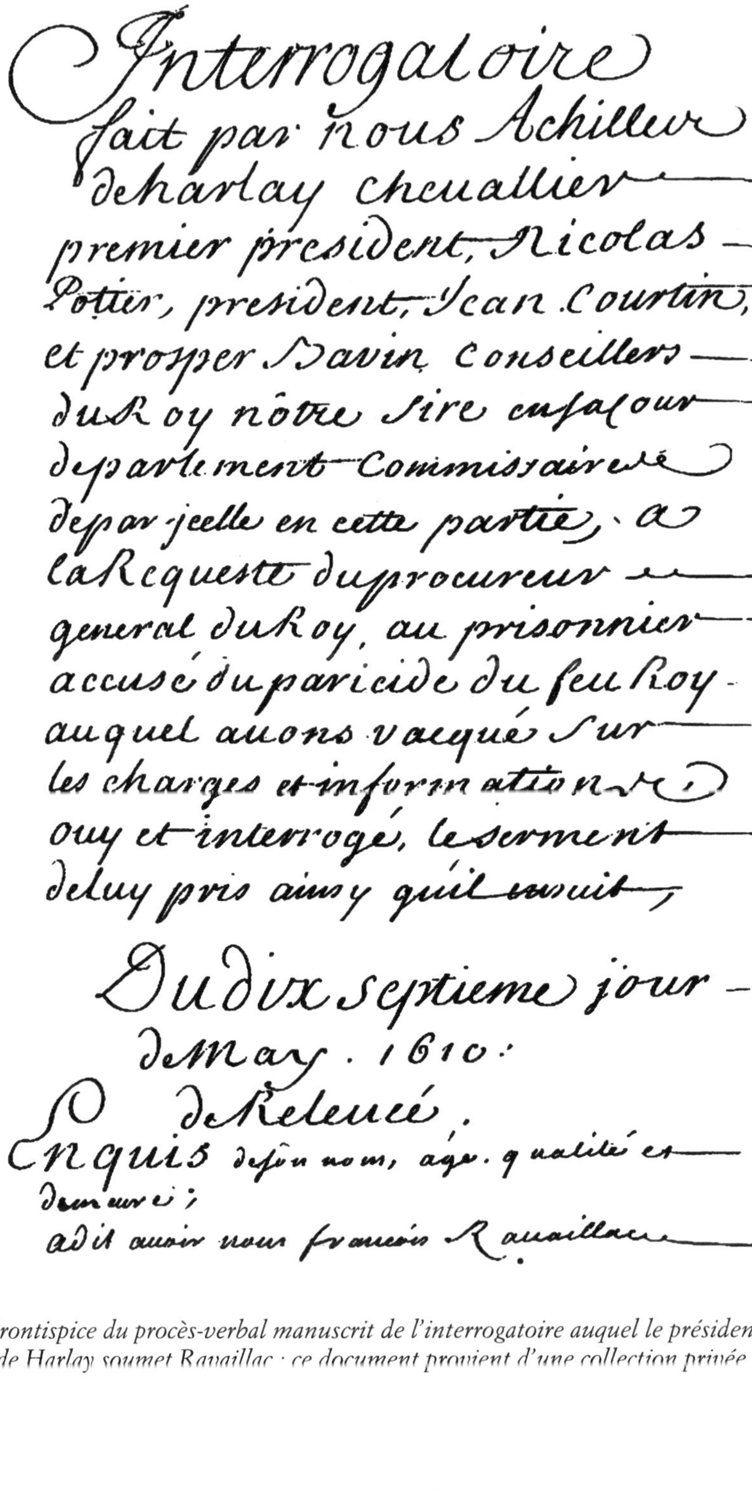

Interrogatoire
fait par nous Achilles
de harlay cheuallier
premier president, Nicolas
Potier, president, Jean Courtin,
et prosper Bavin conseillers
du Roy nôtre Sire en sa cour
de parlement Commissaire
de par icelle en cette partie, a
la Requeste du procureur
general du Roy, au prisonnier
accusé du paricide du feu Roy
auquel auons vacqué sur
les charges et information
ouy et interrogé, le serment
de luy pris ainsy quil ensuit,

Du dix septieme jour
de May. 1610.
de Releuée.
Enquis de son nom, âge, qualité et
demeure;
a dit auoir nom françois Rauaillac

Frontispice du procès-verbal manuscrit de l'interrogatoire auquel le président de Harlay soumet Ravaillac : ce document provient d'une collection privée

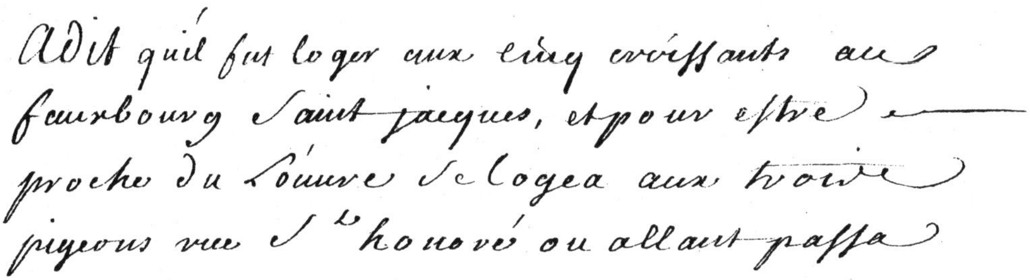
a dit quil fut loger aux cinq croissants au faubourg Saint Jacques, et pour estre proche du Louvre se logea aux trois pigeons rue St honoré ou allant passa

Interrogatoire (extrait), 17 mai 1610

Enquis devers nous, âge, qualité et demeure ; a dit avoir nom François Ravaillac.

A dit qu'il fut loger aux cinq croissants au faubourg Saint-Jacques, et pour être proche du Louvre se logea aux trois pignons rue Saint-Honoré, où allant passa pour loger à l'hôtellerie proche des Quinze Vingts où il y avait trop d'hôtes, fut refusé, et sur la table prit un couteau qu'il jugea propre pour faire ce qu'il avait volonté en intention de tuer le Roi, non à cause du refus, mais pour lui sembler le couteau propre à exécuter sa volonté, le garda quelques quinze jours ou trois semaines l'ayant en un sac dans sa pochette.

Dit s'étant désisté de sa volonté, prit le chemin pour s'en retourner, fut jusqu'à Étampes, ou y allant rompit la pointe du couteau de la longueur d'environ un pouce avec une charrette devant le jardin de Chanteloup, et étant devant l'Ecce homo du faubourg d'Étampes la volonté lui revint d'exécuter son dessein, tuer le Roi, et ne résista à la tentation comme il avait fait auparavant ; sur ce, revint en cette ville avec cette délibération par ce qu'il ne convertissait pas ceux de la religion prétendue réformée, et qu'il avait entendu qu'il voulait faire la guerre au pape, transférer le Saint Siège à Paris.

[Collection particulière]

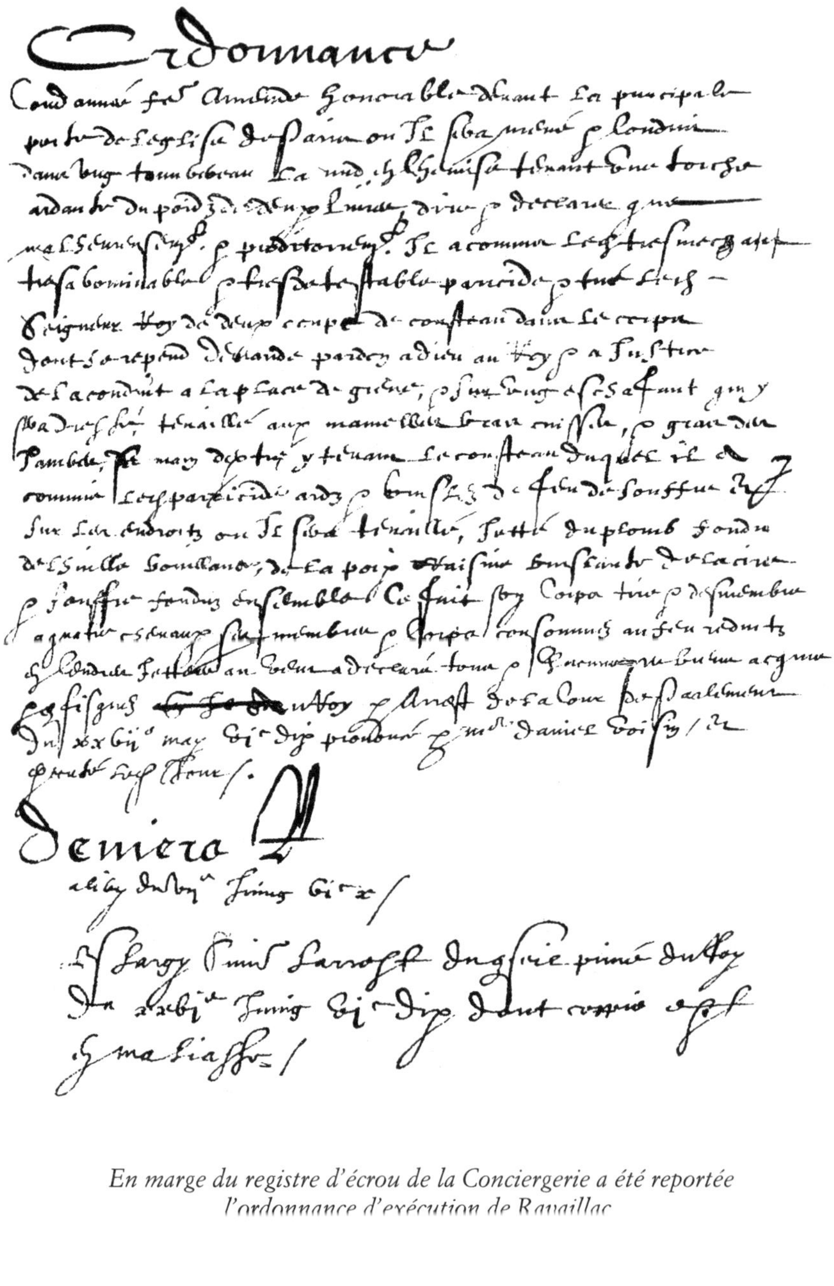

En marge du registre d'écrou de la Conciergerie a été reportée l'ordonnance d'exécution de Ravaillac

◆

Ordonnance d'exécution, 27 mai 1610

Condamné à faire amende honorable devant la principale porte de l'église de Paris où il sera mené et conduit dans un tombereau ; là, nu, en chemise, tenant une torche ardente du poids de deux livres, il dira et déclarera que malheureusement et proditoirement il a commis ledit très méchant, très abominable et très détestable parricide et tué ledit seigneur Roi de deux coups de couteau dans le corps, dont il se repent, demande pardon à Dieu, au Roi et à la Justice ; de là conduit en place de Grève et sur un échafaud qui y sera dressé, il sera tenaillé aux mamelles, bras, cuisses et gras des jambes, sa main droite, qui tenait le couteau avec lequel il a commis ledit parricide, sera brûlée de feu de soufre, et sur les endroits tenaillés, il sera jeté du plomb fondu, de l'huile bouillante, de la poix, de la résine brûlante, de la cire et soufre fondus ensemble.

Ensuite, son corps sera tiré et écartelé par quatre chevaux. Les membres de son corps seront consommés au feu, réduits en cendres et jetés au vent.

A déclaré tous et chacun ses biens acquis et confisqués au Roi par arrêt de la Cour du Parlement du 27e jour de mai 1610. Ordonne que la maison où il est né sera démolie, celui à qui elle appartient préalablement indemnisé sans que sur le fonds puisse à l'avenir être fait un autre bâtiment et que, dans la quinzaine après la publication du présent arrêt, à son de trompe et cri public en la ville d'Angoulême, son père et sa mère videront le royaume, avec défense d'y revenir jamais, sous peine d'être pendus et étranglés sans forme ni figure de procès.

A fait défense à ses frères, sœurs, oncles et autres de porter ledit nom de Ravaillac ; leur enjoint d'en changer au risque des mêmes peines. Et au substitut du procureur général du Roi, faire publier et exécuter le présent arrêt, sous peine de s'en prendre à lui, et avant l'exécution de celui-ci. Ravaillac, ordonné qu'il sera de ce chef appliqué à la question, pour la révélation de ses complices.

Prononcé par maître Daniel Voisin et exécuté ledit jour, 27 mai 1610.

Paris, SAM [série Ab,
registre n° 19, 24 octobre 1608-12 novembre 1610]

◆

L'exécution de Ravaillac, le 27 mai 1610. Paris, BNF

L'ARRESTATION DE CADOUDAL

La fin d'un chouan

Clémentine Portier-Kaltenbach

Un poignard anglais à fourreau d'argent, une montre de chasse, une bourse de soie garnie de pièces d'or, une épingle surmontée d'un diamant, un porte-crayon et un cure-oreille en or, une poire à poudre et deux balles, ainsi que 7 300 francs en billets de banque… Voilà ce que la police trouve sur le chef chouan Georges Cadoudal, lorsqu'elle parvient à l'arrêter, le 9 mars 1804 (18 ventôse an XII), après une folle course à travers le Quartier latin.

Fils d'une famille de laboureurs, né à Kerléano-en-Brech le 1er janvier 1771, Georges Cadoudal a étudié au collège de Vannes. Partisan de la cause royale, il s'engage dans la contre-révolution au lendemain de la mort de Louis XVI et se bat comme un lion pendant sept ans. Le comte d'Artois, frère du roi, s'est réfugié en Angleterre; il fait de ce meneur d'hommes le « Lieutenant-général commandant en chef des armées catholiques et royales » dans le Morbihan, le Finistère, l'Ille-et-Vilaine et les Côtes-du-Nord.

L'homme à abattre

Le 24 décembre 1800, la machine infernale de la rue Saint-Nicaise manque de peu Bonaparte. Le signalement de Cadoudal est placardé partout. Pourtant, il n'est pour rien dans cet attentat. Jamais il n'a envisagé d'assassiner le Premier Consul : il prévoit de l'enlever et de le livrer aux Anglais. Après quoi, pense-t-il, la France sombrerait à nouveau dans un régime faible comme le Directoire, de sorte que la monarchie apparaîtrait comme le seul recours. C'est pour mettre ce projet à exécution qu'il a recruté des hommes sûrs en Angleterre et en France. Dans la nuit du 23 août 1803, une corvette anglaise le débarque à Biville avec huit d'entre eux ; tous gagnent clandestinement Paris et se dispersent sous de fausses identités.

Bonaparte craint Cadoudal, le seul homme capable de faire barrage à ses propres ambitions en rallumant le feu à peine couvert dans l'Ouest. Le chef chouan devient donc l'homme à abattre. C'est bientôt chose faite : après Cadoudal, une quarantaine de ses complices présumés sont également appréhendés. Leur procès débute le 28 mai 1804. Le procureur, qui requiert quarante-deux peines de mort, en obtient douze ! Au conseiller d'État Réal qui le supplie de signer un recours en grâce, Cadoudal répond : « Me promettez-vous une plus belle occasion de mourir ? »

L'exécution a lieu en place de Grève, le 25 juin 1804. Contrairement à la tradition exigeant qu'un chef de bande soit exécuté en dernier, Cadoudal demande à être guillotiné le premier, afin que ses compagnons ne puissent croire qu'après leur mort, il accepterait pour lui-même une grâce déshonorante. À midi, place de Grève, le silence retombe sur un dernier « Vive le roi ! ».

Ultime vengeance : le corps du conspirateur ne sera pas mis en terre. Son squelette servira à l'instruction des carabins.

Peu flatteur, ce dessin s'inspire du signalement de Cadoudal (voir pages suivantes).

◆

Le signalement de Cadoudal

Liste des brigands chargés d'attenter aux jours du Premier Consul

Georges Cadoudal, plus connu sous le nom de Georges, dit Larive, dit Masson, ancien chef de brigands.

Taille de 5 pieds 4 pouces, âgé de 34 ans, n'en paraissant pas davantage, extrêmement puissant et ventru, épaules larges, d'une corpulence énorme, la tête très remarquable par sa prodigieuse épaisseur, cou très court, le poignet fort, doigts courts et gros, jambes et cuisses pas très longues, le nez écrasé et comme coupé dans le haut, large du bas, yeux gris, dont un est sensiblement plus petit que l'autre, sourcils légèrement marqués et séparés, favoris presque roux, cheveux châtain clair, assez fournis, coupés très courts, ne frisant point excepté sur le devant où ils sont plus longs, bouche bien, dents très blanches, joues pleines et sans rides, barbe peu garnie, menton renfoncé ; il marche en se balançant, bras tendus, de manière que les mains sont en dehors ; sans accent, voix douce. [...]

Paris, SAM [Série Aa, carton n° 299]

◆

MINISTÈRE DU GRAND-JUGE.

LISTE DES BRIGANDS

Chargés, par le Ministère britannique, d'attenter aux jours du Premier CONSUL.

Premier Débarquement, le 21 août, au pied de la falaise de Béville, *sur un cutter Anglais, capitaine* Thomas RIGHT.

1. GEORGES CADOUDAL, plus connu sous le nom de GEORGES, dit LARIVE, dit MASSON, ancien chef de brigands;

Taille de 5 pieds 4 pouces, âgé de 34 ans, n'en paraissant pas davantage, extrêmement puissant et ventru, épaules larges, d'une corpulence énorme, la tête très-remarquable par sa prodigieuse épaisseur, cou très-court, le poignet fort, doigts courts et gros, jambes et cuisses pas très-longues, le nez écrasé et comme coupé dans le haut, large du bas, yeux gris, dont un est sensiblement plus petit que l'autre, sourcils légèrement marqués et séparés, favoris presque roux, cheveux châtain-clair, assez fournis, coupés très-courts, ne frisant point excepté sur le devant, où ils sont plus longs, bouche bien, dents très-blanches, joues pleines et sans rides, barbe peu garnie, menton renfoncé; il marche en se balançant, bras tendus, de manière que les mains sont en dehors; sans accent, voix douce.

1

En tête sur la « liste des brigands » accusés de vouloir attenter aux jours du Premier Consul, Cadoudal fait l'objet d'un signalement détaillé qui inclut la démarche et le timbre de voix.

FEU SUR LE ROI !

La machine de Fieschi

Éric Anceau

Le 28 juillet 1835, Louis-Philippe doit se rendre à la Bastille pour commémorer la révolution de 1830. Auparavant, il est prévu qu'il passe en revue la Garde nationale sur les Grands Boulevards, avec ses trois fils aînés, Orléans, Nemours et Joinville. Des bruits d'attentat ont circulé, mais la police n'a pas trouvé trace de la « machine infernale » qu'on lui a signalée. Averti, le roi des Français a refusé de décommander la cérémonie.

Vers midi, alors que le monarque et son entourage passent devant l'immeuble du 50, boulevard du Temple, la mitraille balaie la chaussée. Le roi, dont le front est simplement éraflé par une balle, est miraculeusement indemne, ainsi que ses fils ; mais le vieux maréchal Mortier, duc de Trévise, s'écroule, mortellement blessé, ainsi que dix autres personnes. Parmi les dizaines de blessés, officiers supérieurs, gardes nationaux, simples badauds, sept meurent dans les jours suivants.

Les tentatives d'assassinat contre les souverains français sont aussi anciennes que la monarchie. Mais depuis son avènement, Louis-Philippe est particulièrement visé. « Roi des barricades », il apparaît illégitime aux partisans de la branche aînée des Bourbons, qui l'accusent d'avoir usurpé le pouvoir lors de la révolution des 27, 28 et 29 juillet 1830 qui a renversé Charles X et la Restauration. Quant aux bonapartistes, et, plus encore, aux républicains, ils lui reprochent de leur avoir volé la victoire. Ce n'est pas un hasard si un nouvel attentat intervient lors du cinquième anniversaire des Trois Glorieuses.

Sur le parcours du cortège

La vindicte s'est accrue à la suite de la promulgation de la loi du 10 avril 1834 qui a restreint les droits d'association et de réunion politique. Les émeutes qui ont suivi, tant à Paris qu'à Lyon, ont entraîné des poursuites judiciaires à l'encontre des meneurs républicains et on attend de nombreuses condamnations. Le ressentiment est tel qu'un marginal appelé Fieschi est sollicité par deux républicains fervents, affiliés à la société secrète des « Droits de l'Homme », le bourrelier Morey et le droguiste Pépin. Connu pour ses talents d'artificier, Pépin accepte de préparer un attentat. Fieschi, aidé par Morey, a donc placé sa machine dans un immeuble situé sur le parcours du cortège.

Giuseppe dit Joseph Fieschi est né à Murato, en Corse, le 13 décembre 1790. Issu d'une pauvre famille d'origine génoise, il garde d'abord des troupeaux puis contracte un engagement dans l'armée du royaume de Naples dont le souverain est alors Murat. Il gagne la croix des Deux-Siciles, puis trahit son roi au profit des Autrichiens. En 1815, il regagne son île natale, vit d'expédients et finit par se faire condamner à dix ans de réclusion pour vol et escroquerie. Il purge sa peine à la prison d'Embrun, puis mène une vie itinérante et misérable, d'abord en Provence puis à Paris. À la chute de Charles X, germe dans son esprit l'idée de se faire passer pour une victime des ultras. À l'aide de faux documents, il reçoit un secours à titre de condamné politique et obtient divers postes : gardien de prison, concierge, contremaître aux travaux de l'aqueduc d'Arcueil… Mais sa véritable identité finit par être découverte et il est contraint de reprendre sa vie errante. Il devient indicateur de la police et c'est ainsi qu'il entre en contact avec les républicains.

L'engin mis au point par Fieschi, avec le concours financier de Pépin, est très ingénieux. Il se compose de vingt-quatre canons de fusils, disposés sur un châssis incliné, chargés à mitraille et auxquels, simultanément, à l'aide d'une traînée de poudre, un seul homme peut mettre le feu.

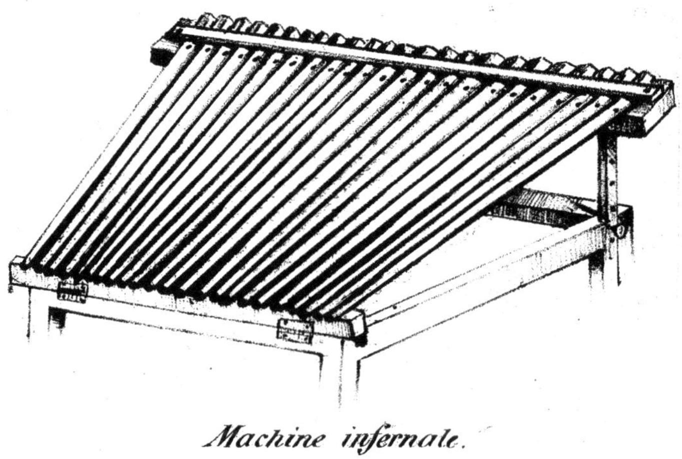

Machine infernale.

Exécuté sous les applaudissements

L'attentat suscite une vive émotion. Les monarques étrangers, à la notable exception du tsar, envoient des lettres de sympathie au souverain qui reçoit aussi de multiples témoignages d'affection de ses sujets, y compris de l'archevêque légitimiste de Paris, Mgr de Quélen. Le «roi bourgeois» change d'attitude à l'égard de sa capitale : lui qui aimait se promener à pied ou à cheval, quasiment sans protection, se montre désormais méfiant. En septembre 1835, des lois restreignant la liberté de la presse et durcissant la procédure lors des procès politiques sont votées.

Fieschi, blessé au moment de la mise à feu de sa machine, a été arrêté dans les minutes qui ont suivi l'attentat. Ses complices le sont quelques jours plus tard. D'abord détenus à la Conciergerie, puis à la prison du Luxembourg, ils sont jugés par la Cour des pairs à partir du 30 janvier 1836 et condamnés à la peine capitale.

Contrairement aux autres conjurés, Fieschi n'a pas de réelle motivation politique. Il se révèle vaniteux, arrogant, avide d'attirer l'attention sur lui. L'avant-veille et la veille de son exécution, il fait parvenir à sa maîtresse, Nina Lassave dite «la Borgnotte», fille d'une ancienne compagne, deux portraits de lui, annotés de sa main dans une orthographe approximative. Le 17 février 1836, il écrit : «Je t'engage en mon absence, de faire professions de la vertu [...] rappel toi toujour de ton ami. Je t'atend, dans le champ d'Elisé...» Le lendemain, il ajoute : «Ma pauvre petite ami je te fait present de mon portait. C'est ton fidel ami. Oui le portait est parfait. Cet eccriture es le mien, moi je t'aime, et je t'aimerais toute ma vie, cet amittie est sans réserve, elle combat avecque la raison mais la raison l'emporteras… »

Pépin, Morey et Fieschi sont guillotinés le 19 février devant une foule immense. Trois semaines après celle de Lacenaire, le criminel crapuleux dont les romantiques ont fait un héros, l'exécution est très applaudie. Le carnage du boulevard du Temple et le sang-froid du roi ont ressoudé la majorité des Français autour du régime.

Portrait de Fieschi, influencé par la vogue de physiognomonie, une science qui prétendait identifier les vices à travers les bosses du visage.

LA MORT SUSPECTE D'ÉMILE ZOLA

Accident ou homicide ?

Alain Pagès

Le mois de septembre 1902 touche à sa fin. Émile Zola décide de quitter sa maison de campagne de Médan, où il passe régulièrement l'été, pour rentrer à Paris. Il regagne la capitale le dimanche 28 septembre, dans l'après-midi. Ce soir-là, il s'endort, avec sa femme, Alexandrine, dans la grande chambre à coucher de son domicile parisien, 21 bis, rue de Bruxelles…

Le lendemain matin, ses domestiques le découvrent gisant sur le sol, tandis que son épouse, couchée sur le lit, respire encore. Transportée immédiatement dans une clinique de Neuilly-sur-Seine, Alexandrine va bientôt se rétablir. Mais Émile Zola a cessé de vivre. Les médecins appelés à son chevet n'ont pu le ranimer.

Placée sous la responsabilité du juge d'instruction Joseph Bourrouillou, une enquête est aussitôt conduite par le commissariat du quartier Saint-Georges. Son contenu est résumé dans le rapport que le commissaire Cornette adresse au Préfet de police, le 1er octobre. La cause du décès, apparemment, ne fait aucun doute : Zola a été victime d'une asphyxie provoquée par l'oxyde de carbone qui s'est répandu dans sa chambre, à cause d'un mauvais tirage de la cheminée.

En dictant son rapport au secrétaire qui l'a copié, le commissaire Cornette, pourtant, semble avoir hésité. Les termes d'« asphyxie accidentelle » sont notés dans la marge. Ils ont été rajoutés après coup, comme s'ils ne lui étaient pas venus spontanément à l'esprit. Avait-il un doute sur la nature de cet accident pour lequel il demandait un complément d'enquête, puisqu'il confiait à deux architectes le soin d'examiner la cheminée défectueuse ?

« Enfumer le cochon »

Vingt-six ans plus tard, en avril 1928, un entrepreneur de fumisterie du nom d'Henri Buronfosse, peu avant de mourir, fait à son ami Pierre Hacquin une étrange confession : chargé de travaux dans l'immeuble, il aurait sciemment bouché la cheminée du romancier, par haine politique et par malveillance.

Pierre Hacquin va garder le silence jusqu'en 1953, révélant son lourd secret dans les colonnes de *Libération*. Malgré les incertitudes qui l'entourent, l'aveu est vraisemblable. Buronfosse était l'un des responsables du service d'ordre de la Ligue des Patriotes… Ainsi l'auteur de « J'accuse ! » serait-il mort parce qu'un militant d'une ligue nationaliste a voulu « enfumer le cochon », punir le « sans-patrie » – celui qui, par son engagement dans l'affaire Dreyfus, avait osé porter atteinte à l'honneur de l'armée française.

◆

Asphyxie accidentelle ?

Rapport du commissaire du quartier Saint-Georges, 1er octobre 1902

[...] L'autopsie à laquelle ont procédé hier 30 septembre, les docteurs Thoinot et Vibert, médecins légistes, a nettement établi les causes du décès qui sont dues [à une asphyxie accidentelle] par l'oxyde de carbone. M. Girard, docteur du Laboratoire municipal, qui avait examiné les échantillons de sang prélevés sur le défunt, Mme Zola et le petit chien, avait à l'examen spectrographique découvert la présence de traces d'oxyde de carbone aussi bien dans le sang des époux que dans celui du chien.

Dès le 29 septembre, Mme Zola a été transportée, sur l'autorisation du parquet, à la maison de santé du docteur Defaut, 50 avenue du Roule à Neuilly-sur-Seine, où elle est actuellement en voie de rétablissement.

La cheminée par laquelle se sont échappés les gaz de combustion fera l'objet d'une expertise à laquelle procéderont MM. Bunel, architecte en chef de la Préfecture de police, Chevalier et Debrie, architectes experts commis par M. le juge d'instruction Bourrouillou, désigné par le parquet pour instruire cette affaire.

J'ai fait déposer hier à la morgue et au Laboratoire municipal les substances, matières et déjections diverses que j'avais saisies au cours de mon information.

Conformément à l'autorisation donnée par M. le Préfet de police, l'embaumement du corps de M. Émile Zola a été pratiqué hier par M. Jumelin, préparateur de la faculté de médecine, demeurant 9, rue de l'École-de-Médecine.

Hier également M. le juge de paix du IXe arrondissement a apposé les scellés au domicile des époux Zola et notamment sur la porte de la chambre à coucher où s'est produit l'accident et sur laquelle j'avais déjà apposé les miens, conformément aux instructions de M. le juge Bourrouillou.

L'immeuble 21-21 bis rue de Bruxelles est la propriété de M. Dupont-Berville, habitant en province, et il est géré par M. Bonin, demeurant rue des Deux-Gares n° 8.

J'ai transmis aujourd'hui même mon enquête à M. le juge Bourrouillou qui a autorisé l'inhumation.

L'état civil de M. Zola est le suivant : Zola, Émile, né le 2 avril 1840 à Paris, de feu François et de feue Émilie Aubert, marié avec Alexandrine Éleonie Meley.

M. et Mme Zola étaient rentrés à Paris dimanche dernier, 28 septembre, venant de Médan, où ils avaient fait un séjour de trois mois.

Paris, SAM [Série Ba, carton n° 1309]

◆

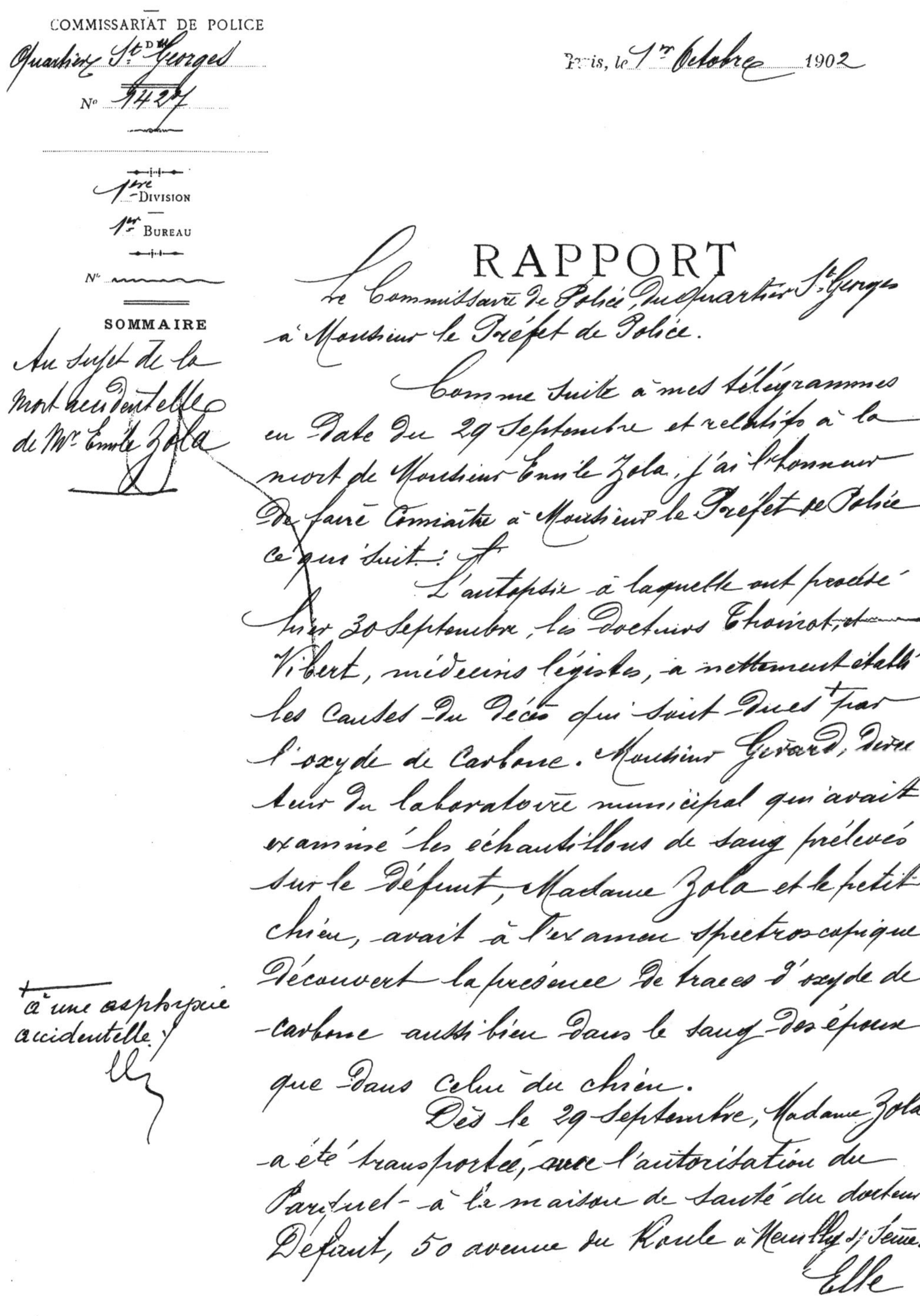

COMMISSARIAT DE POLICE
Quartier du St Georges
N° 9427

1ère Division
1er Bureau
N°

SOMMAIRE
Au sujet de la mort accidentelle de Mr Émile Zola

dû à une asphyxie accidentelle.

Paris, le 1er Octobre 1902

RAPPORT

Le Commissaire de Police du Quartier St Georges à Monsieur le Préfet de Police.

Comme suite à mes télégrammes en date du 29 septembre et relatifs à la mort de Monsieur Émile Zola, j'ai l'honneur de faire connaître à Monsieur le Préfet de Police ce qui suit : —

L'autopsie à laquelle ont procédé hier 30 septembre, les docteurs Thoinot, et Vibert, médecins légistes, a nettement établi les causes du décès qui sont dues par l'oxyde de carbone. Monsieur Girard, directeur du laboratoire municipal qui avait examiné les échantillons de sang prélevés sur le défunt, Madame Zola et le petit chien, avait à l'examen spectroscopique découvert la présence de traces d'oxyde de carbone aussi bien dans le sang des époux que dans celui du chien.

Dès le 29 septembre, Madame Zola a été transportée, avec l'autorisation du Parquet, à la maison de santé du docteur Défaut, 50 avenue du Roule à Neuilly s/ Seine. Elle

Sur le rapport du commissaire Cornette relatif à la mort d'Émile Zola, le caractère accidentel de l'asphyxie a été ajouté dans la marge.

On a tué Jaurès !

Arrestation sur les lieux du drame

Jean-Pierre Rioux

Par la sobriété, la précision et la correction de son rapport, on sent aussitôt que c'est un brave qui s'exprime. On notera en particulier, chez l'agent Marty, l'usage, délicieux, du point-virgule : gloire aux instituteurs de la Belle Époque ! Voilà un bon « gardien de la Paix », avec un P majuscule, à qui l'Histoire fit l'affreux honneur, ce soir du 31 juillet 1914, d'épingler l'assassin d'un autre, immense, défenseur de la paix : « Monsieur Jaurès », député du Tarn.

Georges Marty précisera, trente-cinq ans plus tard, que « c'était orageux », qu'il y avait un monde fou sur le boulevard voisin, que partout « les gens étaient surexcités, dans l'angoisse, anxieux de nouvelles », que la rue du Croissant était en fièvre et que la police était donc très mobilisée. Jaurès ? « La première balle l'a touché à la nuque. Il a été foudroyé. La deuxième est allée se ficher dans le comptoir où était la caissière, c'était la patronne... Elle en a eu pour sa peur ! » raconte l'agent retraité, interviewé dans *La Dépêche du Midi* du 8 mars 1959.

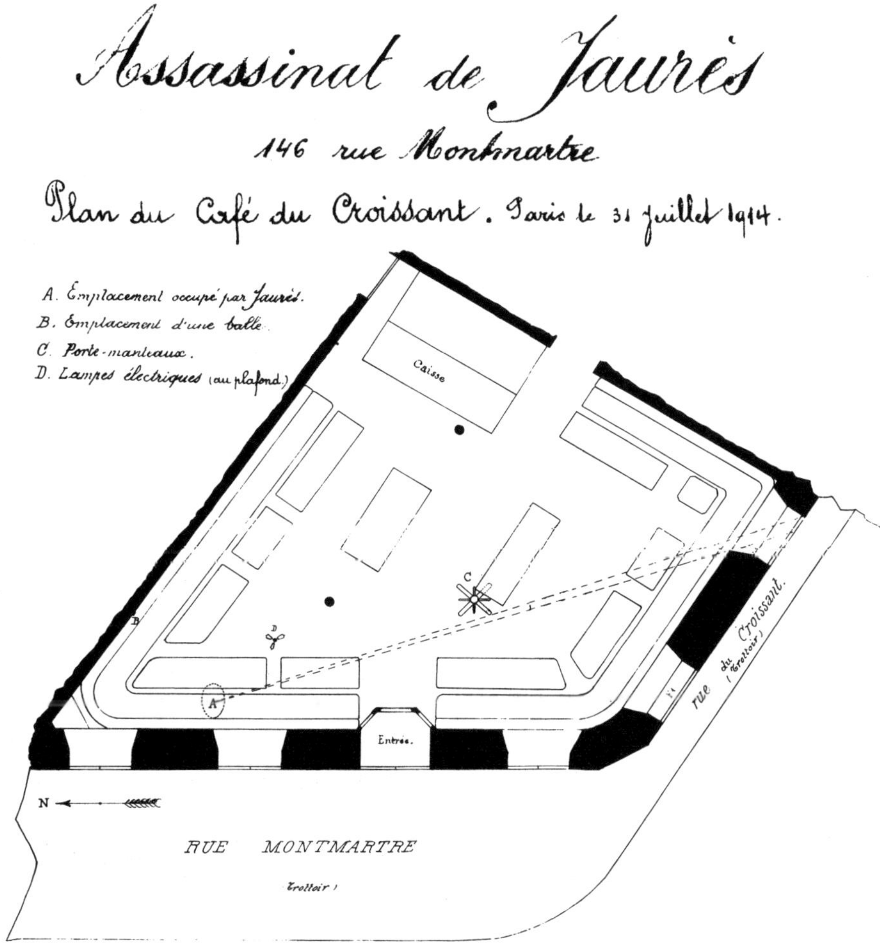

Plan du Café du Croissant, comportant une reconstitution légendée de l'assassinat de Jean Jaurès.

« Notre Jean » est mort

Entouré de Marguerite Poisson, qui dînait avec Jaurès et ses camarades, du patron du café-restaurant et d'un télégraphiste, tous sortis en hâte pour poursuivre celui qui « se retirait en arrière », l'agent Marty a appréhendé l'assassin et l'a conduit au commissariat du 6, rue du Mail. Non sans mal. Il a fallu protéger Villain, avec l'aide du télégraphiste : « Je l'ai ceinturé. Les gens sont sortis du café avec des siphons, pour lui cogner dessus, et des cannes… Les coups pleuvaient. »

Et de poursuivre : « Nous avions tous la larme à l'œil. Je tremblais. Je ne pouvais pas écrire mon rapport… Vous savez, quand on vous dit : “On a tué Jaurès !” » Ce sanglot a certes été bientôt entendu dans le Paris populaire, qui va gronder, puis dans la France entière. Mais en vain : « Notre Jean » est mort, la guerre est là.

Coïncidence : le gardien Marty est lui aussi un enfant du Tarn, né à Mazamet en 1889, et donc voisin du Castrais Jaurès. Il est allé un peu au-delà du certificat d'études primaires, il s'est engagé, a suivi le peloton et est devenu gardien de la paix le 1er octobre 1913. Et il a l'œil vif : en poste non loin du siège de *L'Humanité*, il a souvent croisé Jaurès, « un petit homme, avec un chapeau enfoncé, une barbe et des poches bourrées de journaux ».

Georges Marty déclarera toujours n'avoir fait que son devoir, en ce fatal 31 juillet. Que voulez-vous, « la protection de la société, j'ai ça dans la peau ! ».

◆

L'assassinat de Jaurès

Rapport du gardien de la paix Georges Marty, 31 juillet 1914

À 21 heures 40, me trouvant de service rue Montmartre face le n° 146, mon attention a été appelée par le bruit de deux détonations ; j'ai aperçu un individu qui faisait face au café du Croissant et qui se retirait en arrière ; au même instant il cherchait à fuir vers la rue Réaumur, c'est à ce moment-là que je l'ai arrêté.

Il a déclaré au bureau de M. Gaubert, commissaire de police, que la fenêtre du café se trouvant ouverte il avait

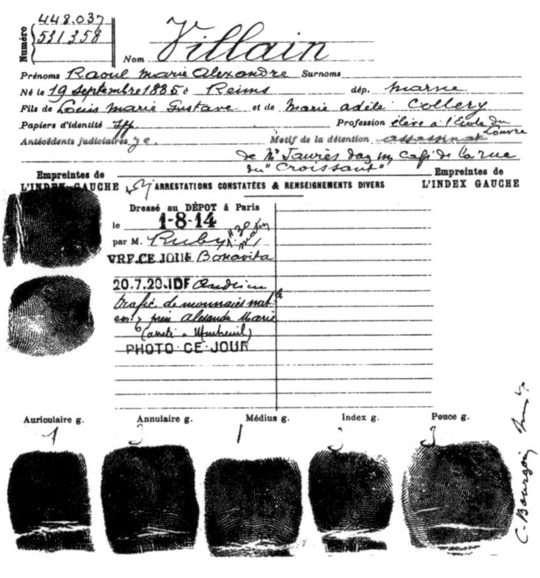
Numéro 448.037 / 531358 Nom Villain
Prénoms Raoul marie Alexandre Surnoms
Né le 19 septembre 1885 à Reims dép. marne
Fils de Louis marie Gustave et de marie adèle Collery
Papiers d'identité Ff. Profession élève à l'École du Louvre
Antécédents judiciaires Je. Motif de la détention assassinat de M. Jaurès dans un Café de la rue du "Croissant"
Empreintes de L'INDEX GAUCHE
ARRESTATIONS CONSTATÉES & RENSEIGNEMENTS DIVERS
Empreintes de L'INDEX GAUCHE
Dressé au DÉPOT à Paris le 1-8-14 par M. Ruby
VRF.CE JOUR Bonavita
20.7.20.IDF
PHOTO CE JOUR
Auriculaire g. Annulaire g. Médius g. Index g. Pouce g.

Fiche anthropométrique de Raoul Villain.

écarté de la main gauche le brise-bise et que de la main droite il avait tiré sur M. Jaurès, député, qui dînait audit café et qui tournait le dos à la fenêtre. Cet individu n'a pas voulu donner la moindre indication sur son nom et son domicile. Il a simplement dit qu'il était étudiant à l'école du Louvre. Il peut être âgé de 23 ans, teint blond, taille moyenne.

Au moment de l'arrestation, il n'avait plus sur lui l'arme du crime et s'en était débarrassé. Un monsieur l'avait ramassée et l'avait portée au commissariat. Elle contenait trois balles et les deux douilles tirées.

Pendant que je le conduisais il m'a dit qu'il avait un revolver non chargé dans la poche gauche de son veston. Je lui ai saisi, je lui ai saisi également cinq balles qu'il avait dans la poche droite de son gilet.

Après son arrestation, M. Guillachot Jean Clément, facteur télégraphiste à la Bourse, rue Vérone n° 7, m'a prêté main-forte pour le conduire au commissariat, et pour le protéger de la foule qui voulait le lyncher.

Paris, SAM [Série Ea, carton n° 147]

◆

Première page du rapport rédigé le soir même par le gardien de la paix Marty, après l'arrestation de Raoul Villain.

2

PRÉFECTURE DE POLICE

POLICE MUNICIPALE

2e **District**

2e Arrondissement

Quartier du Mail

Brigade A

Paris, le 31 Juillet 1914

Marty - Georges
gardien de la Paix

Meurtre
Monsieur Jaurès
Député, tué

Jouleur

RAPPORT

A 21 heures 40 minutes me trouvant de service Rue Montmartre face le n° 146. mon attention a été appelée par le bruit de deux détonations, j'ai aperçu un individu qui faisait face au café du Croissant et qui se retirait en arrière, au même instant il cherchait à fuir. vers la Rue Réaumur, c'est à ce moment là que je l'ai arrêté.

Il a déclaré au bureau de Monsieur Gaubert Cre de Police que la fenêtre du café se trouvant ouverte il avait écarté de la main gauche le brise-bise et que de la main droite il avait tiré sur Monsieur Jaurès (Député qui dînait au dit café. et qui tournait le dos à la fenêtre.

Cet individu n'a pas voulu donner la moindre indication sur son nom et son domicile. Il a

« C'EST BLUM, ON LE TIENT ! »

Le lynchage du leader socialiste

Jean Lacouture

Le 13 février 1936, vers 11 heures 30, Léon Blum, député de l'Aude, quitte le Palais-Bourbon. Conduite par son collègue Georges Monnet, la voiture s'engage sur le boulevard Saint-Germain, malgré un attroupement à l'angle de la rue de l'Université. Là se déroulent les obsèques de l'historien Jacques Bainville, notoirement lié à l'Action Française : c'est Léon Daudet qui vient de prononcer l'éloge funèbre.

L'événement a rassemblé une foule compacte de partisans exaltés qui bloque la voiture. L'occupant du siège arrière est aussitôt reconnu : l'homme que Charles Maurras, prophète des attroupés, invite à « fusiller, mais dans le dos », à égorger avec « un couteau de cuisine »... Ce n'est qu'un hurlement : « C'est Blum, on le tient... Crevons-le ! »

Coups de canne et coups de poing

Le rapport du brigadier Barré à la direction des Renseignements généraux est un modèle de sobriété suggestive : « Me précipitant aussitôt sur les lieux, j'ai constaté qu'une centaine de personnes entouraient une automobile dans laquelle se trouvait M. Léon Blum, accompagné d'une dame (Germaine Monnet, l'épouse du député de l'Aisne, assise à l'arrière de la voiture). Les assaillants, qui avaient entouré la voiture et ouvert les portières, tentaient d'en faire sortir M. Blum tout en continuant à pousser les cris de "Blum assassin" et cherchaient à le frapper; l'un d'eux a même crié : "On va le pendre." [...] N'ayant pu parvenir à sortir M. Blum, les assaillants, à coups de canne et de poing, ont cassé les glaces et, à plusieurs reprises, frappé M. Blum, notamment à coups de canne en bout par la glace arrière. Le député a reçu sur le côté gauche du cou une blessure qui saignait abondamment.»

Les gardiens de la paix dégagent le leader du parti socialiste SFIO qui trouve refuge au 98, rue de l'Université. Avec l'aide d'ouvriers qui travaillent dans la rue de Lille toute proche, il est porté, inanimé, dans une voiture de la police municipale et conduit à l'Hôtel-Dieu. Le blessé perd son sang en abondance. Il restera hospitalisé près d'une semaine. Un énorme pansement enveloppe sa tête. Il refuse de porter plainte mais écrit à son ami Vincent Auriol : «Je sais maintenant ce que c'est qu'un lynchage.»

L'agression provoque une intense émotion. Le président du Conseil, Albert Sarraut, décide de dissoudre la Ligue d'Action française. Et l'immense cortège qui, le 16 février, traverse l'Est de Paris, socialistes, radicaux et communistes mêlés, ouvre la campagne victorieuse du Front populaire.

◆

Deux rapports concordants

Rapport de l'inspecteur Delisse, 13 février 1936

Circulant au milieu des groupes qui stationnaient boulevard Saint-Germain en attendant le moment de prendre place dans le cortège, je me trouvais entre la rue de Bellechasse et Solférino lorsque je vis des ligueurs d'Action Française qui se précipitaient vers le ministère de la Guerre et qui criaient en passant devant leurs amis : « Nous tenons Blum, venez. »

Je les ai suivis aussitôt et j'ai aperçu devant le ministère de la Guerre une automobile entourée d'une centaine de membres de l'Action Française qui poussaient des cris où le mot « assassin » dominait. Ils tentaient d'arracher les occupants de leur siège et les frappaient à coups de canne et de poing, tandis que des agents faisaient l'impossible pour le protéger. Me frayant un passage, j'ai réussi à m'approcher de la portière droite, où se trouvait une dame qui était assise à côté de M. Blum. J'ai aidé à fermer cette porte pour empêcher les assaillants de continuer à frapper.

Au même instant arrivaient quelques agents et, frappés et bousculés, nous avons réussi à faire traverser le boulevard à M. Blum ainsi qu'à la dame qui l'accompagnait et à les faire entrer dans un immeuble 98 rue de l'Université.

Aucune arrestation n'a pu être opérée. Je me suis rendu au commissariat de la rue de Bourgogne, pour rendre compte, où j'ai trouvé le brigadier Barré qui s'en chargeait.

Paris, SAM [Série Ba, carton n° 1978]

Le 13 Février 1936.

L'Inspecteur Delisse
de la Direction des Renseignements Généraux

À Monsieur le Commissaire de Police
Chef de la 2e Section.

Circulant au milieu des groupes qui stationnaient Bd St Germain en attendant le moment de prendre place dans le cortège, je me trouvais entre la rue de Bellechasse et Solférin lorsque je vis des ligueurs d'Action Française qui se précipitaient vers le Ministère de la Guerre et qui criaient en passan devant leurs amis " Nous tenons Blum, venez ".

Je les ai suivis aussitôt et j'ai aperçu devant le Ministère de la Guerre une automobile entourée d'une centaine de membres de l'Action Française qui poussaient des cris où le mot "assassin" dominait. Ils tentaient d'arracher les occupants de leur siège et les frappaient à coups de cannes et de poing, tandis que des agents faisaient l'impossible pour le protéger.

Me frayant un passage j'ai réussi à m'approcher de la portière droite, où se trouvait une dame qui était assise à côté de M. Blum. J'ai aidé à fermer cette porte pour empêcher les assaillants de continuer à frapper.

Au même instant arrivaient quelques agents et frappés et bousculés nous avons réussi à faire traverser le boulevard à M. Blum ainsi qu'à la dame qui l'accompagnait et à les faire entrer dans un immeuble 98 rue de l'Université.

Aucune arrestation n'a pu être opérée. Je me suis rendu au Commissariat de la rue de Bouegogne, pour rendre compte, où j'ai trouvé le Brigadier Barré qui s'en chargeait.

Delisse

Rapport de l'inspecteur Delisse, des Renseignements généraux : venu observer les nationalistes pendant les obsèques de Jacques Bainville, il doit intervenir pour protéger Léon Blum.

Rapport du brigadier Barré, 13 février 1936

De surveillance boulevard Saint-Germain, entre les rues de Bellechasse et de l'Université où se trouvaient rassemblés plusieurs centaines de militants d'Action Française, ligueurs de Paris et de banlieue et étudiants, venus pour assister aux obsèques de M. Jacques Bainville, je me trouvais, vers 11 h 45, à la hauteur du ministère de la Guerre.

À ce moment, une clameur retentit et des cris de « Assassin ! Assassin ! » se firent entendre pendant que de nombreux militants d'Action Française se précipitaient vers le milieu de la chaussée, entravant la circulation.

Me précipitant aussitôt sur les lieux, j'ai constaté qu'une centaine de personnes entouraient une automobile dans laquelle se trouvait M. Léon Blum, accompagné d'une dame. Les assaillants qui avaient entouré la voiture et ouvert les portières tentaient d'en faire sortir M. Blum tout en continuant à pousser les cris de « Blum, assassin » et cherchaient à le frapper ; l'un d'eux a même crié : « On va le pendre. » J'ai dégagé alors le côté droit de la voiture et j'ai réussi à tirer la portière que j'ai maintenue fermée. N'ayant pu parvenir à sortir M. Blum, les assaillants, à coups de canne et de poing, ont cassé les glaces et, à plusieurs reprises, frappé M. Blum, notamment à coups de canne en bout par la glace arrière. Le député a reçu sur le côté gauche du cou une blessure qui saignait abondamment.

Avec l'aide de plusieurs collègues et gardiens de la paix, nous avons dégagé M. Léon Blum et sa compagne que nous avons fait pénétrer à l'intérieur de l'immeuble portant le n° 98, rue de l'Université. Aussitôt, sur un mot d'ordre des commissaires d'Action Française, le calme s'est rétabli.

Je signale à toutes fins utiles que le chapeau de M. Blum a été soustrait pendant la bagarre.

Le Brigadier Barré, de la Direction des Renseignements
à Monsieur le Commissaire de Police Chef de la
2ème Section

De surveillance boulevard Saint-Germain, entre les rues de Bellechasse et de l'Université où se trouvaient rassemblés plusieurs centaines de militants d'Action Française, ligueurs de Paris et de banlieue et étudiants, venus pour assister aux obsèques de M. Jacques Bainville, je me trouvais vers II H 45, à hauteur du Ministère de la Guerre.

A ce moment, une clameur retentit et des cris de: "Assassin ! Assassin !" se firent entendre pendant que de nombreux militants d'Action Française se précipitaient vers le milieu de la chaussée, entravant la circulation.

Me précipitant aussitôt sur les lieux, j'ai constaté qu'une centaine de personnes entouraient une automobile dans laquelle se trouvait M. Léon Blum, accompagné d'une dame. Les assaillants qui avaient entouré la voiture et ouvert les portières, tentaient d'en faire sortir M. Blum tout en continuant à pousser les cris de "Blum assassin" et cherchaient à le frapper; l'un d'eux a même crié: "On va le pendre".

Extrait du rapport du brigadier Barré, notant les cris des agresseurs.

II. La subversion

Si la lettre de cachet demeure le symbole de l'arbitraire royal, la police républicaine n'a pas manqué de moyens pour épier et neutraliser ses ennemis : royalistes et modérantins sous la Révolution, collectivistes de toutes les nuances après la Commune...

Le contrôle des subversifs englobe celui des étrangers, si bien que le chercheur a parfois la surprise de rencontrer dans les dossiers des exilés de marque, comme Trotsky, Zhou Enlai, Deng Xiaoping, ou encore Picasso, « peintre soi-disant moderne » passé de l'anarchie au communisme.

Les intellectuels revendicatifs sont très tôt repérés, même si leurs anges gardiens ne les comprennent pas toujours : Breton et le groupe surréaliste demeurent des énigmes pour les auteurs des rapports les concernant, mais la police est certaine que si André Breton et Benjamin Péret se retrouvent aux Deux Magots, c'est pour se livrer à une « activité antinationale »...

Il reste à déterminer où est le pouvoir, où est la subversion. Au service de l'État, cette chasse aux subversifs suit les caprices de l'Histoire, avec toutes ses palinodies : la Préfecture qui traque juifs et résistants sous l'Occupation recherche les « collabos » à la Libération...

◇

UNE PRISON ROYALE

Vie quotidienne à la Bastille

Jean-Christian Petitfils

Muni d'une lettre de cachet signée du roi, l'exempt, accompagné de ses hommes d'armes ou «hoquetons», se présente de bonne heure au domicile du quidam qu'on lui a désigné. D'un geste bref, il lui donne un coup de sa baguette blanche : «De par le roi, je vous arrête...» Il laisse généralement le malheureux emporter sa robe de chambre, son bonnet de nuit et quelques livres, avant de le faire monter dans une voiture aux volets clos. Et fouette, cocher ! Direction : la Bastille.

Devant le portail de la rue Saint-Antoine, c'est toujours le même dialogue : «Qui va là ? – Les ordres du roi ! – On y va !» Le véhicule pénètre dans l'avant-cour, protégée par un premier pont-levis. Il faut alors descendre, attendre que le second pont-levis s'abaisse pour franchir à pied le fossé noir et fangeux qui court tout autour du bâtiment. Les consignes sont sévères. Quand un nouveau venu arrive, une cloche sonne. Les échoppes du mur extérieur ferment leurs rideaux, les sentinelles se couvrent le visage de leur chapeau. La Bastille est le tombeau des secrets...

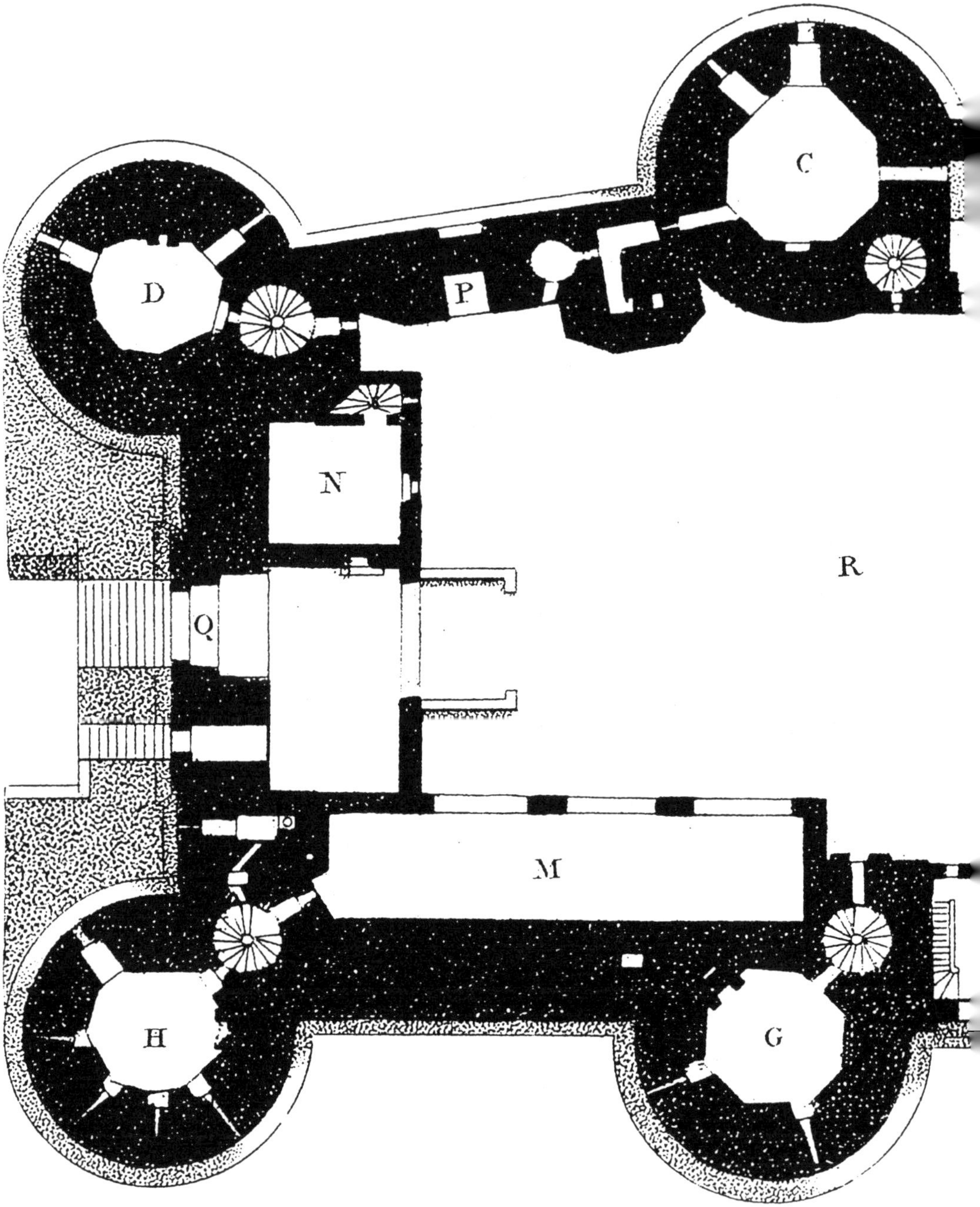

Plan de la Bastille, reconstitué par J. Chapman en 1798.
Collection particulière.

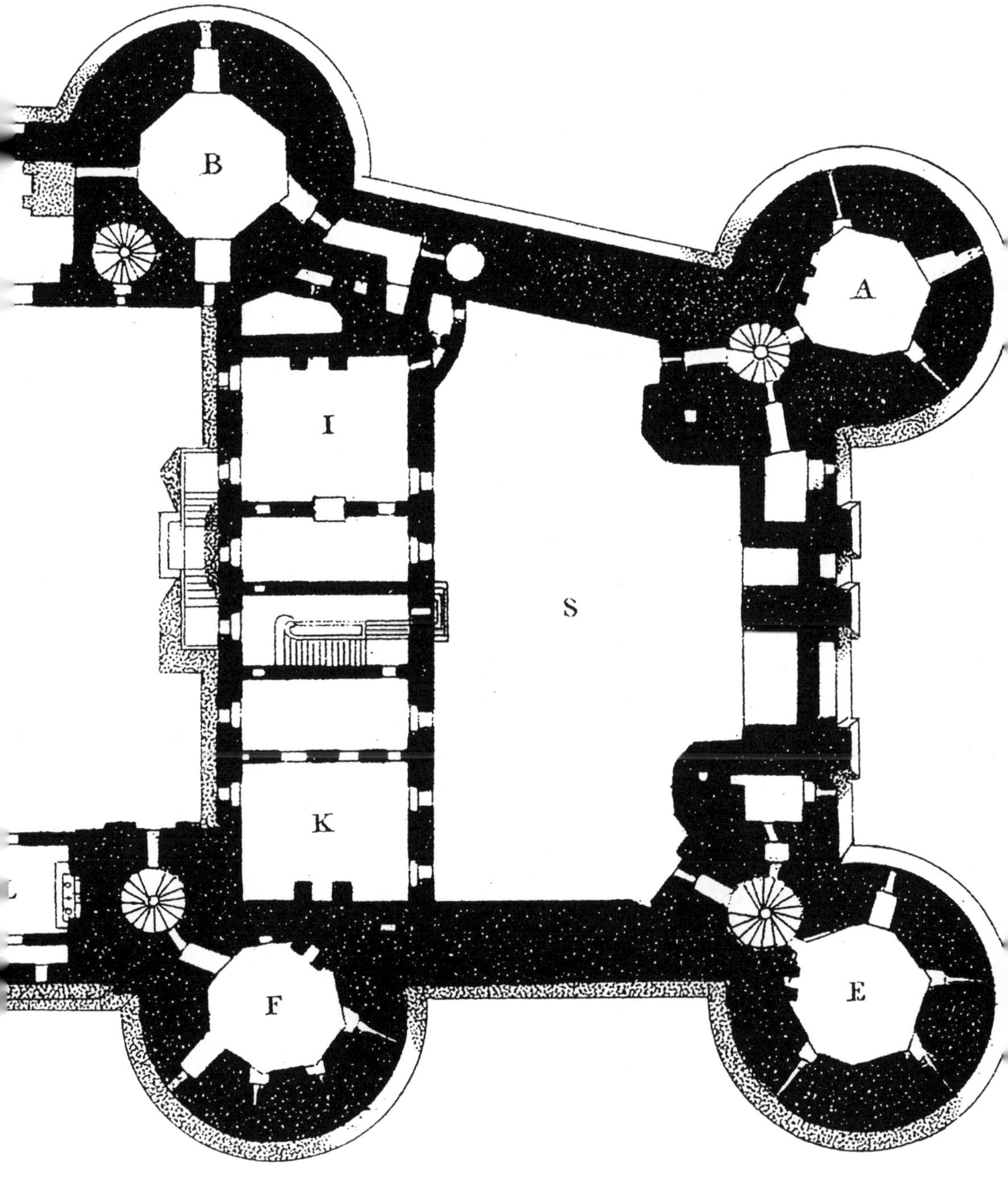
B
A
I
S
K
L
F
E

Vaste parallélépipède de soixante-six mètres de long sur trente à trente-quatre mètres de large, barrant de sa masse imposante l'extrémité de la rue Saint-Antoine, elle a été construite en 1370. À partir du règne de Louis XIV, perdant son rôle défensif, elle devient une prison, mais pas n'importe laquelle : une prison de luxe, destinée aux princes du sang, aux conspirateurs malchanceux, aux grands seigneurs, joueurs, bretteurs ou insolents qui ont eu le malheur de déplaire à Sa Majesté ! Certains y sont retenus à la demande et aux frais de leur famille. Ce n'est qu'à la fin du XVIIe siècle qu'elle change de nature. Faute de place, on y entasse du menu fretin : colporteurs, déserteurs, espions, sorciers, empoisonneurs, mendiants ou filles de joie.

Un nouveau domicile

Dans les huit tours sont aménagées les chambres, dont un cachot humide en sous-sol, repaire des rats, des crapauds et des araignées. De forme octogonale, une par étage, elles sont longues de quatre à six mètres. La lumière du jour n'y pénètre que par une étroite fenêtre ou une meurtrière. Les meilleures ont une cheminée à hotte et un petit réduit servant de garde-robe. Un bâtiment annexe séparant en deux la cour intérieure est réservé aux pensionnaires les mieux lotis : ils y disposent d'un petit appartement.

Sitôt arrivé, le prisonnier est conduit à son nouveau domicile par une ou deux sentinelles et un porte-clés. Il faut cinq clés pour ouvrir les deux portes ferrées de la chambre. Celle-ci est rarement meublée. Le captif est donc contraint de faire venir de l'extérieur tables, lits, chaises, armoires, fauteuils. Certaines sont ainsi transformées en agréables boudoirs. À la fin du règne de Louis XIV, on meuble sommairement

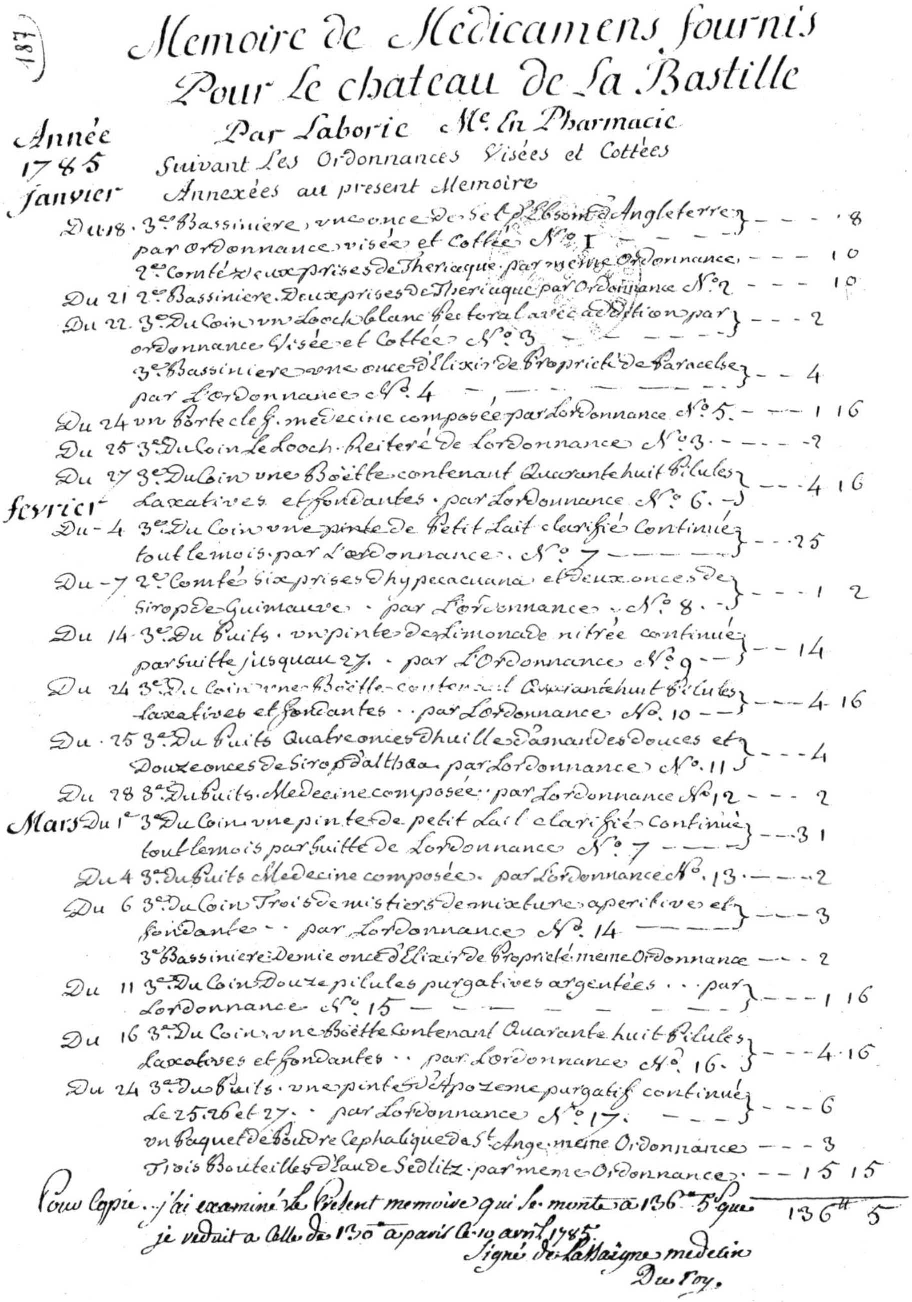

187

Memoire de Medicamens fournis
Pour le chateau de la Bastille
Par Laborie Mc. en Pharmacie
Suivant les Ordonnances visées et Cottées
Annexées au present Memoire

Année
1785
janvier
Du 18. 3e. Bassiniere, une once de Sel d'Ebsom d'Angleterre } - - - 8
par Ordonnance visée et Cottée N°. 1 - - -
2e. Comté deux prises de Theriaque. par meme Ordonnance - - - 10
Du 21 2e. Bassiniere. Deux prises de Theriaque par Ordonnance N°. 2 - - - 10
Du 22. 3e. Du Coin un Looch blanc Pectoral avec addition par } - - - 2
ordonnance visée et Cottée N°. 3 - - -
3e. Bassiniere une once d'Elixir de Propriété de Paracelse } - - 4
par L'ordonnance N°. 4 - - -
Du 24 un Porte clef. medecine composée par Lordonnance N°. 5. - - - 1 16
Du 25 3e. Du Coin Le Looch Reiteré de Lordonnance N°. 3. - - - - 2
Du 27 3e. Du Coin une Boëtte contenant Quarante huit Pilules } - - 4 16
février
Laxatives et fondantes. par Lordonnance N°. 6. -
Du - 4 3e. Du Coin une pinte de Petit Lait clarifié Continué } - - 25
tout le mois. par L'ordonnance. N°. 7 - - -
Du - 7 2e. Comté six prises d'hypecacuana et deux onces de } - - - 1 2
Sirop de Guimauve. par L'ordonnance N°. 8. -
Du 14 3e. Du Puits. un pinte de Limonade nitrée continué } - - 14
par suitte jusqu'au 27. - par L'Ordonnance N°. 9 - -
Du 24 3e. Du Coin une Boëtte contenant Quarante huit Pilules } - - - 4 16
laxatives et fondantes . par Lordonnance N°. 10 - -
Du . 25 3e. Du Puits Quatre onces d'huille d'amandes douces et } - - - 4
Douze onces de Sirop d'althæa par Lordonnance N°. 11
Du 28 3e. Du Puits Medecine composée. par Lordonnance N°. 12 - - - 2
Mars Du 1er 3e. Du Coin une pinte de petit Lait clarifié Continué } - - 3 1
tout le mois par suitte de Lordonnance N°. 7 - - -
Du 4 3e. Du Puits Medecine composée. par Lordonnance N°. 13. - - - 2
Du 6 3e. Du Coin Trois demi stiers de mixture aperitive et } - - - 3
fondante - par Lordonnance N°. 14 - - -
3e. Bassiniere Demie once d'Elixir de Proprieté meme Ordonnance - - - 2
Du 11 3e. Du Coin Douze pilules purgatives argentées . . par } - - - 1 16
Lordonnance N°. 15 - - - - - -
Du 16 3e. Du Coin une Boëtte contenant Quarante huit Pilules } - - - 4 16
Laxatives et fondantes . . par Lordonnance N°. 16.
Du 24 3e. Du Puits. une pinte d'Apozeme purgatif continué } - - - 6
le 25. 26 et 27. par Lordonnance N°. 17. - - -
un Paquet de Poudre Cephalique de St. Ange meme Ordonnance - - - 3
Trois Bouteilles d'Eau de Sedlitz. par meme Ordonnance. - - 15 15

Pour Copie... j'ai examiné le Présent memoire qui se monte a 136 lt. 5 s. que je reduit a Celle de 130 lt. a paris le 10 avril 1785. — 136 lt. 5
Signé de Lassaigne medecin
Du Roy.

Sur cette liste de médicaments fournis à la Bastille en 1785, aucun nom de famille n'apparaît : les prisonniers sont désignés par l'étage et le nom de la tour dans laquelle ils sont enfermés, par exemple « 3e Bassinière » ou « 2e Comté ».

quelques pièces pour ceux dont la détention doit rester secrète. Sous Louis XV, on fournit plus généreusement le linge, les vêtements et le bois de chauffage.

Bonne chère et évasions spectaculaires

À moins d'être condamné au cachot et au pain sec, la nourriture est excellente et abondante : n'est-on pas l'hôte de Sa Majesté ? Le premier repas du protestant Constantin de Renneville consiste en une soupe de pois verts, garnie de laitue et d'un quartier de volaille, une tranche de bœuf avec son jus et une couronne de persil, un quartier de godiveau agrémenté de ris de veau, de crêtes de coq, d'asperges, de champignons, de truffes, une langue de mouton en ragoût, et pour le dessert un biscuit et deux pommes de reinette... Si l'on n'est pas satisfait, on peut commander son repas chez un traiteur, mais à ses frais.

On fait si bonne chère à la Bastille que certains refusent d'en sortir ! D'autres, il est vrai, préfèrent leur liberté avant tout : malgré les précautions, la prison du faubourg Saint-Antoine connaît quelques évasions spectaculaires, comme celle du comte Boselli, de l'abbé de Bucquoy ou du célèbre Latude, tous ingénieux perceurs de murailles. On y déplore aussi quelques suicides parmi les prisonniers d'État étroitement reclus, frappés de crises de désespoir.

Hormis ces traitements de rigueur, les « bastillards » sont relativement libres : ils peuvent correspondre avec l'extérieur, recevoir des visites, emprunter des livres à la bibliothèque, jouer aux boules dans la cour, monter sur la plate-forme ou se promener sur le bastion. Certains privilégiés reçoivent l'autorisation de coucher avec leur femme. En 1685, désirant assurer sa descendance, M. de Languet de Gergy rencontre ainsi son épouse, qui devient grosse de jumeaux. La lignée ne sera pas pour autant assurée car l'un des garçons deviendra archevêque de Sens et l'autre curé de Saint-Sulpice !

Le secret, toujours le secret !

Sous Louis XV, la forteresse est le lieu de séjour des écrivains et des artistes : Marmontel, l'abbé Morellet, des libraires, des libellistes. Voltaire y fait deux séjours, en 1717 et en 1726. Il y est traité avec beaucoup d'égards. En 1718, oubliant les injures, le Régent lui propose même sa protection. « Je remercie Son Altesse Royale, lui répond-il, de vouloir continuer à se charger de ma nourriture, mais je la prie de ne plus se charger de mon logement. » C'est à la Bastille qu'il entend parler du fameux Masque de fer, qui y est entré en 1698 et mort en 1703. Le mystérieux « prisonnier dont le nom ne se dit pas » fera rêver des générations de romanciers et de cinéastes. Le secret, toujours le secret ! On ne l'oublie jamais. Les enterrements de prisonniers se font la nuit sous de faux noms, et ceux qui en réchappent ne quittent les lieux qu'après avoir juré de ne rien révéler de ce qu'ils ont vu.

Certains détenus y restent des mois, voire des années. Les ministres ne se souviennent même plus des causes de leur arrestation. À ce régime, naturellement, malgré les douceurs et délices de la Bastille, on finit par s'ennuyer. Consultant le mémoire des apothicaires, l'abbé Dubois trouve singulier le nombre de lavements que prennent les détenus et s'en insurge. Généreux et philosophe, le Régent répond : « L'abbé, puisqu'ils n'ont que ce divertissement-là, ne le leur ôtons pas ! »

De par le Roy.

Il est ordonné au Sr. Louis Jacques Nas Le Breton de s'éloigner à Trente lieues de Paris, aussitôt que le présent Ordre lui aura été notifié; Sa Majesté lui faisant défenses d'approcher plus près de lad. Ville, sous quelque prétexte que ce puisse être, à peine de désobéissance. Fait à Reims le 11. Juin 1775.

Louis

Nous Conseiller du Roy, Inspecteur de police, chargé de la partie de la Sureté, Certifions avoir cejourd'hui notifié au Nommé Louis Jacques Nicolas Le Breton le present ordre du Roy, auquel il a promis d'obeir sous les peines y portées, suivant la Sou=mission qu'il en a faite au bas de la copie dud. ordre. Fait à Bicêtre le vingt un Juin mil Sept Soixante Seize [illegible] Quinze

Phelypeaux

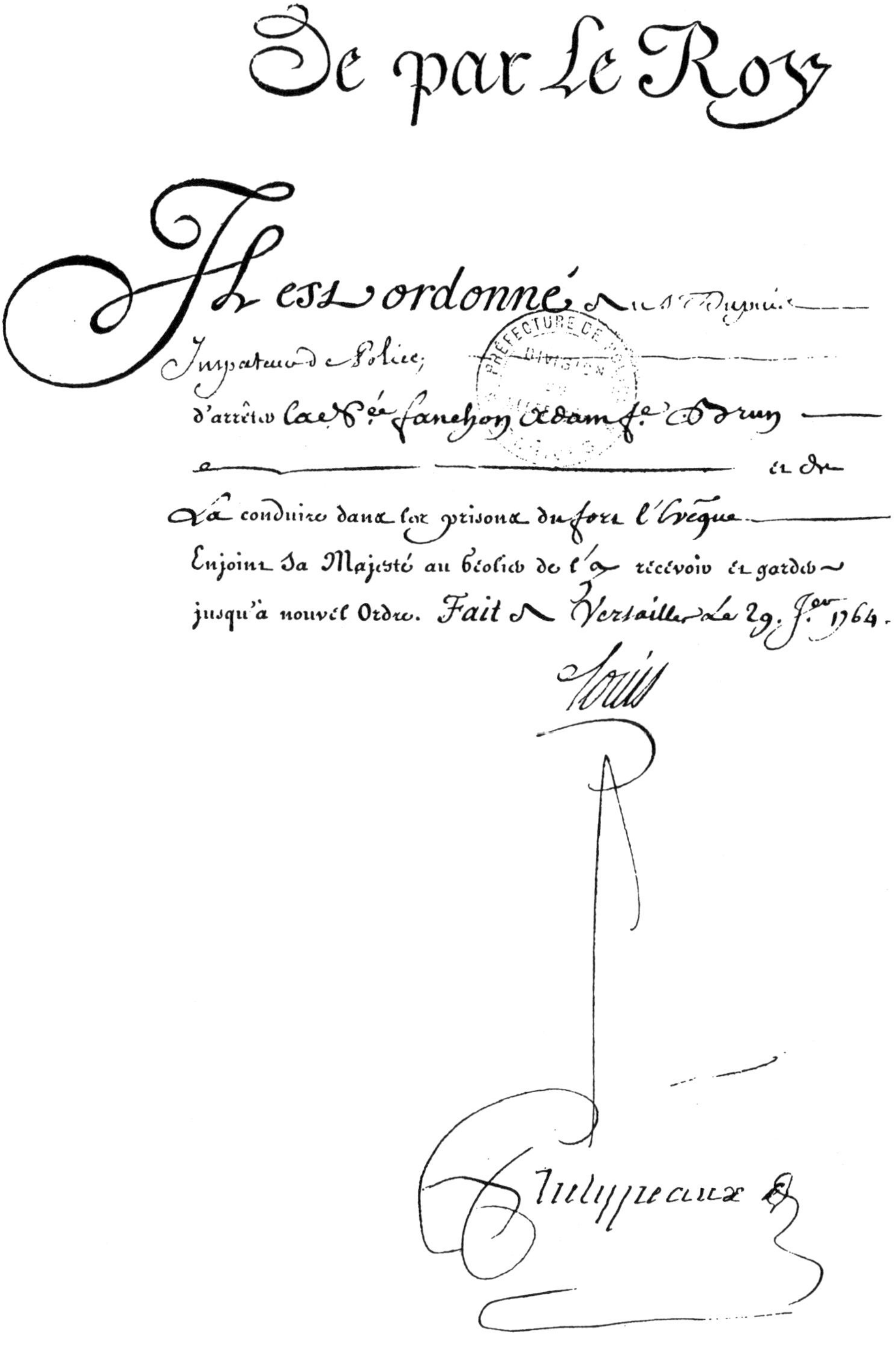
De par le Roy

Il est ordonné au Sr Buynier Inspecteur de Police, d'arrêter la Nlle Fanchon Adam fe Odrun et de la conduire dans les prisons du fort l'Evêque. Enjoint Sa Majesté au geolier de l'a recevoir et garder jusqu'à nouvel Ordre. Fait à Versailles le 29. Jer 1764.

Louis

Phelypeaux

Les archives de la Préfecture de police conservent une collection de lettres de cachet et de mesures d'éloignement prises « de par le Roy ».

◆

Voltaire embastillé

Accusé d'être l'auteur de couplets satiriques contre le Régent, Voltaire a vingt-trois ans quand il fait son premier séjour à la Bastille : c'est dans sa cellule qu'il écrit les deux premiers chapitres de La Henriade *et qu'il achève sa tragédie,* Œdipe *: le succès de la pièce, quelque mois après sa libération, met le jeune auteur à la mode.*

François Marie Arouet dit Voltaire fils du s. Arouet doyen de la Chambre des Comptes

Entré à la Bastille le 17 mai 1717

Mis en liberté le 14 avril 1718

Accusé d'avoir fait des vers insolents contre le Régent et Madame la duchesse de Berry, et d'avoir dit que puisqu'il ne pouvait se venger de M. le duc d'Orléans il ne l'épargnerait pas dans ses satires parce que ajoutait-il S.A.R. l'avait exilé pour avoir publié que sa Messaline de fille était une putain.

M. d'Argenson
Deschamps greffier
Isabeau commissaire
Bazin Ex. de R. C.

Paris, SAM [Série Aa, carton n° 6, pièce 694]

◆

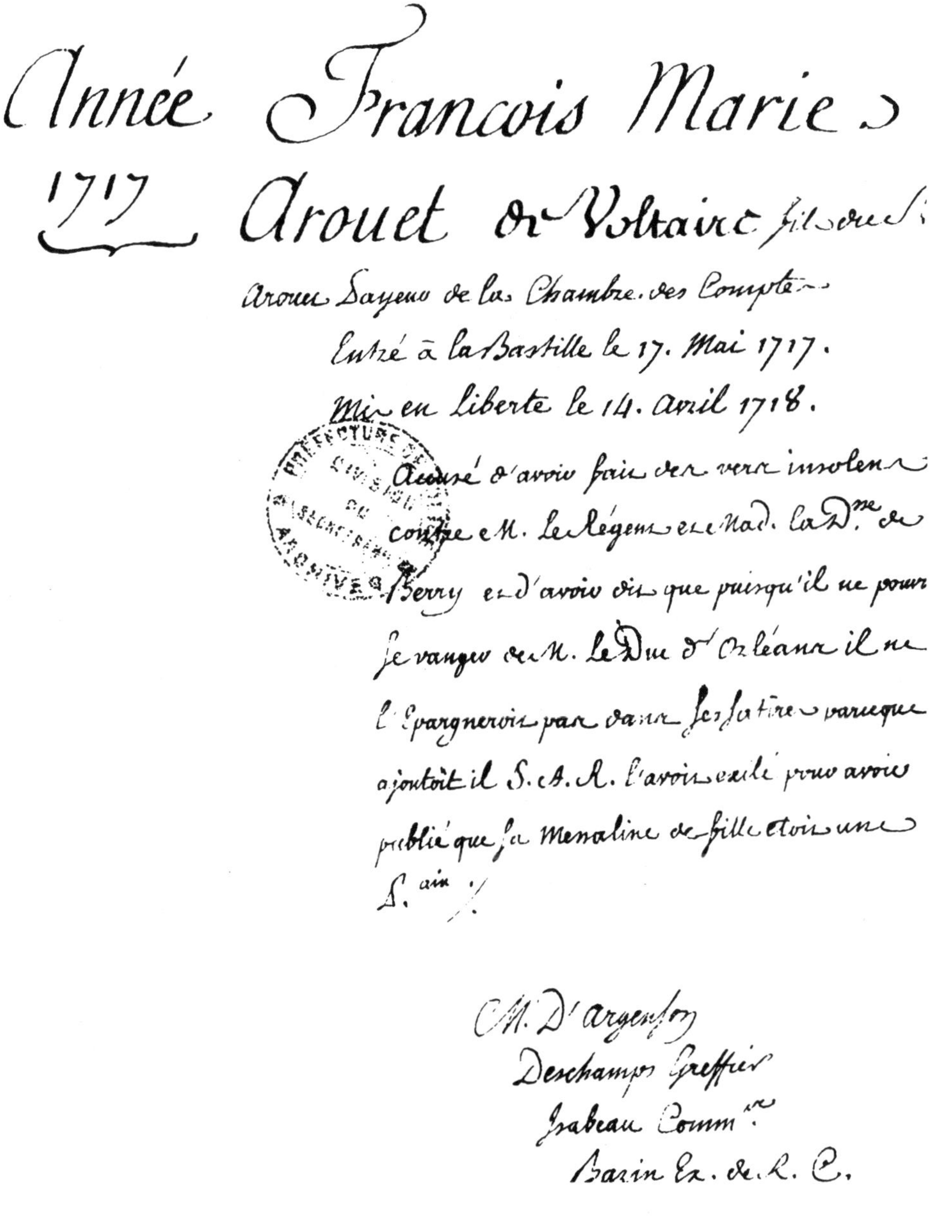

Année 1717 François Marie Arouet de Voltaire fils du S.
Arouet Payeur de la Chambre des Comptes
Entré à la Bastille le 17. Mai 1717.
Mis en liberté le 14. avril 1718.
Accusé d'avoir fait des vers insolens contre M. le Régent et Mad. la D.me de Berry et d'avoir dit que puisqu'il ne pouv se vanger de M. le Duc d'Orléans il ne l'épargneroit pas dans ses satires parceque ajoutoit il S. A. R. l'avoit exilé pour avoir publié que sa Menaline de fille etoit une L. ain /.

M. D'Argenson
Deschamps Greffier
Isabeau Comm.re
Bazin Ex. de R. C.

Le marquis d'Argenson est Lieutenant général de police en 1717, quand le jeune Arouet, dit Voltaire, est embastillé pour avoir insulté le Régent.

La Grande Terreur

La police, instrument de la répression

Olivier Blanc

Arrêtés puis traînés devant l'accusateur public… La liste est longue des révolutionnaires victimes de la Révolution, ces « girondins », « exagérés », « indulgents » décapités par la guillotine : Brissot, Vergniaud, Hébert, Danton, Fabre d'Églantine, Hérault de Séchelles. La police de la Révolution est, au sens plein, une police politique. À partir du 2 octobre 1792, elle agit sous le nom de Comité de sûreté générale de la Convention. Mais des polices départementales et des comités de surveillance municipaux peuvent délivrer, eux aussi, des ordres d'arrestation.

Par souci de cohésion, et aussi en vue de l'adapter à la réforme de la justice prévue dans les décrets de ventôse an II, la police est placée, après le 8 avril 1794, sous l'autorité suprême du Comité de salut public de la Convention. Ce célèbre comité au pouvoir dictatorial peut envoyer en prison qui bon lui semble, y compris les conventionnels eux-mêmes. Il entend ainsi empiéter sur le Comité de sûreté générale, soupçonné, à juste titre, de dérive et d'exagération par

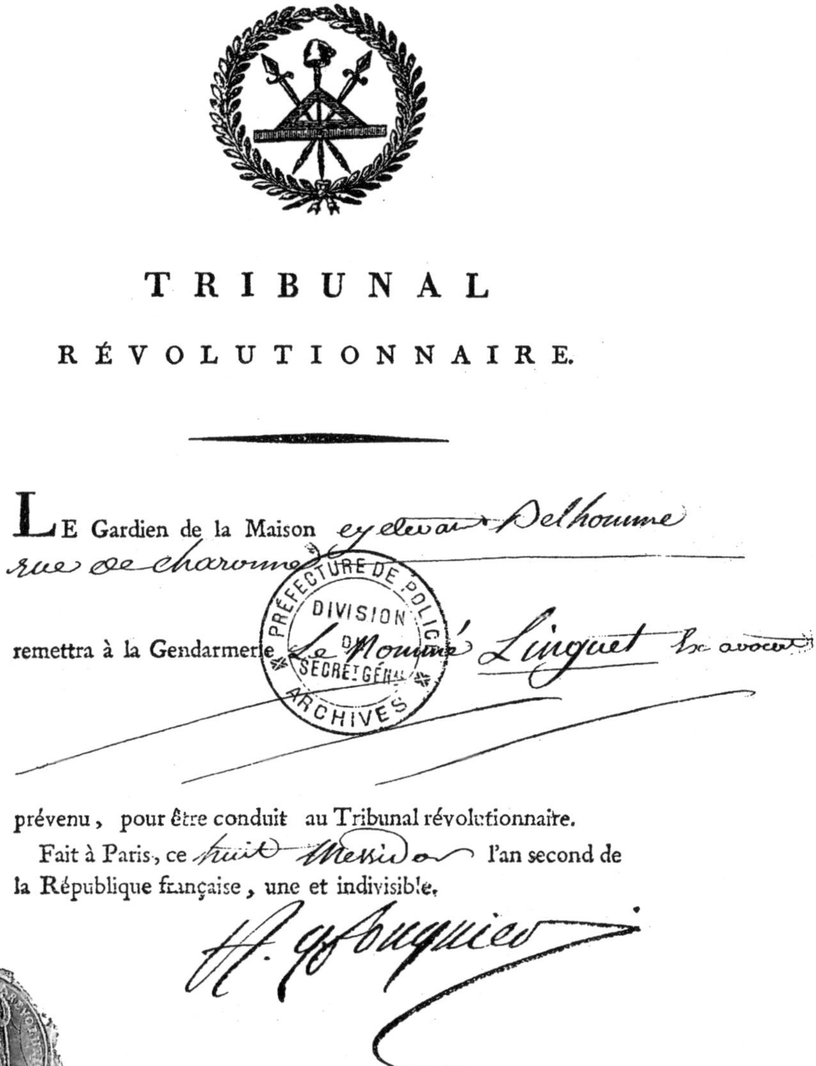

TRIBUNAL

RÉVOLUTIONNAIRE.

LE Gardien de la Maison ey devant Delhomme rue de charonne

remettra à la Gendarmerie le nommé Linguet ex avocat

prévenu, pour être conduit au Tribunal révolutionnaire.

Fait à Paris, ce huit Messidor l'an second de la République française, une et indivisible.

A. Q. Fouquier

Daté du 8 messidor an II (26 juin 1794), cet ordre de comparution devant le Tribunal révolutionnaire revêt la signature de Fouquier-Tinville, l'accusateur public.

RÉPUBLIQUE FRANÇAISE.
Espérance de la Patrie.

LIBERTÉ, ÉGALITÉ.

CARTE DE SURETÉ.

N.° Fol.

Le Citoyen
natif de
Département de
District de
âgé de
demeurant rue
N.° 12 A Paris depuis

Sect. d Comp. N.°

Amour de la Patrie ; Respect à la Vieillesse.

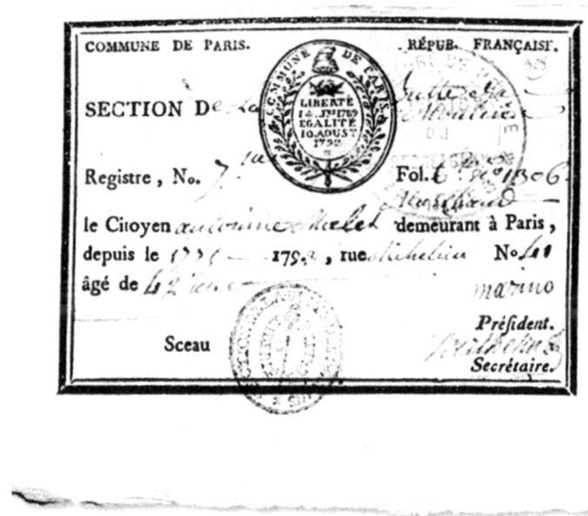

COMMUNE DE PARIS. RÉPUB. FRANÇAISE.

SECTION D

Registre, N.° Fol.

le Citoyen demeurant à Paris,
depuis le 179 , rue N.°
âgé de

Président.

Sceau

Secrétaire.

LIBERTÉ, ÉGALITÉ, FRATERNITÉ.

LOI. VERTU.

RÉPUBLIQUE FRANÇAISE.
CARTE DE SURETÉ.

N° Fol.

AGENCE NATIONALE DES INVALIDES.

Le Citoyen
natif d
District d
Département d
Admis à la Maison le
de la 8e Division
Corridor

VALEUR MILITAIRE. HAINE DES ROIS.

PROBITÉ. ÊTRE SUPRÊME.

Les « cartes de sûreté » sont délivrées par les comités civils ou de surveillance des sections : le citoyen qui n'en possède pas risque l'arrestation au titre de suspect

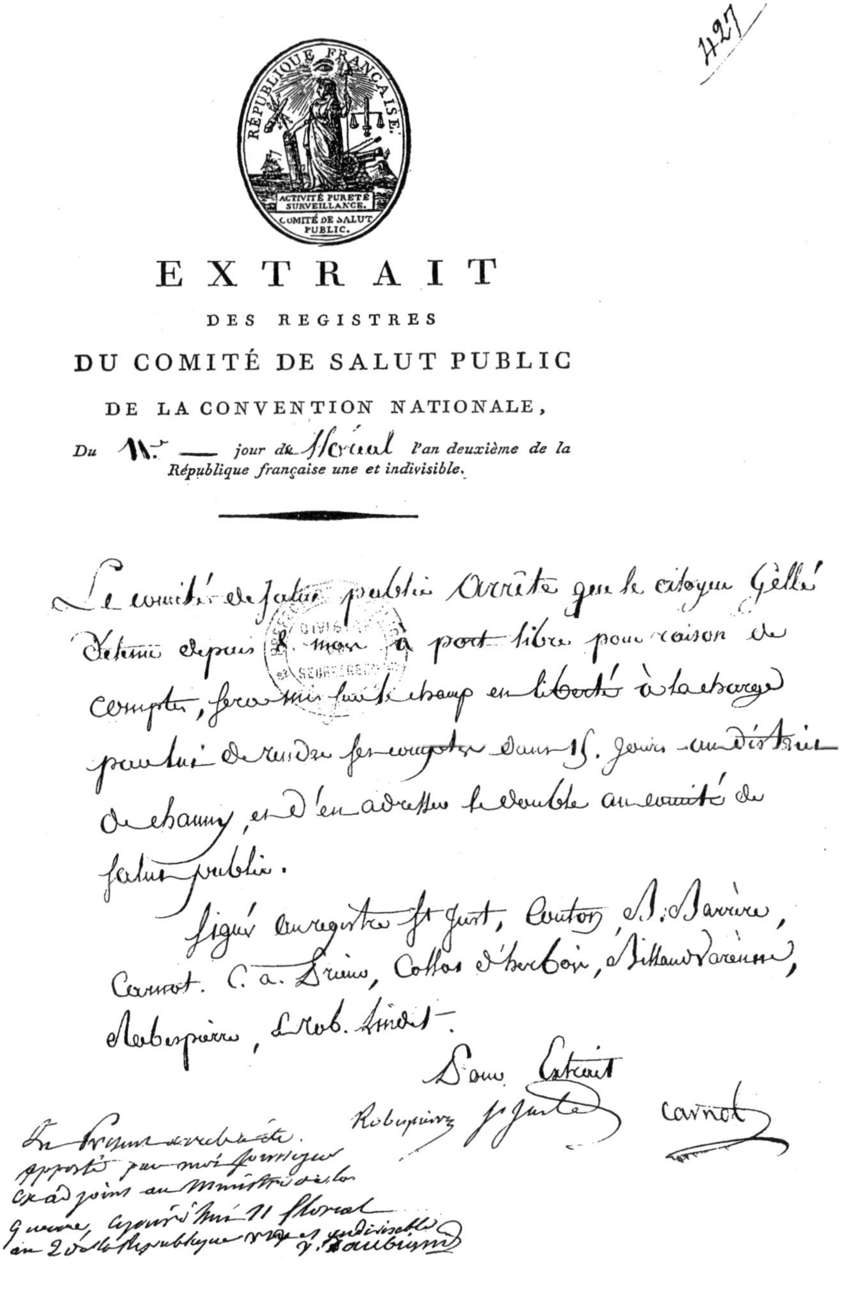

427

RÉPUBLIQUE FRANÇAISE.

ACTIVITÉ PURETÉ SURVEILLANCE.

COMITÉ DE SALUT PUBLIC.

EXTRAIT

DES REGISTRES

DU COMITÉ DE SALUT PUBLIC

DE LA CONVENTION NATIONALE,

Du 11e *jour de* floréal *l'an deuxième de la République française une et indivisible.*

Le comité de salut public arrête que le citoyen Gellé détenu depuis 8 mois à port libre pour raison de comptes, sera mis sur le champ en liberté à la charge par lui de rendre ses comptes dans 15 jours au district de chauny, et d'en adresser le double au comité de salut public.

Signé au registre St Just, Couthon, B. Barère, Carnot, C. A. Prieur, Collot d'herbois, Billaud Varenne, Robespierre, R. Lindet.

Pour extrait

Robespierre St Just Carnot

Le présent arrêté a été apporté par moi [illegible] au Ministre de la guerre, aujourd'hui 11 floréal an 2 de la République une et indivisible. J. Daubigny

Cet arrêté du Comité de salut public ordonnant la mise en liberté du citoyen Gellé est signé par Robespierre, Saint-Just et Carnot.

Robespierre. Il se dote à cet effet d'un « bureau de police » particulier et supervise la machine répressive au plan national, en liaison avec le Tribunal révolutionnaire.

Mais la « majorité factieuse » du Comité de salut public entraîne peu à peu le régime dans la voie de la Grande Terreur : Barère, Collot d'Herbois, Billaud-Varenne et Carnot laissent libre cours aux exactions du Comité de sûreté générale, dont la capacité de nuisance se révèle intacte, et sabotent la réforme de la justice. La « loi de Prairial », telle qu'elle est appliquée, autorise des tueries. Refusant de les cautionner, Robespierre se retire du Comité de salut public. Son exécution sans procès, le 27 juillet 1794 (9 thermidor an II), permet de faire illusion sur les responsabilités individuelles tout en mettant un terme à la surenchère répressive.

Après la mort de Robespierre, des registres de police disparaissent des bureaux, un grand nombre de mandats sont falsifiés et recouverts de sa griffe lorsqu'elle ne s'y trouve pas. Des mandats d'arrêt, comme ceux des citoyens Antonelle ou Guinfoleau, portent ainsi deux fois la signature de l'Incorruptible ! Ces subterfuges mal connus ont permis d'établir devant l'opinion sa responsabilité dans la mort de Lucile Desmoulins et de centaines d'innocents, sacrifiés en prairial, messidor et thermidor sur l'autel de la démagogie et de la peur.

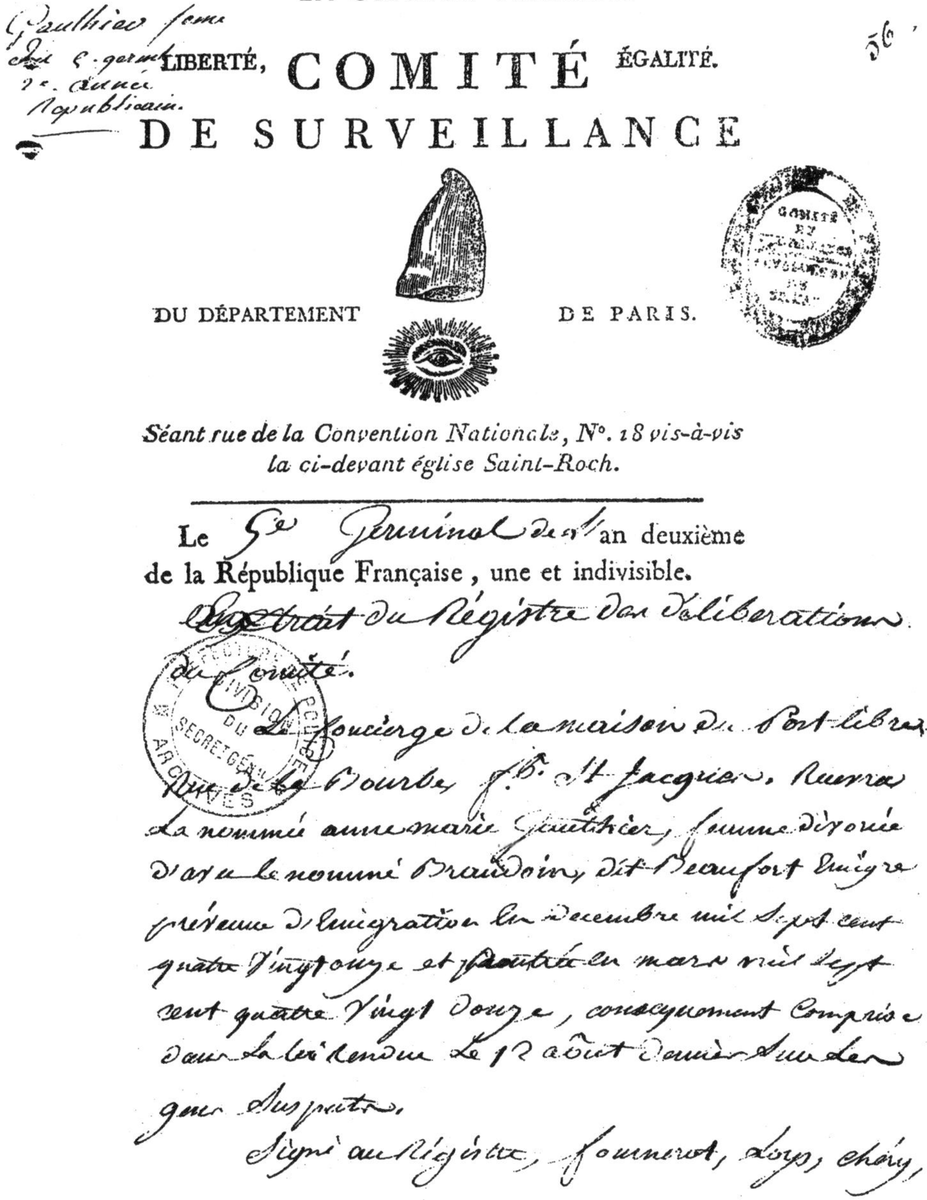

Gaulthier femme
divorcée 5 germinal
2e année
républicain.

56

LIBERTÉ, COMITÉ ÉGALITÉ.

DE SURVEILLANCE

DU DÉPARTEMENT DE PARIS.

Séant rue de la Convention Nationale, N°. 18 vis-à-vis la ci-devant église Saint-Roch.

Le 5e Germinal de l'an deuxième de la République Française, une et indivisible.

Extrait du Régistre des délibérations du Comité.

Le Concierge de la maison du Port libre rue de la Bourbe fb. St Jacques, recevra la nommée anne marie Gauthier, femme divorcée d'avec le nommé Braudoin, dit Beaufort Emigré prévenue d'Emigration en decembre mil sept cent quatre vingt onze et rentrée en mars mil sept cent quatre vingt douze, conséquemment Compris dans la loi rendue le 12 août dernier sur les gens suspects.

Signé au Régistre, fournerot, Loys, chéry,

Cet ordre d'arrestation, émis le 25 mars 1794 par le Comité de surveillance du département de Paris, porte un emblème expressif : un œil surmonté d'un bonnet phrygien.

Le cœur de Louis XVII

Autopsie du dernier Capétien

Philippe Charlier

Le 9 juin 1795 (21 prairial an III) a lieu l'autopsie du petit « Louis Capet », décédé la veille. Louis XVII dépérissait depuis des années dans son cachot. Arrivés à onze heures du matin à la porte extérieure du Temple, quatre médecins sont introduits dans la tour, dont Philippe Jean Pelletan, chirurgien en chef du Grand Hospice de l'Humanité. Les praticiens s'emploient à vérifier « les signes de la mort, [...] caractérisés par la pâleur universelle, le froid de toute l'habitude du corps, la raideur des membres, les yeux ternes, les tâches violettes ordinaires à la peau du cadavre, et surtout par une putréfaction commencée au ventre, au scrotum et au-dedans des cuisses ».

La paroi est sectionnée, les organes abdominaux sont examinés, puis vient le tour du thorax : « Le péricarde contenait la quantité ordinaire de sérosité. Le cœur était pâle, mais dans l'état naturel. »

Or ce petit cœur, Philippe Jean Pelletan le subtilise discrètement au moment de refermer le cadavre. Alors que ses confrères ont le dos tourné, il place l'organe dans sa poche en l'entourant d'un linge. De retour chez lui, il le dépose dans un bocal rempli d'esprit-de-vin qu'il cache dans sa bibliothèque, derrière une rangée de livres. Pelletan change de temps en temps le liquide fixateur, puis oublie le cœur, desséché, dans un tiroir.

Une pièce à conviction

Après la mort de l'enfant du Temple, nombreux sont ceux qui doutent de son identité... Plusieurs thèses « survivantistes » voient le jour, plus ou moins farfelues. Ce cœur constitue dès lors une pièce à conviction. Mais la relique connaît un sort rocambolesque : dérobée par un étudiant de Pelletan en 1810, rendue par la famille en 1812 et conservée dans un reliquaire en cristal, elle est refusée par Louis XVIII, ce que certains interpréteront comme la preuve que le roi connaissait la survivance du Dauphin...

L'archevêque de Paris, Mgr de Quélen, place le cœur dans son cabinet de travail. En février 1831, l'archevêché est mis à sac. Dans le tumulte, le reliquaire est cassé : le cœur, retrouvé dans un tas de sable, retourne à la famille Pelletan. Après de nouveaux rebondissements et de vaines polémiques, il a été authentifié en 2001 par des analyses génétiques comparatives : l'enfant du Temple était bien Louis XVII.

◆

Une relique royale

Pour disperser le doute tenant à l'authenticité du cœur du Dauphin, le petit Louis XVII, mort dans la prison du Temple, chaque pièce justificative compte. Le « rapport Pelletan » est l'une des principales, car elle seule indique comment fut dérobé l'organe en 1795 et quelles furent ses pérégrinations jusqu'en 1812.

Mémoire du chirurgien Pelletan, 13 juin 1816

J'ai été appelé pour donner les secours de l'art à l'auguste fils de Louis Seize, pendant la maladie et après la mort de M. Derfaut. Il y avait douze à quatorze jours que je visitais l'enfant lorsqu'il succomba le 8 juin 1795. J'avais prévu cet événement inévitable et sollicité l'adjonction d'un médecin qui n'arriva que la veille du jour fatal : ce fut M. Dumangin, médecin de la charité, encore vivant aujourd'hui.

Nous reçûmes l'ordre de nous adjoindre deux autres personnes de l'art pour faire l'ouverture du corps et en dresser procès-verbal. M. Dumangin fit choix de feu M. Jeanvoi, l'oncle ; et moi de feu M. Larfus, que je préférai parce qu'il avait été chirurgien de Mesdames de France.

Nous nous réunîmes le lendemain 9 juin pour procéder à l'ouverture, et le procès-verbal en fut dressé, contenant la vérité la plus exacte et portée jusqu'au scrupule.

Étant particulièrement chargé de l'opération de l'ouverture et de la dissection, l'on m'abandonna de même le soin de restaurer le corps et de l'ensevelir. Mes confrères et le

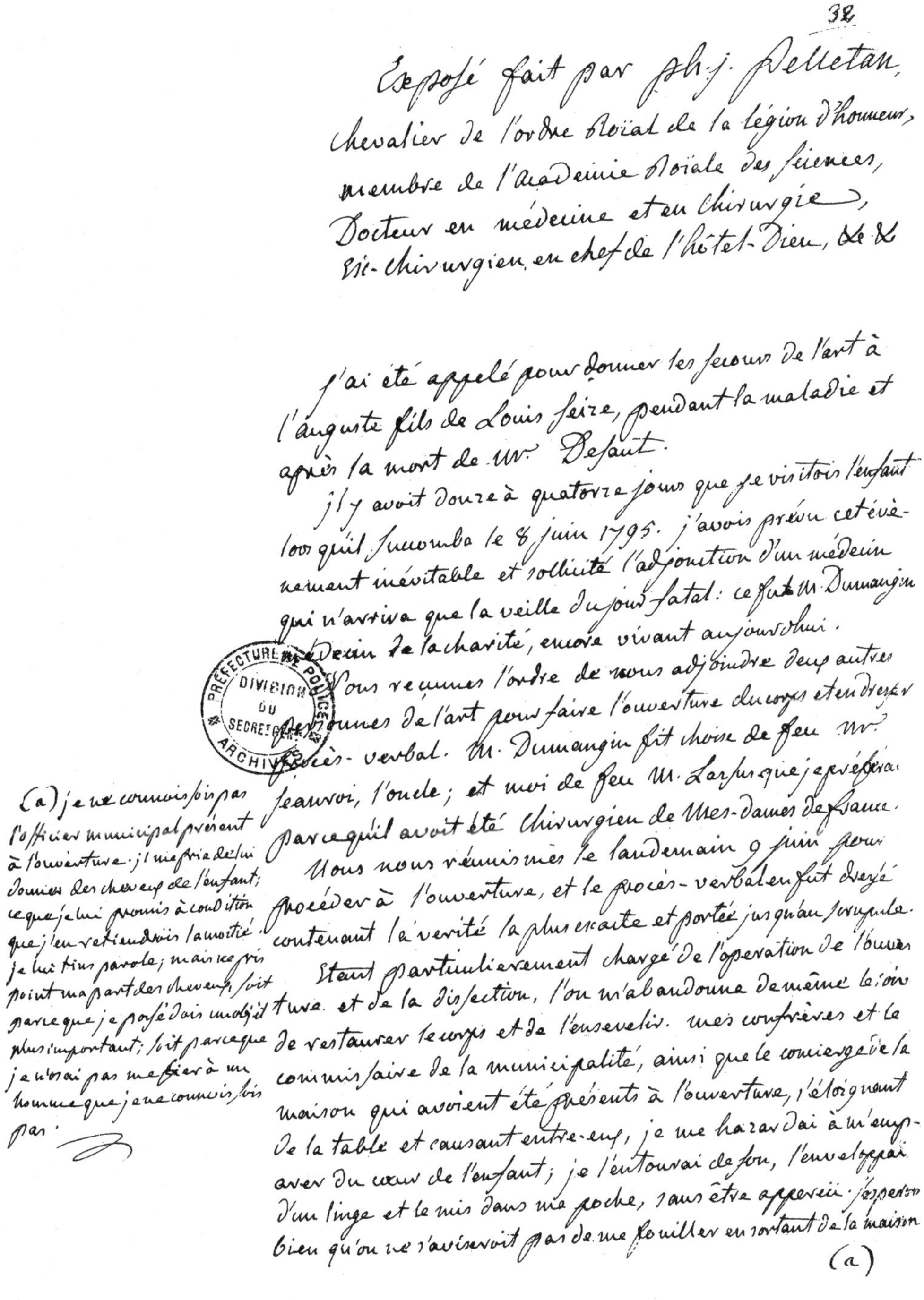

38

Exposé fait par ph. j. Pelletan,
chevalier de l'ordre Roïal de la légion d'honneur,
membre de l'academie Roïale des sciences,
Docteur en médecine et en chirurgie,
ex-chirurgien en chef de l'hôtel-Dieu, &c &c

J'ai été appelé pour donner les secours de l'art à l'auguste fils de Louis seize, pendant la maladie et après la mort de Mr Desault.

Il y avoit douze à quatorze jours que je visitois l'enfant lors qu'il succomba le 8 juin 1795. j'avois prévu cet évènement inévitable et sollicité l'adjonction d'un médecin qui n'arriva que la veille du jour fatal : ce fut Mr Dumangin médecin de la charité, encore vivant aujourd'hui.

Nous reçumes l'ordre de nous adjoindre deux autres personnes de l'art pour faire l'ouverture du corps et en dresser procès-verbal. M. Dumangin fit choix de feu Mr Jeanroi, l'oncle ; et moi de feu M. Lassus que je préférai parce qu'il avoit été chirurgien de Mes-dames de France.

Nous nous réunimes le lendemain 9 juin pour procéder à l'ouverture, et le procès-verbal en fut dressé contenant la verité la plus exacte et portée jusqu'au scrupule.

Etant particulièrement chargé de l'operation de l'ouverture et de la dissection, l'on m'abandonna de même le soin de restaurer le corps et de l'ensevelir. mes confrères et le commissaire de la municipalité, ainsi que le concierge de la maison qui avoient été présents à l'ouverture, s'éloignant de la table et causant entre-eux, je me hazardai à m'emparer du cœur de l'enfant ; je l'entourai de son, l'enveloppai d'un linge et le mis dans ma poche, sans être apperçu. j'esperois bien qu'on ne s'aviseroit pas de me fouiller en sortant de la maison (a)

(a) je ne connoissois pas l'officier municipal présent à l'ouverture. il me pria de lui donner des cheveux de l'enfant ; ce que je lui promis à condition que j'en retiendrois la moitié. je lui tins parole ; mais ne pris point ma part des cheveux, soit parceque je possédois un objet plus important ; soit parceque je n'osai pas me fier à un homme que je ne connoissois pas.

Première page du mémoire sur l'autopsie de Louis XVII, rédigé d'après ses souvenirs par le chirurgien Pelletan le 13 juin 1816.

commissaire de la municipalité, ainsi que le concierge de la maison qui avaient été présents à l'ouverture, s'éloignant de la table et causant entre eux, je me hasardai à m'emparer du cœur de l'enfant, je l'entourai de son, l'enveloppai d'un linge et le mis dans ma poche, sans être aperçu. J'espérais bien qu'on ne s'aviserait pas de me fouiller en sortant de la maison.

Je ne connaissais pas l'officier municipal présent à l'ouverture. Il me pria de lui donner des cheveux de l'enfant ; ce que je lui promis à condition que j'en retiendrais la moitié. Je lui tins parole ; mais ne pris point ma part des cheveux, soit parce que je possédais un objet plus important ; soit parce que je n'osais me fier à un homme que je ne connaissais pas.

Cependant, dès le soir même, je fis confidence de mon larcin à M. Larfus, dont je connaissais l'attachement à la famille royale et l'amitié qui nous liait depuis vingt-cinq ans ; le moment du risque était passé, et il me félicita de ma témérité.

Je mis le cœur dans un bocal d'esprit-de-vin, sans étiquette, et je le plaçai derrière la rangée la plus élevée des livres de ma bibliothèque.

L'esprit-de-vin fut renouvelé à mesure qu'il s'évaporait ; après huit ou dix ans, l'esprit-de-vin se trouvant complètement évaporé, le cœur était desséché et susceptible d'être conservé sans autre précaution. Je le mis alors dans un tiroir de mon secrétaire : réuni là avec d'autres pièces anatomiques également sèches, je croyais cet objet d'autant plus sûrement conservé qu'il paraissait moins important ; et personne autre que M. Larfus ne sachant que je le possédais. Les grands orages de la Révolution étant calmés, j'eus l'imprudence, un jour, de montrer ce cœur, en même temps que d'autres pièces que mon tiroir renfermait, à un M. Tillos, mon élève particulier, mon secrétaire demeurant chez moi, et j'eus un second confident de mon secret.

Ouvrant mon tiroir sans cesse, il n'y avait presque pas de jour que je ne visse ce cœur que je n'avais même pas enveloppé de peur de le rendre suspect. Après un certain temps, je m'aperçus qu'il me manquait et je ne pus pas douter un moment qu'il ne m'eût été soustrait par mon élève, qui avait seul accès dans mon cabinet et était seul possesseur de mon secret : il m'avait quitté depuis peu pour se marier.

Mon embarras devint extrême. Je n'osai pas réclamer ce larcin, bien persuadé que Tillos nierait le fait et anéantirait plutôt la pièce que de consentir à la restituer en s'accusant. Je m'attachai seulement à lui plus particulièrement, quoiqu'il m'eût quitté, en se mariant : il était depuis longtemps menacé de phtisie pulmonaire, et il y succomba.

Au moment où nous concevions l'espoir de voir reparaître parmi nous l'auguste et ancienne famille des Bourbons, se présenta chez moi le père de la veuve Tillos. Il m'avoua que son gendre lui avait déclaré en mourant qu'il avait soustrait de chez moi le cœur de Louis Dix-Sept; et me dit que sa fille était prête à me le restituer comme étant ma propriété, ajoutant qu'elle me l'apporterait le lendemain.

Je n'eus pas la patience d'attendre, et à peine le père de la veuve Tillos fut-il sorti que je me transportai chez lui, où sa fille demeurait et où je trouvai toute la famille. Au même moment le cœur renfermé dans une bourse me fut remis par la veuve Tillos : je le reconnus bien évidemment, l'ayant vu et touché plus de mille fois, et la veuve Tillos n'ayant aucun intérêt à me tromper.

J'évitai d'énoncer aucun reproche sur l'infidélité de mon élève mort; mais la veuve, les prévenant, m'assura que son mari avait été bien repentant, et qu'il n'avait agi que par attachement pour la famille royale. Je feignis de la croire, et même, par suite de la vive satisfaction que j'éprouvais, je lui fis la proposition de lui donner un reçu témoignant qu'elle m'avait remis le cœur de Louis Dix-Sept, dont j'avais confié la garde à son mari, en sa qualité de mon élève intime et secrétaire. Cette assertion était sans vraisemblance, puisque je ne pouvais avoir besoin de personne pour conserver une pièce sèche et mise dans mon tiroir ; mais, ne voulant pas faire à la veuve un chagrin de ce qui me causait une si vive satisfaction, j'eus l'air de disculper, en quelque façon, la mémoire de son mari.

Je conserve donc le cœur de Louis Dix-Sept. J'ai le procès-verbal de l'ouverture de son corps signé des quatre personnes de l'art réunies pour cette ouverture ; je le possède en original, et n'en ai jamais donné que des copies, même aux autorités du temps et successives.

J'ai, en original, l'ordre de la Convention pour l'ouverture du corps et le procès-verbal à faire, sous la réunion de quatre personnes de l'art ; et la lettre du secrétaire général qui me fait part de l'arrêté de la Convention.

Plus : l'arrêté de la Convention nationale qui me nomme pour soigner le roi, après la mort de Derfaut, et la lettre du secrétaire général qui me fait part de cet arrêté.

Plus : la lettre de la Convention qui m'autorise à placer une garde-malade auprès du roi ; et la lettre du secrétaire qui m'annonce la précédente et me donne des avis confidentiels.

J'atteste la vérité des faits mentionnés dans le présent exposé et suis prêt à montrer les pièces justificatives, à qui de droit.

Paris, SAM [Série Aa, carton n° 362]

◆

À LA RECHERCHE DES COMMUNARDS

Le missel des rouges

Rémy Valat

La France connaît, à partir de 1870, une période de chaos. Le Second Empire s'écroule, mais la République peine à s'installer. La guerre civile succède à la guerre étrangère et la France est soumise aux conditions d'une Allemagne victorieuse. Le sergent de ville, un des symboles de l'autoritarisme impérial, suscite l'acrimonie d'une partie de la population. Son corps est dissout, désarmé et remplacé par celui des « gardiens de la paix civique ». Mais la Préfecture demeure, au prix d'une épuration administrative.

Vers la guerre civile

L'investissement de Paris par les Prussiens favorise d'ailleurs la réintégration rapide, sous un vernis républicain, des anciens « sergots » qui abandonnent leurs moustaches et leurs bicornes napoléoniens, tandis qu'une vingtaine de compagnies d'agents – trois mille hommes – partent se battre aux avant-postes. La police parisienne passe alors sous l'autorité militaire. Dans la rue, le garde national officie souvent en lieu et place du gardien de la paix. Tour à tour soldat, policier ou citoyen, il veille au maintien de l'ordre dans une ville en proie à la disette.

Le 28 janvier 1871, Paris capitule. En février, la province envoie à l'Assemblée nationale une large majorité de députés monarchistes et réactionnaires. Les Parisiens, qui ne se reconnaissent pas dans le nouveau gouvernement, contestent ouvertement ses décisions : abrogation du moratoire sur les loyers, désarmement de Paris, défilé des troupes allemandes dans la cité... À l'aube du 18 mars, la crise politique éclate. Paris refuse de rendre les canons rassemblés sur la butte Montmartre. Appréhendés sur les lieux, les généraux Lecomte et Thomas sont fusillés par les insurgés. La ville se couvre de barricades. La Préfecture de police est prise. Le gouvernement, l'administration et deux mille policiers quittent la ville insurgée pour Versailles. Le 28 mars, les révolutionnaires parisiens proclament la Commune : c'est la guerre civile.

Un climat de violence

Le 21 mai 1871, après un siège de deux mois, l'armée de Versailles, composée de soldats sans liens politiques ou affectifs avec la capitale, entre dans Paris. Les gardiens de la paix sont désignés pour guider la troupe. Secondés par des gardes nationaux de l'ordre, ils orientent les colonnes versaillaises, leur indiquant les trajets annexes pour contourner les positions des fédérés. La Semaine sanglante fait des milliers de victimes : les exécutions sommaires et les exactions sont légion. Des édifices publics sont incendiés, dont la Préfecture de police.

À la violence par les armes succède la répression administrative. Le gouvernement de Versailles invalide les actes de la Commune, décrète la loi martiale et fait rechercher les communards en fuite, en vue de leur comparution devant un conseil de guerre. Les mains courantes du quartier de Belleville, dont les archives ont conservé le répertoire, attestent de ces recherches, menées sur dénonciations dans un climat de violence : règlements de comptes, insultes proférées contre les forces de l'ordre. Les archives administratives, notamment les listes de gardes nationaux, sont saisies pour servir

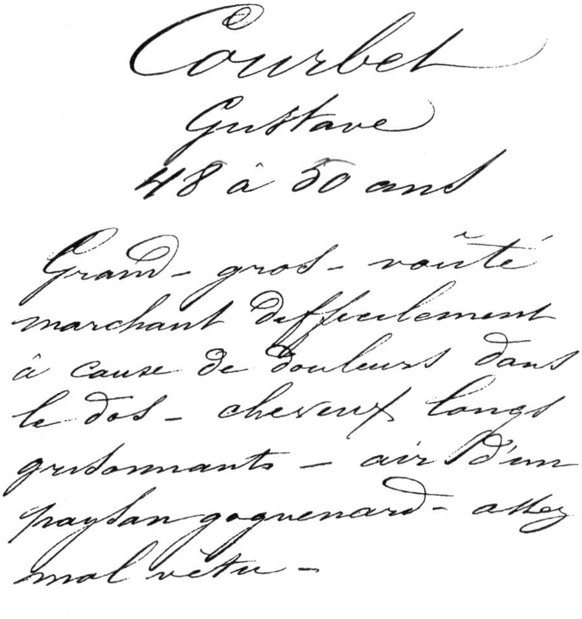
Courbet
Gustave
48 à 50 ans
Grand - gros - voûté
marchant difficilement
à cause de douleurs dans
le dos - cheveux longs
grisonnants - air d'un
paysan goguenard - assez
mal vêtu -

Signalement recouvrant la photo de Courbet dans le missel des communards.

Monsieur le Préfet de Police 51

mercredi 7. mai 71.

Monsieur le Préfet.

Je puis vous affirmer, que le trop fameux Courbet, est caché au quartier latin, qu'il a même un passe port americain, pour gagner New-York.
à vous monsieur le Préfet d'aviser et je crois que prevenu cela ne sera pas difficile. Le misérable n'aura que ce qu'il mérite.

Je suis avec le plus profond respect, monsieur le Préfet, votre très humble Serviteur - Garaud.

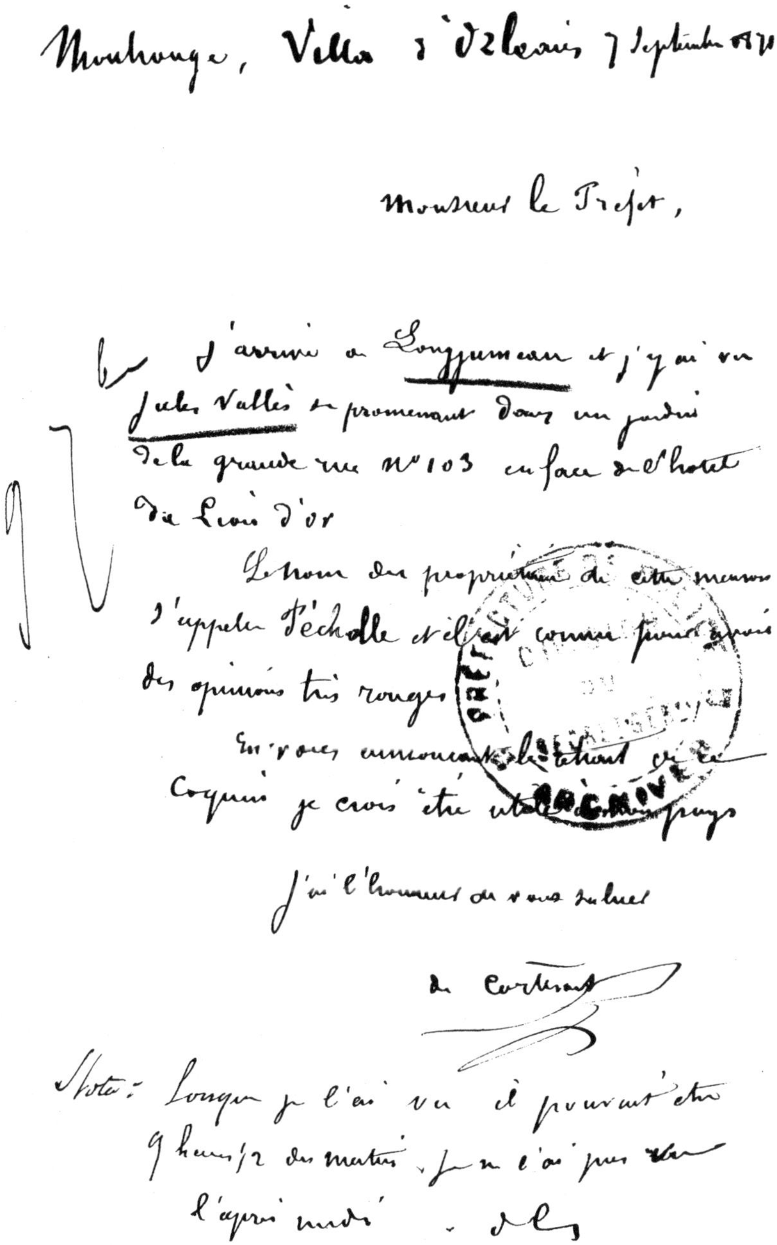
Montrouge, Villa d'Orléans 7 septembre 1870

Monsieur le Préfet,

J'arrive à Longjumeau et j'y ai vu Jules Vallès se promenant dans un jardin de la grande rue N° 103 en face de l'hotel du Lion d'or

Le nom du propriétaire de cette maison s'appelle Péchalle et il est connu pour avoir des opinions très rouges

En vous annonçant le retour de ce coquin je crois être utile à mon pays

J'ai l'honneur de vous saluer

de Cortenat

Nota : Lorsque je l'ai vu il pouvait être 9 heures 1/2 du matin, je ne l'ai pas revu l'après midi. dls

Lettres de dénonciation au Préfet de police :
la première vise Gustave Courbet, la seconde Jules Vallès.

de pièces à conviction et, le 9 juin 1871, des agents de la Préfecture de police sont détachés auprès de la prévôté pour les examiner.

Photographies et signalements

« Grand, gros, voûté, marchant difficilement à cause de douleurs dans le dos, cheveux longs grisonnants, air d'un paysan goguenard, assez mal vêtu... » : tel est décrit Gustave Courbet dans un curieux missel où sont enserrés photographies et signalements, encore peu scientifiques, des principaux meneurs de la Commune. Quant à Jules Vallès, qu'on croit avoir passé par les armes, il a la « taille un peu au-dessus de la moyenne » ainsi qu'un système pileux subversif : « barbe et cheveux noirs à reflets rouges »...

Déjà en usage à la Préfecture de police, l'identification au moyen de photographies saisies connaît un nouvel essor. Mais le recoupement de l'information reste déficient : Gustave Flourens, dûment répertorié et recherché, a été tué lors des combats ; Jules Vallès et l'internationaliste Jules Miot quittent clandestinement Paris pour se réfugier à l'étranger.

Les communards en fuite sont contraints de se cacher, de s'exiler. D'autres sont condamnés à la relégation en Nouvelle-Calédonie. En 1880, une amnistie générale les autorise à revenir en France.

La surveillance des anarchistes en 1880

Expression forgée par Bismarck, le « fonds des reptiles » était la part des fonds secrets destinée à la presse officieuse, que ces subsides occultes rendaient particulièrement rampante. Avec un parfait cynisme, l'ancien Préfet de police Louis Andrieux raconte comment il les a utilisés à créer un journal anarchiste, de manière à mieux contrôler les compagnons.

Extrait de Souvenirs d'un Préfet de police, *Louis Andrieux, 1885*

Citoyens, il y aura toujours des traîtres parmi vous.

Les socialistes révolutionnaires ne se bornaient plus à des déclamations dans les réunions publiques ou privées. La dynamite des nihilistes[1] les empêchait de dormir et, pour stimuler le zèle des *compagnons*, ils se proposaient, eux aussi, de faire entendre la grande voix des explosions : *ultima ratio populorum*[2].

Il était question de faire sauter le Palais-Bourbon ; M. Gambetta en avait été avisé, et quelques précautions avaient été prises.

Mais, en même temps qu'ils songeaient à étonner le monde par la destruction de mon honorable ami M. Truelle, les

---

1. Il s'agit des nihilistes russes, à l'origine de plusieurs attentats contre le régime tsariste, comme l'assassinat d'Alexandre II en 1881.
2. « Dernier argument des peuples. » L'auteur parodie la devise latine *Ultima ratio regis* – « dernier argument du roi » – qui figurait sur les canons de Louis XIV.

compagnons voulaient avoir un journal pour propager leurs doctrines.

Si j'ai combattu leurs projets de propagande par le fait, j'ai du moins favorisé la divulgation de leurs doctrines par la voie de la presse, et je n'ai pas de raisons pour me soustraire plus longtemps à leur reconnaissance.

Les compagnons cherchaient un bailleur de fonds ; mais l'infâme capital ne mettait aucun empressement à répondre à leur appel.

Je poussai par les épaules l'infâme capital, et je parvins à lui persuader qu'il était de son intérêt de favoriser la publication d'un journal anarchiste.

On ne supprime pas les doctrines en les empêchant de se produire, et celles dont il s'agit ne gagnent pas à être connues.

Donner un journal aux anarchistes, c'était d'ailleurs placer un téléphone entre la salle des conspirations et le cabinet du Préfet de police.

On n'a pas de secrets pour un bailleur de fonds, et j'allais connaître, jour par jour, les plus mystérieux desseins. Le Palais-Bourbon allait être sauvé ; les représentants du peuple pouvaient délibérer en paix.

Ne croyez pas, d'ailleurs, que j'offris brutalement aux anarchistes les encouragements du Préfet de police.

J'envoyai un bourgeois, bien vêtu, trouver un des plus actifs et des plus intelligents d'entre eux. Il expliqua qu'ayant acquis quelque fortune dans le commerce de la droguerie, il désirait consacrer une partie de ses revenus à favoriser la propagande socialiste.

Ce bourgeois qui voulait être mangé n'inspira aucune suspicion aux compagnons. Par ses mains, je déposai un cautionnement dans les caisses de l'État, et le journal la *Révolution sociale* fit son apparition.

C'était un journal hebdomadaire, ma générosité de droguiste n'allant pas jusqu'à faire les frais d'un journal quotidien.

Mlle Louise Michel était l'étoile de ma rédaction. Je n'ai pas besoin de dire que « la grande citoyenne » était inconsciente du rôle qu'on lui faisait jouer, et je n'avoue pas sans quelque confusion le piège que nous avions tendu à l'innocence de quelques compagnons des deux sexes.

Tous les jours, autour d'une table de rédaction, se réunissaient les représentants les plus autorisés du parti de l'action : on dépouillait en commun la correspondance internationale ; on délibérait sur les mesures à prendre pour en finir avec « l'exploitation de l'homme par l'homme » ; on se communiquait les recettes que la science met au service de la révolution.

J'étais toujours représenté dans les conseils, et je donnais au besoin mon avis. [...]

Mais la *Révolution sociale* faisait mieux que d'attaquer mes adversaires et de prêcher l'abstention au profit des candidatures les plus modérées : – elle m'adressait à moi-même les outrages les plus véhéments.

Je le rappelle, en passant, afin de montrer à mes adversaires combien ils perdent leur temps, leur encre, leur imagination et leur peine quand ils croient m'être désagréables en inventant sur mon compte des anecdotes bien innocentes, si on les compare à celles que j'ai payées *à la ligne*.

Ici doit se placer le récit d'une aventure dont je ris encore.

Le héros s'appelle Clauzel ou Clozel. Je ne me rappelle pas très exactement l'orthographe de son nom.

Quant à lui, il n'avait jamais oublié l'orthographe, par cette bonne raison qu'il ne l'avait jamais sue.

Il était d'ailleurs officier d'académie ; s'il eût été complètement ignorant en l'art de lire et d'écrire, on l'eût fait officier de l'Université.

Clauzel était un personnage important de ma circonscription électorale[1] ; c'était un politicien de village, comme tous les députés en ont connu : un borgne parmi les aveugles.

Ce brave homme avait porté ses armes et ses bagages à un conseiller général, appartenant au grand parti des « remplaçants ».

Donc, il occupait ses loisirs à démolir le crédit du député à Tassin-la-Demi-Lune, à L'Arbresle, et dans les autres lieux circonvoisins.

La population électorale de nos cantons ruraux, dans le département du Rhône, est très radicale ; mais elle n'est pas *partageuse* et l'anarchie y compte peu de partisans.

J'envoyai à Clauzel un journaliste qui avait envers moi quelques obligations. Il lui récita quelque chose comme la fable du Renard et du Corbeau :

> Eh ! bonjour, monsieur du Corbeau,
> Que vous êtes joli, que vous me semblez beau !

– Eh ! bonjour, monsieur l'officier d'académie, comme ce ruban violet[2] sied bien à votre boutonnière, et comme vous êtes éloquent lorsque vous vous écriez, dans les réunions privées : « Jusques à quand, ô Catilina, abuseras-tu de notre patience ? » Mais pourquoi vos catilinaires contre le député Andrieux ne se produisent-elles que sur un théâtre de

1. Nommé Préfet de police en 1879, Louis Andrieux conserva son mandat de député du Rhône.

2. Les Palmes académiques.

province ? Je suis à votre service pour livrer votre éloquence à tous les échos de la presse parisienne.

À ces mots, le corbeau Clauzel ne se sent pas de joie.

Il ouvre un large bec et laisse tomber plusieurs pages de diatribes contre le député-préfet de police.

Je fis insérer l'article, signé : CLAUZEL, dans la *Révolution sociale*, entre un morceau oratoire de Mlle Louise Michel et une recette pour la fabrication de la dynamite.

Je fis envoyer le numéro à tous les maires de ma circonscription.

– Comment ! dirent-ils, Clauzel écrit dans le journal de Louise Michel ? Il veut faire sauter le Palais-Bourbon ? Il veut nationaliser la propriété ? Ah ! ah ! nous le connaissons maintenant ; qu'il vienne nous dire du mal de notre député, il verra comme il sera reçu !

Pauvre Clauzel ! je lui fais ici mes excuses, et je souhaite bien sincèrement qu'il trouve dans l'estime de son conseiller général la réparation du tort que je lui ai causé.

◆

La terreur verte

Vague d'attentats anarchistes

Michel Winock

Ravachol, ce nom qui sonne comme un coup de cravache reste l'emblème de ces trois années, de 1892 à 1894, où la France est en proie à la vague anarchiste, aux poseurs de bombes, aux adeptes de la « propagande par le fait ».

Le mouvement anarchiste existe en France depuis des lustres, mais la liberté de la presse instaurée par la IIIe République et l'assassinat d'Alexandre II en 1881 par les nihilistes russes lui donnent son essor, à travers une profusion de petits journaux incendiaires.

Le 1er mai 1891, lors de la grève lancée par l'Internationale ouvrière, des affrontements sanglants ont lieu, notamment à Fourmies, dans le Nord. À Clichy, une rixe avec la police amène trois compagnons en cour d'assises.

Le signal des attentats est donné le 11 mars 1892 par l'explosion dans un immeuble du 136, boulevard Saint-Germain à Paris. La cible visée est un magistrat, Benoît, qui présidait le procès contre les anarchistes de Clichy. L'auteur,

Kœnigstein, se fait appeler Ravachol, du nom de sa mère. Les dégâts sont importants, mais il n'y a pas de victimes.

Trahi par une cicatrice

Le 27 mars, Ravachol récidive, en plaçant une bombe dans un immeuble rue de Clichy où habite le substitut Bulot. Cette fois encore, gros dégâts, aucun mort mais sept blessés. La police, qui pénètre les milieux anarchistes, identifie rapidement le coupable et diffuse son signalement, notamment une cicatrice à la main gauche. La traque est lancée.

Un rapport de police narre l'arrestation de Ravachol. Il a déjeuné, le jour de l'attentat, au restaurant Véry, boulevard Magenta, où il n'est pas passé complètement inaperçu. Il y est retourné trois jours plus tard : sa cicatrice à la main gauche le fait reconnaître par le neveu du gérant. Mis au courant, celui-ci avertit la propriétaire de l'établissement, la dame Allemoz, qui, sans attendre, court quérir la police. Il faut une dizaine d'hommes pour maîtriser l'anarchiste.

Ravachol est jugé en cour d'assises, le 26 avril 1892, dans un Palais de justice en état de siège. Le moment est mal venu pour lui car, deux jours plus tôt, le restaurant Véry a été détruit par une bombe, le patron et l'un de ses clients y ont perdu la vie. Le journal *Le Père Peinard* trouve le mot : une « véryfication ». Ravachol est condamné aux travaux forcés à perpétuité. C'est deux mois plus tard que la cour d'assises de la Loire le condamne à mort, pour l'assassinat crapuleux d'un vieil homme à Chambles, en juin 1891.

En chantant sur l'échafaud

D'abord suspect aux yeux des compagnons – n'est-il pas un criminel de droit commun ? –, Ravachol est reconnu par la presse anarchiste en raison de son comportement en cour d'assises où, fièrement, il fait valoir ses convictions. Le nom de Ravachol entre dans la légende ; des chansons le célèbrent ; il laisse lui-même des Mémoires écrits en prison.

Ravachol monte bravement sur l'échafaud, en chantant une chanson du Père Duchesne :

Si tu veux être heureux,
Nom de Dieu !
Pends ton propriétaire,
Coup'les curés en deux,
Nom de Dieu !

◆

L'arrestation de Ravachol

Ce rapport du service des Garnis est particulièrement intéressant parce qu'il renferme le récit de Mme Allemoz, propriétaire du restaurant Véry, qui a dénoncé Ravachol à la police : un geste dont les anarchistes se vengeront en faisant sauter l'établissement.

Rapport du service des Garnis, 7 avril 1892

Divers journaux d'hier et d'aujourd'hui ont publié une lettre de M. Pelletier, président de la Chambre syndicale des hôteliers logeurs, disant en substance que la dame Allemoz, logeuse boulevard de Magenta n° 22, avait contribué à l'arrestation de Ravachol en allant elle-même requérir des gardiens de la paix, et appelant sur elle (un peu tardivement), l'attention des « pouvoirs publics ».

J'ai fait consulter immédiatement la dame Allemoz, et voici ce qu'elle a déclaré et ce qui paraît être la vérité :

« Je suis propriétaire, en même temps que du fonds d'hôtel que j'exploite, du débit de vin et restaurant situé dans la même maison.

Le 28 janvier dernier, j'ai placé dans le débit, à titre d'essai et pour trois mois, M. Véry, avec promesse de vente à l'expiration des trois mois. M. Véry se trouvait donc en quelque sorte mon employé.

Le 30 mars, un peu avant midi, M. Véry est venu tout effaré dans le bureau de mon hôtel situé au premier étage et m'a dit que son neveu venait de reconnaître, d'après le signalement,

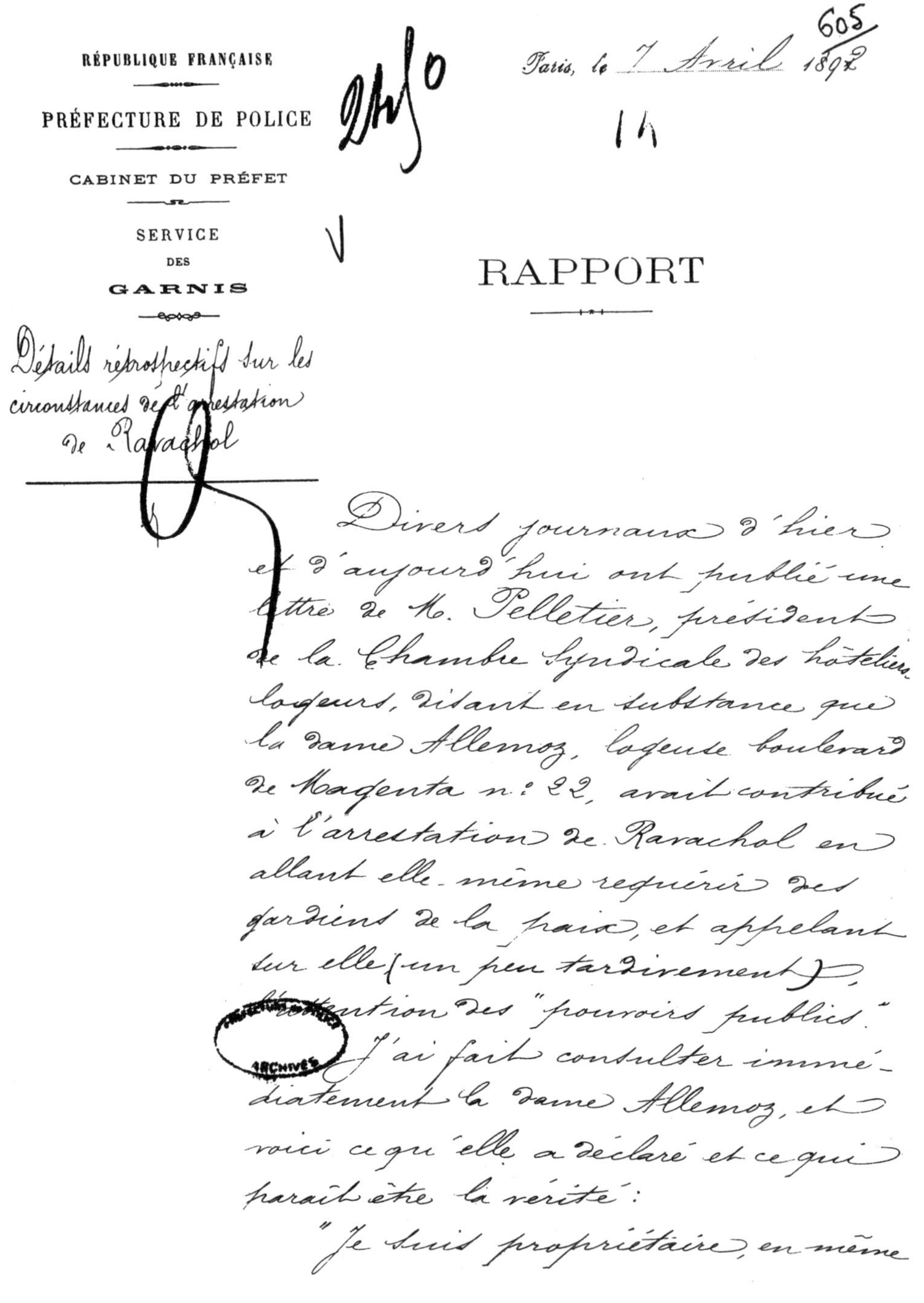

RÉPUBLIQUE FRANÇAISE

PRÉFECTURE DE POLICE

CABINET DU PRÉFET

SERVICE DES GARNIS

Détails rétrospectifs sur les circonstances de l'arrestation de Ravachol

605

Paris, le 7 Avril 1892

RAPPORT

Divers journaux d'hier et d'aujourd'hui ont publié une lettre de M. Pelletier, président de la Chambre Syndicale des hôteliers logeurs, disant en substance que la dame Allemoz, logeuse boulevard de Magenta n° 22, avait contribué à l'arrestation de Ravachol en allant elle-même requérir des gardiens de la paix, et appelant sur elle (un peu tardivement), l'attention des "pouvoirs publics".

J'ai fait consulter immédiatement la dame Allemoz, et voici ce qu'elle a déclaré et ce qui paraît être la vérité :

"Je suis propriétaire, en même

Première page du rapport établi le 7 avril 1892 par le service des Garnis sur l'arrestation de Ravachol.

le dynamiteur Ravachol en la personne d'un client qui déjeunait dans le débit.

M. Véry m'a demandé ce qu'il fallait faire. "Comment, ce qu'il faut faire ? ai-je répondu, mais le faire arrêter tout de suite." Et comme Véry me disait que Ravachol finissait de déjeuner et qu'il serait peut-être parti avant l'arrivée des agents, j'ai ajouté : "Amusez-le, offrez-lui au besoin un verre de bière pendant que je cours chercher des gardiens de la paix."

Et immédiatement je suis partie à la recherche d'agents. Dans la rue, j'ai rencontré mon voisin, M. Baptiste Lescure, concierge boulevard de Magenta n° 16, qui, mis brièvement au courant du fait, est venu avec moi jusqu'à la Bourse du travail où nous avons trouvé le gardien n° 334, qui, à mon récit, paraissait hésiter et parlait d'aller prévenir le commissaire de police.

Heureusement, à ce moment est survenu un sous-brigadier qui, mis aussi au courant, est parti de suite au commissariat pendant que l'agent 334 venait avec moi.

Pour le reste, les détails donnés par la presse sont exacts.

Un instant après l'arrestation est arrivé chez moi tout essoufflé l'inspecteur des Garnis Lanaud qui visite mon hôtel, lequel venait d'apprendre l'arrestation et il m'a dit : "Ravachol qui vient d'être arrêté n'a pas couché chez vous au moins ?"

J'ai répondu négativement en ajoutant que c'était moi qui étais allée chercher les gardiens de la paix.

Le lendemain, quand cet inspecteur est venu faire sa tournée habituelle, ma fille et moi lui avons raconté les détails de l'affaire, et j'ai encore répété que c'était moi qui étais allée requérir les gardiens de la paix. »

L'inspecteur Lanaud, dont il est question ci-dessus, en sortant de chez la dame Allemoz, a couru au poste où l'on examinait l'individu arrêté et quand il a entendu M. Dresch affirmer que c'était bien Ravachol, il est venu au pas de course au service des Garnis me prévenir de l'incident, dont j'ai aussitôt rendu compte.

Mais Lanaud n'a nullement parlé de l'intervention de la logeuse Allemoz dans l'affaire; il s'est borné à dire que Ravachol venait d'être arrêté sur la réquisition d'un marchand de vin du boulevard Magenta.

Cet oubli est très explicable pour le premier jour, où tout le monde était très ému; mais le lendemain, le surlendemain et les jours suivants, il n'a pas parlé davantage du rôle de la logeuse, rôle qu'il connaissait et qui, en somme, valait bien la peine d'être signalé, étant donné l'importance de la capture.

Lanaud lui-même pouvait en quelque sorte s'enorgueillir un tantinet du rôle joué dans cette affaire par l'une de ses logeuses, à qui il avait communiqué le signalement du malfaiteur.

Mais il n'a rien compris de tout cela et il a fallu la protestation de la Chambre syndicale des logeurs pour apprendre à l'administration ce qu'un de ses agents connaissait dès le premier jour.

Lanaud est un ancien gardien de la paix, venu au service des Garnis, comme beaucoup d'autres, pour avoir un poste tranquille.

Il compte près de dix ans de service, dont cinq ans aux Garnis.

Paris, SAM [Série Ba, carton n° 1132]

◆

◆

L'explosion du restaurant Véry

Commissaire de police et poète ami de Verlaine, Ernest Reynaud a laissé de savoureux Souvenirs de police *sur les grandes affaires de son temps.*

Extrait des **Souvenirs de police**, *Ernest Reynaud, 1908*

– La boîte à Véry vient de sauter !

– Pas possible !

– Aussi vrai que je vous l'dis !

Puis, avec des mots entrecoupés qu'il s'arrachait au fur et à mesure, il fit comprendre qu'il passait devant l'établissement, revenant à vide, lorsque l'explosion s'était produite. Il avait failli être atteint par l'éclatement formidable de vitres et de plâtras qui s'en était suivi. Il n'avait échappé à la mort que par miracle. Son cheval s'était emballé et abattu cinq cents mètres plus loin.

Je courus sur le trottoir. Une rumeur sinistre montait de Paris. Je revins prendre mon chapeau, décidé à me rendre sur les lieux. Mes amis tinrent à m'accompagner et nous gagnions prestement le faubourg Saint-Denis que nous descendions à toutes jambes.

Plus nous avancions, plus l'ambiance se chargeait d'une oppression tragique. Des gens couraient affolés et, le dernier barrage de police franchi, nous restions cloués de stupeur devant le spectacle qui s'offrait. La force de l'explosion avait coupé les conduites de gaz, éteint les lumières. Un long espace noir bâillait sous nos yeux comme le vestibule du néant. Seul, là-bas, près des murailles éventrées et fumantes, qui évoquaient l'image d'une ville prise d'assaut et mise à sac, le groupe des sapeurs-pompiers s'agitait dans le halo fantastique des torches, comme une hallucination de fantômes. On sortait les cadavres des décombres. Partout c'était l'image de la désolation et de la mort. Nous apprîmes d'un agent que Véry se trouvait parmi les victimes. On l'avait ramassé sous les débris de son comptoir, les jambes broyées. À quoi bon pénétrer plus avant ? Les sauveteurs étaient en nombre. Nous ne pourrions leur être d'aucun secours. Loin de les soulager, notre présence risquait de leur apporter une gêne inopportune. D'ailleurs nous étions suffisamment saturés d'angoisse et il devenait de plus en plus difficile de nous diriger sur la chaussée, transformée en marécage et où nous trébuchions dans la manœuvre des tuyaux, courant à terre, et les gerbes d'eau jaillies de leurs fissures.

Nous revenions sur nos pas, sans une parole, le cœur serré, et nous rentrions dans la foule, maintenue péniblement à distance par le service d'ordre qu'elle s'efforçait de rompre. Cette foule se faisait bruyante et agitée à mesure que nous la traversions. On y dévisageait des mines patibulaires. On y coudoyait l'écume des rassemblements nocturnes, la populace descendue des faubourgs, ces pêcheurs en eau trouble, toujours à l'affût d'un coup de chien, d'une bousculade, et qui traînent partout, avec eux, le spectre et les grondements de l'émeute. Des loustics, pour qui tout attroupement est sujet de liesse, chantaient à pleine voix, se renvoyaient des lazzi, chahutaient les femmes.

Ce n'est qu'au prix de mille difficultés que nous arrivions à nous dégager de cette cohue où de grands blousards ivres se congratulaient de l'événement comme d'une bonne farce jouée à la police ennemie : « Ah ! disait l'un, parlant des victimes, encore quelques vaches de moins ! On en a marre des flics et des cognes. Le rêve, mon vieux, ça serait qu'ils y passent tous, jusqu'au dernier. Tu parles, alors, d'une nouba ! »

La bande à Bonnot

L'épopée sanglante des bandits en auto

Renaud Thomazo

Effervescence rue Ordener en ce matin du 21 décembre 1911. Une fusillade vient d'éclater ; déjà les badauds affluent vers le carrefour de la rue Damrémont, à hauteur de la succursale de la Société générale. Un garçon de recettes a été agressé ; il a reçu deux balles, mais il vit toujours. Qu'on tire sur un employé de banque en plein jour, en pleine rue, à quelques mètres de la mairie – et donc du poste de police –, voilà bien quelque chose d'extraordinaire. Mais il y a plus formidable encore dans ce fait divers : les bandits, sitôt leur forfait commis, se sont enfuis en automobile ! Comment les poursuivre ?

La piste des « illégalistes »

Au 36, quai des Orfèvres, dans les locaux de la brigade de Sûreté de la Préfecture de police, le directeur Octave Hamard et son adjoint le commissaire Jouin ont pris connaissance du rapport établi par l'officier de paix du XVIIIe arrondissement. Les sommes dérobées au malheureux encaisseur sont modestes et la victime, quoique sérieusement blessée, s'en tirera. Quant à la voiture, elle est retrouvée le lendemain sur une plage, à Dieppe. Mais il est peu probable que les malfaiteurs soient passés en Angleterre. Pour l'heure, on interroge les fichiers, les indicateurs, on étudie les lettres, anonymes ou non, qui arrivent en nombre. Les indices manquent, mais on s'intéresse de près à un certain Rimbault, un anarchiste des Pavillons-sous-Bois, qui a disparu de son domicile la veille de l'attentat.

La piste anarchiste n'étonne pas la police. De jeunes « illégalistes », revendiquant le droit de voler parce que la société les a eux-mêmes floués, ont multiplié les cambriolages ces derniers mois. On recherche activement un nommé Carouy, ainsi qu'Octave Garnier. La police belge, de son côté, a signalé Raymond Callemin dit Raymond-la-Science, Victor Kibaltchiche et d'autres. Tous, la Sûreté le sait bien, ont vécu un temps ensemble à Romainville, au siège du journal *l'anarchie*, dirigé alors par Raymond Roulot, dit Lorulot, qui a récemment passé la main. Kibaltchiche, avec sa maîtresse Rirette Maîtrejean, dirige désormais le journal, dont les locaux ont été transférés à Belleville, rue Fessart. Des agents de la Sûreté y sont déjà en planque…

Dès le 28 décembre, un « indic » prévient qu'une automobile semblable à celle qui a servi au hold-up a été aperçue à Bobigny, rue de l'Harmonie. Des inspecteurs filent immédiatement y perquisitionner et arrêtent un certain Detweiller, qui ne comprend pas bien ce qui lui arrive, et Jeanne Bélardi, la maîtresse de Carouy. Mais lui a filé. Sans doute ne courra t-il pas longtemps ; une fois pincé, ses comparses tomberont à leur tour rapidement. Tout semble facile dans cette affaire. Trop peut-être, car la police n'est pas au bout de ses peines, et la France au bout de ses émotions.

Le crime de Thiais

Le 3 janvier, Carouy court toujours, mais une tout autre affaire préoccupe la Sûreté : dans la nuit, un vieillard et sa servante ont été sauvagement assassinés à Thiais. Le service de l'Identité judiciaire d'Alphonse Bertillon a pu relever des traces digitales qui permettent vite de confondre deux individus : Marius Metge et… Carouy ! Les anarchistes illégalistes auraient donc abandonné le cambriolage et les combines médiocres pour se lancer dans le crime.

Dans le même temps, le Quai des Orfèvres est prévenu par la police lyonnaise qu'un certain Jules Bonnot, qu'elle recherche activement, serait venu trouver refuge à Paris. Il est fortement suspecté du meurtre de l'un de ses compagnons, Platano. Il professerait des idées anarchistes, serait un fort bon mécanicien et, dit-on, un non moins bon conducteur, ce qui laisse penser à la Sûreté lyonnaise qu'il aurait pu prendre part au hold-up de la rue Ordener.

Le commissaire Jouin resserre ses filets autour des milieux anarchistes et Marius Metge est vite attrapé. Le garçon de recettes de la Société générale a reconnu son agresseur sur une photo : c'est Octave Garnier, dont le portrait s'étale aussitôt à la une des journaux. On n'a aucune trace de lui, mais on tient sa maîtresse, Marie-la-Belge, que les inspecteurs ont filée plusieurs jours avant de l'arrêter le 20 janvier. Le même jour, les agents de la Sûreté mettent la main sur Rimbault dont tout indique qu'il a été l'armurier de la bande. Peu après, Jouin perquisitionne les locaux de *l'anarchie* où l'on trouve des revolvers. Kibaltchiche et Rirette Maîtrejean sont envoyés au Dépôt. Lorulot est inquiété mais pas arrêté. Sans doute Jouin, qui n'ignore pas sa réputation de mouchard, le juge-t-il plus utile dehors... Tout comme Jeanne Bélardi, la maîtresse de Carouy, remise en liberté mais jamais perdue de vue.

Relâcher la Bélardi n'était pas un si mauvais calcul. Le 27 février, elle a malgré elle conduit Jouin jusqu'à un garni de la rue Nollet où logerait un certain Dieudonné, dont le nom apparaît dans des lettres de dénonciation. La concierge, à qui l'on montre des photographies, reconnaît un autre locataire parti depuis quelques jours, un certain M. Comtesse, qui n'est autre que Bonnot ! En laissant là deux inspecteurs en planque, Jouin espère bien prendre tout ce joli monde au nid. Mais, de retour au Quai des Orfèvres, c'est la stupeur : quelques heures auparavant, des individus en automobile ont abattu un gardien de la paix place du Havre, en plein Paris !

Le commissaire Guichard, qui a remplacé Hamard à la direction de la Sûreté, exige des résultats pour mettre vite fin aux agissements de la bande. Le Préfet de police, Louis Lépine, en fait une affaire personnelle. Dès le lendemain, Dieudonné est arrêté rue Nollet, puis un comparse, De Boe, est interpellé place de Clichy. L'étau policier se resserre. Dans la nuit du 28 au 29 février, nouvelle alarme : à Pontoise, le cambriolage d'une étude de notaire a échoué, non sans se terminer en fusillade et en fuite... en automobile !

Après quinze jours d'accalmie durant lesquels l'enquête

piétine, le commissaire Jouin marque un nouveau point. Deux individus, dénoncés par un mouchard et suivis de près depuis plusieurs jours, se sont présentés à la gare du Nord pour y déposer un paquet en consigne. Il contient des titres bancaires, ceux dérobés rue Ordener. Les deux hommes, Bélonie et Rodriguez, sont arrêtés. Aucune trace cependant des plus dangereux de la bande : Carouy, Garnier, Raymond Callemin et Bonnot restent introuvables. Pire, l'un d'eux, Garnier, nargue même la police en écrivant à la Sûreté et en signant de ses empreintes digitales… Traqués comme ils le sont, alors qu'une partie de leurs complices dort en prison, que peuvent-ils tenter encore ?

De la dynamite pour en finir

La réponse, brutale, tombe le 25 mars. Des individus ont assassiné à Montgeron le chauffeur d'une automobile. Deux heures plus tard, ils arrivaient à Chantilly pour y attaquer l'agence de la Société générale, tuant deux employés, blessant un troisième avant de s'enfuir à bord de l'automobile volée. La consternation gagne tout le pays, et le gouvernement est interpellé à la Chambre. Au Quai des Orfèvres, toutes les brigades sont sur le pied de guerre, car il s'agit bien d'une guerre que ces anarchistes illégalistes ont déclarée à la société.

Des noms tombent. Outre Bonnot, Garnier et Callemin, on parle d'un certain Monier, de Vallet et de Soudy, un jeune tuberculeux. Ceux-là aussi ont fréquenté les locaux de *l'anarchie* à Romainville. Jouin reçoit des informations sur Soudy et l'interpelle à Berck le 30 mars. Le 3 avril, Carouy est « fait » à la gare de Lozère. Apparemment, les mouchards se sont mis à table : la prime offerte par la Société générale a délié les langues.

Le 7 avril, Raymond-la-Science est attrapé à son tour, puis Monier est repéré et étroitement surveillé. Conduira-t-il Jouin jusqu'à Bonnot et Garnier ? Il travaille à Ivry, dans un magasin de confection où le commissaire vient perquisitionner le 24 avril. Jouin, comme à son habitude, n'est pas armé.

À l'étage, un homme se cache. C'est Bonnot, qui, lui, est armé ! Après une courte empoignade, des coups de feu retentissent. Le commissaire Jouin est tué, l'inspecteur Colmard blessé. Bonnot s'échappe.

Des centaines de policiers sont désormais déployés dans Paris et sa banlieue pour attraper Jules Bonnot, l'homme le plus recherché de France. La Sûreté a quelques pistes, à commencer par un garage de Choisy-le-Roi, sur un lotissement appartenant à un bien curieux personnage : « l'anarchiste millionnaire » Fromentin. Le 28 avril, Bonnot y est effectivement « logé » et rapidement encerclé. Mais il n'entend pas se laisser prendre. Commence alors un siège inédit dans les annales de la police. Devant des milliers de « spectateurs », une troupe d'inspecteurs, de gardiens de la paix, de gardes républicains, sous les ordres du Préfet Lépine, est venue s'emparer d'un seul homme. Ce n'est qu'après avoir fait sauter le garage à la dynamite que l'on peut enfin prendre Bonnot, agonisant.

Plus de sept cents hommes en armes

Sourd aux critiques qui fusent de toute la presse devant tant de moyens déployés, le Préfet Lépine, ce « civil qui enrageait de n'être pas militaire», peut se féliciter d'une bataille gagnée. Mais la victoire ne sera totale que lorsqu'il se sera emparé des deux derniers bandits, Octave Garnier, le plus dangereux de tous, et Vallet. Il ne faudra pas longtemps à la Sûreté pour apprendre où les deux anarchistes se cachent. Un habitant de Nogent-sur-Marne est formel dans sa déposition : ceux qui louent une villa proche de la sienne ressemblent étrangement aux malfaiteurs recherchés. Le 14 mai, le commissaire Guichard vient à Nogent-sur-Marne; Vallet et Garnier y coulent effectivement des jours apparemment paisibles en compagnie de leurs maîtresses respectives, Anna Dondon et Marie-la-Belge, que la police avait fort opportunément remise en liberté quelques semaines auparavant et sans doute jamais perdue de vue…

Dès les premiers coups de feu échangés, il est clair que cette fois encore les deux anarchistes ne se rendront pas. Toute fuite est impossible pourtant, mais n'ayant plus rien à perdre que la vie, Garnier et Valet vendront chèrement leur peau, ce qui n'est pas pour déplaire au Préfet Lépine qui ne se soucie guère de les prendre vivants. La même scène qu'à Choisy-le-Roi va se jouer à Nogent, en plus spectaculaire encore. Dans cette ultime bataille de l'ordre public contre l'anarchie, le Préfet ne lésine pas sur les troupes : aux inspecteurs des brigades de Sûreté et des brigades mobiles, aux gardiens de la paix, aux gendarmes et aux gardes républicains vient s'ajouter un bataillon de zouaves; plus de sept cents hommes en armes pour capturer deux jeunes bandits ! Cette fois encore, il faut de la dynamite pour venir à bout d'une résistance désespérée. Dans les décombres de la villa, Garnier, toujours vivant, est abattu par les policiers.

L'épilogue de l'affaire des « bandits tragiques » aura lieu le matin du 21 avril 1913 sur le boulevard Arago, devant les murs de la prison de la Santé. Il ne faudra que trois minutes à Anatole Deibler pour couper les trois têtes de Monier, de Raymond-la-Science et du jeune Soudy.

La bande à Bonnot aura fait trembler la France, elle aura également hâté la modernisation de sa police. À l'instigation du ministre de l'Intérieur, Théodore Steeg, bien décidé à lutter efficacement contre le « banditisme perfectionné », la Sûreté générale s'est dotée de huit nouvelles automobiles. Elle en possède désormais seize ! Autre innovation heureuse de M. Steeg prise après le drame de Chantilly : la Sûreté générale, rue des Saussaies, est désormais reliée par fil spécial téléphonique au Quai des Orfèvres, pour que ces deux polices apprennent à mieux se connaître…

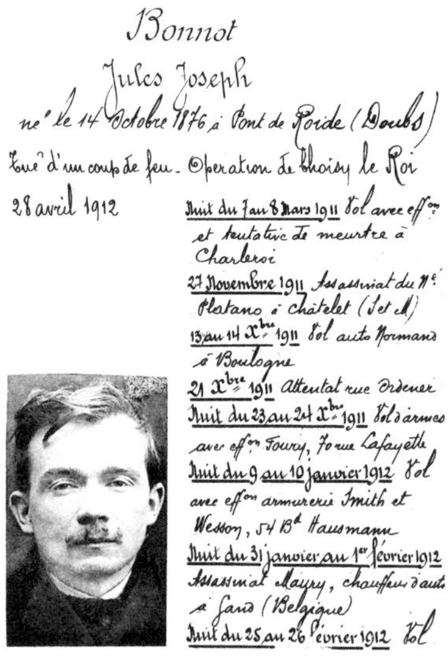
Bonnot
Jules Joseph
né le 14 Octobre 1876 à Pont de Roide (Doubs)
tué d'un coup de feu. Opération de Choisy le Roi
28 avril 1912
Nuit du 7 au 8 Mars 1911 Vol avec eff^on et tentative de meurtre à Charleroi
27 Novembre 1911 Assassinat du Mr Platano à Châtelet (S et M)
13 au 14 X^bre 1911 Vol auto Normand à Boulogne
21 X^bre 1911 Attentat rue Ordener
Nuit du 23 au 24 X^bre 1911 Vol d'armes avec eff^on Foury, 70 rue Lafayette
Nuit du 9 au 10 janvier 1912 Vol avec eff^on armurerie Smith et Wesson, 54 B^d Haussmann
Nuit du 31 janvier au 1er février 1912 Assassinat Mayry, chauffeur d'auto à Gand (Belgique)
Nuit du 25 au 26 février 1912 Vol

Jules Bonnot : premier volet de sa fiche anthropométrique.

◆

Les « bandits tragiques » vus par Lépine

Dix-sept ans après l'élimination de Bonnot, Louis Lépine revient sur les faits dans ses Souvenirs. *L'ancien Préfet de police reconnaît, de manière inattendue, l'intelligence et le courage du hors-la-loi qu'il a laissé tuer sans jugement.*

Extrait de Mes souvenirs, *Louis Lépine, 1929*

« Vivre sa vie ! » C'est l'ambition commune des outlaws de tout acabit. Elle germe dans tous les cerveaux. Ici elle prend le masque honnête d'une thèse sociale. Ailleurs c'est un système de gouvernement : tel celui des Soviets dont le prestige lointain lcur suscitc un peu partout des adeptes.

Nous n'en étions pas encore là en 1911, bien que nous ayons connu les exploits de l'anarchie. Aussi, l'explosion soudaine d'un nouvel accès de sauvagerie frappa l'imagination du public. Ce fut une stupeur dans Paris.

Un « prolétaire » énergique, nommé Bonnot, très intelligent et qui gagnait de bonnes journées, se dit un jour que c'était une duperie que de travailler quand il pouvait, comme tel financier célèbre, vivre aux dépens de la société. Mais pour s'élever jusqu'à ce niveau, le marchepied lui manquait. Il ne pouvait être financier, il serait brigand ! L'essentiel était de vivre à son aise.

Il commença donc par recruter une bande de risque-tout, qui ne boudent pas à la besogne. Il en trouva dix. Garnier, Vallet, étaient ses lieutenants ; maintenant, en route !

Leur début fut l'échauffourée de Chantilly. Un matin, vers dix heures, devant l'agence de la Société générale, située au centre de la ville, dans le quartier commerçant, quatre à cinq individus descendent d'une automobile, font irruption dans le hall, et fusillent indistinctement clients et commis. Puis ils s'emparent de l'argent des caisses, remontent en voiture devant une foule ahurie, et disparaissent comme le vent.

Un autre jour, c'est en forêt de Sénart qu'ils opèrent, sur cette route de Fontainebleau si fréquentée, ou bien en pleine cour Saint-Lazare, dans la cohue des voyageurs. J'ai cru me rendre maître de Bonnot ce jour-là, mais le gardien qui l'arrêtait fut frappé à mort et «l'auto grise» se faufila au travers des voitures. «De l'audace, toujours de l'audace», ce fut le mot de Danton que Bonnot s'appropriait. Mes agents étaient sur les dents. Toutes nos pistes s'évanouissaient. Nous crûmes le prendre un jour dans ce labyrinthe de ruelles enchevêtrées, derrière le cirque Gaumont; une autre fois rue du Plateau, aux Buttes-Chaumont. Enfin le sous-chef de la Sûreté, Jouin, l'avait découvert dans un taudis d'Ivry. Il craignit de le laisser fuir et s'introduisit seul dans sa chambre; mais il fut foudroyé dès le seuil. Bonnot échappa cette fois encore, comme toujours, parce qu'il trouvait partout des complices. Tandis que les uns après les autres ses compagnons tombaient entre nos mains, Garnier, Vallet et lui restaient introuvables. Le hasard vint à mon secours, le pur hasard.

J'avais un jour à me rendre à Villeneuve-Saint-Georges, je pris mon chemin par la rive gauche; mais à 500 mètres après Choisy-le-Roi, en ce temps-là, la route s'arrêtait devant une maisonnette et c'est un sentier à talon qui la continuait en ondulant à travers les broussailles et les herbes folles jusqu'au pont de Saint-Georges. Je pédalais, l'esprit plein de Bonnot, qui était mon idée fixe, quand tournant la tête je m'aperçus que j'étais suivi par un individu de mauvaise mine, en bicyclette comme moi, à petite distance, et il me gagnait de vitesse.

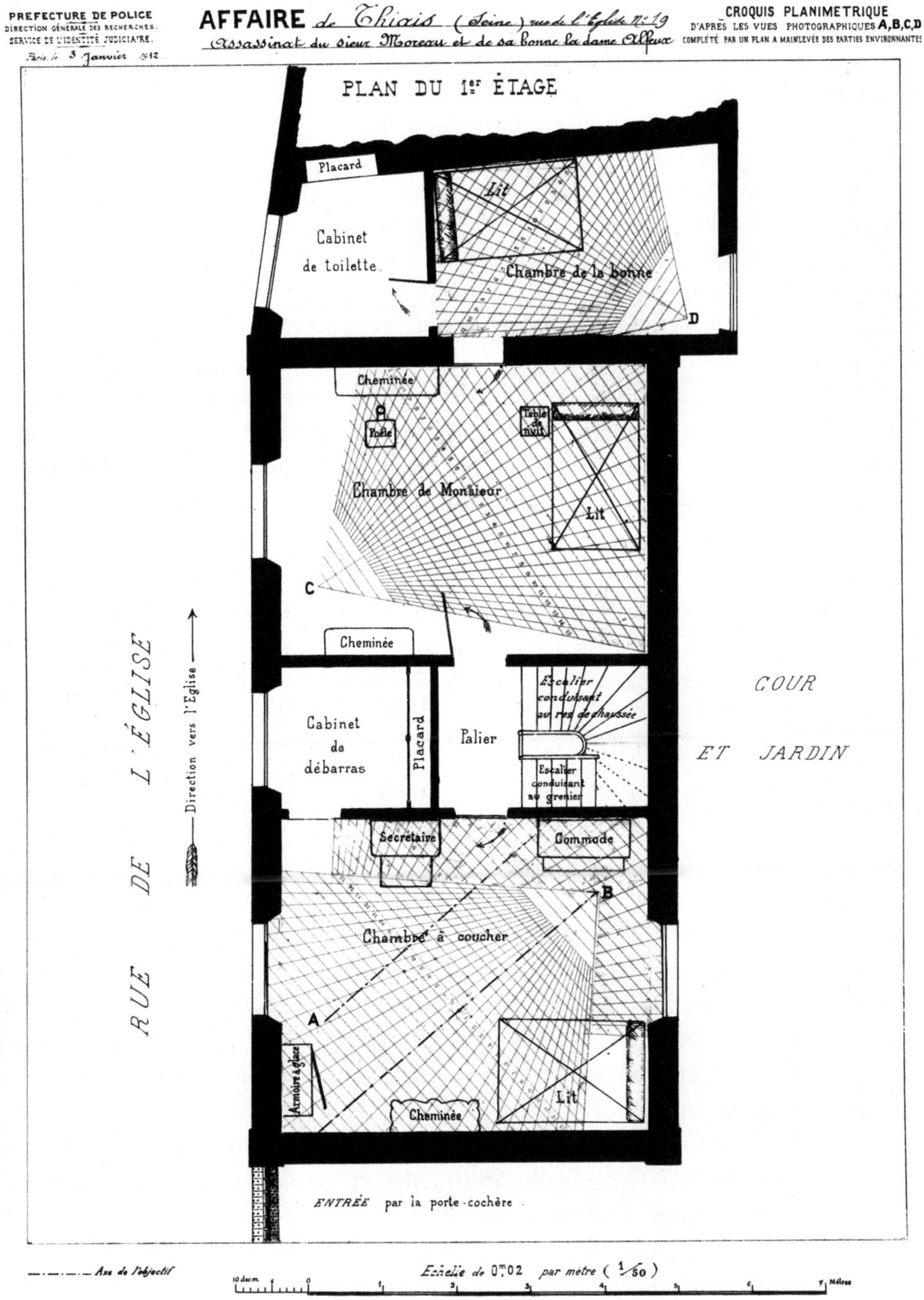

Croquis planimétrique du crime de Thiais, dont la résolution doit beaucoup aux techniques modernes utilisées par l'Identité judiciaire. Les empreintes relevées sur les lieux permettent de confondre l'ancien cuisinier Marius Metge, car l'une d'elles présente une particularité propre aux personnes qui manient des ustensiles chauds.

J'allais mettre pied à terre pour l'attendre, quand un autre bicycliste apparut à l'horizon et, me retournant, je vis mon homme faire demi-tour et s'enfuir rapidement.

J'avais un instant envisagé le cas d'être jeté à la Seine dont nous suivions le bord ; cette dérobade me donna à réfléchir. Je rentrai chez moi et envoyai mes agents battre les buissons dans ces parages. Deux jours après, un dimanche matin, j'apprenais que Bonnot était à Choisy et qu'il avait reçu asile chez un copain, un nommé Dupont, qui habitait cette maisonnette en pleins champs, à deux pas de la ville, celle même devant laquelle j'avais passé l'avant-veille. Une heure plus tard, j'étais sur les lieux, mais l'alarme avait été donnée, je trouvai la ville en rumeur. Tous les chasseurs d'un pays où ils le sont tous, le maire en tête, avaient pris leurs fusils et s'étaient postés à distance de la maisonnette qu'ils cernaient de tous les côtés à la fois, abrités derrière des talus. Bientôt la fusillade crépite. Bonnot et Dupont répondaient. Je m'étais établi chez un mastroquet où je fus rejoint par Lescouvé, procureur de la République, et mon état-major.

Mais il fallait se hâter. Grâce au téléphone, je pouvais avoir une heure après sur le dos quelques milliers de Parisiens qui n'auraient pas facilité nos opérations ; l'hypothèse était des plus vraisemblables, comme le lecteur le verra plus loin. J'envoyai chercher un char de paille. Je le fis retourner et à reculons je dirigeai ce nouveau cheval de Troie sur la maisonnette. Nous cheminions pas à pas, trois gardiens, les frères Guichard et moi (l'aîné était chef de la Sûreté, l'autre est aujourd'hui le distingué directeur de la police municipale), deux hommes sûrs, très braves tous deux. D'ailleurs la voiture nous prêtait son abri. Les balles de Bonnot se perdaient dans la paille. Arrivés à la porte, nous nous trouvons en présence d'un cadavre étendu, c'était Dupont. Sa pauvre chienne percée de balles gisait à côté de lui. En même temps, les deux Guichard avaient escaladé l'échelle qui montait au grenier. Quatre détonations coup sur coup retentissent, et ce fut tout. Bonnot caché sous une couverture avait commencé par se défendre, mais deux balles l'avaient terrassé. La loque humaine qu'était le malheureux, descendue avec précaution par l'échelle, agonisa quelques heures à l'Hôtel-Dieu. En 15 jours Bonnot avait « vécu sa vie ».

Et d'un ! Il ne restait plus que Garnier et Vallet : les deux inséparables. Où pouvaient-ils gîter ? Je me perdais en conjectures, tandis que les Parisiens frémissaient dans l'attente.

On connaît ce beau viaduc de la ligne de Bâle qui enjambe élégamment les deux bras de la Marne au Perreux, de la colline de Nogent à celle du Tremblay. Tout au bas, le long de ces arches de 30 mètres d'élévation, sont alignées de gentilles maisonnettes entourées de jardins fleuris, de modestes villas, dissimulées dans la verdure. C'est dans l'une d'elles, la plus rapprochée de l'eau, que Garnier et Vallet, jouissant de la société d'une amie, tels, dans l'idylle de Florian, le lapin et la sarcelle,

Vivaient heureux et contents.

Pour se distraire ils tiraient à la cible. (Ils avaient des monceaux de cartouches et un râtelier de fusils de tout calibre) ; ils grimpaient aux agrès de leur portique, ils chantaient au piano des romances. C'était la vie champêtre, la plus innocente. D'ailleurs ils avaient des économies. Et personne ne s'inquiétait de leur présence, car ils ne fréquentaient personne. Personne ne soupçonnait leur identité. Si, un voisin, plus avisé que les autres. C'est lui qui un soir, avec mille réticences, découvrit le pot aux roses en venant à mon cabinet.

Vous pouvez croire que nos dispositions furent bientôt prises. En quatre autos, la Préfecture n'en possédait pas davantage, nous filons sur Le Perreux. Reconnaître les lieux, sans donner l'éveil, cerner la villa à distance, tout cela ne fut pas très long mais après, il fallut attendre. J'avais demandé un détachement de zouaves au fort de Nogent, en vue de l'affluence de Parisiens qui ne manqueraient pas de nous encombrer, mais qu'il fallait retenir au loin en prévision des balles égarées. J'avais demandé aussi de la dynamite et des détonateurs, car il y aurait peut-être à faire sauter la villa, si la fusillade ne donnait pas de résultats, des réflecteurs pour combattre les ténèbres. Et rien de cela n'arrivait ; par une malchance, nous étions un samedi soir, le garde d'artillerie détenteur des explosifs était allé passer sa soirée à Paris. Il fallut le faire revenir.

Une fois les zouaves en place, avant de donner la parole à la mousqueterie, il y avait une formalité préliminaire à remplir, à laquelle mon brave Guichard, esclave de la forme et respectueux de la magistrature, attachait une importance excessive selon moi. C'était de notifier le mandat de comparution décerné par le juge d'instruction. Il voulut y aller et, par acquit de conscience professionnel, ou plutôt pour ne pas le laisser seul, je l'accompagnai. Envoyer les gens au danger et se tenir à l'abri quand il s'agit d'une œuvre commune m'a toujours paru un geste inélégant.

Quand nous nous présentâmes à la grille et que nous eûmes sonné, les locataires de la villa qui prenaient leurs ébats dans le jardin rentrèrent précipitamment. La donzelle qui se balançait à l'escarpolette sentit venir la bagarre où elle ne se souciait pas de jouer un rôle. Elle vint en courant de notre côté, ouvrit la grille et disparut dans les bosquets ; assez à temps, heureusement, pour éviter de recevoir sa part dans la décharge qui nous était à tous trois destinée et à laquelle nous échappâmes pourtant, Guichard grâce au bouclier dont il avait eu l'idée de se munir, et moi, je pense, grâce à ma bonne étoile. Devant cet accueil qui n'avait rien pour surprendre, je considérai comme dûment faite la notification à personne, et revenu auprès des zouaves j'autorisai le tir à volonté. Ces braves troupiers, grossis de ceux de leurs camarades que l'arrivée des renforts laissait disponibles aux barrages, ne se le firent pas dire deux fois. Dès ce moment ce fut pendant des heures une fusillade éperdue. Garnier et Vallet tiraillaient sans arrêt, abrités derrière un monceau de matelas. De notre côté les zouaves étaient aussi à couvert. Seuls, quelques agents furent victimes de leur imprudence parce que malgré les ordres, ils s'exposèrent, et que la tôle étant trop mince les balles perçaient le bouclier.

J'attendais les explosifs avec d'autant plus d'impatience que derrière les barrages une foule énorme s'était amassée ; le téléphone avait marché. Ç'avait été une rumeur sur les boulevards. Quatre ou cinq cents taxis qui avaient fait de folles recettes avaient déversé sur Le Perreux tous les badauds avides d'émotions et de spectacles, ils sont nombreux à Paris, et le public spécial des exécutions capitales, les filles en toilette tapageuse, les snobs en smoking, échappés des restaurants de Montmartre, tout le gratin, une cohue aussi bruyante que bigarrée. La fusillade les énervait, ils criaient. Ils voulaient voir, car ils ne voyaient absolument rien. La troupe et les agents avaient peine à les contenir. Heureusement Lescouvé qui était là veillait. Je n'avais pas trouvé d'artificier pour manier les explosifs, mais un officier se présenta. Je le fis passer à couvert derrière la villa. Il plaça l'engin. L'explosion eut lieu, mais la maison à peine endommagée ne croula pas. Il renouvela trois fois la tentative, sans plus de succès. Que faire ? Je ne pouvais pourtant pas coucher là. Je m'élançai dans la cour avec Touny, mon directeur de la police municipale, homme de sang-froid, un gendarme qui se trouvait là, et cinq agents. L'obscurité était complète, car j'avais pris la précaution de faire éteindre toutes les lumières. Ce fut un instant saisissant, qu'on n'oublie pas, vivrait-on quatre-vingts ans : une nuit opaque sillonnée d'éclairs de feu, un silence déchiré par les détonations, au loin la houle de la foule. Les deux bandits faisaient feu des quatre pieds. Mes hommes ripostaient, ceux qui restaient debout, car deux avaient été blessés dès la première minute. Pour me garantir, je manœuvrais dans tous les sens le contre-vent de la fenêtre d'où l'on tirait, quand le gendarme, voyant les assiégés occupés avec moi, bondit jusqu'à la porte, fit irruption dans la chambre et descendit les deux bandits des deux coups de son revolver d'ordonnance. C'est une arme qui ne pardonne pas. Brave gendarme ! Il méritait les honneurs du pied. C'était le vrai héros de la journée, si l'on peut dire : il était deux heures du matin.

À la nouvelle répercutée par les échos, naturellement le barrage creva sous la poussée de la foule et ce fut une ruée, des clameurs, une explosion de joie indécente, devant ces deux cadavres réhabilités par la mort. Partout où on le rencontre le courage a droit à la considération. La foule est laide quand elle est lâche. Passe encore pour l'hallali, je n'aime pas voir la curée.

Je me sauvai à Paris pour fuir des acclamations importunes, d'autant que j'étais en retard. J'avais un dîner en ville ce soir-là. On ne m'avait pas attendu sans doute pour se mettre à table ; mais chez moi on m'avait gardé du bouillon.

À Paris ce fut un événement. Le lendemain et les jours suivants les journaux firent des éditions spéciales, pour satisfaire à la curiosité du public. Autocars, tramways, taxis, trains de banlieue amenèrent les pèlerins pour la visite des lieux. Il n'y manqua que des trains de plaisir. Le propriétaire de la villa tragique, homme pratique, installa un tourniquet pour s'indemniser des dégâts qui étaient grands. Je suppose qu'il fit recette.

◆

L'EXPULSION DE TROTSKY

Un révolutionnaire indésirable

Bruno Fuligni

Il a beau courir dans Paris, semer les mouchards, cacher sa véritable adresse, la police le surveille attentivement. Elle sait qu'à Zimmerwald, en Suisse, le sieur « Bronnchtein dit Trotzky » vient de réaliser l'union des socialistes pacifistes et de ceux qui, autour de Lénine, veulent transformer la « guerre impérialiste » en guerre révolutionnaire. En France, où il vit en exil depuis 1914, Trotsky fustige le chauvinisme et le militarisme dans son journal *Naché Slovo* (Notre parole). Il devient indésirable quand le gouvernement entend resserrer l'alliance franco-russe. Le 16 septembre 1916, il est convoqué à la Préfecture : un arrêté d'expulsion pris l'avant-veille lui est notifié. Il doit rendre son permis de séjour.

Dans son autobiographie, Trotsky décrit précisément son expulsion. « Les deux inspecteurs de police m'attendaient chez moi, dans la petite rue Oudry : l'un de petite taille, presque vieux ; l'autre énorme, chauve, d'un noir de goudron, âgé d'environ quarante-cinq ans. Leurs vêtements de civils leur allaient mal. Lorsqu'ils avaient à répondre, ils portaient involontairement la main à une visière inexistante. Au moment où je fis mes adieux à mes enfants et à ma famille, les policiers, par un surcroît de politesse, se dissimulèrent derrière la porte. »

Une auto dépose le groupe à la gare d'Orsay. Trotsky part en rapide avec les deux policiers. « Il se trouva que le plus âgé des inspecteurs avait des connaissances géographiques », note-t-il, presque étonné. On parle de Tomsk, de Kazan, de la foire de Nijni Novgorod, du Transsibérien… Le train, lui, file vers Hendaye, à la frontière espagnole.

Révolutionnaire professionnel

« À Irún, un gendarme français me questionna, mais mon convoyeur lui fit un signe maçonnique et m'emmena en toute hâte par des couloirs », raconte Trotsky, qui gagne Saint-Sébastien, puis Madrid. Les Espagnols l'assignent à résidence à Cadix, d'où ils prétendent l'expulser vers La Havane… Mais il refuse de partir à Cuba, dont il n'entrevoit pas le potentiel révolutionnaire. Rejoint par sa famille, il embarque pour New York, où il arrive le 13 janvier 1917. Neuf mois plus tard, il préside le soviet de Petrograd. Après la révolution d'Octobre, devenu commissaire du peuple aux Affaires étrangères, il négocie à Brest-Litovsk la paix avec l'Allemagne.

En expulsant un révolutionnaire professionnel de cette dimension, la France a involontairement contribué à déstabiliser son allié le tsar. Quant à Trotsky, il se souviendra de cette réflexion sceptique et prémonitoire de l'un de ses anges gardiens du Paris-Hendaye : « Les gouvernements viennent et s'en vont ; la police reste ! »

◆

Notification de l'expulsion

Procès-verbal du 16 septembre 1916

Nous, Albert Priolet, commissaire de police de la Ville de Paris, plus spécialement chargé du service de l'espionnage, en exécution des instructions de Monsieur le Préfet de police en date du 15 septembre 1916.

[...] Avons mandé à notre cabinet le sieur Bronstein-Trotzky, Léon, né le 26 octobre 1878 à Gromokli (Russie) de David et de Anna Polinskaya, sujet russe, célibataire vivant maritalement avec Mlle Natalie Sédova, 35 ans, née à Romny (Russie), de nationalité russe, journaliste, demeurant 27 rue Oudry.

Nous avons notifié au sieur Bronstein-Trotzky un arrêté d'expulsion pris contre lui par Monsieur le ministre de l'Intérieur en date du 14 septembre 1916.

Nous lui avons en outre fait connaître qu'un délai de cinq jours à compter du présent lui était accordé et qu'à l'expiration de ce délai il sera conduit à la frontière espagnole.

Nous avons également avisé le susnommé que si, à une date ultérieure à celle de sa conduite à la frontière, il était rencontré sur le territoire français, il serait arrêté et poursuivi pour infraction à la loi du 3 décembre 1849.

Paris, SAM [Série Ba, carton n° 1626]

Cabinet – 1er Bureau –
N° 36.194 / 14.984.

808

Préfecture de Police

....e DIVISION

....e BUREAU

....e SECTION

N° ....

VILLE DE PARIS

DIRECTION DE LA POLICE JUDICIAIRE

SERVICE DU CAMP RETRANCHÉ

COMMISSARIAT DE POLICE du Quartier ~~ARRONDISSEMENT~~

36, Quai des Orfèvres

N° ....

Procès-Verbal

Notification d'un arrêté d'expulsion.

Affaire c/ Broustein Trotzky

(Modèle n° 1.)

RÉPUBLIQUE FRANÇAISE

LIBERTÉ — ÉGALITÉ — FRATERNITÉ

CABINET DU PRÉFET — 18 SEPT 1916 — LUNDI

L'an mil neuf cent seize

le seize Septembre à seize heures quinze.

Nous, Albert, Priolet

Commissaire de Police de la Ville de Paris, plus spécialement chargé du ~~*quartier d*~~ service C/ l'espionnage

Officier de Police Judiciaire, Auxiliaire de Monsieur le Procureur de la République,

En exécution des instructions de Monsieur le Préfet de Police en date du 15 Septembre 1916.

Avons mandé à notre Cabinet les sieur Broustein Trotzky, Léon, né le 26 Octobre 1878 à Gromokli (Russie) de David et de Anna, Dolinskaya, sujet russe, célibataire vivant maritalement avec Mlle Natalie Sédova, 35 ans née à Romny (Russie) – de nationalité russe, journaliste, demeurant 27 Rue Oudry.

Nous avons notifié au Sr Broustein Trotzky un arrêté d'expulsion pris contre lui par Monsieur le Ministre de l'Intérieur en

PARIS. — IMPRIMERIE CHAIX (SUCCURSALE B), 11, BOULEVARD SAINT-MICHEL. — 39-16.

Procès-verbal du commissaire Priolet qui notifie à Trotsky son arrêté d'expulsion : l'intéressé a contresigné le document au bas de la seconde page.

en date du 14 Septembre 1916.

Nous lui avons en outre fait connaître qu'un délai de cinq jours à compter du présent lui était accordé et qu'à l'expiration de ce délai il sera conduit à la frontière espagnole.

Nous avons également avisé le sus-nommé que si, à une date ultérieure à celle de sa conduite à la frontière, il était rencontré sur le territoire français, il serait arrêté et poursuivi pour infraction à la Loi du 3 décembre 1849.

Lecture faite a signé.

Leo Bronstein Trotzky

Dont acte

Transmission

Clos et transmis à Monsieur le Préfet de Police aux fins de droit, avec une notice individuelle et un permis de séjour que nous avons retiré au Sr. Bronstein-Trotzky.

◆

Un foyer révolutionnaire chinois

Les Russes, rouges ou blancs, ne sont pas les seuls étrangers surveillés à Paris, comme le montre cette note du 26 janvier 1925, consacrée aux révolutionnaires chinois agissant dans la capitale. Parmi eux, Zhou Enlai – orthographié Tchow En Lai –, qui deviendra Premier ministre de la République populaire de Chine de 1949 à sa mort, en 1976.
Répondant à une demande de la Sûreté générale, les policiers ne peuvent se douter qu'en 1979, une plaque commémorative sera apposée sur l'hôtel de la rue Godefroy, qu'ils surveillent : classé monument historique, ce foyer parisien de la révolution maoïste est devenu une étape des voyagistes chinois en France.

Note du 26 janvier 1925 sur les « éléments de trouble » chinois en France

M. TCHOW EN LAI, 25 ans[1], né à HUIAN (Chine) a séjourné à l'hôtel, 17, rue Godefroy, du 6 avril au 2 juin 1923, venant d'Allemagne, puis du 1er avril au 16 octobre.

Il s'est rendu à BERLIN à cette date et est revenu en France le 21 novembre 1923. Il a alors demeuré 5, rue Thiers. TCHOW EN LAI serait reparti dans son pays natal le 7 janvier 1924.

TCHEOU VE TCHANG, âgé de 24 ans, né à LI TCHOUEN (Chine), a demeuré à l'hôtel Thiers, 5, rue Thiers, du 21 juillet

1. Le rapport rajeunit Zhou Enlai, né le 5 mars 1898. Parti à seize ans pour la France dans le cadre du mouvement Travail-Études, il a gagné sa vie à Montargis, au Creusot et aux usines Renault de Boulogne-Billancourt, tout en découvrant les idées marxistes : il fonde la section européenne du Parti communiste chinois dès mars 1921, c'est-à-dire avant la constitution du PCC en juillet à Shanghai.

1924 au 17 janvier 1925, date à laquelle il se serait fixé à CHALETTE (Loiret), 1, rue Émile Zola.

Au cours de leur séjour dans la capitale, ces deux étrangers qui se faisaient passer pour étudiants, se livraient, dans leur chambre, avec d'autres compatriotes, à l'impression de tracts et de brochures révolutionnaires qu'ils expédiaient en Chine. À cet effet, ils utilisaient un petit appareil à imprimer et une machine à écrire.

TCHOW EN LAI et TCHANG avaient comme collaborateurs LI FOU THUEN[1] et CHU KI.

LI FOU THUEN, né en avril 1900 à THENGLA (Chine) de FOU YEN et de SHIE vit maritalement avec TSAI CHENG, née le 16 avril 1903 à THENGLA (Chine).

Tous deux se sont conformés au décret du 2 avril 1917. Ils ont obtenu, le 17 janvier courant, un visa de passeport, aller et retour, pour la Chine et ont quitté PARIS, par la gare du Nord vers l'Allemagne et la Sibérie.

CHU KI est né le 5 septembre 1899 à CHING JUN (Chine).

En ce qui concerne les autres individus signalés dans l'information de la Sûreté générale, leur domicile actuel n'a pu être découvert.

TCHEN est inconnu dans les divers services administratifs.

YU LU TSANG, âgé de 22 ans, né à KOCI JANG (Chine), a logé 17, rue Godefroy, du 22 mars au 27 juillet 1923, puis du 2 au 27 octobre. Il est parti sans laisser d'adresse.

TCHEN KI KIANG[2] paraît s'identifier avec TCHEN KI HIENG,

1. Il s'agit de Li Fu Chun, idéologue, économiste, futur vice-Premier ministre de la République populaire de Chine.

2. Ce personnage n'est autre que Deng Xiaoping, de son vrai nom Deng Xixian, né le 22 août 1904 dans la province du Sichuan.

âgé de 20 ans, né à SI TCHOUEN (Chine) qui a logé, 5, rue Thiers du 21 juillet 1924 au 17 janvier 1925 et a quitté PARIS sans faire connaître où il se rendait.

Ces Chinois qui vivaient dans l'intimité recevaient des brochures et des lettres en provenance de leur pays au bureau central du 13ème arrondissement où ils disposaient de la boîte postale n° 9. Ils doivent être considérés comme des éléments de trouble en France.

Paris, SAM [Série Ga, carton C 24]

◆

LES SURRÉALISTES AU COMMISSARIAT

Activité antinationale

Pascal Ory

Les historiens, journalistes et autres curieux familiers des rapports de police savent ce qu'on peut y trouver, et ce qu'on n'y trouve guère. On peut y glaner quelques informations d'ordre privé, peu ou pas connues du public ; plus rarement de grandes révélations. On n'y trouve guère, en revanche, l'exactitude ni l'exhaustivité, qu'elles soient de l'ordre des faits ou de celui des êtres. Demeure un autre type d'utilité : ces productions, une fois de plus, nous renseignent moins sur le suspect que sur l'enquêteur. Chaque société n'a jamais que la police qu'elle mérite.

Dans l'unique document relatif au Groupe surréaliste, arrêté en bloc pour une rixe avec Antonin Artaud le 10 juin 1928, on apprend que Louis Aragon demeurait 5, rue Campagne-Première à Montparnasse, que Jacques Prévert gîtait 24, avenue Junot à Montmartre, tandis que Robert Desnos, « journaliste », vivait non loin du Bal nègre, dans le XVe arrondissement, au 45 de la rue Blomet, adresse des ateliers de Masson et de Miró. Dans le petit dossier consacré au seul

240629

Le 10 Juin 1928

Des incidents ont marqué la troisième et dernière représentation de la pièce "Songe ou Jeu de Rèves" du dramaturge Suédois Stringberg, qui a été donnée hier après-midi par le théâtre Alfred Jarry au "Théâtre de l'Avenue", 5 rue du Colisée.

Les organisateurs, M.M. Antonin Artaud et Robert Aron, avaient décidé d'interdire l'entrée de la salle aux membres du groupe "Surréaliste" dont certains avaient troublé la deuxième représentation donnée au même lieu le 2 Juin. Aussi, quand à l'ouverture des portes, à 15 heures, plusieurs de ces derniers, dont M. Marcel Noll, qui avaient loué leur place se présentèrent au contrôle, M.M. Antonin Artaud et Robert Aron s'opposèrent-ils à ce que ceux-ci pénètrent dans la salle. Ils leur offrirent d'ailleurs de les rembourser.

Une discussion s'ensuivit au cours de laquelle M. Noll gif-la M. Artaud.

Les gardiens de la paix de service au théâtre furent requis par les organisateurs et treize personnes furent conduites au Commissariat de Police du quartier du Roule pour refus de circuler. Ce sont:

MM. Aragon, Louis, né le 3 Octobre 1897 à Paris (16ème) demeurant, 5 rue Campagne Première, homme de lettres;

- Péret, Victor, né à Rezé le 4 Juillet 1899, demeurant 8 rue Papillon, homme de lettres;
- Prevert, Jacques né le 4 Février 1900 à Neuilly, demeurant, 24 avenue Junot (18ème);
- Campenne, Jean, né le 28 Novembre 1907 à Reims, demeurant 18 rue du Regard, étudiant en droit;
- Desnos, Robert, né le 4 Juillet 1900 à Paris, demeurant 45 rue Blomet, journaliste;
- Boiffard, Jacques, André, né le 29 Juillet 1902 à Epernon, demeurant 22 boulevard Barbès, opérateur de cinéma;
- Durand, dit "Pia Pierre", né le 15 Août 1903 à Paris, demeurant 22 rue Philippe de Girard, éditeur;
- Tanguy, Yves, né le 5 Janvier 1900 à Paris, demeurant 28 rue Ernest Cresson, artiste peintre;
- Bennichon, Paul, né le 19 Septembre 1908 à Tlemcen, demeurant 45 rue d'Ulm, étudiant;
- Pierre Unik, né le 5 Janvier 1909 à Paris, demeurant 25 rue des Petits Hôtels , étudiant en droit;
- Badelsperger, Jean, né le 22 Mai 1908 à Almine (Rhône), demeurant 55 rue de Vaugirard, étudiant en médecine;
- Noll, Marcel, né le 17 Décembre 1902 à Strasbourg, demeurant 16 rue Jacques Callot, gérant de la galerie Surréaliste;
- Sadoul, Georges, né le 4 Février 1904 à Nancy, demeurant 54 rue du Château, secrétaire aux Editions Gallimard.

Toutes appartiennent au groupe "Surréaliste". Elles ont été remises en liberté peu après.

Cette affaire n'aura aucune autre suite.

Rapport du 10 juin 1928 suite à une rixe entre le groupe surréaliste et Antonin Artaud.

Transcription page 331.

André Breton, on ne découvre que deux informations peu ou pas connues : son affiliation au Parti frontiste, et qu'il aurait été l'auteur d'un ouvrage sur Victor Hugo. Un détail et une erreur. Le petit parti non conformiste – et, verbalement, très anticapitaliste – fondé par Gaston Bergery a en effet séduit quelques membres du Groupe. Le ralliement futur du chef frontiste au régime de Vichy ne rend pas totalement justice à cette organisation qui aura attiré, fugitivement, des personnalités à la recherche d'une solution de gauche hors des cadres dominants – y compris le jeune Edgar Morin. Le rapport précise le degré d'engagement de Breton, qui ne fut pas négligeable, quoique sans aucun effet pratique.

Extrémiste révolutionnaire

Pour ce qui est du livre sur Victor Hugo – celui qui « est surréaliste quand il n'est pas bête », nous dit le *Manifeste* –, une petite enquête dans les catalogues de la Bibliothèque nationale suffit pour comprendre que l'auteur du rapport confond l'André Breton de la postérité avec un certain André Le Breton, oublié par elle… Les références à l'« artiste roumain Brankoussi » ou à « Pia Pierre », qui est Pierre Durand, dit Pascal Pia, semblent aussi approximatives, même si la liste des treize délinquants de juin 1928 prend, rétrospectivement, une allure de palmarès, avec son alignement de noms illustres aux côtés de quelques oubliés – Boiffard, Unik… – et d'une poignée de quasi-inconnus, comme Campenne ou Baldensperger, orthographié « Baldesperger »…

Pour le reste, ces textes sont presque vexants, à force de réduire l'agitation publique du Groupe à aussi peu d'épisodes : le légendaire surréaliste compte bien d'autres scandales que ceux recensés par la Préfecture de police. Il est vrai qu'en s'éloignant du Parti communiste et en le critiquant, Breton avait vu sa dangerosité potentielle diminuer d'un cran. Nul doute, cependant, qu'il n'eût été très honoré de se voir encore signalé « comme extrémiste révolutionnaire » en 1937, puis en 1940, Vichy aidant, « comme se livrant à une activité antinationale ».

◆

Les frasques des surréalistes

Rapport de police du 10 juin 1928, au sujet d'incidents provoqués la veille au théâtre de l'Avenue.

Des incidents ont marqué la troisième et dernière représentation de la pièce « Songe ou Jeu de Rêves » du dramaturge suédois Stringberg, qui a été donnée hier après-midi par le théâtre Alfred Jarry au « Théâtre de l'Avenue » 5, rue du Colisée.

Les organisateurs, MM. Antonin Artaud et Robert Aron, avaient décidé d'interdire l'entrée de la salle aux membres du groupe « Surréaliste »[1] dont certains avaient troublé la deuxième représentation donnée au même lieu le 2 juin. Aussi, quand à l'ouverture des portes, à 15 heures, plusieurs de ces derniers, dont M. Marcel Noll, qui avaient loué leur place se présentèrent au contrôle, MM. Antonin Artaud et Robert Aron s'opposèrent-ils à ce que ceux-ci pénètrent dans la salle. Ils leur offrirent d'ailleurs de les rembourser.

Une discussion s'ensuivit au cours de laquelle M. Noll gifla M. Artaud.

Les gardiens de la paix de service au théâtre furent requis par les organisateurs et treize personnes furent conduites au Commissariat de Police du quartier du Roule pour refus de circuler. Ce sont :

– MM. Aragon, Louis, né le 3 octobre 1897 à Paris (16ème), demeurant 5 rue Campagne-Première, homme de lettres ;

1. Souligné en rouge dans le texte.

– Péret, Victor, né à Rozé le 4 juillet 1899, demeurant 8 rue Papillon, homme de lettres ;

– Prévert, Jacques, né le 4 février 1900 à Neuilly, demeurant 24 rue Junot (18ème) ;

– Campenne, Jean, né le 28 novembre 1907 à Reims, demeurant 18 rue du Regard, étudiant en droit ;

– Desnos, Robert, né le 4 juillet 1900 à Paris, demeurant 45 rue Blomet, journaliste ;

– Boiffard, Jacques, André, né le 29 juillet 1902 à Épernon, demeurant 22 boulevard Barbès, opérateur de cinéma ;

– Durand, dit « Pia Pierre », né le 15 août 1903 à Paris, demeurant 22 rue Philippe-de-Girard, éditeur ;

– Tanguy, Yves, né le 5 janvier 1900 à Paris, demeurant 28 rue Ernest Cresson, artiste peintre ;

– Bennichon, Paul, né le 19 septembre 1908 à Tlemcen, demeurant 45 rue d'Ulm, étudiant ;

– Pierre Unik, né le 5 janvier 1909 à Paris, demeurant 25 rue des Petits-Hôtels, étudiant en droit ;

– Badelsperger, Jean, né le 22 mai 1908 à Almine (Rhône), demeurant 55 rue de Vaugirard, étudiant en médecine ;

– Noll, Marcel, né le 17 décembre 1902 à Strasbourg, demeurant 16 rue Jacques Callot, gérant de la galerie Surréaliste ;

– Sadoul, Georges, né le 4 février 1904 à Nancy, demeurant 54 rue du Château, secrétaire aux Éditions Gallimard.

Toutes appartiennent au groupe « Surréaliste ». Elles ont été remises en liberté peu après.

Cette affaire n'aura aucune suite.

Paris, SAM [Série Ga, carton S 10, dossier « Surréalisme »]

◆

Rapport de la Sûreté générale daté du 23 décembre 1937 au sujet « du nommé Breton, André, signalé comme extrémiste révolutionnaire ».

BRETON, André, Robert, né le 19 Février 1896 à Tinchebray (Orne) de Louis et de Marguerite Le Gongnès est divorcé depuis 1930 d'avec Kahn, Simone, née le 3 Mai 1897 à Iquitos (Pérou), militante de la tendance « Gauche Révolutionnaire » du Parti Socialiste SFIO. Il est remarié et père d'une fille issue de son second mariage.

Depuis 15 ans, il demeure 42, Rue Fontaine à Paris (9°) où il occupe un logement d'un loyer annuel de 4 000 francs.

Homme de lettres et écrivain surréaliste, il exploite depuis le 1er Avril 1937 une boutique de curiosités, tableaux, livres et peintures, 31, Rue de Seine (6°) à l'enseigne « Gradiva ». À cet effet, il a souscrit une déclaration au Registre du Commerce de la Seine enregistrée sous le N° 684.083 20022. Précédemment il a été directeur de la revue intitulée *La Révolution surréaliste* et de la galerie Surréaliste, 16, rue Jacques-Callot.

Ancien membre du Parti Communiste il est actuellement affilié au « Parti Frontiste » dirigé par Bergery Gaston.

Au cours d'une réunion organisée salle des Sociétés Savantes, le 28 Janvier 1937, par le « Club du Faubourg », Breton, après avoir développé la question « où va le communisme », a critiqué les différents revirements du Parti Communiste et ses chefs.

Breton est membre du groupe des Écrivains surréalistes et il prend fréquemment la parole dans les réunions organisées par le groupe d'Études Philosophiques et scientifiques.

Il a écrit différents ouvrages surréalistes qui sont mis en

vente à la librairie spéciale de la littérature et de l'art d'Avant-Guerre, 6, Rue de Clichy. D'autre part, il est l'auteur d'un ouvrage consacré à la jeunesse de Victor Hugo dont 30 exemplaires ont été acquis en 1928 par le Conseil Municipal de Paris pour être répartis dans les bibliothèques d'arrondissement.

Breton, qui passe pour un exalté et un original, a été appréhendé à différentes reprises :

– le 29 Mai 1926, il accompagnait les écrivains : Aragon Louis, né le 3 Octobre 1897 à Paris et Soupault Philippe Ernest, né le 2 Août 1897 à Chaville (S.&O.) lesquels ont fait irruption dans les bureaux du journal *Les Nouvelles Littéraires*, frappé le directeur M. Martin du Gard, brisé une lampe, un appareil téléphonique et plusieurs glaces. Ces voies de fait avaient été motivées, d'après leurs auteurs, par les critiques que M. Martin du Gard avait faites à l'égard de M. Louis Aragon. Tous les trois ont été conduits au Commissariat de Police du quartier du Mail et inculpés de port d'arme, coups, destruction volontaire d'objets mobiliers d'autrui.

– le 29 Octobre suivant, Breton a été appréhendé une seconde fois avec neuf de ses camarades surréalistes, au Musée Galliéra, au cours d'une vente d'œuvres d'artistes étrangers, pour avoir protesté contre la mise aux enchères d'une statuette due à l'artiste roumain Brankoussi[1]. Amené au Commissariat de Police du quartier de Chaillot, Breton et ses amis furent remis en liberté après les vérifications d'usage.

Enfin il a été appréhendé en Mars 1927, alors que l'abbé Bethléem déchirait sur la voie publique des publications qu'il jugeait obscènes, il détruisit à son tour, à la librairie Talin, rue du Vieux-Colombier, des publications religieuses.

1. Brancusi.

En Octobre 1927, Breton et ses amis surréalistes envoyèrent à M. Ernest Raynaud, ex-commissaire de Police de la Ville de Paris, homme de lettres, Président de l'Association des Écrivains Ardennais, une série de lettres injurieuses contenant en outre des menaces de mort caractérisées. Ils reprochaient à cet ancien fonctionnaire d'avoir participé à l'inauguration à Charleville de la statue réédifiée d'Arthur Rimbaud, le poète ami de Verlaine.

Breton n'est pas inscrit sur les listes électorales de la Seine.

Il n'est pas noté aux Sommiers Judiciaires.

◆

Rapport classé « secret » de la Sûreté générale, non daté, à l'en-tête de l'État français

J'ai l'honneur de vous signaler à toutes fins utiles que le nommé BRETON André, domicilié 42 rue Fontaine à Paris est soupçonné d'activité extrémiste ; il fréquenterait le café des « Deux Magots », Bd St-Germain où il retrouverait notamment le nommé BENJAMIN PÉRET, également susceptible d'activité antinationale.

◆

Picasso, Français ?

Questions sur la naturalisation de l'artiste

Pascal Bonafoux

En ce mois d'avril 1940, que sait de lui le fonctionnaire de police qui lit et relit les pièces du dossier « Picasso », peintre espagnol né le 25 octobre 1881 à Málaga ? L'artiste vient de solliciter sa naturalisation. Depuis le début de l'année, inquiet, Picasso ne sait que faire. La guerre déclarée le 3 septembre 1939 l'affole. Il confie à son secrétaire Sabartés : « Si c'est pour m'embêter qu'ils font la guerre, ils poussent les choses trop loin, tu ne crois pas ? »

Il est désemparé. À plusieurs reprises, il vient de faire des allers et retours entre Paris et Royan où, depuis le début de l'année, il loue le deuxième étage de la villa des Voiliers. La propriétaire n'y a jamais vu que lui-même et son fidèle Sabartés. Le peintre s'y sent en terrain neutre, aussi loin de Dora Maar que de Marie-Thérèse.

AC 82117

121

D.A.

Paris, le 3 Avril 1940.

Monsieur le Garde des Sceaux

J'ai l'honneur de solliciter ma naturalisation et m'engage à payer les droits de sceau à cette fin.

Veuillez agréer, Monsieur le Garde des Sceaux, l'expression de mes sentiments devoués

Picasso

PARIS - 23 rue La Boétie 8e arrt

Demande de naturalisation adressée par Picasso au ministre de la Justice.

Anarchiste ou communiste ?

Le fonctionnaire de police ignore sans doute que Picasso a fait emballer dans des dizaines de caisses ses toiles de la rue La Boétie et de la rue des Grands-Augustins, une entreprise « aussi compliquée que le démantèlement du Louvre ». En revanche, il sait que ce peintre est célèbre… Et comment pourrait-il l'ignorer ? *Guernica*, dans le pavillon espagnol de l'Exposition internationale, a fait scandale. Si, aux yeux du critique d'art Jean Cassou, « elle exprime notre tragédie la plus intime », en revanche certains dirigeants de la République espagnole ont condamné une toile « antisociale, ridicule, et tout à fait inadéquate ».

De quoi se demander si, condamné par les communistes, ce peintre ne serait pas anarchiste, comme le qualifie un vieux rapport de 1905. Mais l'amitié qui le lie à Eluard laisserait-elle entendre qu'il serait communiste ? La France en guerre, se demande sans doute ce fonctionnaire, a-t-elle besoin de naturaliser un tel individu ? Quand bien même, selon Cocteau, il mène « une vie de clochard sous un pont d'or »…

L'administration laissera cette demande sans suite.

◆

Un « peintre soi-disant moderne »

La demande de naturalisation de Picasso fait partie d'un ensemble d'archives saisies par les Allemands en 1940, puis transférées en URSS après 1945 et rendues à la France en 2001. La découverte de ce document, en 2004, a été une grande surprise : le peintre n'avait évoqué cette démarche avec aucun de ses proches.
La lettre fait partie d'un dossier très complet, puisque Picasso est fiché comme anarchiste dès 1905. Instruisant sa demande de naturalisation, la direction des Renseignements généraux établit, le 25 mai 1940, ce rapport de synthèse très défavorable.

Note des Renseignements généraux au sujet de Picasso

Le nommé RUIZ Y PICASSO dit « Picasso » né le 25 octobre 1881 à Málaga (Espagne), de nationalité espagnole, est marié à la nommée KOKHLOVA Olga, née le 28 juin 1891 à Niegen (Russie) d'origine russe – (en règle).

Cette dernière ne vit plus avec lui depuis plusieurs années et loge dans l'hôtel sis 16 rue de Berri.

Il a un fils, Paul, né le 4 février 1921 à Paris 8éme, lequel se trouve en Suisse depuis deux ans.

Arrivé en France en 1900 pour étudier la peinture, le susnommé s'est conformé aux prescriptions régissant le séjour des étrangers et il est en possession d'un RCI délivré le 23 novembre 1937, valable jusqu'au 30 novembre 1942.

Depuis 1918, il habite 23 rue La Boétie où il occupe seul deux étages au loyer annuel de 28 000,00 frs, impôts compris.

Artiste peintre, il a payé *700 000,00 frs* d'impôts sur le chiffre d'affaires pour l'année 1939, mais ceci ne l'a pas empêché de demander une réduction de loyer à son propriétaire, sous prétexte que les affaires vont moins bien, en raison des hostilités.

PICASSO est connu de nos Services pour avoir été signalé comme anarchiste en 1905, alors qu'il demeurait 130 ter, Bld Clichy chez un de ses compatriotes également anarchiste et surveillé par la Préfecture de police.

Bien qu'âgé de 30 ans en 1914, il n'a rendu aucun service à notre pays durant la guerre.

À cette époque *et jusqu'en 1918,* sa profession ne lui rapportait que 25 frs par jour, et il résidait 22 rue Victor-Hugo à Montrouge, au loyer annuel de 1 800,00 frs.

Tout en s'étant fait en France une situation lui permettant, en tant que « peintre, soi-disant moderne », de gagner des millions (placés paraît-il à l'étranger) et de se rendre propriétaire d'un château situé [au Boisgeloup][1] près de Gisors, PICASSO a conservé ses idées extrémistes tout en évoluant vers le communisme.

En effet, durant la guerre civile en Espagne, il a envoyé chaque mois de fortes sommes d'argent aux gouvernementaux, lesquels par reconnaissance, l'avaient nommé conservateur des Musées espagnols.

D'autre part, le 7 mai dernier, il a fait l'objet d'un rapport signalant que dernièrement, alors qu'il se trouvait dans le café sis 172 Bd St-Germain, il avait été pris à partie par un officier polonais en civil, alors qu'il critiquait ouvertement nos institutions et faisait l'apologie des Soviets.

Dans ce même rapport, il est dit également qu'il y a plusieurs années, PICASSO avait déclaré à certaines personnes,

1. Précision ajoutée à la main.

qu'à sa mort, ses collections seraient léguées au gouvernement soviétique et non au gouvernement français, ce qui de plus démontre que cet étranger a une singulière façon de remercier le pays qui lui a permis de se faire une situation extraordinaire, ce qui ne lui serait certainement jamais arrivé en Espagne.

Quant à son fils âgé de *19 ans,* il se trouve en Suisse depuis deux ans, soi-disant pour études mais en réalité pour raison de santé.

Alors qu'il vivait à Paris, sa conduite était déplorable, il affichait ouvertement ses idées communistes et dernièrement encore, on pouvait voir paraît-il au n° 23 rue La Boétie dans l'appartement de son père, des gravures *représentant la faucille et le marteau,* collées au mur.

D'autre part, d'après une note se trouvant dans son dossier, il a été arrêté le 4 octobre 1937 par la Police judiciaire, dans un hôtel sis 5 rue Capron, pour défaut de carte d'identité.

Aux points de vue conduite et moralité, PICASSO, ne fait l'objet d'aucune remarque particulière, d'ailleurs en raison de son caractère hautain et renfermé il est peu connu dans le voisinage.

En résumé, de l'ensemble des renseignements recueillis, il résulte que cet étranger n'a aucun titre pour obtenir la naturalisation : d'ailleurs, d'après ce qui précède, il doit être considéré comme suspect au point de vue national.

Picasso n'est pas noté aux sommiers judiciaires.[1] [Signature]

Paris, SAM [Série Ga, P8]

◆

1. Précision ajoutée à la main.

Les attentats de la Résistance

Des « terroristes » en action

Pascal Ory

Ce sont des « terroristes ». Du moins, dans le vocabulaire de l'occupant. Les résistants qui s'attaquent aux bâtiments publics, qui font dérailler les trains, s'exposent héroïquement pour libérer le territoire. Mais leurs actions d'éclat, pour la police parisienne, n'en restent pas moins des « attentats ».

Au Laboratoire central de la Préfecture de police – héritier de l'ancien Laboratoire municipal créé en 1876 –, plusieurs cahiers entièrement inédits rassemblent les rapports des chimistes et des artificiers chargés d'analyser les actions de la Résistance dans le département de la Seine. Dénués de considérations politiques, ces cahiers renferment des photographies originales ainsi que des plans visant à établir techniquement le mode opératoire des résistants. Ces éléments recueillis à chaud, quelques heures après l'explosion, n'en sont pas moins révélateurs des stratégies politiques à l'œuvre.

Agitation et propagande

Sous quelque occupation que ce soit, l'attentat vise d'abord à porter atteinte aux forces vives de l'ennemi : détruire du matériel, tuer des hommes. Mais il s'agit aussi, par l'acte lui-même et la publicité qui peut l'accompagner, d'« agitation » et de « propagande », indissolublement associées. Les documents découverts témoignent de la diversité de la palette.

Un premier rapport concerne une résidence privée, qui est celle d'un homme public. Fernand de Brinon représente un cas limite, puisque le Délégué général du gouvernement français auprès des autorités occupantes, qui a rang d'ambassadeur depuis 1940 et de ministre depuis 1942, n'hésite pas à s'instituer informateur direct de l'occupant. Il sera, après la guerre, condamné à mort et fusillé.

De même, l'attentat contre la permanence des Jeunesses du MSR, le parti collaborationniste fondé par Eugène Deloncle, a lieu à l'aube, quand le local est encore vide et qu'on peut avec moins de risques « allumer une mèche lente, de type Bickford ». L'essentiel est dans le « bruit » que fera l'opération.

Sous le regard froid du Laboratoire, l'efficacité proprement technique de ces actions est, certes, inégale. À Vincennes, un engin posé sur une voie de chemin de fer n'a pas fonctionné, malgré sa sophistication – ou à cause d'elle. L'effet d'agit-prop' sera nul. À l'hôtel du Midi en revanche, soldats allemands et femmes françaises laissent sur le carreau trois morts et cinq blessés. Pour les habitants du quartier, pour les tôliers et les collaborateurs, pour l'armée d'occupation, le message est clairement perçu.

Les objectifs restent donc foncièrement symboliques. On sème la perturbation et l'insécurité chez l'ennemi. Il n'est pas, il n'est plus invincible.

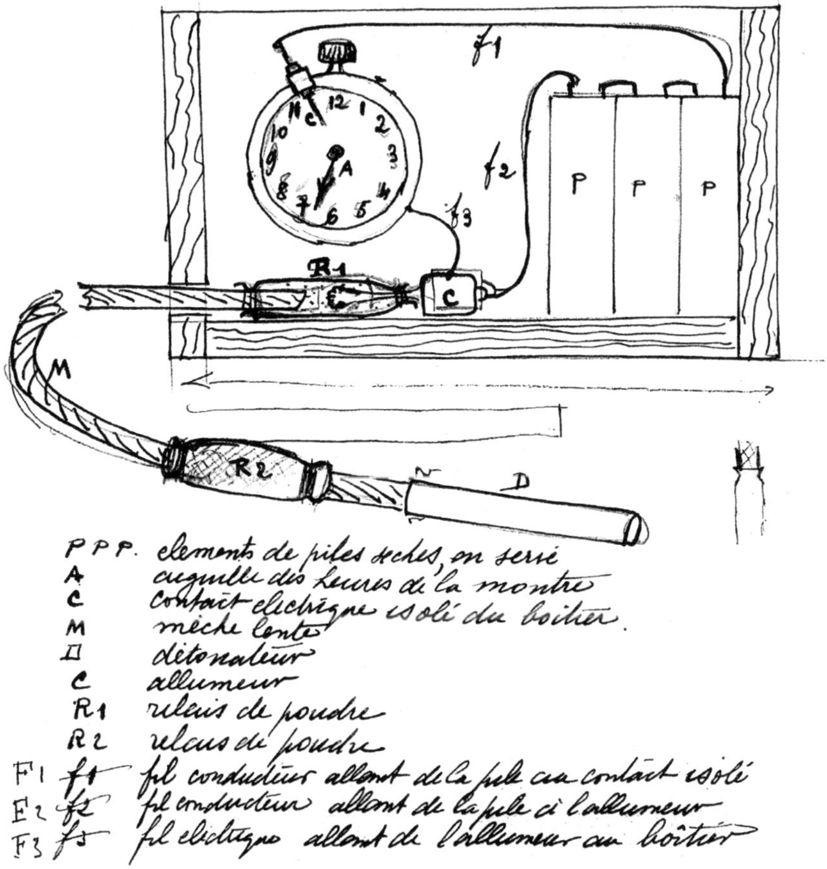

Croquis d'un engin explosif retrouvé intact à la suite d'une tentative d'attentat salle Wagram le 8 mars 1942.

◆

Attentat au siège du RNP

Fondé par Marcel Déat en 1941, le Rassemblement national populaire (RNP) est un parti d'inspiration fasciste, ouvertement favorable à la collaboration.

Rapport du 3 décembre 1941

J'ai l'honneur de vous rendre compte du résultat de l'enquête que j'ai effectuée concernant l'attentat qui s'est produit hier 2 décembre, vers 17 h 10, dans une boutique sise 14 boulevard Auguste-Blanqui XIIIe, qui sert de siège au RNP et à la Légion des volontaires contre le communisme.

Un tout jeune homme aurait lancé, d'après les témoins, un objet dans cette boutique qui était vide à ce moment. Une explosion violente se produisit quelques secondes après. Elle eut pour effet de briser toutes les glaces et vitres et de disperser les papiers et brochures.

Je n'ai retrouvé sur les lieux de l'attentat aucun débris métallique et les murs ne présentent aucune trace de projectile. Il est donc probable que l'attentat a été perpétré à l'aide d'une ou deux cartouches de dynamite ou d'explosif ne comportant qu'une enveloppe de papier et amorcée à l'aide d'un détonateur et d'un petit morceau de cordeau Bickford.

Il est à rappeler que des engins de ce genre ont été saisis avenue Debidour.

Paris, LCPP

◆

Attentat 14 bd Auguste-Blanqui
2370

3 décembre 1

Le Directeur du Laboratoire Municipal

Secrétaire général, Dr cabinet, P.J., R.G., Dr Lindner

J'ai l'honneur de vous rendre compte du résultat de l'enquête que j'ai effectuée concernant l'attentat qui s'est produ hier 2 décembre, vers 17 h. 10, dans une boutique sise 14 boul vard Auguste Blanqui 13°, qui sert de siège au R.N.P. et à la Légion des Volontaires contre le Communisme.

Un tout jeune homme aurait lancé, d'après les témoins, ur objet dans cette boutique qui était vide à ce moment. Une expl sion violente se produisit quelques secondes après. Elle eut pour effet de briser toutes les glaces et vitres et de dispers les papiers et brochures.

Je n'ai retrouvé sur les lieux de l'attentat aucun débris métallique et les murs ne présentent aucune trace de projectil Il est donc probable que l'attentat a été perpétré à l'aide d'u ou deux cartouches de dynamite ou d'explosif ne comportant qu' enveloppe de papier et amorcée à l'aide d'un détonateur et d'u petit morceau de cordeau Bickford.

Il est à rappeler que des engins de ce genre ont été sai avenue Debidour.

Le Directeur du Laboratoire,

Signé par M. Florentin

Rapport établi le 3 décembre 1941
par le directeur du Laboratoire municipal
sur l'attentat du 14, boulevard Auguste-Blanqui, au siège du RNP.

◆

Tentative de sabotage

Rapport du service des explosifs du 26 mars 1942, au sujet d'une tentative de sabotage contre une voie ferrée

J'ai l'honneur de vous informer que, sur avis téléphonique de l'État-Major de la Police municipale à 13 h 45, j'ai fait procéder par M. Claral, ingénieur du service des explosifs, le 25 mars vers 14 h 45 à l'enlèvement d'un engin non éclaté découvert dans la matinée sur la voie ferrée de raccordement du parc à voitures de Vincennes avec la ligne Paris-Bastille, au lieu dit le Bouquet de Mortemare, route de la Dynamite à Vincennes.

Il s'agit d'un engin à percussion dont le déclenchement automatique devait être provoqué par le passage d'un convoi. Ledit mécanisme a effectivement fonctionné mais par suite vraisemblablement d'une défectuosité de l'amorce, la mise de feu n'a pu être réalisée.

Avec le concours des services de police allemands, nous avons pu reconstituer l'engin qui se compose d'un corps parallélépipédique en tôle d'acier de 2 mm d'épaisseur, soudé à l'autogène, log de 28 cm et de section carrée de 10 cm de côté.

Les extrémités de cette chambre métallique sont obturées par 2 plaques de tôle carrées de 2 mm d'épaisseur, 10,5 cm de côté, coulissant à la manière d'un volet grâce à leurs trois côtés rabattus en forme de gouttières et les parties-guides pratiquées aux extrémités de la chambre.

À l'intérieur de ce coffre se trouvait disposée une charge explosive constituée par 28 cartouches de cheddite du type 0

SERVICE DES EXPLOSIFS

—

Tentative de sabotage
contre voie ferrée
Parc à voitures de
Vincennes – 25 mars 1942

2851

26 mars 2

Le Directeur du Laboratoire Municipal

Dr Cabuet, Secrét. général, Dr RG, P.J., Dr Hénocque
Dr Moritz

J'ai l'honneur de vous informer que, sur avis téléphonique de l'Etat-Major de la Police Municipale à 13 h 45, j'ai fait procéder par M. CLARAZ, Ingénieur du Service des Explosifs, le 25 mars vers 14 h 45 à l'enlèvement d'un engin non éclaté découvert dans la matinée sur la voie ferrée de raccordement du parc à voitures de Vincennes avec la ligne Paris-Bastille, au lieu dit le Bouquet de Mortemart, route de la Dynamite à Vincennes.

Il s'agit d'un engin à percussion dont le déclenchement automatique devait être provoqué par le passage d'un convoi. Ledit mécanisme a effectivement fonctionné mais par suite vraisemblablement d'une défectuosité de l'amorce, la mise de feu n'a pu être réalisée.

Avec le concours des Services de Police allemande, nous avons pu reconstituer l'engin qui se compose d'un corps parallélipipédique en tôle d'acier de 2 mm d'épaisseur, soudé à l'autogène, long de 28 cm et de section carrée de 10 cm de côté.

Les extrémités de cette chambre métalliques sont obturées par 2 plaques de tôle carrées de 2 mm d'épaisseur, 10,5 cm de côté, coulissant à la manière d'un volet grâce à leurs trois côtés rabattus en forme de gouttières et les parties-guides pratiquées aux extrémités de la chambre.

A l'intérieur de ce coffre se trouvait disposée une charge explosive constituée par 28 cartouches de cheddite du type 0 n° 8 de la Cartoucherie de Vielvarge (Côte d'Or) fabrication Oct. 41.

L'une de ces cartouches était munie d'un détonateur type

.....

Rapport établi le 26 mars 1942 par le directeur du Laboratoire municipal, au sujet d'une tentative de sabotage sur une voie ferrée à Vincennes.

n° 8 de la Cartoucherie de Vielverge (Côte d'Or) fabrication oct. 41.

L'une de ces cartouches était munie d'un détonateur type SF8 relié lui-même au dispositif de mise de feu.

Ce dispositif comprend :

1°– un relais pyrotechnique constitué par une charge d'environ 1 gramme de poudre noire fine renfermée dans une chambre à poudre (A). Cette chambre est réalisée au moyen d'un tube cylindrique en cuivre de 14 mm de diamètre, 20 mm de hauteur, soudé sur la face interne de la paroi inférieure de l'engin. Ce tube porte à sa base un orifice circulaire de 7 mm de diamètre servant de passage au détonateur (B).

2°– une amorce fulminante (C) constituée par une douille de cartouche de revolver de 9 mm de diamètre, portant la marque SFM (Société française de munitions). Cette douille pénètre dans la chambre à poudre, sa base venant s'appuyer sur l'extrémité supérieure du tube cylindrique.

3°– Un percuteur (D) constitué par une tige cylindrique en acier de 5 mm de diamètre, 6 cm de longueur, dont l'extrémité supérieure porte une gorge circulaire et un canal transversal pour le passage d'une goupille. Ce percuteur est guidé dans sa course par un tube cylindrique en cuivre de 6 mm de diamètre, 4 cm de longueur, soudé à la paroi supérieure de l'engin qu'il traverse. Le ressort de percussion (E) est un ressort à boudin qui, en position « armé » se trouve comprimé entre la paroi supérieure de l'engin et une embase soudée à l'extrémité du percuteur.

4°– Une pièce coulissante (H) constituée par une plaque d'acier de 63 mm de longueur, 18 cm de largeur, 1 mm d'épaisseur, dont la découpure interne est représentée sur la figure. La partie étranglée (I) de cette plaque s'engage dans la gorge circulaire de la tête du percuteur (J) et maintient celui-ci armé

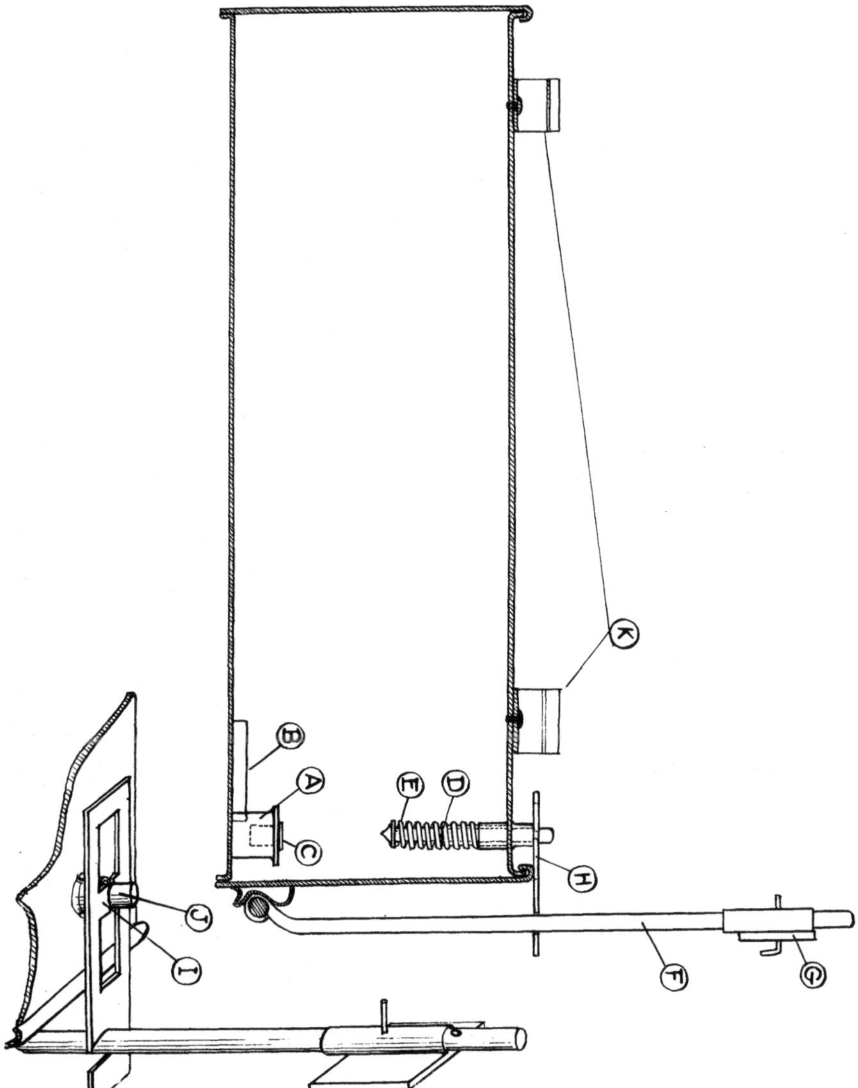

Schéma de l'engin placé sous un rail à Vincennes.

en position normale. Cette pièce est solidaire par son extrémité en forme de crochet d'un levier déclencheur dont la description suit.

5°– Un levier déclencheur (F) constitué par une tige cylindrique en fer de 24 cm de longueur, 8 mm de diamètre, pivotant par une de ses extrémités autour d'un axe soudé obliquement sur la face externe de l'engin. À l'extrémité de cette tige est fixée, par une goupille, une plaquette en fer (G) de 35 mm de largeur, 50 mm de longueur, 3 mm d'épaisseur soudée sur un tube cylindrique de cuir de 40 mm de longueur, 10 mm de diamètre coulissant sur la tige. Celle-ci comporte cinq orifices circulaires espacés de 5 en 5 mm qui permettent de régler la hauteur de la plaquette.

Enfin le corps de l'engin comporte 2 pattes en tôle fixées par un river sur la paroi supérieure et qui permettent d'accrocher l'engin, longitudinalement, sous un rail.

Fonctionnement

Dans sa position « armé » l'engin est disposé longitudinalement sous un rail auquel il est fixé par ses deux pattes d'attache. Le levier déclencheur, relié à la pièce coulissante, est dans sa position verticale ; la plaquette de [illisible] est fixée à bonne hauteur sur la tige du levier, transversalement à la voie ; la tête de percuteur est engagée dans l'étranglement de la pièce coulissante ; le ressort de percussion est bandé.

Au passage d'un convoi, le levier déclencheur, par l'intermédiaire de la plaquette transversale, est écarté de sa position verticale, vers l'avant ou l'arrière suivant la direction du convoi. Il entraîne dans sa course la pièce coulissante qui, à son tour, dégage la tête du percuteur et provoque percussion.

Au moment où nous avons pris possession de l'engin, le

percuteur était à fond de course, dans sa position « désarmé » ; sa pointe était au contact avec l'amorce sur laquelle est visible le point de percussion.

Il en résulte que le mécanisme de déclenchement a fonctionné mais que l'amorce, par suite vraisemblablement d'une altération de la composition fulminante, n'a pas déflagré.

Les effets destructifs d'un tel engin, eu égard à l'importance de sa charge explosive, auraient pu être très importants.

Observation générale : Les cartouches de cheddite utilisées sont identiques à celles retrouvées au cours des tentatives d'attentat rue de Tanger (mon rapport n° 2764 du 2 mars 1942) et Salle Wagram (mon rapport n° 2795 du 15 mars 1942).

Le directeur du laboratoire

Paris, LCPP

◆

◆

La villa piégée de Fernand de Brinon

Rapport du 18 octobre 1943

Alerté le 17 octobre, vers 6 heures, par un coup de téléphone du service des Renseignements généraux, M. Florentin, sous-directeur du Laboratoire, s'est rendu immédiatement à Chantilly sur les lieux de l'attentat dirigé le même jour, vers 2 h 30, contre une villa habitée par M. de Brinon à Chantilly.

Il a constaté qu'aux trois fenêtres de la chambre à coucher de M. de Brinon on avait placé trois mines antichar d'origine allemande (Teller-Mine) ; deux d'entre elles étaient accrochées, par un fil de fer en S, aux persiennes et la 3e très probablement sur le rebord de la baie vitrée. Dans un premier engin, seul le détonateur a explosé ; dans la 2e, la détonation n'a été que partielle et la majeure partie de l'explosif a été projetée au loin ; quant à la 3e mine, qui était placée sur l'entablement de la baie vitrée, elle a explosé à peu près complètement en provoquant des dégâts considérables au bâtiment et en projetant à l'intérieur de la chambre une quantité de fragments et de débris très meurtriers.

Les deux mines non explosées portaient les marques ci-dessous :

1re mine (non explosée) : inscription en relief (couvercle) HAGENUK 1938 ; impression couleur violette : MIN 19-9-42 L. Sur le fond, macaron en papier (obturant un logement de détonateur), inscriptions presque illisibles (le macaron est ici reproduit).

2e mine (partiellement explosée) : inscription en relief

18 octobre 3

542I Ex.

Attentat contre la Villa de
M. de Brinon à Chantilly

Le Directeur du Laboratoire Municipal

à Monsieur le Préfet, Directeur
du Cabinet

Alerté le I7 octobre, vers 6 heures, par un coup de téléphone du Service des Renseignements généraux, M. FLORENTIN, Sous-Directeur du Laboratoire, s'est rendu immédiatement à Chantilly sur les lieux de l'attentat dirigé le même jour, vers 2 h 30, contre une villa habitée par M. de Brinon à Chantilly.

Il a constaté qu'aux trois fenêtres de lachambre à coucher de M. de Brinon on avait placé 3 mines anti-char d'origine allemande (Teller-Mine); deux d'entre elles étaient accrochées, par un fil de fer en S, aux persiennes et la 3ème posée très probablement sur le rebord de la baie vitrée. Dans un premier engin, seul le détonateur a explosé, dans le 2ème la détonation n'a été que partielle et la majeure partie de l'explosif a été projeté au loin; quant à la 3ème mine, qui était placée sur l'entablement de la baie vitrée, elle a explosé à peu près complètement en provoquant des dégats considérables au bâtiment et en projetant à l'intérieur de lachambre une quantité de fragments et de débris très meurtriers.

Les deux mines non explosées portaient les marques ci-dessous:

<u>lère mine (non explosée)</u>:

inscription en relief (couvercle) HAGENUK
1938

impression couleur violette: MIN I9-9-42 L

Sur le fond, macaron en papier (obturant un logementde détonateur), inscriptions presque illisibles:

.....

Première page du rapport établi le 18 octobre 1943 par le directeur du Laboratoire municipal sur l'attentat visant la villa de Fernand de Brinon à Gouvieux, près de Chantilly.

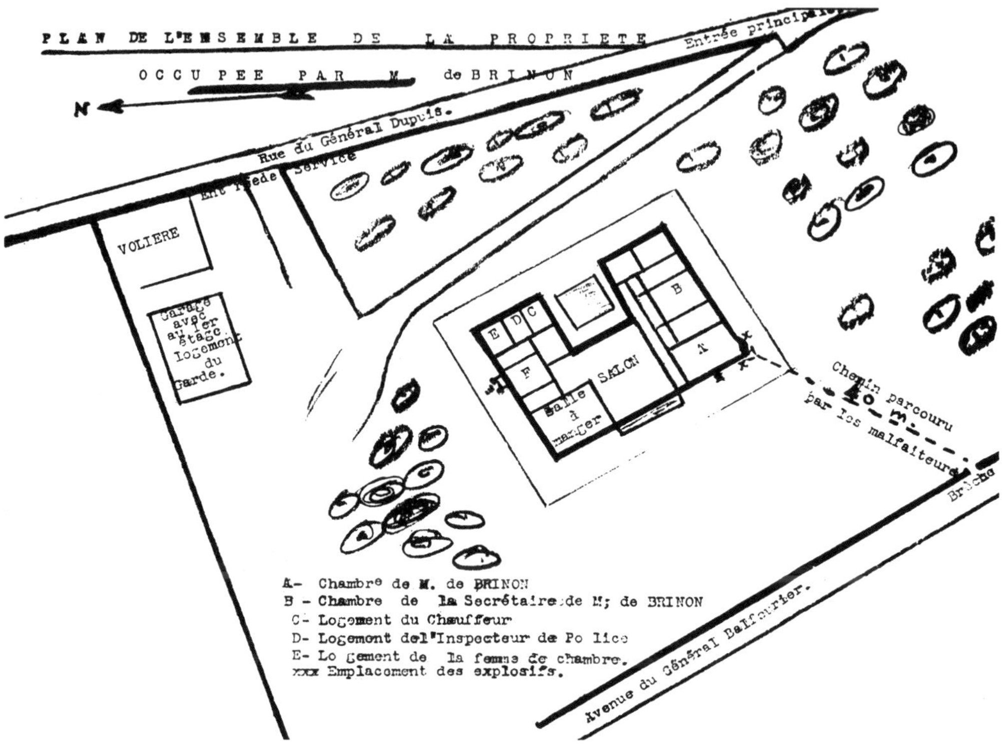

(couvercle) : 610 1938; impression couleur violette : MIN 9-10-42 C. Sur le fond, macaron en papier (le macaron est ici reproduit).

Il s'agit donc de deux mines d'origine allemande, du poids de 9 kg, contenant environ 5 kg de tolite fondue (trinitrotoluène); elles possèdent un amorçage central à la tétrantropentaérythrite, qui n'a pas été utilisé par les auteurs de l'attentat; ils ont utilisé un détonateur logé dans la cavité latérale opposée à la poignée de la mine portative; ce détonateur, d'une force insuffisante, a provoqué dans deux cas sur trois un raté de détonation.

PLAN DETAILLE DE L'APPARTEMENT
de M. DE BRINON

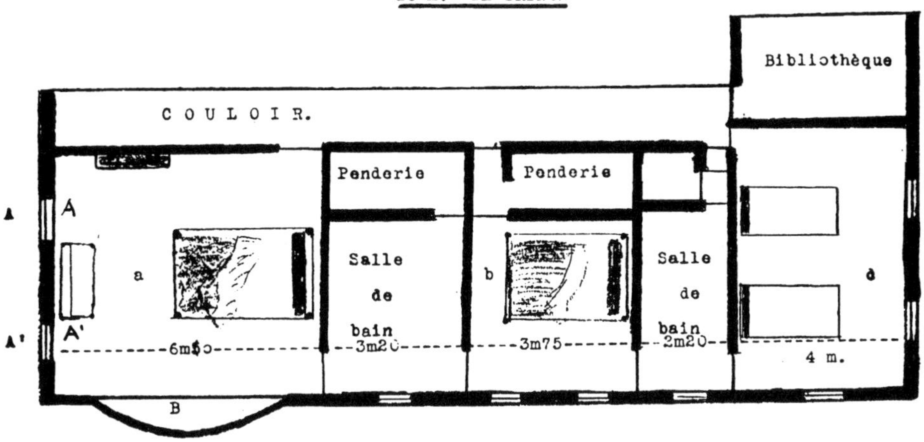

Chambre de M. de BRINON. (a)
Chambre de la Secrétaire de M. de BRINON. (b)
Chambre d'ami. (c)
En A et A' fenêtres auxquelles étaient accrochés des explosifs n'ayant pas fonctionné.

B- Baie vitrée détruite par l'explosion.

Sur toute la façade : fenêtres aux vitres brisées.

Plan de la villa de Fernand de Brinon,
montrant le chemin parcouru par les auteurs de l'attentat.

Il a été retrouvé sur les lieux un fragment de cordeau Bickford, ce qui indique que la mise de feu a été réalisée à l'aide de cet artifice ; la vitesse de combustion de ces mèches étant assez rapide (1 cm par seconde) il apparaît que la mise de feu de ces engins n'a précédé que de quelques minutes au plus les explosions ; d'après les déclarations, celles-ci ont eu lieu successivement, mais à des intervalles de temps très rapprochés (1 minute environ).

Paris, LCPP

◆

RAFLES, MODE D'EMPLOI

La solution finale en France

Jean-Pierre Azéma

Le 20 janvier 1942 se tient la conférence de Wannsee, dans le Grand Berlin : Reinhard Heydrich, le bras droit de Himmler, expose les modalités d'une « solution finale », pour que l'année 1942 soit décisive. En France, elle le sera, avec la déportation de 42 000 juifs sur le total de 75 721 recensés grâce aux travaux de Serge Klarsfeld.

La collaboration d'État

Dès le mois de mai, la SS négocie avec le gouvernement de Vichy. Pratiquant l'antisémitisme d'État depuis octobre 1940, le régime pétainiste accepte alors de passer de l'exclusion des juifs français à la complicité dans la déportation des juifs étrangers. Le 3 juillet, les SS obtiennent de René Bousquet, secrétaire à la Police, l'arrestation des juifs étrangers par les forces de l'ordre françaises, en zone Sud comme en zone Nord. C'est pour Laval, revenu aux affaires en avril, l'occasion de relancer la collaboration d'État ; pour Bousquet, il s'agit d'élargir le champ d'action de la police.

Cette longue circulaire (page 362) du directeur de la police municipale de Paris, Émile Hennequin, précise les modalités de la rafle dite « du Vel' d'hiv », concernant Paris intra-muros et le département de la Seine. Elle rappelle que la décision vient des « autorités occupantes ». Si les négociations entre nazis et vichystes ont conclu que seuls seraient raflés les juifs étrangers, des juifs français vont néanmoins être arrêtés, notamment des enfants, Français par le droit du sol ; d'autre part, d'ultimes marchandages autorisent l'arrestation d'enfants entre deux et seize ans, Laval ayant déclaré que le sort des enfants ne l'intéresse pas.

L'opération, rapide et efficace, est exécutée à la lettre. En « équipes spéciales » de trois, quelque quatre mille cinq cents hommes, y compris des gendarmes en banlieue, agissent pour la plupart « sans paroles inutiles et sans commentaires ». Ils sont munis de fiches nominales recopiées sur le fichier dit « de la Préfecture de police », celui du recensement des juifs ordonné par l'occupant en septembre-octobre 1940, qui sert donc à les piéger.

Amorcée le 16 juillet avant l'aube, brièvement interrompue à midi, la traque dure jusqu'à dix-sept heures et reprend le lendemain. Le 17 juillet à dix-sept heures, le cabinet du Préfet de police fait état de 12 884 personnes arrêtées : 3 031 hommes, 5 802 femmes et 4 051 enfants. Cette comptabilité ne rend pas compte des scènes déchirantes auxquelles donnent lieu ces rafles, des cris, des pleurs, des supplications. De quelques gestes de révolte, aussi : on dénombre cinq suicides et sept tentatives de suicide.

L'occupant, qui escomptait 25 000 arrestations, ne cache pas son mécontentement. L'action des « agents capteurs » a donc été ralentie ; et le surnombre de femmes indique en particulier que bien des hommes, alertés par la rumeur d'une nouvelle rafle, se sont cachés, n'imaginant pas qu'on puisse arrêter femmes et enfants dans la France du Maréchal.

Une complicité inexpiable

Les autobus de la TCRP – l'ancêtre de la RATP – transportent les juifs raflés soit dans le camp de Drancy, soit au vélodrome du XVe arrondissement. Comme l'a démontré Serge Klarsfeld, la seule photo actuellement connue de la rafle est un cliché pris par un reporter de *Paris-Midi*, montrant des bus alignés le long du Vel' d'hiv : cliché bien entendu censuré par l'occupant. 4 992 juifs, dont 3 803 femmes, célibataires et couples sans enfants de moins de seize ans sont conduits à Drancy, déjà surpeuplé. Un peu plus de 8 100 hommes, femmes et enfants, ont été, eux, parqués au Vélodrome d'hiver.

L'appel très aseptisé de Mme Gauthier, infirmière de service, ne saurait rendre compte de l'horreur de ces trois à six journées vécues dans l'angoisse, la chaleur étouffante, le manque d'eau, d'hygiène et de soins médicaux, même si deux médecins s'efforcent de parer au plus dramatique. Sept trains transfèrent les malheureux dans le Loiret, aux camps de Pithiviers et de Beaune-la-Rolande. Les enfants sont d'abord séparés de leurs parents, déportés entre le 31 juillet et le 7 août. À Beaune-la-Rolande, sur 1 379 enfants, 791 sont âgés de deux à dix ans, 588 de dix à quinze ans. Ils sont envoyés à Drancy puis, à partir du 17 août, déportés avec des adultes qui pour la plupart ne sont pas leurs parents.

Sans doute, en 1941, la police française a-t-elle déjà interné ou raflé des juifs, pour la plupart étrangers. En août 1942, en zone Sud, policiers et gendarmes procèdent au « criblage » de juifs étrangers internés, pour en diriger quelque dix mille sur Drancy. Mais l'ampleur et les modalités de la rafle des 16 et 17 juillet en feront le symbole de la complicité inexpiable de Vichy, plus encore que celui de la barbarie nazie.

◆

La « circulaire Hennequin » et son premier bilan

Même si ses prescriptions n'ont pas été suivies à la lettre, la circulaire d'Émile Hennequin, directeur de la police municipale, illustre la minutie des préparatifs.

Circulaire du 13 juillet 1942 distribuée aux commissaires de police, en vue de la préparation de la rafle dite du « Vel' d'hiv' »

Paris, le 13 juillet 1942
SECRET

Circulaire n° 173 – 42
À Messieurs les Commissaires Divisionnaires, Commissaires de Voie Publique et des Circonscriptions de Banlieue.
(En communication à Direction P.J. – R.Gx – Gendarmerie et Garde de Paris).

Les autorités occupantes ont décidé l'arrestation et le rassemblement d'un certain nombre de juifs étrangers.

I – PRINCIPES

A – À qui s'applique cette mesure ?

catégories :
La mesure dont il s'agit, ne concerne que les juifs des nationalités suivantes :
– Allemands

PREFECTURE DE POLICE

Direction
de la
Police Municipale

ETAT-MAJOR

Ier Bureau - A

504/b

PARIS, le I3 Juillet I942

S E C R E T

CIRCULAIRE N° I73 - 42

à Messieurs les Commissaires Divisionnaires, Commissaires de Voie Publique et des Circonscriptions de Banlieue.
(En communication à Direction P.J. - R.Gx - Gendarmerie et Garde de Paris).

Les Autorités Occupantes ont décidé l'arrestation et le rassemblement d'un certain nombre de juifs étrangers.

I - PRINCIPES

A - A qui s'applique cette mesure ?

a) catégories :

La mesure dont il s'agit, ne concerne que les juifs des nationalités suivantes :

- Allemands
- Autrichiens
- Polonais
- Tchécoslovaques
- Russes (réfugiés ou soviétiques, c'est-à-dire "blancs" ou "rouges")
- Apatrides, c'est-à-dire de nationalité indéterminée.

b) âge et sexe :

Elle concerne tous les juifs des nationalités ci-dessus, quel que soit leur sexe, pourvu qu'ils soient âgés de I6 à 60 ans (les femmes de I6 à 55 ans).

Les enfants de moins de I6 ans seront emmenés en même temps que les parents.

Dérogations :

Ne tombent pas sous le coup de la mesure :

- les femmes enceintes dont l'accouchement serait proche
- les femmes nourrissant au sein leur bébé
- les femmes ayant un enfant de moins de 2 ans, c'est-à-dire né après le Ier Juillet I940
- les femmes de prisonniers de guerre
- les veuves ou veufs ayant été mariés à un non-juif

Première page de la « circulaire Hennequin » détaillant les modalités de la rafle.

– Autrichiens
– Polonais
– Tchécoslovaques
– Russes (réfugiés ou soviétiques, c'est-à-dire « blancs » ou « rouges »)
– Apatrides, c'est-à-dire de nationalité indéterminée.

âge et sexe :
Elle concerne tous les juifs des nationalités ci-dessus, quel que soit leur sexe, pourvu qu'ils soient âgés de 16 à 60 ans (les femmes de 16 à 55 ans).
Les enfants de moins de 16 ans seront emmenés en même temps que les parents.

Dérogations :
Ne tombent pas sous le coup de la mesure :

– les femmes enceintes dont l'accouchement serait proche
– les femmes nourrissant au sein leur bébé
– les femmes ayant un enfant de moins de 2 ans, c'est-à-dire né après le 1er juillet 1940
– les femmes de prisonniers de guerre
– les veuves ou veufs ayant été mariés à un non-juif
– les juifs ou juives mariés à des non-juifs, et faisant la preuve, d'une part, de leurs liens légitimes, et d'autre part, de la qualité de non-juif de leur conjoint
– les juifs et juives porteurs de la carte de légitimation de l'Union Générale des Israélites de France, carte qui est de couleur bulle ou jaune clair
– les juifs ou juives dont l'époux légitime est d'une nationalité non visée au paragraphe a
– les parents dont l'un au moins des enfants n'est pas juif.
Dans le cas où un membre de la famille bénéficie de la

dérogation, les enfants ne sont pas emmenés, à moins qu'ils ne soient juifs et âgés de 16 ans et plus.

B – Exécution :

Chaque israélite (homme et femme) à arrêter fait l'objet d'une fiche. Ces fiches sont classées par arrondissement et par ordre alphabétique.

Vous constituerez des équipes d'arrestation. Chaque équipe sera composée d'un gardien en tenue et d'un gardien en civil ou d'un inspecteur des Renseignements généraux ou de la Police judiciaire.

Chaque équipe devra recevoir plusieurs fiches. À cet effet, l'ensemble des fiches d'un arrondissement ou d'une circonscription sera remis par ma Direction ce jour à 21 heures.

Les équipes chargées des arrestations devront procéder avec le plus de rapidité possible, sans paroles inutiles et sans commentaires. En outre, au moment de l'arrestation, le bien-fondé ou le mal-fondé de celle-ci n'a pas à être discuté. C'est vous qui serez responsables des arrestations et examinerez les cas litigieux, qui devront vous être signalés.

Vous instituerez, dans chacun de vos arrondissements ou circonscriptions, un ou plusieurs « Centres primaires de rassemblement », que vous ferez garder. C'est dans ce ou ces centres que seront examinés par vous les cas douteux. Si vous ne pouvez trancher la question, les intéressés suivront momentanément le sort des autres.

Des autobus, dont le nombre est indiqué plus loin, seront mis à votre disposition.

Lorsque vous aurez un contingent suffisant pour remplir un autobus, vous dirigerez :

sur le Camp de Drancy les individus ou familles n'ayant pas d'enfant de moins de 16 ans

sur le Vélodrome d'hiver : les autres.

En ce qui concerne le camp de Drancy, le contingent prévu doit être de 6000. En conséquence, chaque fois que vous ferez un départ pour Drancy, vous ferez connaître le nombre de personnes transportées dans ce camp à l'État-Major qui vous préviendra lorsque le maximum sera atteint. Vous dirigerez alors les autobus restants sur le Vélodrome d'hiver.

Vous affecterez à chaque autobus une escorte suffisante. Les glaces de la voiture devront demeurer fermées et la plateforme sera réservée aux bagages. Vous rappellerez aux équipes spéciales d'arrestation, en leur en donnant lecture, les instructions contenues dans les consignes que vous remettrez à chacune d'elles avant de procéder aux opérations.

Vous leur indiquerez également, d'une façon nette, les renseignements qu'ils devront, après chaque arrestation, porter au verso de la fiche afférente à la personne arrêtée.

Vous ne transmettrez que le 18 au matin :

1°) les fiches des personnes dont l'arrestation aura été opérée.

2°) les fiches des personnes disparues.

3°) les fiches des personnes ayant changé d'adresse, et dont la nouvelle résidence est connue à moins que cette dernière ne se trouve dans votre arrondissement.

Enfin, vous conserverez pour être exécutées ultérieurement les fiches des personnes momentanément absentes lors de la première tentative d'arrestation.

Pour que ma Direction soit informée de la marche des

opérations, vous tiendrez au fur et à mesure, à votre Bureau, une comptabilité conforme au classement ci-dessus.

Des appels généraux vous seront fréquemment adressés pour la communication de ces renseignements.

Parmi les personnes arrêtées, vous distinguerez le nombre de celles conduites à Drancy de celles conduites au Vélodrome d'hiver.

Pour faciliter le contrôle, vous ferez porter au verso de la fiche, par un de vos secrétaires, la mention « Drancy » ou « Vélodrome d'hiver » selon le cas.

II – EFFECTIFS ET MATÉRIEL

A – Dispositions générales :

Les permissions seront suspendues du 15 courant à 18 heures au 17 courant à 23 heures et tous les cours supprimés jusqu'à la reprise des permissions.

Le service de garde des Établissements allemands ne sera pas assuré, sauf celui des parcs de stationnement et des garages installés dans les passages souterrains, du 15 courant à 21 heures 30 au 17 à 21 heures 30, sauf quelques rares exceptions dont vous serez seuls juges.

En conséquence, les renforts fournis habituellement pour ce service spécial ne vous seront pas envoyés.

De cette situation, il résulte que chaque arrondissement peut sans difficulté affecter à la constitution des « équipes spéciales », 10 gardiens par brigade de roulement et la brigade D au complet, sans que le service normal de l'arrondissement en soit affecté, assuré qu'il sera par le reste de la brigade de roulement (dont l'effectif, du fait de la suppression des permissions, correspondra au moins à son effectif habituel).

Les gardiens désignés pour constituer les équipes spéciales seront exemptés de leur service normal d'arrondissement à partir du 15 courant à 18 heures ; ils assureront à nouveau leur service habituel à partir du 17 courant à 23 heures.

Ceux qui reprendront la surveillance des établissements allemands le 17 courant à 21 heures 30 devront être libérés de tout service dans l'après-midi du même jour.

B – Équipes spéciales d'arrestation.

1 – Renforts les 16 et 17 juillet.

Les services détachant les effectifs ci-dessous indiqués devront prévoir l'encadrement normal, les chiffres donnés n'indiquant que le nombre des gardiens. Les gradés n'interviendront pas dans les arrestations, mais seront employés selon vos instructions au contrôle et à la surveillance nécessaires.

Arrondissements	Nombre total d'équipes à constituer par chaque arrondissement	Renforts reçus par les arrondissements
1er	8 équipes	
2e	33 équipes	Reçoit 11 gardiens en civil du 1er arrdt. 10 - - de l'École pratique
3e	156 équipes	Reçoit 54 gardiens en tenue du 1er arrdt. 45 - - du 14e - 143 gardiens en civil de l'École pratique
4e	139 équipes	Reçoit 50 gardiens en tenue du 5e arrdt. 25 - - du 12e - 130 gardiens en civil de l'École pratique
5e	24 équipes	Reçoit 16 gardiens en civil de l'École pratique

6e	8 équipes	
7e	4 équipes	
8e	7 équipes	
9e	52 équipes	Reçoit 32 gardiens en civil de l'École pratique
10e	152 équipes	Reçoit 30 gardiens en tenue du 2e arrdt. 55 - - du 6e - 12 - - du 9e - 140 gardiens en civil de l'École pratique
11e	246 équipes	Reçoit 53 gardiens en tenue du 7e arrdt. 30 - - du 8e - 100 - - de l'École pratique 7 gardiens en civil du 8e arrdt. 10 - - du 7e - 220 Inspecteurs des Renseignements généraux
12e	34 équipes	Reçoit 22 gardiens en civil de l'École pratique
13e	32 équipes	Reçoit 21 gardiens en civil de l'École pratique
14e	17 équipes	Reçoit 5 gardiens en civil de l'École pratique
15e	23 équipes	Reçoit 13 gardiens en civil de l'École pratique
16e	25 équipes	Reçoit 10 gardiens en civil de l'École pratique
17e	25 équipes	Reçoit 9 gardiens en civil de l'École pratique
18e	121 équipes	Reçoit 33 gardiens en tenue du 13e arrdt. 10 - - du 15e - 106 gardiens en civil de l'École pratique

19e	111 équipes	Reçoit 38 gardiens en tenue du 17e arrdt. 10 - - du 16e - 98 gardiens en civil de l'École pratique
20e	255 équipes	Reçoit 10 gardiens en tenue du 16e arrdt. 200 - - de l'École pratique 250 inspecteurs de la Police judiciaire

2 – Horaire de travail des équipes spéciales.

Les inspecteurs et gardiens constituant les équipes spéciales d'arrestation prendront leur service au Central de l'Arrondissement désigné, le 16 courant à 4 heures du matin. Ils effectueront leur service :

1°) le 16 de 4 heures à 9 heures 30, et
de 12 heures à 15 heures 30.

2°) le 17 de 4 heures à 13 heures.

C – Garde des Centres primaires de rassemblement et accompagnement des autobus.

1 – Renforts les 16 et 17 juillet :

Pour leur permettre d'assurer la garde de leurs centres primaires de rassemblement et l'accompagnement des détenus dans les autobus, les arrondissements les plus chargés recevront, en outre, les 16 et 17 juillet les renforts suivants :

2ème arrdt : 14 Gardes à pied

3ème arrdt : 30 Gardiens de la C. H. R. [1]

4ème – : 15 – des Compagnies de Circulation
5 – de l'École pratique
25 Gardes à pied

1. CHR : Compagnie Hors Ranq.

5ème – : 10 Gardes à pied

9ème – : 15 Gardes à pied

10ème – : 10 Gardiens de l'École pratique
30 Gardes à pied

11ème - : 10 Gardiens des Compagnies de Circulation
10 – de l'École pratique
40 Gardes à pied

12ème – : 10 Gardes à pied
5 Gardiens de l'École pratique

13ème – : 10 Gardes à pied
5 Gardiens de l'École pratique

14ème – : 10 Gardes à pied
5 Gardiens de l'École pratique

15ème – : 10 Gardes à pied

16ème – : 10 Gardes à pied
5 Gardiens de l'École pratique

17ème – : 10 Gardes à pied

18ème - : 25 Gardiens des Compagnies de Circulation
15 Gardes à pied

19ème - : 20 Gardiens des Compagnies de Circulation
15 Gardes à pied

20ème - : 30 Gardiens des Compagnies de Circulation
30 Gardes à pied

2 – Horaire :

Les renforts destinés à la garde des centres primaires de rassemblement et à l'accompagnement des autobus

PRÉFECTURE

DE

POLICE

Cabinet du Préfet

Secrétariat de Permanence

Paris, le 20/7/42 19

PRÉFECTURE DE POLICE
ARCHIVES
SECRÉTARIAT GÉNÉRAL

de l'État Major

arrestations d'israélites

opérées du 16/7 au 20 juillet

17 juillet.

Hommes ----	3.118
Femmes ...	5919
Enfants ----	4115
	13.152.

Décompte des arrestations opérées du 16 au 20 juillet 1942. Si le chiffre le plus communément admis pour la rafle « du Vel' d'hiv » est de 12 884 arrestations, il ne tient pas compte de celles comptabilisées le 17 juillet après 17 heures. Le cabinet de la Préfecture de police devait dénombrer, le 20 juillet, un total de 13 152 personnes internées prendront leur service au Central de l'Arrondissement désigné le 16 courant à 5 heures du matin.

Ils assureront leur service les 16 et 17 juillet :

Équipe n° 1 de 5 heures à 12 heures

Équipe n° 2 de 12 heures à fin de service.

En ce qui concerne les effectifs de la Garde de Paris, la relève aura lieu au gré du commandement.

D – Circonscriptions de banlieue.

Toutes les circonscriptions de banlieue, sauf celles des Lilas, de Montreuil, de Saint-Ouen et Vincennes, constitueront leurs équipes spéciales d'arrestation, assureront la garde de leurs centres primaires de rassemblement et l'accompagnement, à l'aide de leurs propres effectifs.

En ce qui concerne le matériel, celui-ci vous sera envoyé après communication des chiffres aux appels généraux, de manière à organiser des itinéraires dc transfèrcment.

Suivant l'horaire et les dates fixés pour Paris, chapitre B, paragraphe 2, les renforts suivants seront fournis :

– SAINT-OUEN : 20 gardiens en tenue et 12 gardiens en civil fournis par la 2ème division sur ses effectifs de banlieue

– LES LILAS : 20 gendarmes et 14 gardiens en civil de l'École pratique

– MONTREUIL : 25 gendarmes et 18 gardiens en civil de l'École pratique

– VINCENNES : 15 gendarmes et 9 gardiens en civil de l'École pratique.

Dans les circonscriptions des Lilas, Montreuil et Vincennes, les commissaires commenceront les opérations dès 4 heures du matin avec leurs propres effectifs et les gendarmes, et recevront les gardiens en civil de l'École pratique par le premier métro : c'est-à-dire aux environs de 6 heures 15.

E – Matériel :

La Compagnie du Métropolitain, réseau de surface, enverra directement les 16 et 17 juillet à 5 heures aux Centraux d'Arrondissement où ils resteront à votre disposition jusqu'à fin de service :

– 1er Arrdt : 1 autobus
– 2ème – : 1 –
– 3ème – : 3 –
– 4ème – : 3 –
– 5ème – : 1 –
– 6ème – : 1 –
– 7ème – : 1 –
– 8ème – : 1 –
– 9ème – : 2 –
– 10ème – : 3 –
– 11ème – : 7 –
– 12ème – : 2 –
– 13ème – : 1 –
– 14ème – : 1 –
– 15ème – : 1 –
– 16ème – : 1 –
– 17ème – : 1 –
– 18ème – : 3 –
– 19ème – : 3 –
– 20ème – : 7 –

À la Préfecture de police (Caserne de la Cité) :

6 autobus.

Lorsque vous n'aurez plus besoin des autobus, vous en aviserez d'urgence l'État-Major P.M., et de toute façon vous ne les renverrez qu'avec son accord.

En outre la Direction des Services techniques tiendra à la disposition de l'État-Major de ma Direction, au garage, à partir du 16 juillet à 8 heures :

10 grands cars.

Les Arrondissements conserveront jusqu'à nouvel ordre les voiturettes mises à leur disposition pour le service spécial du 14 juillet, contrairement aux instructions de ma Circulaire n° 170-42 du 13 juillet.

De plus, de 6 heures à 18 heures, les 16 et 17 juillet, un motocycliste sera mis à la disposition de chacun des : 9ème – 10ème – 11ème – 18ème – 19ème et 20ème Arrdts.

F – Garde du Vélodrome d'hiver :

La garde du Vélodrome d'hiver sera assurée, tant à l'intérieur qu'à l'extérieur, par la Gendarmerie de la Région parisienne et sous sa responsabilité.

G – Tableau récapitulatif des fiches d'arrestations :

1er Arrdt		134	Asnières	32
2ème	–	579	Aubervilliers	67
3ème	–	2675	Boulogne	96
4ème	–	2401	Charenton	25
5ème	–	414	Choisy-le-Roi	8
6ème	–	143	Clichy	62
7ème	–	68	Colombes	24
8ème	–	128	Courbevoie	34
9ème	–	902	Gentilly	95

cahier aff. juives

21-7-42 11 H 25 .

ORE DRE 5 EME DIVISION A PM .

2 EME CONVOI DE JUIFS A QUITTE GARE D AUSTERMITZ A 11 H 5 A D

DESTINATION DE PITHIVIERS AVEC 1143 PERSONNES REPARTIES DANS 26

VAGONS . ZIMMER 11 H 15 .

LE 22-7-42 8H40

15 APM

OPERATIONS TERMINEES DEFINITIVEMENT AU VEL D HIV A 8H30

VEL D I DHIV EVACUE EN TOTALITE

LAMBEAU

22-7-42 9H10

5 EME DICVISION A PM

LE DERNIER CONVOI DES INTERNES ISRAELITES A QUITTE LA GARE

D,AUSTERLITZ A 8H45 AVEC 877 PERSONNES A DESTINATION DE

BEAUNE LA ROLANDE . LE TOTAL DES JUIFS TRANSFERES DU VEL D,HIV

SUR LE LOIRET AU COURS DE CES 4 DERNIERS JOURS SE MONTE A

7618 INTERNES DONT 4544 DIRIGES SUR PITHIVIERS ET 3074 SUR

BEAUNE LA ROLANDE - EM AVISE

ZIMMER 8H55

D: cahier aff. juives

Télégrammes des 21 et 22 juillet sur le transfert des personnes internées au Vel' d'hiv vers les camps d'internement de Pithiviers et de Beaune-la-Rolande.

10ème –	2594	Ivry-sur-Seine	47
11ème –	4235	Les Lilas	271
12ème –	588	Levallois	47
13ème –	563	Montreuil	330
14ème –	295	Montrouge	34
15ème –	397	Neuilly-sur-Seine	48
16ème –	424	Nogent-sur-Marne	50
17ème –	424	Noisy-le-Sec	45
18ème –	2075	Pantin	93
19ème –	1917	Puteaux	38
20ème –	4378	Saint-Denis	63
		Saint-Maur	45
		Saint-Ouen	261
		Sceaux	37
		Vanves	52
		Vincennes	153

Le Directeur
de la Police municipale,

HENNEQUIN.

Paris, SAM [Série Ba, carton n° 1813]

◆

PRÉFECTURE DE POLICE

Cabinet du Préfet

Secrétariat de Permanence

B-51-6

Paris, le 16 Juillet 1942

8h

L'Etat Major téléphone

L'opération contre les juifs est commencée depuis ce matin à 4 heures.

Elle se trouve ralentie par beaucoup de cas spéciaux :

Beaucoup d'hommes ont quitté leur domicile hier.

Des femmes restent avec un tout jeune enfant ou avec plusieurs.

D'autres refusent d'ouvrir, il faut faire appel à un serrurier.

Dans le 20e et le 11e où il y a plusieurs milliers de juifs, l'opération est lente.

A 7 heures 30 la P. M. signale 10 cars arrivés au Vel d'Hiv.

à 9h [illegible]

Note du cabinet sur l'avancement de la rafle « du Vel' d'hiv » le 16 juillet à 8 heures du matin.

◆

Pièce relatant l'état des arrestations et des opérations durant la rafle dite du « Vel' d'hiv' », le 16 juillet 1942, à 8 heures du matin

Préfecture de police	Paris, le 16 juillet 1942
Cabinet du Préfet	8 h
Secrétariat de permanence	L'État-Major téléphone

L'opération contre les juifs est commencée depuis ce matin à 4 heures. Elle se trouve ralentie par beaucoup de cas spéciaux :

Beaucoup d'hommes ont quitté leur domicile hier.

Des femmes restent avec un tout jeune enfant ou avec plusieurs.

D'autres refusent d'ouvrir, il faut faire appel à un serrurier.

Dans le 20e et le 11e où il y a plusieurs milliers de juifs, l'opération est lente.

À 7 heures 30 la P.M. signale 10 cars arrivés au Vel d'hiv.

À 9 h 4 044 arrestations

Paris, SAM [Série Ba, carton n° 1813]

◆

L'ANTICHAMBRE DE LA MORT

Les scandales du camp de Drancy

Dominique Missika

Paris, 20 août 1941 : des policiers français, encadrés par des militaires allemands, bloquent tous les accès du XIe arrondissement, métro compris. Les arrestations ont lieu sur la voie publique, ou aux domiciles. Par autobus, les 4232 juifs arrêtés sont conduits à Drancy, au nord-est de Paris dans la Cité de la Muette.

À leur arrivée dans le camp, la plus grande désorganisation règne. Les bâtiments de quatre étages, destinés à devenir des logements sociaux, inachevés en 1939, ont servi de prison pour les communistes et les prisonniers de guerre britanniques. Une cour rectangulaire en mâchefer de quatre-vingts mètres sur deux cents environ, en U ; un double rang de fil de fer barbelé et quatre miradors. Au-dessus, de longs lavoirs, des robinets d'où s'écoulent de minces filets d'eau. Des châlits aux planches mal jointes et couvertes d'une simple paillasse. « C'est Drancy, la faim. »

Le camp, dirigé et administré par les autorités françaises jusqu'en 1943, est placé sous le contrôle du service des

Affaires juives de la Gestapo, qui prononce les internements et les libérations. La Préfecture de police assure la responsabilité de la direction, de l'administration et de la surveillance. Les gendarmes gardent l'intérieur et l'extérieur du camp. Le ravitaillement, l'hébergement et le service médical relèvent de la préfecture de la Seine.

Le 29 septembre 1941, Maurice Kiffer est nommé commis-caissier au camp de Drancy. Grâce à son incroyable minutie de comptable, il dresse un inventaire pathétique des biens, argent et objets saisis sur les internés à leur arrivée au camp.

Pillages et spoliations

À partir de mars 1942, avec le début des déportations des juifs de France, Drancy se met à ressembler à une « gare de triage », écrit-il. Les convois en provenance de toute la France n'y séjournent parfois qu'un, deux ou trois jours et repartent presque tels quels pour Auschwitz-Birkenau. Soixante-dix mille juifs y sont acheminés. Parmi eux, dix mille enfants. À l'été 1942, ce sont des familles entières, sans distinction, femmes, enfants, vieillards, français ou étrangers, qui sont raflés et internés dans d'effroyables conditions.

Derrière le style administratif de ses rapports, perce l'indignation d'un fonctionnaire surpris par « l'étrangeté des choses » dont il entend parler et l'absence de scrupules des fonctionnaires chargés de l'administration du camp. Il met au jour les agissements des gendarmes qui tirent de leur charge des bénéfices gras, monnayant pour cent francs l'envoi d'une lettre, pillant sans retenue les colis des internés, organisant, pour mieux voler, des parodies de fouilles, et se faisant dans l'enceinte du camp les pourvoyeurs d'un marché noir qui leur rapporte gros.

Il y a aussi la PQJ, la Police des questions juives, composée de crapules spécialisées dans la chasse aux juifs qui dépouillent les internés, leur prenant bijoux, briquets, fourrures ou couvertures, et ne remettent qu'une infime partie de leur butin au caissier. En homme scrupuleux, Maurice Kiffer s'en offusque, non par sympathie pour les internés, mais pour l'honneur de la police.

À la Préfecture de police, nombreuses sont les lettres de demande de libération qui arrivent. Pauvre Hélène Gritz ! Un frère prisonnier de guerre en Allemagne, un autre interné à Drancy en août 1941 et parti pour « une destination inconnue », et maintenant sa mère malade prise dans la rafle dite « du Vel' d'hiv » et à son tour internée à Drancy. Elle n'aura pas de réponse. Un cas atrocement banal. Exemplaire.

En 1947, le procès des gendarmes fait le point sur l'affaire. Il y aura des restitutions. Là n'est pas l'essentiel. Avant d'être une affaire d'argent, la spoliation a été une persécution dont le terme était l'extermination. Après guerre, la Cité de la Muette est redevenue une cité HLM. C'est aussi un lieu de mémoire.

Ed Bloch

Femmes

Date 17-7..Ch.....Et Dreyfus

ETAT DES SOMMES et BIJOUX
déposés ou confisqués

CAMP DE DRANCY

19

Table 4

Escalier......

ORPHELINAT

NOM	Prénom	Date et Lieu de naissance	Sommes déposées	Confisqués	Bijoux	Emargements
X ROTZANK	Hitta	14-4-1907 Varsovie	1000			Rotzank
X RAJNGLAS	Estéra	1905 Piotrkow	2000			
X BRAUNTHAL	Lina	27-8-07 Vienne	550			Braunthal
X OLER	Dwojra	10-3-96 Varsovie	500			Oler
X BECKER	Frieda	28-10-24 Worms	450			Becker
X MAJZELS	Josephine	25-3-26 Vienne	450		d°	Majzels
X BECKER	Jenny	15-12-25 Worms	850		d°	Becker
X EISLER	Raphaelle	17-3-26 Paris	750			Eisler
X GORLITZ	Marguerite	22-11-24 Vienne	450		d°	Gorlitz
X GRUNENFELD	Lucie	11-4-26 Vienne	450		d°	Grunenfeld
X BECKER	Cilly	18-4-23 Worms	950		d°	Becker
X BAKCHINE	Eugenie	6-1-1913 Ekaterinodar	1200		d°	Bakchine
X GLAUBERMAN	Rebecca	1894 Ekaterinodar	250		d°	Glauberman
X MLYNKIEWICZ	Frida	5-3-95 Vona	1950		d°	...
X HALPERN	Ita	4-3-05 Wilna	250		d°	Halpern
			12050			

Extrait du registre des sommes déposées par les internés à Drancy.
Ces sommes sont transférées à la Caisse des dépôts et consignations jusqu'en juin 1943, quand les SS prennent le contrôle administratif du camp.
La faiblesse des montants infirme le thème antisémite d'une « ploutocratie juive » généralisée.

◆

L'indignation du commis-caissier du camp

Rapport de Maurice Kiffer, 7 décembre 1941

J'ai l'honneur de vous transmettre à titre personnel un rapport sur ce que l'on peut appeler : les scandales du camp de Drancy.

Le scandale des «gendarmes de Drancy» défraye la chronique judiciaire et les journaux s'en sont fait l'écho. Il en est résulté un réel sentiment de gêne. Encore ne dit-on pas tout [et] l'ampleur du marché noir dénoncé par le procès a-t-elle été soigneusement réduite à des proportions «raisonnables», car contrairement à ce qui a été publié ce n'est pas 120 f. qu'était vendu le paquet de vingt cigarettes Gauloises, mais bien de 100 à 120 f. une cigarette; ce ne sont pas seulement trois gendarmes qui ont trempé dans des tractations de la sorte, mais bien davantage commis à la surveillance des internés juifs.

D'ailleurs, le trafic clandestin et rémunérateur des cigarettes, tabac et sandwiches n'est pas le seul auquel se soit prêtée la gendarmerie de Drancy. Il y avait le rôle de facteur qui rapportait gros. On comprend qu'avant que fût autorisé l'envoi d'une correspondance régulière, les internés se soient efforcés de forcer le blocus en tentant de donner des nouvelles aux leurs. Les gendarmes les ont largement et efficacement aidés à raison de 50 f. par lettre (tarif homologué). De rapides fortunes se sont ainsi édifiées, surtout si l'on songe que le port à domicile était au surplus taxé de 500 f. à 1 000 f. suivant la tête du client et le ravitaillement à lui rapporter.

Ce qu'il y a de pénible dans toutes ces vilaines histoires, c'est que la collusion se soit étendue à d'autres milieux et que le 7 décembre 1941.

KIFFER, Maurice, Commis-Caissier de la Direction des Affaires Administratives de Police Générale et détaché en cette qualité au Camp d'Internement de DRANCY.

COPIE

à M. le Directeur des Affaires Administratives de Police Générale.

J'ai l'honneur de vous transmettre A TITRE PERSONNEL un rapport sur ce que l'on peut appeler : les scandales du Camp de DRANCY.

Le scandale des "gendarmes de DRANCY" défraye la chronique judiciaire et les journaux s'en sont fait l'écho. Il en est résulté un réel sentiment de gêne. Encore ne dit-on pas tout l'ampleur du marché noir dénoncé par le procès a-t-elle été soigneusement réduite à des proportions "raisonnables", car contrairement à ce qui a été publié ce n'est pas 120 frs ~~xxxxxigax~~ qu'était vendu le paquet de 20 cigarettes Gauloises, mais bien de 100 à 120frs <u>une</u> cigarette; ce ne sont pas seulement trois gendarmes qui ont trempé dans les tractations de cette sorte, mais bien davantage commis à la surveillance des internés juifs.

D'ailleurs le trafic clandestin et rénumérateur des cigarettes, tabac et sandwiches, n'est pas le seul auquel se soit prêté la gendarmerie de DRANCY. Il y avait le rôle de facteur qui rapportait gros. On comprend qu'avant que fût autorisé l'envoi d'une correspondance régulière, les internés se soient efforcés de forcer le blocus en tentant de donner des nouvelles aux leurs. Les gendarmes les ont largement et efficacement aidés à raison de 50frs par lettre (tarif homologué). De rapides fortunes se sont ainsi édifiées, surtout si l'on songe que le port à domicile était au surplus taxé de 500frs à 1000frs suivant la tête du client et le ravitaillement à lui rapporter.

Ce qu'il y a de pénible dans toutes ces vilaines histoires c'est que la collusion se soit étendue à d'autres milieux et que le corps des Inspecteurs des Renseignements Généraux soit, du fait de certaines anomalies de la part de ses membres suspecté et accusé.

Ne parle -t-on pas couramment dans le camp de la collusion intervenue entre certains Inspecteurs et le Maréchal-des-logis-Chef de la gendarmerie spécialement chargé de la police du Camp?

Le procédé ne manque pas d'une certaine habileté en voici le mécanisme : Redouté pour sa brutalité et sa sévérité le Maréchal-des-logis LAROQUETTE obtient aisément d'avoir un indicateur dans chaque chambrée. Y joue-t-on aux cartes, y cache-t-on de l'argent ou des cigarettes, un vol s'y commet-il, LAROQUETTE est aussitôt avisé. A son tour, il en informe certains collaborateurs des R.Gx.

Suivant les circonstances ou LAROQUETTE opère lui-même, ou il fait effectuer une perquisition ou une enquête par les Inspecteurs. Une fouille heureuse permet de découvrir le magot ou <u>de rafler</u>........

Première page du rapport adressé « à titre personnel » par le commis-caissier de Drancy au directeur des Affaires administratives de police générale.

le corps des inspecteurs des Renseignements généraux soit, du fait de certaines anomalies de la part de ses membres, suspecté et accusé.

Ne parle-t-on pas couramment dans le camp de la collusion intervenue entre certains inspecteurs et le maréchal-des-logis-chef de la gendarmerie spécialement chargé de la police du camp ?

Le procédé ne manque pas d'une certaine habileté, en voici le mécanisme : redouté pour sa brutalité et sa sévérité, le maréchal-des-logis Laroquette obtient aisément d'avoir un indicateur dans chaque chambrée. Y joue-t-on aux cartes, y cache-t-on de l'argent ou des cigarettes, un vol s'y commet-il, Laroquette est aussitôt avisé. À son tour, il en informe certains collaborateurs des Renseignements généraux. Suivant les circonstances, ou Laroquette opère lui-même, ou il fait effectuer une perquisition ou une enquête par les inspecteurs. Une fouille heureuse permet de découvrir le magot ou de rafler les enjeux d'une partie de poker.

Les délinquants sont conduits en « tôle » et astreints à subir les sévices de Laroquette. Terrorisés, ils se prêtent à toutes les transactions et tel qui avait caché 50 000 f. dans son veston reconnaît volontiers n'avoir que 30 000 f. en sa possession, d'où un gain de 20 000 f. qui ne figureront certainement point dans le rôle des confiscations, mais paraissent s'être volatilisés dans certaines poches, de même que les nombreux paquets de cigarettes et les boîtes de conserve confisquées.

On cite d'autre part le cas d'un interné du « milieu » sur lequel 12 000 f. auraient de son propre aveu [été] confisqués. Il serait plaisant de savoir combien sont rentrés dans le coffre du caissier du camp (il s'agit de l'interné Gabbay dont un rapport de gendarmerie mentionne la somme de 10 000 f.).

Certes, la plus grande partie des internés de Drancy n'est pas, du point de vue national, bien intéressante, mais il est à craindre qu'un jour un scandale plus retentissant que celui des gendarmes n'éclate et que soit éclaboussée une institution qui faisait jusqu'à ce jour l'honneur de la police.

Il est grand temps de mettre un terme aux agissements du maréchal-des-logis-chef Laroquette et de ses complaisants complices. Il faut empêcher Laroquette qui se donne l'allure d'un chef et signe des proclamations comme s'il était le maître du camp.

Il est absolument d'intérêt général de faire cesser certaines pratiques en cours au camp de Drancy ; c'est ainsi qu'hier une certaine somme a été saisie, pour la première fois, on a donné le nom du possesseur.

La libération d'un certain nombre d'internés donnera facilement prise aux calomnies et déjà l'on raconte que pas mal d'indésirables ont trouvé le meilleur moyen de figurer sur la liste des partants grâce à des bienveillances intéressées.

Il y va de l'honneur de la police que soit porté un remède efficace à cet état de choses. C'est avec la conscience d'avoir rempli mon devoir que je me suis permis de relater grosso modo ces faits et de les porter à votre connaissance.

Paris, SAM [Série Gb, carton n° 9]

◆

Enumération des mouvements effectués	Recettes	Dépenses	Balance
Reports :	24.166.242,15	21.101.960,10	3.064.282,
31 MAI 1944			
Versé à la Reichskréditkasse		374.526,00	2.689.756,
1 JUIN 1944			
Versé à l'Anderkonto 13. (Barclays Bank)		142.720,00	2.547.036,
2 JUIN 1944			
Solde de dépôts versés à la Caisse des Dépôts et Consignations		266.125,05	2.280.911,0
Remboursement par la Caisse des Dépôts et Consignations d'une somme versée par erreur le 21 février 1944 (Mendelbaum, Albert)	40,00		2.280.951,0
5 JUIN 1944			
Montant des dépôts. (Bordereau n° 1) 6	5786,50		2.286.737,
Sommes trouvées sans indication de propriétaire	200,00		2.286.937,
Conversion à la Banque de France de : 307 $ à 43,20 = 13.262,40; Sommes confisquées par la Gendarmerie et Inspecteurs. 2 £ à 176 = 352,00; 455 francs belges à 1,60 = 728	14.342,40		2.301.279,
Produit conversion 2 livres Sterling provenant [illegible] 122 à confisquer appartenant à Rueding Salomon. (Bordereau n° 2)	352,00		2.301.631,
Montant des dépôts (Bordereau n° 3) 1	10.229,00		2.311.860,
Montant des dépôts (Bordereau n° 4) pour mémoire voir journée du 12-5-44.			2.311.860,
7 JUIN 1944			
Solde de dépôts versés à la Caisse des Dépôts et Consignations		67.247,50	2.244.613,
Versé à la Reichskréditkasse		97.780,00	2.146.833,
13 JUIN 1944			
Solde de dépôts versés à la Caisse des Dépôts et Consignations		100.381,40	2.046.452,
Extourne sur erreur à la date du 3 août 1942 : bordereaux rappels n° 3-4-1-51-134-139-141-143-144-149-213-345-346 portés 6.149.915 au lieu de 6.146.540 frs.		3445,00	2.043.007,
Extourne sur erreur Remboursement aux familles par mandats-postes porté 10.063,00 au lieu de 10.063,60		0,60	2.043.006,
20 JUIN 1944			
Ristourne sur erreur journée des 3 et 4 octobre 1941 porté 63.690 au lieu de 64.020	330,00		2.043.336,
Ristourne sur erreur journée du 16 octobre 1942 porté 12.120 au lieu de 12.220	100,00		2.043.436,
à reporter.	24.197.628,05	22.154.185,65	2.043.436,

La comptabilité du camp va permettre de rembourser une partie des sommes confisquées à partir de 1946.

Enumération des mouvements effectués	Recettes	Dépenses	Balance
Reports :	24.197.622,05	22.154.185,65	2.043.436,40
21 JUIN 1944			
Ristourne sur erreur. Journée du 16 février 1942. Remboursement aux familles par mandats, porte poste 10.063 au lieu de 10.063,60.		0,60	2.043.435,80
22 JUIN 1944			
Conversion à la Banque de France de 250 $ à 43,20 appartenant à Smuteck confisqués et saisis par le service de Gendarmerie de Drancy (voir rapport du 8-9-42) joint à 2° Bordereau de versement	10.800,00		2.054.235,80
27 JUIN 1944			
Dépôt remboursé le 8 février 1942 à Benemaker, Zyskind		60,00	2.054.175,80
Dépôt remboursé le 4 novembre 1941 à Zylbermann, Emile		3300,00	2.050.875,80
11 JUIL. 1944			
Versement à la Caisse des Dépôts et Consignations d'une somme abandonnée par Rachline, Maurice		80,00	2.050.795,80
1 AOUT 1944			
Montant des dépôts. 1	50,00		2.050.845,80
2 AOUT 1944			
Solde de dépôt versé à la Caisse des Dépôts et Consignations		50,00	2.050.795,80
7 AOUT 1944			
Montant des dépôts 1	120,00		2.050.915,80
8 AOUT 1944			
Solde de dépôts versé à la Caisse des Dépôts et Consignations		120,00	2.050.795,80
2 JUIL 1946			
Remise d'un chèque tiré par l'Administration des Domaines ès qualités d'Administrateur-Séquestre de la Treuhand und Revisionsstelle 47 avenue de l'Opéra Opé. 63-34 d'une somme de..........	298.341,00		2.349.136,80
11 JUIL 1946			
Remboursement d'une somme de............ confisquée à l'interné Markitanté Samuel le 23 décembre 1942		4450,00	2.344.686,80
18 JUIL 1946			
Remboursement d'une somme de.................. confisquée à l'interné Tacki, Elie le 21 décembre 1942.		33.000,00	2.311.686,80
Sauf erreur ou omission [signature]	[illegible]	22.157.696,25	2.050.795,80

◆

« Faire libérer ma maman »

Des milliers de lettres sont adressées à Pétain, à Laval, à Xavier Vallat, Commissaire général aux questions juives, ou au Préfet de police pour demander la libération d'un être cher. Elles disent l'espoir et l'illusion de familles brisées par les persécutions.

Lettre d'Hélène Gritz au Préfet de police, 25 août 1942

Monsieur,

Je m'excuse de prendre la liberté de vous écrire mais il faut que je vous expose ma situation.

Ma mère est internée au camp de Drancy depuis le 16 juillet. Mon frère aîné est prisonnier en Allemagne. Mon second frère est dans un camp de jeunesse et le troisième était interné à Drancy depuis le 22 août 1941 et a été déporté pour une destination inconnue. Moi je suis seule depuis l'arrestation de ma mère (je suis âgée de 17 ans). Mon père vit séparé de ma mère depuis treize ans.

En tant que mère de prisonnier ne pourriez-vous pas faire libérer ma maman. C'est une femme malade qui a déjà beaucoup souffert.

Je compte sur votre bienveillance pour aider une mère de prisonnier.

Avec mes remerciements anticipés, je vous prie d'agréer, Monsieur, mes respectueuses salutations.

Paris, SAM [Série Ba, carton n° 1826]

◆

Melle Hélène Gritz
9 Passage Descoings
à Clichy - Seine

Monsieur,

Je m'excuse de prendre la liberté de vous écrire, mais il faut que je vous expose ma situation.

Ma mère est internée au Camp de Drancy depuis le 16 juillet. Mon frère aîné est prisonnier en Allemagne. Mon second frère est dans un Camp de Jeunesse et le troisième était interné à Drancy depuis le 22 Août 19. et a été déporté pour une destination inconnue. Moi je suis seule depuis l'arrestation de ma mère (je suis âgée de 17 ans). Mon père vi séparé de ma mère depuis 13 ans.

En tant que mère de prisonnier ne pourriez-vou pas faire libérer ma maman. C'est une femme malade qui a déjà beaucoup souffert.

Je compte sur votre bienveillance pour aider une mère de prisonnier.

Avec mes remerciements anticipés, je vous prie d'agréer, Monsieur, mes respectueuses salutations.

H. Gritz

Lettre d'Hélène Gritz au Préfet de police, 25 août 1942.

L'ÉPURATION

La chasse aux collaborateurs

Jean-Marc Berlière

À Paris, la police a certainement incarné la face la plus noire d'une collaboration voulue par l'État français. Aucun Parisien n'a pu oublier les rafles de juifs opérées par les gardiens de la paix, la chasse aux « terroristes » menée par tous les services de la Préfecture de police. C'est l'une des raisons qui ont poussé les policiers à se mettre en grève, le 15 août 1944, et à jouer un rôle actif dans l'insurrection qui commence le 19, précisément à la caserne de la Cité. Une police qui donne le signal de l'insurrection, c'est le signe que l'ordre ancien, dont elle constituait un pilier, s'effondre, c'est clairement signifier que le pouvoir a changé de mains.

La police incarne la permanence et la continuité d'un État que le général de Gaulle veut « remettre à sa place » dans le climat semi-insurrectionnel qui règne alors : c'est pourquoi, au soir du 25 août, alors que le Conseil national de la Résistance et le Comité parisien de libération l'attendent à l'Hôtel de Ville, le chef du Gouvernement provisoire passe d'abord à la caserne de la Cité « saluer la police parisienne ». De Gaulle a besoin de montrer à des alliés encore suspicieux et au CNR qu'il incarne, et lui seul, le pouvoir légitime : le ralliement de la police doit en constituer l'affirmation la plus éclatante. Dans cette logique, le 12 octobre, il décore la Préfecture de police, citée à l'ordre de la Nation, de la Légion d'honneur et de la Croix de guerre : depuis cette date, les policiers parisiens arborent la fourragère rouge.

L'honneur est sauf

C'est dans ce contexte bien particulier qu'est écrit un rapport – daté du lendemain de cette cérémonie – dont l'inutilité pratique sur le plan policier saute aux yeux. En envoyant quatre obscurs inspecteurs de la police judiciaire interroger concierges et voisins ou dépouiller journaux et Bottins, personne ne nourrit la moindre illusion sur l'efficacité de cette recherche. Nul n'ignore que le général Huntziger, l'amiral Darlan ou Romier sont décédés, que Pierre Pucheu a été jugé, condamné et fusillé à Alger, que les personnalités les plus marquées de la collaboration – Déat, Brinon, Darnand, Laval... – ont fui la France dans les fourgons de l'armée allemande.

Le but de cette enquête est donc ailleurs. Comme le proclame un tract de « policiers patriotes » daté du 28 août, il faut « traquer sans trêve ni repos tous ceux qui ont collaboré avec l'ennemi » et « redonner à la Préfecture de police le prestige qu'elle n'aurait jamais dû perdre ». En proie aux vertiges d'une auto-épuration sans merci, la police parisienne montre qu'elle participe en première ligne à la traque des « collabos » et n'hésite pas à traiter les maîtres d'hier – dont une petite partie est d'ailleurs au Dépôt, internée administrativement à Drancy ou écrouée à Fresnes – comme de vulgaires délinquants. L'honneur de la police est sauf et l'ordre républicain réaffirmé.

41º) LAVAL.-

M. LAVAL, Pierre, né le 28 juin 18883 à Chateldon (Puy-de-Dôme), est domicilié 15 villa Saïd à Paris (16e). Il se trouverait actuellement en Allemagne, où il se serait rendu dans le courant du mois d'août.

50º) Maréchal PETAIN.-

Le Maréchal PETAIN, Henri-Philippe-Benoni-Omer, né à Cauchy-la-Tour (Pas-de-Calais), le 24 avril 1856, est domicilié 8 sqûare de Latour Maubourg à Paris. Il aurait quitté Vichy à destination de l'Allemagne, vers le 20 août dernier.

Extraits du rapport du 13 octobre 1944 : les responsables de la collaboration sont classés selon l'ordre alphabétique et non hiérarchique, si bien que Pierre Laval et le maréchal Pétain ne sont pas distingués de leurs ministres.

◆

Les ministres de Pétain

Conservé dans le dossier consacré au maréchal Pétain, le rapport du 13 octobre 1944 passe en revue, par ordre alphabétique puis de manière synthétique et statistique, les soixante-quatre ministres de l'État français. Parmi eux : Pierre Laval, Marcel Déat et Fernand de Brinon, mais aussi l'ancien communiste Frossard et Robert Schuman, futur «père de l'Europe».

Rapport du 13 octobre 1944

Soit transmise à Monsieur le Directeur de la Police judiciaire, la copie du rapport fourni par les Inspecteurs ALBERTINI, EIZAGUIRRE, DUPUY, & BORDES, au sujet des Ministres ayant appartenu au Cabinet du Maréchal PÉTAIN.

Le Commissaire principal :
SIGNATURE ILLISIBLE

RAPPORT

Les vérifications effectuées en exécution des prescriptions contenues dans la note ci-jointe, en vue d'appréhender les ministres ayant appartenu aux différents Cabinets PÉTAIN, dont la liste a paru dans le journal *Libération* du 14 septembre 1944, ont permis de connaître ce qui suit :

1°) <u>Amiral ABRIAL.-</u>
L'Amiral ABRIAL, Jean-Marie-Charles, né le 17 septembre

1879 à Réalmont (Tarn), a été vainement recherché dans le département de la Seine.

Aucune adresse le concernant n'a pu être découverte à Paris.

2°) ACHARD.-

M. ACHARD, Jean-Louis, né le 4 novembre 1898 à Riom (Puy-de-Dôme), est domicilié 85 avenue des Ternes à Paris (17e). Il a quitté cette adresse au début de l'entrée des Alliés à Paris et depuis n'y a plus été revu. Aucune indication permettant de connaître son refuge actuel n'a pu être obtenue tant à son domicile que dans le voisinage.

3°) ALIBERT.-

M. ALIBERT, Henri-Albert-François-Joseph-Raphaël, né le 17 février 1889 à Saint-Laurent (Lot), est domicilié 215 bis boulevard Saint-Germain à Paris (7e).

Il a quitté cette adresse au début du mois de septembre écoulé, pour une destination inconnue. Sa femme et deux de ses cinq enfants se trouvent encore à leur domicile.

4°) Amiral AUPHAN.-

L'Amiral AUPHAN, Gabriel-Adrien-Joseph-Paul, né le 4 novembre 1874 à Alais (Gard), a été vainement recherché dans le ressort de la Préfecture de police.

Il était domicilié « Hôtel du Helder », avenue Thermale à Vichy. Il possède une propriété à Villefranche-de-Rouergue, domaine de Saint-Jean-d'Aigremont, où il pourrait se trouver actuellement.

5°) BARTHÉLEMY.-

M. BARTHÉLEMY, Joseph-Hippolyte-Jean-Baptiste, né le 9 juillet 1874 à Toulouse (Haute-Garone), domicilié 11 rue de

M. Mathieu

PREFECTURE DE POLICE 3 E.P. 2100

DIRECTION DE LA **Police Judiciaire**

N° ...

SOMMAIRE

Paris, le 13 octobre 1944.

*Soit transmise à M*onsieur le Directeur de la Police Judiciaire,

la copie du rapport fourni par lés Inspecteur ALBERTINI EIZAGUIRRE, DUPUY, & BORDES,

*au sujet d*es Ministres ayant appartenu au Cabinet du Maréchal PETAIN.-

Le Commissaire Principal :

RAPPORT

Les vérifications effectuées en exécution des prescriptions contenues dans la note ci-jointe, en vue d'appréhender les ministres ayant appartenu aux différents Cabinets PETAIN, dont la liste a paru dans le journal "Libération" du 14 septembre 1944, ont permis de connaître ce qui suit :

1º) Amiral ABRIAL.-

L'Amiral ABRIAL, Jean-Marie-Charles, né le 17 décembre 1879 à Réalmont (Tarn), a été vainement recherché dans le département de la Seine.

Aucune adresse le concernant n'a pu être découverte à Paris.

2º) ACHARD.-

M. ACHARD, Jean-Louis, né le 4 novembre 1898 à Riom (Puy-de-Dôme), est domicilié 85 avenue des Ternes à Paris (17e). Il a quitté cette adresse au début de l'entrée des Alliés à Paris et depuis n'y a plus été revu. Aucune indication permettant de connaître son refuge actuel n'a pu être obtenue tant à son domicile que dans le voisinage.

3º) ALIBERT.-

M. ALIBERT, Henri-Albert-François-Joseph-Raphaël, né le 17 février 1889 à Saint-Laurent (Lot), est domicilié 215bis boulevard Saint-Germain à Paris (7e).

Il a quitté cette adresse au début du mois de septembre écoulé, pour une destination inconnue. Sa femme et deux de ses cinq enfants se trouvent encore à leur domicile.

4º) Amiral AUPHAN.-

L'Amiral AUPHAN, Gabriel-Adrien-Joseph-Paul, né le 4 novembre 1874 à Alais (Gard), a été vainement recherché dans le ressort de la Préfecture de Police.

A.M.

Première page du rapport du 13 octobre 1944, établi par les inspecteurs Albertini, Eizaguirre, Dupuy et Bordes.

Bellechasse à Paris, a été vainement recherché dans le ressort de la Préfecture de police.

D'après les renseignements recueillis, il serait susceptible de se trouver à Saint-Esprit, à L'Isle-Jourdain (Gers), où il posséderait une propriété.

6°) BAUDOIN.-

M. BAUDOIN, Paul-Louis-Arthur, né le 19 décembre 1894 à Paris (8e), est domicilié 40 avenue Foch à Paris. Il a quitté cette adresse une dizaine de jours avant l'entrée des Alliés dans la capitale. Son refuge actuel est ignoré.

7°) BELIN.-

M. BELIN, René-Joseph-Jean-Baptiste, né le 14 avril 1898 à Bourg (Ain), est domicilié 19 avenue Spinoza à Ivry (Seine). Il a quitté cette adresse il y a 6 mois environ sans indiquer où il se rendait. Aucun renseignement permettant de découvrir son refuge actuel n'a pu être recueilli tant 19 avenue Spinoza que dans le voisinage.

8°) BENOIST-MÉCHIN.-

M. BENOIST-MÉCHIN, Jacques, né le 1er juin 1901 à Paris, est domicilié 52 avenue de Clichy à Paris (18e). Il a quitté cette adresse lors de l'arrivée des troupes alliées à Paris. Le susnommé a été appréhendé le 29 septembre écoulé sur ordre de M. le Préfet de police et envoyé au Dépôt.

9°) Général BERGERET.-

Le Général BERGERET, Jean-Marie-Joseph, né le 23 août 1895 à Gray (Haute-Saône), est domicilié 36 boulevard Victor à Paris. Il se trouvait en Afrique du Nord et a été transféré aux prisons de Fresnes, où il est incarcéré actuellement.

10°) <u>BERTHELOT.-</u>

M. BERTHELOT, Jean-Émile, né le 26 août 1897 à Boult-sur-Suippes (Marne), est domicilié 36 rue de Bellechasse à Paris. Il a été arrêté le 30 août 1944 par des F.F.I. et dirigé sur le camp de Drancy. Il a été transféré aux prisons de Fresnes le 7 octobre courant.

11°) <u>BICHELONNE.-</u>

M. BICHELONNE, Denis-Jean-Léopold, né le 24 décembre 1904 à Bordeaux, est domicillié 5 rue Le Tasse à Paris, où résident sa femme et sa mère. Il aurait suivi le Maréchal Pétain en Allemagne.

12°) <u>Contre-Amiral BLEHAUT.-</u>

Le Contre-Amiral BLEHAUT, Henri-Paul-Arsène, né le 22 novembre 1889 à Lyon (Rhône), a été vainement recherché dans le département de la Seine. Il serait parti lc 20 août dcrnier à destination de l'Allemagne (renseignement non encore confirmé). À toutes fins utiles, il est indiqué qu'il possédait une propriété à Villiers-le-Lac (Doubs).

13°) <u>BONNAFOUS.-</u>

M. BONNAFOUS, Max-Jean-Marie-Antonin, né le 21 janvier 1900 à Bordeaux (Gironde), est domicilié 80 rue de Varenne à Paris. Il a été appréhendé et écroué au Dépôt le 15 septembre 1944.

14°) <u>BONNARD.-</u>

M. BONNARD, Abel-Jean-Désiré, né le 19 décembre 1883 à Poitiers (Vienne), est domicilié 78 avenue Mozart à Paris (16e), d'où il est parti le 17 août pour une destination inconnue.

Le prénommé pourrait avoir suivi le Maréchal Pétain en Allemagne.

15°) BOUTHILLIER.-

M. BOUTHILLIER, Yves-Marie, né le 26 février 1901 à Saint-Martin-de-Ré (Charente-Maritime), est domicilié 88 rue de Sèvres à Paris. Il aurait été arrêté à Saint-Martin-de-Ré par les Autorités allemandes et serait actuellement interné en Allemagne.

16°) Gouverneur général BRÉVIE.-

M. le Gouverneur général BRÉVIE, Jules, est né le 12 mars 1880 à Bagnères-de-Luchon (Haute-Garonne). On ne lui connaît aucun domicile à Paris et les vérifications effectuées en vue de le découvrir sont restées vaines.

17°) Général BRIDOUX.-

M. le Général BRIDOUX, Eugène-Marie-Louis, né le 24 janvier 1888 à Doulon (Loire-Inférieure), était domicilié 17 avenue Anatole-France à Vichy. Il aurait suivi le Maréchal Pétain en Allemagne.

18°) DE BRINON.-

M. de BRINON, Marie-Fernand, né le 16 août 1885 à Libourne (Gironde), était domicilié 2 rue Rude à Paris (16e), dans un hôtel qui avait été réquisitionné par les Autorités allemandes. Il a quitté cette adresse le 18 août dernier et aurait suivi le Maréchal Pétain en Allemagne.

19°) CARCOPINO.-

M. CARCOPINO, Jérôme-Ernest-Joseph, né le 27 juin 1881 à Verneuil (Eure), domicilié 3 quai Voltaire à Paris, se trouve actuellement dans sa propriété à La Ferté-sur-Aube (Haute-Marne). Il a été arrêté et relaxé.

20°) <u>CATHALA.-</u>

M. CATHALA, Pierre-Adolphe-Juste, né le 22 septembre 188 à Montfort-sur-Men (Ille-et-Vilaine), est domicilié 20 rue de Tournon à Paris (6e). Il a quitté cette adresse lors de l'entrée des Alliés à Paris et depuis n'y aurait pas été revu.

Les recherches faites par ailleurs en vue de l'appréhender n'ont donné aucun résultat.

21°) <u>CAZIOT.-</u>

M. CAZIOT, Pierre-Louis-Joseph, né le 24 septembre 1876 à Crézancy (Cher), domicilié 24 rue Borghèse à Neuilly-sur-Seine (Seine), a été arrêté le 8 septembre écoulé et envoyé au Dépôt où il est détenu administrativement.

22°) <u>CHASSEIGNE.-</u>

M. CHASSEIGNE, François, né le 23 décembre 1902 à Issoudun (Indre), a été arrêté et envoyé au Dépôt le 1er septembre 1944.

23°) <u>CHAUTEMPS.-</u>

M. CHAUTEMPS, Camille, né le 1er février 1885 à Paris, est domicilié 1 bis boulevard Richard-Wallace à Neuilly-sur-Seine. Il se trouverait actuellement en Amérique.

24°) <u>CHEVALIER.-</u>

M. CHEVALIER, Louis-Antoine-Jacques, né le 13 mars 1882 à Cérilly (Allier), a été vainement recherché dans le ressort de la Préfecture de police. Il se trouverait actuellement dans la localité ci-dessus.

25°) <u>CHICHERY.-</u>

M. CHICHERY, Albert, né le 2 octobre 1888 au Blanc (Indre), était domicilié 7 rue Massenet à Sceaux (Seine).

Il serait décédé au mois d'août 1944 en province, d'après des articles de presse.

26°) Général COLSON.-

Le Général COLSON, Louis-Antoine, né le 27 octobre 1875 à Tour (Meurthe-et-Moselle), domicilié 18 square de l'Albony à Paris (16e), a été arrêté et envoyé au Dépôt le 9 octobre 1944.

27°) Amiral DARLAN.-

L'Amiral DARLAN a été exécuté en Afrique.

28°) DARNAND.-

M. DARNAND, Aimé-Joseph-Auguste, né le 19 mars 1897 à Coligny (Ain), était domicilié à Nice, 24 rue de l'Escarole. Lors de ses séjours à Paris, il logeait au « Maintien de l'Ordre », 61 rue Monceau. Il aurait suivi le Maréchal Pétain en Allemagne.

29°) DÉAT.-

M. DÉAT, Marcel-Joseph, né le 7 mars 1894 à Guérigny (Nièvre), était domicilié 1 rue Louis-Murat à Paris. Il aurait suivi le Maréchal Pétain en Allemagne.

30°) FÉVRIER.-

M. FÉVRIER, André, né le 30 novembre 1885 au Vigan (Gard), a été vainement recherché à Paris. Le susnommé est domicilié 23 rue des Maccabées à Lyon (Rhône).

31°) FLANDIN.-

M. FLANDIN, Pierre-Étienne, né le 12 avril 1889 à Paris, a demeuré pendant de nombreuses années 139 boulevard

Malesherbes. L'intéressé, qui se trouvait en Afrique du Nord, a été transféré aux prisons de Fresnes, où il se trouve actuellement.

32°) FRÉMICOURT.-

M. FRÉMICOURT, Charles, né le 27 septembre 1877 à Lens (Pas-de-Calais), est domicilié 1 rue Le Goff à Paris (5e). Il a été arrêté et relaxé.

33°) FROSSARD.-

M. FROSSARD, Ludovic-Oscar, né le 5 mars 1889 à Foussemagne (Territoire de Belfort), a été vainement recherché dans le département de la Seine. Il a demeuré durant de nombreuses années, 8 rue Mathurin-Régnier à Paris (15e), d'où il est parti en 1940. Son adresse actuelle est ignorée.

34°) GABOLDE.-

M. GABOLDE, Maurice-Félix-Bertrand-Émile, né le 27 août 1891 à Castres (Tarn), est domicilié 4 rue de Luynes à Paris. Il a quitté cette adresse pour une destination inconnue. Sa femme et son fils s'y trouvent toujours.

35°) GIBRAT.-

M. GIBRAT, Robert-Pierre, né le 23 mars 1904 à Lorient (Morbihan), est domicilié 105 rue du Ranelagh à Paris (16e). Il a été arrêté administrativement le 9 octobre courant sur ordre de M. le Préfet de police et écroué au Dépôt.

36°) Docteur GRASSET.-

M. le Docteur GRASSET, Raymond-Jacques-Baptiste-François, né le 10 janvier 1892 à Riom (Puy-de-Dôme), a été vainement recherché. Lors de ses voyages à Paris, il descendait à l'Hôtel Bristol, 112 rue du Faubourg-Saint-Honoré.

37°) HENRIOT.-

M. HENRIOT, Philippe a été exécuté au ministère de l'Information par la Résistance.

38°) Général HUNTZIGER.-

Le Général HUNTZIGER est décédé en 1940, victime d'un accident d'aviation.

39°) Général JANNEKEYN.-

Le Général JANNEKEYN, Jean-François, né le 16 novembre 1892 à Cambrai (Nord), est domicilié 6 rue de Varize à Paris (16e). Il a été vainement recherché dans le ressort de la Préfecture de police et aucune indication ne permettant de découvrir son refuge n'a pu être obtenue.

40°) LAGARDELLE.-

M. LAGARDELLE, Jean-Baptiste-Joseph-Hubert, est né le 8 juillet 1874 à Burgaud (Haute-Garonne). On ne lui connaît aucun domicile à Paris.

41°) LAVAL.-

M. LAVAL, Pierre, né le 28 juin 1883 à Chateldon (Puy-de-Dôme), est domicilié 15 villa Saïd à Paris (16e). Il se trouverait actuellement en Allemagne, où il se serait rendu dans le courant du mois d'août.

42°) LEHIDEUX.-

M. LEHIDEUX, François, né le 30 janvier 1904 à Paris (8e), est domicilié 18 avenue Raphaël à Paris. Il a été arrêté le 30 août dernier, sur mandat de dépôt de M. MARTIN, Juge d'instruction et est incarcéré aux prisons de Fresnes depuis le 19 septembre écoulé.

43°) LÉMERY.-

M. LÉMERY, Joseph-Eugène-Henri, né le 9 décembre 1874 à Saint-Pierre (Martinique), est domicilié 7 rue Dupont-des-Loges à Paris (7e). Il a été arrêté le 19 septembre écoulé et écroué au Dépôt.

44°) LEMOINE.-

M. LEMOINE, Antoine-Jean-Marcel, né le 13 juillet 1888 à Épinal (Vosges), demeurait 20 avenue de Ségur, Paris, dans l'hôtel des P.T.T. Aucun renseignement permettant de découvrir son refuge actuel n'a pu être recueilli au cours des vérifications qui ont été faites.

45°) LEROY-LADURIE.-

M. LEROY-LADURIE, Jacques-Jules-Marie, né le 28 mars 1902 à Saint-Mihiel (Meuse), a été vainement recherché dans le département de la Seine. On ne lui connaît aucun domicile à Paris.

46°) MARION.-

M. MARION, Paul, né le 27 juin 1889 à Asnières (Seine), qui demeurait par intermittence chez une parente, 25 boulevard Bonne-Nouvelle à Paris, a été vainement recherché.

Aucun renseignement à son sujet n'a pu être recueilli.

47°) MARQUET.-

M. MARQUET, Adrien, né le 6 octobre 1884 à Bordeaux (Gironde), a été vainement recherché à Paris.

Lors de ses passages, il descendait à l'hôtel Lancaster, 7 rue de Berri ; d'autre part, il est locataire d'un bureau, 18 rue Tronchet, où il n'a pas reparu depuis le 20 juin dernier.

Il doit être domicilié à Bordeaux, dont il était le maire.

48°) MIREAUX.-

M. MIREAUX, Émile, né le 21 août 1885 à Mont-de-Marsan (Landes), est domicilié 19 avenue George-V, à Paris (8e), où il est locataire d'un appartement occupé actuellement par sa belle-sœur. Au cours des vérifications, il a été appris qu'il pourrait se trouver à Lyon (Rhône).

49°) MOYSSET.-

M. MOYSSET, Henri, né le... 1895 à... est domicilié 6 rue Commaille à Paris (7e), d'où il est parti sans faire connaître où il se rendait. Il avait également une résidence rue Chomel à Vichy (Allier).

50°) Maréchal PÉTAIN.-

Le Maréchal Pétain, Henri-Philippe-Benoni-Omer, né à Cauchy-la-Tour (Pas-de-Calais), le 24 avril 1856, est domicilié 8 square de La-Tour-Maubourg, à Paris. Il aurait quitté Vichy à destination de l'Allemagne vers le 20 août dernier.

51°) PEYROUTON.-

M. PEYROUTON, Bernard-Marcel, né le 2 juillet 1887 à Paris (17e), est domicilié 47 rue Jouffroy à Paris (17e). Il était interné en Afrique du Nord et a été transféré aux prisons de Fresnes où il se trouve actuellement.

52°) PIETRI.-

M. PIETRI, François, né le 8 août 1882 à Bastia (Corse), est domicilié 18 rue de l'Élysée à Paris (8e). Il doit sans doute se trouver à Madrid (Espagne), où en dernier lieu il remplissait les fonctions d'ambassadeur.

53°) Amiral PLATON.-

L'Amiral PLATON, Charles-Jean-Guillaume, né le 19 septembre 1886 à Pujols (Dordogne), a été vainement recherché dans le ressort de la Préfecture de police. Lors de ses passages à Paris, il descendait chez son frère, 96 avenue Mozart.

54°) POMARET.-

M. POMARET, Charles-Henri-Victorin, né le 16 août 1897 à Montpellier (Hérault), est domicilié 53 rue de Verneuil à Paris (7e). Il se trouverait actuellement à La Ciotat (Bouches-du-Rhône).

55°) PROUVOST.-

M. PROUVOST, Jean-Eugène, né le 24 avril 1885 à Roubaix (Nord), anciennement domicilié 23 rue Raynouard à Paris (16e), a été vainement recherché. D'après les renseignements fournis par sa sccrétairc, Mlle TRAIN, il se trouverait actuellement en province (sans autres précisions).

56°) PUCHEU.-

M. PUCHEU, Pierre, né le 27 juin 1899 à Beaumont (Oise), a été exécuté le 20 mars 1944 en Algérie.

57°) Général PUJO.-

Le Général PUJO, Bertrand-Bernard, né le 21 août 1878 à Orignac (Hautes-Pyrénées), se trouve actuellement à son domicile 25 rue de l'Arcade à Paris.

L'intéressé qui est alité par suite d'un accident de circulation est l'objet d'une surveillance de la part des services de notre administration.

58°) RIPERT.-

M. RIPERT, Louis-Marie-Adolphe, né le 22 avril 1880 à La

Ciotat (Bouches-du-Rhône), est domicilié 2 rue Récamier à Paris (7e). D'après les renseignements recueillis à cette adresse, il se trouverait actuellement en province (sans autres précisions).

59°) RIVAUD.-

M. RIVAUD, Albert, né le 14 mai 1876 à Nice (Alpes-Maritimes), est domicilié 12 bis avenue Bosquet à Paris (7e). D'après les renseignements recueillis à cette adresse, il se trouverait actuellement en province (sans autres précisions).

60°) RIVIÈRE.-

M. RIVIÈRE, Albert, né le 24 avril 1891 à Grand-Bourg (Creuse), a été vainement recherché dans le département de la Seine. Aux Archives centrales des Renseignements généraux, il est indiqué qu'il aurait demeuré 8 rue Henri-Regnault à Paris (14e). Une vérification effectuée à cette adresse n'a donné aucun résultat. Le susnommé est inconnu de la concierge de l'immeuble en fonction depuis 3 ans et qui n'a jamais entendu parler de lui.

61°) ROMIER.-

M. ROMIER, Lucien-Jean-Baptiste, né le 16 octobre 1885 à Moiré (Rhône), est décédé d'une crise cardiaque le 5 janvier 1944 à Vichy.

62°) SCHUMANN.- [*sic*]

M. SCHUMANN, Robert, né le 29 juin 1886 à Luxembourg (Grand-Duché de Luxembourg), a été vainement recherché. L'intéressé qui, à un moment donné, a résidé 7 rue du Bac, à Paris (7e), a quitté cette adresse, il y a déjà plusieurs années. Son domicile est actuellement ignoré.

63°) Général WEYGAND.-

Le Général WEYGAND, Maxime, né le 21 janvier 1867 à Bruxelles (Belgique), est domicilié 52 avenue de Saxe à Paris (anciennement 22 avenue de Friedland). Il est actuellement interné en Allemagne.

64°) YBARNÉGARAY.-

M. YBARNÉGARAY, Michel-Albert-Jean-Joseph, né le 16 octobre 1883 à Whart-Cize (Basses-Pyrénées), est domicilié 74 avenue Paul-Doumer à Paris (16e), actuellement appartement sous-loué.

En résumé, sur les 64 ministres des Cabinets Pétain, dont les noms ont été mentionnés dans le journal *Libération* du 14 septembre 1944, onze :

MM. BENOIST-MÉCHIN, BERGERET, BONNAFOUS, CAZIOT, CHASSEIGNE, COLSON, FLANDIN, GIBRAT, LEHIDEUX, PEYROUTON, RIPERT, sont actuellement incarcérés ou internés dans les prisons et camps de la Seine.

Deux d'entre eux, MM. CARCOPINO et FRÉMICOURT, ont été arrêtés et relaxés. Trois autres : MM. BOUTHILLIER, WEYGAND, YBARNÉGARAY, ont été arrêtés par les Allemands.

Deux sont décédés de mort naturelle : MM. CHICHERY & ROMIER.

Un a trouvé la mort dans un accident d'aviation : M. HUNTZIGER, un a été assassiné en Afrique, M. DARLAN.

Un a été jugé et exécuté à Alger : M. PUCHEU.

Un a été exécuté par la Résistance : M. HENRIOT.

On ignore dans nos services si des arrestations ont été opérées en province.

Enfin, le Général PUJO est placé en surveillance à son domicile en raison de son état de santé. Parmi ceux qui restent à appréhender, ainsi qu'il a été déjà dit, nombre d'entre eux auraient suivi le maréchal Pétain en Allemagne.

Il y a lieu de mentionner que la plupart des ministres dont il s'agit ont déjà fait l'objet de multiples recherches de la part de nos différents services, tant en vertu d'instructions du Cabinet qu'en vertu d'informations judiciaires du Parquet du Tribunal militaire.

Signé :

Les inspecteurs ALBERTINI, EIZAGUIRRE, DUPUY & BORDES.

Paris, SAM [Série Ba, carton n° 1979]

◆

III. La rue

Ingénieuse à s'insinuer dans les espaces privés, la police parisienne ne perd jamais de vue l'objectif primordial que constitue le contrôle de l'espace public. L'enjeu économique – garantir la fluidité des échanges – se confond avec l'enjeu politique : la ville est tenue par celui qui ouvre et ferme les voies de communication, autorise ou non les rassemblements, canalise les foules. La même administration peut accueillir sans incidents un million de personnes pour les obsèques de Victor Hugo ou expulser en douceur quelques congrégationnistes obstinés.

À la fin du XIXe siècle, la Préfecture de police n'hésite pas à recourir au « manège Mouquin », du nom de l'officier de police dont les troupes à cheval dispersent les manifestants. Depuis la grande parade de protestation qui suivit l'exécution en Espagne de l'anarchiste Ferrer, en 1905, les organisateurs négocient le parcours du cortège – sauf le cas des manifestations non autorisées, comme en a connues la capitale pendant la guerre froide.

Le contrôle de la rue inclut aussi la lutte contre les incendies et les inondations : c'est pourquoi la Brigade des sapeurs-pompiers de Paris, pourtant composée de militaires, est placée sous l'autorité du Préfet de police. Louis Lépine, en mobilisant ses agents contre les catastrophes, était parvenu à les rendre populaires.

Mais le retour d'une contestation vive ramène les protagonistes à l'épreuve de force, même si différentes stratégies demeurent toujours possibles : la violence du 17 octobre 1961 contraste étonnamment avec l'habile gestion de Mai 68.

« VICTOR HUGO VIENT DE MOURIR »

Les funérailles du siècle

Marieke Stein

En ce 22 mai 1885, la France entière est en émoi : Victor Hugo est mort ! Depuis le 17, on le savait malade. Pendant plusieurs jours, les personnalités s'étaient succédé au chevet du grand homme et une foule nombreuse attendait, devant l'hôtel de l'avenue Victor-Hugo, les bulletins de santé du poète, qu'on se répétait et que les journaux transcrivaient en première page. Le 22, avant deux heures, la nouvelle tombe : Victor Hugo a poussé son dernier soupir. Aussitôt, la foule amassée devant l'hôtel se range spontanément sur le trottoir d'en face ; les hommes se découvrent respectueusement, recueillis sous la pluie battante.

Très vite, le gouvernement désigne un comité des funérailles. L'événement doit marquer l'apothéose de la jeune République, qui a besoin, pour se consolider, de fêtes et de symboles. « Son génie domine notre siècle. La France, par lui, rayonnait sur le monde. Les lettres ne sont pas seules en deuil, mais aussi la patrie et l'humanité, quiconque lit et pense dans l'univers entier », déclare le président du

Conseil Henri Brisson, le 23 mai 1885, à la Chambre des députés.

On craint toutefois que les funérailles ne dégénèrent, sous l'influence de l'extrême gauche et des anarchistes. Il est vrai que la maladie puis la mort de Hugo agitent les partis et suscitent des polémiques. Les catholiques, déjà excédés de voir refoulé l'évêque de Paris venu administrer les derniers sacrements, crient au scandale lorsque l'église Sainte-Geneviève est laïcisée pour y recevoir le corps du grand homme ; la droite et l'extrême gauche critiquent la récupération d'un grand nom par la république « officielle » ; quant aux marxistes, ils dénoncent dans un même mouvement la république bourgeoise et son symbole, un notable qui n'a jamais réellement compris ni aimé le peuple.

Les funérailles ont lieu le 1er juin et le Préfet de police a tout prévu : une double haie de gendarmes, un laissez-passer pour se joindre au défilé, l'interdiction du drapeau rouge…

Une marée humaine

Pour éviter tout débordement, l'itinéraire du cortège évite les quartiers populaires : il va de l'Arc de Triomphe, où le corps de Victor Hugo est exposé toute la nuit, jusqu'au Panthéon, où il reposera, en passant par les boulevards Saint-Germain et Saint-Michel. Le cortège est impressionnant : un escadron de gardes municipaux, un régiment de cuirassiers, onze chars pour transporter les couronnes de fleurs, des personnalités politiques, des membres du Conseil d'État et de l'Institut, des délégations d'artistes, de journalistes, d'ouvriers, de francs maçons et de polytechniciens, les délégations des municipalités provinciales et des pays étrangers... Plusieurs milliers de personnes suivent le corbillard, un million le regardent passer.

Tout se passe sans incident. Après l'exposition du cercueil, la nuit, sous l'Arc de Triomphe, après les discours officiels, le cortège se met en branle à onze heures trente. Et quel cortège ! Quatre-vingt-cinq délégations suivent le corbillard, s'étirant sur plusieurs kilomètres... Plus d'un million de personnes sont venues accompagner Victor Hugo vers sa dernière demeure, le Panthéon. C'est le plus grand rassemblement populaire du XIXe siècle.

Cette marée humaine reste calme, sauf au passage du cercueil, où l'acclamation résonne : « Vive Victor Hugo ! » Même si les journaux cléricaux dénoncent la « fête païenne », même si des jaloux comme les Goncourt raillent la « kermesse », même si des marxistes comme Lafargue critiquent la solennité bourgeoise, le peuple, lui, a su rendre, par sa dignité même, le plus profond hommage à son glorieux porte-parole.

◆

L'annonce du décès

Télégramme au Préfet de police

Victor Hugo vient de mourir. Cinq cents personnes environ se tiennent aux abords de son hôtel.

Je ferai connaître ultérieurement tous incidents qui pourraient se produire.

Dupouy

Paris, SAM [Série Ba, carton n° 884]

◆

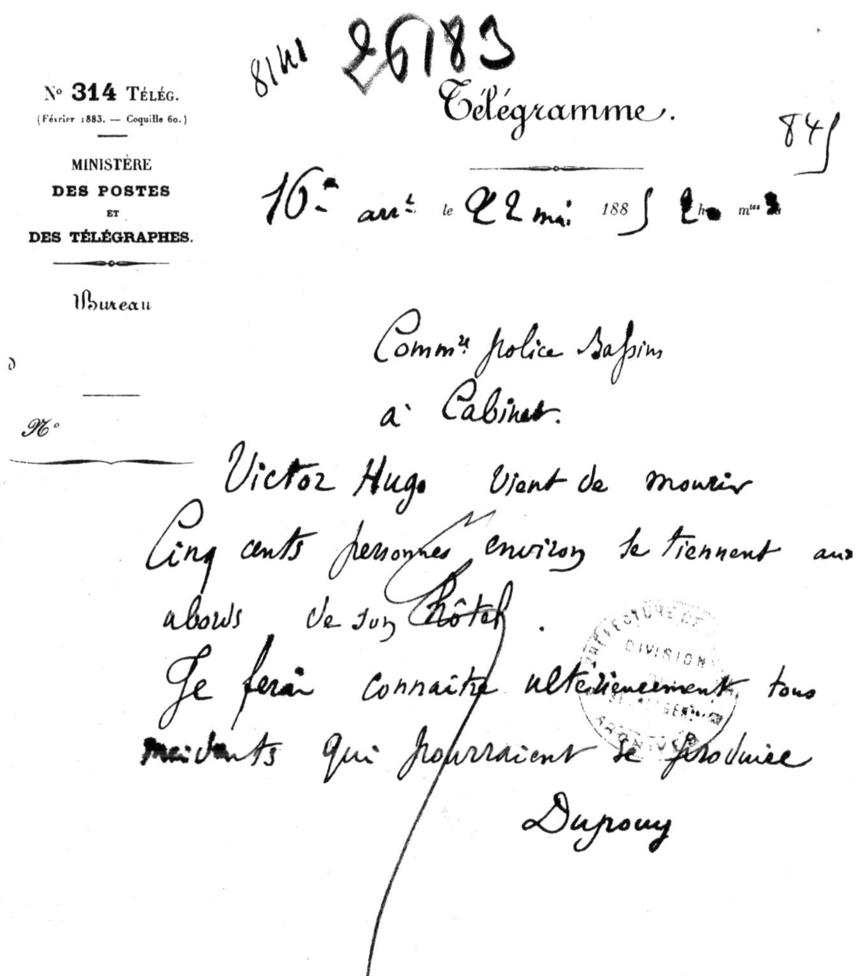

N° 314 Télég.
(Février 1883. — Coquille 60.)

MINISTÈRE
DES POSTES
ET
DES TÉLÉGRAPHES.

Bureau

N°

26183

Télégramme.

845

16e arrt le 22 mai 1885

Commre police Bassins
à Cabinet.

Victor Hugo vient de mourir
Cinq cents personnes environ se tiennent aux abords de son hôtel.
Je ferai connaître ultérieurement tous incidents qui pourraient se produire

Dupouy

L'agonie de Victor Hugo fait l'objet d'une surveillance attentive. Ce télégramme annonce au Préfet de police la mort du poète-sénateur.

◆

L'interdiction du drapeau rouge

Liste des emblèmes saisis le jour des funérailles

Libre pensée du XVe arrondissement	
Anticlérical de Puteaux	Remis le 4 juin
Café de la Presse	le 9 juin
Fraternelle des tôliers	le 8 juin
Fraternelle d'Eure-et-Loir	le 4 juin
Libre pensée socialiste du XVIIIe arrdt	le 9 juin
Chambre syndicale des ouvriers en voitures	le 17 juin
Libre pensée d'Asnières	le 9 juin
Libre pensée Neuilly-sur-Seine	le 9 juin
Groupe athée de Boulogne	le 9 juin
Libre pensée du XVIIe arrdt	le 2 juin
Libre pensée Gentilly	le 9 juin
Libre pensée Suresnes	le 5 juin
Libre pensée Sèvres	le 12 juin
Anti-religieux Courbevoie	le 29 juin
Libre pensée de Rueil	le 3 juin
Libre pensée XIIe arrdt	
Jeunesse communale du XVe arrdt	

Paris, SAM [Série Ba, carton n° 884]

◆

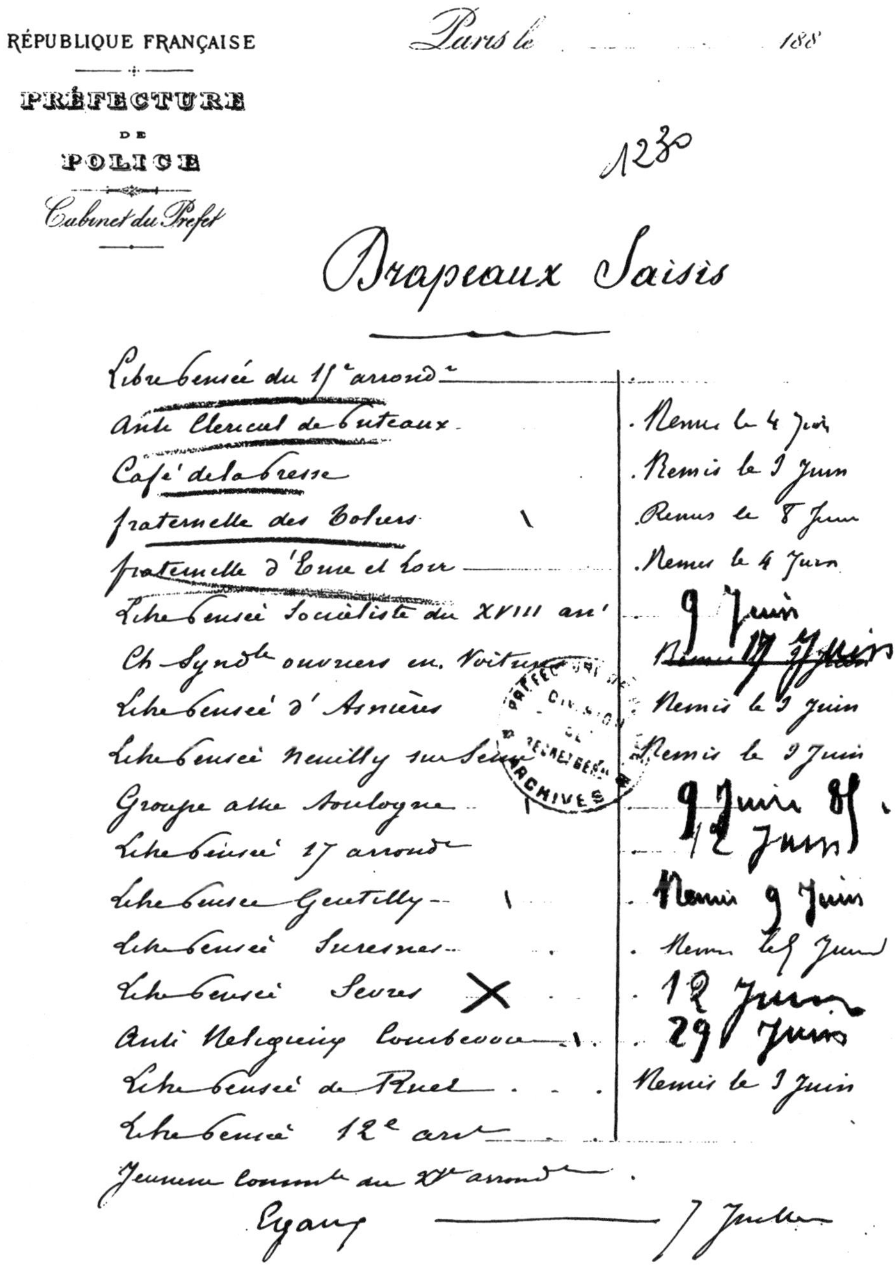
RÉPUBLIQUE FRANÇAISE

PRÉFECTURE DE POLICE

Cabinet du Préfet

Paris le 188

1230

Drapeaux Saisis

Libre pensée du 15e arrond.	
Anti Clérical de Puteaux	Remis le 4 Juin
Café de la Bresse	Remis le 9 Juin
fraternelle des Bolers	Remis le 8 Juin
fraternelle d'Eure et Loir	Remis le 4 Juin
Libre pensée Socialiste du XVIII arr.	9 Juin
Ch. Syndle ouvriers en Voitures	~~Remis 17 Juin~~
Libre pensée d'Asnières	Remis le 9 Juin
Libre pensée Neuilly sur Seine	Remis le 9 Juin
Groupe athée Boulogne	9 Juin 85
Libre pensée 17 arrond.	12 Juin
Libre pensée Gentilly	Remis 9 Juin
Libre pensée Suresnes	Remis le 9 Juin
Libre pensée Sèvres X	12 Juin
Anti Religieux Courbevoie	29 Juin
Libre pensée de Rueil	Remis le 9 Juin
Libre pensée 12e arr.	
Jeunesse commt. du XVe arrond.	
Egaux	7 Juillet

Liste des drapeaux rouges saisis par la police pendant les obsèques de Victor Hugo : seul est autorisé le drapeau tricolore, symbole de concorde nationale.

CONTRAVENTIONS ET BÂTONS BLANCS

Les premières règles de circulation automobile

Bruno Fuligni

Paris, le 14 août 1893 : dans la torpeur estivale, la bonne société a gagné les stations balnéaires, les maisons de campagne, laissant la capitale surchauffée à ceux qui n'ont pas les moyens de la fuir. Le Préfet de police, lui, est resté à son poste : les élections législatives ne sont-elles pas toutes proches ? Vrai bourreau de travail, Louis Lépine en profite pour peaufiner une ordonnance en trente-cinq articles, qu'il signe avec fierté. Certes, ses attributions de police administrative l'amènent à prendre des textes réglementaires, mais celui-ci, il le sait, marque un tournant historique. « Considérant que la mise en circulation, dans le ressort de la Préfecture de police, d'appareils à moteur mécanique a pris une certaine extension », il a décidé de soumettre à autorisation la détention de ces bolides et, surtout, de réglementer leur circulation.

Depuis l'Ancien Régime, les « embarras de Paris » forment un constant sujet de vaines récriminations et de réformes inabouties. Le problème s'est compliqué avec l'apparition d'engins motorisés, rapides, pétaradants, qui sèment le désordre et le ressentiment, quand leurs tubulures artisanales n'explosent pas sur la voie publique. Il est temps d'agir.

Un texte visionnaire

Rétrospectivement, on pourrait sourire de cette ordonnance prévoyant que « les bandages des roues devront être à surface lisse sans aucune saillie » et que « le fonctionnement des appareils doit être de nature à ne pas effrayer les chevaux »... On pourrait s'amuser de l'article 6, fixant le maximum de vitesse autorisé : « Ce maximum ne devra pas excéder 12 kilomètres à l'heure, dans Paris et dans les lieux habités ; il pourra être porté à 20 kilomètres, en rase campagne, mais ce dernier maximum ne pourra être admis que sur les routes en plaine, larges, à courbes peu prononcées et peu fréquentées. »

Pourtant, ce texte est visionnaire. À l'heure où beaucoup d'automobiles fonctionnent encore à la vapeur, Lépine imagine des règles promises à un bel avenir : l'homologation par le service des mines, l'obligation de prévoir un avertisseur sonore ainsi que deux systèmes de freinage dont un par serrage « aussi instantané que possible », la circulation à droite « quand bien même le milieu de la rue serait libre », la nécessité de deux feux allumés de nuit ou par temps de brouillard, une révision périodique obligatoire... Enfin, « les contraventions à la présente ordonnance seront constatées par des procès-verbaux ». Ce dispositif est complété en 1896 par l'invention du bâton blanc qui, surnommé « bâton Lépine » ou «le jujube des sergots» par analogie avec le sucre d'orge des enfants, devient l'emblème des agents de la circulation. Un inventeur en proposera bientôt une version lumineuse, à brancher sur un générateur électrique.

Si aucune sorte d'assurance n'est encore exigée, le Préfet de police a conscience des dangers de l'auto et, plus encore, des possibilités qu'elle offre aux malfaisants de se rendre insaisissables. C'est pourquoi, outre le numéro distinctif que le constructeur doit graver sur chaque auto, «tout véhicule à moteur portera sur une plaque métallique, en caractères apparents et lisibles, le nom et le domicile de son propriétaire» ainsi qu'un «numéro distinctif» d'immatriculation. Les conducteurs aussi seront identifiables. Âgés de vingt et un ans au moins, les détenteurs d'un «certificat de capacité» – ancêtre du permis de conduire – auront obligatoirement fourni deux photographies ainsi qu'une attestation de résidence.

Une préoccupation enfin : éviter d'aggraver les encombrements par des véhicules à l'arrêt. À cet égard, l'article 28 est formel : «Il est interdit de laisser stationner les véhicules sur la voie publique à moins d'absolue nécessité. Dans ce cas, le stationnement ne pourra avoir lieu qu'à la condition de ne pas gêner la circulation.»

Cette dernière règle, fixée en un temps où la conduite est réservée à de riches *sportsmen,* s'est assouplie avec la démocratisation de l'auto. Quand il publie ses *Souvenirs*, en 1929, Louis Lépine revendique avec fierté son ordonnance de 1893, mais il reste lucide : «J'ai pu inventer le bâton blanc, la circulation à sens unique ou giratoire, ce que mes successeurs ont remarquablement développé ; pour moi ce sont des palliatifs à un mal sans remède.»

◆

Un contrevenant de marque

Enrichi par le succès de son Journal d'une femme de chambre, *Octave Mirbeau est l'un des premiers écrivains à posséder une automobile, invention dont il va célébrer les charmes dans son livre* La 628 E8. *Souvent verbalisé pour excès de vitesse, l'illustre chauffard est même arrêté pour conduite à gauche sur les Champs-Élysées, comme en témoigne ce rapport manuscrit en date du 7 juillet 1906.*

Rapport spécial au sujet d'une amende adressée à Octave Mirbeau

L'officier de paix du 8e arrondissement à Monsieur le Directeur de la Police municipale

J'ai l'honneur d'informer Monsieur le Directeur de la Police municipale qu'à 11 heures du soir, le sous-brigadier Lecomte a amené devant M. le Secrétaire de permanence, M. Octave Mirbeau, demeurant 68 avenue du Bois-de-Boulogne.

M. Mirbeau occupait sa voiture automobile 628 E8, dont le mécanicien, Taillebois, Paul, inscrit sous le n° 34746, circulait à gauche, avenue des Champs-Élysées. Interpellé, celui-ci a présenté son certificat de capacité, mais a refusé d'indiquer son domicile. M. Mirbeau, qui n'avait aucun papier d'identité, a déclaré qu'il croyait que le domicile était porté sur le certificat de capacité. M. Mirbeau et son mécanicien ont été renvoyés près justification d'identité.

Murat.

Paris, SAM [Série Ba, carton n° 1190]

RÉPUBLIQUE FRANÇAISE
LIBERTÉ · ÉGALITÉ · FRATERNITÉ
PRÉFECTURE DE POLICE

8e Arrondissement.

M. Murat
Officier de Paix.

Paris, le 7 Juillet 1906 87

Rapport spécial

[illegible]

L'officier de Paix du 8e arrondissement à Monsieur le Directeur de la Police Municipale.

J'ai l'honneur d'informer Monsieur le Directeur de la Police Municipale qu'à 11 h. du soir, le sous-brigadier Lecomte a amené devant M. le secrétaire de permanence, M. Octave Mirbeau, demt 68 avenue du Bois de Boulogne.

M. Mirbeau occupait sa voiture automobile 628 E8, dont le mécanicien, Taillebois, Paul, inscrit sous le n° 34746, circulait à gauche, avenue des Champs-Élysées. – Interpellé, celui-ci a présenté son certificat de capacité, mais a refusé d'indiquer son domicile. M. Mirbeau qui n'avait aucun papier d'identité, a déclaré qu'il croyait que le domicile était porté sur le certificat de capacité. MM. Mirbeau et son mécanicien, ont été renvoyés après justification d'identité.

A Murat

Rapport de l'officier de paix Murat au sujet d'Octave Mirbeau, 7 juillet 1906.
Transcription page précédente.

◆

Un haut fait de la Brigade fluviale

« Scandale sur les bateaux de banlieue. Arrestation d'une bande de souteneurs » : intitulé à la manière d'un article de presse, ce rapport de l'Inspection générale de la Navigation et des Ports en date du 9 décembre 1902 nous rappelle que, pour la Préfecture de police, la Seine fait partie intégrante de cet espace public qu'elle a pour mission de pacifier. Louis Lépine ne vient-il pas de créer la Brigade fluviale, pour l'Exposition de 1900 ? Artère stratégique, le fleuve permet aux banlieusards de gagner agréablement le centre de la capitale, grâce à une noria de petits vapeurs. Quand une bande de jeunes délinquants s'amuse à perturber ce service apprécié de transport en commun, ils provoquent en retour une intervention musclée de la police, dont l'auteur anonyme du rapport donne une relation aux accents homériques.

La sécurité des transports sur la Seine

L'Inspection de la Navigation avait informé M. le Préfet de police que depuis quelques semaines des désordres et des scènes de violence et d'obscénités se produisaient tous les lundis soir sur les bateaux du service des Tuileries à Suresnes.

Le lundi dans l'après-midi une cinquantaine de souteneurs, accompagnés de filles, passaient l'après-midi dans un bal du Point-du-Jour, et vers 5 heures ils embarquaient pour regagner Puteaux. Les bateaux étaient alors pris d'assaut ; les souteneurs expulsaient les femmes et les enfants des places assises, brisaient le matériel, chantaient des chansons obscènes, menaçaient de mort les voyageurs qui protestaient; ils cassaient alors les lampes électriques et les scènes de lubricité commençaient.

M. le Préfet de police avait alors prescrit des mesures spéciales pour mettre fin à un état de choses révoltant. Hier 15 agents en bourgeois de la Brigade fluviale prirent place sur le bateau n° 58A en même temps que les malfaiteurs; ils étaient dirigés par M. Depray, Inspecteur de la Navigation et le Brigadier Beauchamp. D'autres agents avaient été disséminés sur les pontons de Billancourt, Meudon, Sèvres, Boulogne et Saint-Cloud; enfin M. Longpré, Commissaire de Police à Puteaux, avec deux brigades, attendait à Suresnes l'arrivée du bateau pour prêter main-forte.

Les souteneurs au nombre d'environ 35, dont la plupart étaient des jeunes gens de 15 à 19 ans, embarquèrent à Auteuil sans avoir soupçonné la surveillance organisée. Les agents laissèrent se produire les scènes habituelles décrites plus haut et se contentèrent d'observer.

Le premier souteneur qui débarqua à Suresnes, le chef de la bande, aperçut les agents et sauta par-dessus le bastingage; il fut aussitôt saisi; ses camarades affolés cherchèrent à s'échapper et engagèrent dans l'obscurité une lutte désespérée; mais les agents étaient en force, ils mirent le revolver au poing et les neuf souteneurs les plus compromis furent arrêtés et conduits au commissariat. Les autres après avoir été interrogés furent remis en liberté dans la nuit. Dans le trajet du ponton au poste de la mairie de Suresnes les habitants en voyant passer la bande encadrée par les agents ont crié :

« Enfin, voilà une rafle sérieuse; ce n'est pas trop tôt. »

Les paisibles habitants de la banlieue aval pourront désormais reprendre le bateau en toute sécurité; tous les malfaiteurs sont aujourd'hui connus et vont être surveillés.

Voici l'état-civil des individus arrêtés :
Gisse, Victor, 18 ans
Clément, Louis, 16 ans
Pruvot, Eugène, Louis, 20 ans
Sébire, Maurice, 19 ans
Roy, Léon, Ernest, 19 ans
Prallet, Louis, François, 17 ans
Delfosse, Émile, 17 ans
Bader, Émile, 20 ans
Roger, Camille, 19 ans.

Bader avait dans ses poches des cailloux pour casser les vitres des becs de gaz ; c'est un lutteur de profession et il a fallu 5 agents pour le maîtriser.

Paris, SAM [Série Ba, carton 1689]

◆

AU MUSÉE DE L'ÉTOURDERIE

Le bureau des objets trouvés

Bruno Fuligni

« Jusqu'en 1874, le chiffre des dépôts n'avait jamais dépassé 10 000 ; à partir de ce moment, il augmente rapidement ; en 1891, il atteignait le chiffre de 22 063 objets de toute nature pour s'élever, en 1902, à 58 938 », constate le conseiller général Ranson dans son rapport du 23 septembre 1903 sur les objets trouvés. En ajoutant les objets rapportés par les compagnies d'omnibus et de tramway, le total se monte à 65 000 : à mesure que l'agglomération parisienne s'étend, ses habitants deviennent oublieux...

Dès 1804, le Préfet Dubois a créé une « obligation de dépôt », ordonnant aux commissaires de faire porter à la Caisse de la Préfecture de police les objets arrivés dans leurs bureaux. Le 13 octobre 1893, le Préfet Lépine organise un véritable service des objets trouvés, en centralisant leur dépôt et leur remise, quelles que soient leur nature ou leur provenance. « Garder un objet trouvé, c'est voler », apprend-on alors dans les écoles de la République.

Classés « à la ficelle »

Dans la cour du 36, quai des Orfèvres, un pavillon trop exigu recueille alors toutes les épaves égarées dans la capitale. « On trouve de tout dans ce capharnaüm où sont renfermés les objets trouvés ou déposés : des objets d'art, des bijoux, des valeurs mobilières, des porte-monnaie et des portefeuilles contenant des sommes importantes, des fourrures, des vêtements, des parapluies et des cannes, dont beaucoup ornés de manches et de poignées en or ou en argent, de vieilles robes, des jupons effilochés, des chapeaux d'homme ou de femme aux formes invraisemblables, des corsets de toutes tailles et de toutes grandeurs », note Ranson. Les objets sont classés « à la ficelle », c'est-à-dire rangés dans des sacs noués par une ficelle à l'extrémité de laquelle pend une fiche timbrée de cire et numérotée. Cette caverne d'Ali Baba est popularisée par la presse, qui la surnomme joliment « le musée de l'Étourderie ».

Installée au 36, rue des Morillons depuis 1939, l'institution s'est modernisée. L'informatique a eu raison des ficelles, une pièce entière est dédiée aux téléphones portables et le service, qui reçoit plus de cent quarante mille objets par an, en restitue trois à quatre mille par mois à leur propriétaire.

J'ai l'honneur de vous informer que le bouton de manchette, dont vous m'avez signalé la perte, n'a pas été rapporté, jusqu'à ce jour, au Service des Objets trouvés.

Extrait d'une lettre adressée en juin 1904 par le Préfet Lépine au sénateur Méline, ancien président du Conseil, au sujet d'un bouton de manchette égaré.

Incendie au Bazar de la Charité

La haute société dans les flammes

Emmanuel Ranvoisy

Mercredi 4 mai 1897, grande affluence pour l'inauguration du Bazar de la Charité. Dans une atmosphère joviale, mille deux cents personnes vaquent de comptoir en comptoir à travers ce vaste bâtiment de bois et de toile goudronnée, construit sur un terrain vague de la rue Jean-Goujon, près des Champs-Élysées. L'édifice s'étend sur cent vingt-cinq mètres de long et cinquante mètres de large. L'aménagement intérieur est digne des plus beaux décors de théâtre. Dans un style moyenâgeux, vingt-deux comptoirs aux formes d'auberges, d'échoppes, de petits hôtels se côtoient.

En cette fin de XIXe siècle, de nombreuses femmes de la haute société se consacrent aux œuvres de bienfaisance. Soucieux de les réunir sous un même toit, le Comité du Bazar de la Charité, un consortium fondé en 1885, opte au printemps 1897 pour l'édification d'un baraquement provisoire. L'association philanthropique peut ainsi garantir la vente annuelle d'objets, de linges et de colifichets divers, au profit des plus démunis. Le Bazar de la Charité dispose même de la dernière attraction à la mode : le cinématographe.

Soudain, à 16 heures 20, des flammes jaillissent de la salle de projection. Les vapeurs d'éther dégagées par l'appareil prennent feu, puis les pellicules en celluloïd. En moins de trois minutes, les flammes s'étendent aux frises du décor et courent dans les toiles peintes. Dans le bâtiment qui s'embrase, la panique s'empare de la foule. En proie à l'affolement, hommes, femmes et enfants se ruent vers la sortie. Ceux qui se trouvent près des portes de sortie peuvent s'extraire des flammes, les chairs indemnes ou plus ou moins gravement brûlées. Certains parviennent à passer par la fenêtre d'un hôtel qui jouxte le terrain vague. Mais, dans le Bazar, des mondaines s'écrasent et tombent en tas les unes sur les autres. Leurs corps forment rapidement de véritables barricades humaines qui ferment aux autres le chemin du salut.

Un sinistre spectacle

Malgré leur célérité, les sapeurs-pompiers constatent à leur arrivée que la toiture s'est effondrée. Activant plusieurs pompes à vapeur pour alimenter leurs lances en eau, ils attaquent le brasier et procèdent à l'extinction de quelques feux qui se sont déclarés dans les habitations voisines.

La nuit tombe, laissant place à un spectacle sinistre. Dans l'énorme amas noir qui subsiste et d'où s'échappe une odeur épouvantable, les « soldats du feu », aidés par un détachement du Génie, exhument avec délicatesse cent douze corps des décombres. Entièrement calcinés, souvent méconnaissables, ce sont pour la plupart ceux de femmes du monde, parmi lesquelles la duchesse d'Alençon, sœur de l'impératrice d'Autriche. Dans les ruines du Bazar de la Charité, un monde vient de s'écrouler.

Un rapport établi pour proposer de récompenser d'une médaille l'un des pompiers les plus méritants.

Rapport du Capitaine **SERAND** commandant la 6me Compagnie, sur les opérations exécutées par le Sergent Lemaire N° Mle 1511 pendant l'incendie du Bazar de la Charité, rue Jean-Goujon N° 19.

Le mardi 4 Mai 1897, vers 4 heures 40 du soir, le Sergent Lemaire descendait la Seine sur un bateau express de la rive gauche, et était prêt d'arriver à l'escale du pont de l'Alma, lorsqu'il aperçut une forte fumée noire s'élevant au-dessus des maisons du Cours la Reine. Il descendit au ponton et se rendit immédiatement rue Jean-Goujon.

A son arrivée, ne voyant pas de pompiers, il envoyait un civil prévenir le poste du Palais de l'Industrie lorsqu'il aperçut l'équipe de ce poste qui débouchait à l'entrée de la rue. Il explora le terrain vague situé derrière le bazar pour s'assurer qu'il ne restait personne en danger de ce côté. Il dirigea l'établissement des tuyaux de ce poste et fit attaquer le feu avec 2 lances par l'angle situé à l'entrée du terrain vague. Il aida également le Sapeur du poste de la rue Malar, arrivé quelques instants après, à établir une lance qu'il dirigea sur la façade. Aidé d'agents, il rassembla sur le trottoir d'en face les cadavres des victimes qui n'avaient pu survivre à leurs brûlures.

Le Capitaine se trouvait sur les lieux en même temps que ce Sous-Officier : il a pu apprécier le zèle, la promptitude et le sang-froid déployés par lui en cette circonstance.

Le Sergent Lemaire a déjà été cité 3 fois à l'ordre du Régiment pour sa belle conduite dans les incendies. Il a été blessé à l'incendie du Faubourg St Honoré le 9 Avril 1890.

En conséquence, le Capitaine demande que ce Sous-Officier soit proposé pour une médaille en argent de 2e classe.

Serand

◆

Les fautes des organisateurs

Extrait de* Mes souvenirs, *Louis Lépine, 1929

C'était une vente de bienfaisance organisée par le baron de Mackau et M. Amédée Dufaure. Le comité des dames patronnesses groupait tout l'armorial de France. Malheureusement pour diminuer les frais on s'était borné à élever dans un terrain vague de la rue Jean-Goujon des baraquements en bois économiquement abrités des intempéries par des toiles bitumées. Il n'y aurait pas eu péril si les organisateurs ne m'avaient caché (et c'est ce qui motiva la condamnation correctionnelle qui les frappa) qu'on se proposait de dissimuler un appareil cinématographique dans quelque coin. Le cinéma était alors à peine connu, c'était la surprise, le clou de la fête.

Le jour arrivé, la foule, si l'on peut qualifier ainsi une assistance aussi élégante et aussi choisie, prend d'assaut les comptoirs ; et au plus fort de l'affluence on fait l'annonce de la représentation improvisée. Quelques instants se passent dans une attente joyeuse, quand tout à coup des crépitements se font entendre derrière la toile et une lueur rouge, obscurcie par une épaisse fumée, donne le signal du sauve-qui-peut. Dans le réduit de l'opérateur, où aucune précaution n'avait été prévue, les pellicules du film avaient pris feu et en un instant tout s'était embrasé à l'entour. Ce que fut cette débandade furieuse, les journaux du temps le signalèrent avec indignation. Il paraît que de petits jeunes gens titrés bousculèrent les femmes, jouant des poings et des cannes, passant sur le corps de ces malheureuses, pour gagner plus tôt le dehors.

On citait des détails navrants. Un corridor aboutissait à une impasse. C'est là qu'aveuglées par la fumée un grand nombre de dames de la haute société, quelques religieuses aussi, vinrent s'entasser, croyant trouver une issue ; asphyxiées, brûlées par une pluie de bitume enflammé, atteintes enfin par l'incendie, carbonisées ou liquéfiées, elles périrent toutes d'une horrible mort.

Quand j'arrivai sur les lieux, l'eau des pompes avait changé ces cadavres en boue gluante. C'est avec toutes les peines du monde que mes hommes et moi nous pûmes déblayer le charnier, en gardant à cette opération un semblant de décence.

Les corps étaient méconnaissables. Le lendemain on voulut pourtant tenter d'y mettre des noms, mais les reconnaissances sont pour beaucoup restées douteuses. C'est à une dent aurifiée que les proches de la duchesse d'Alençon durent se fier pour identifier son cadavre, mais cela suffit à Tristan Lambert pour se précipiter à terre à genoux et baiser ces restes. L'incendie avait fait 130 victimes.

Je n'ai pas besoin d'ajouter que ce tragique événement auquel avaient été mêlés de près ou de loin tant de membres de la société parisienne défraya longtemps les conversations des salons. À les entendre, des centaines de ces dames ayant rendez-vous au bazar n'avaient dû qu'à un hasard providentiel d'être empêchées de s'y rendre ; ou bien elles n'en étaient sorties qu'un quart d'heure avant la catastrophe. Où peut s'arrêter l'imagination dans des récits sensationnels !

◆

« À BAS LA CALOTTE ! »

Des capucins expulsés de leur couvent

Jacqueline Lalouette

Le 3 novembre 1903, en plein Paris, les capucins se barricadent dans leur couvent de la rue de la Santé. Pour les expulser, la police doit faire appel à des sapeurs-pompiers qui brisent les portes. Tandis que des manifestants les soutiennent au cri de « Vive la liberté », des anticléricaux lancent : « À bas la calotte ! »

De tels épisodes sont fréquents cette année-là, rappelant la méfiance que le pouvoir, en France, a toujours nourrie contre les congrégations. Des décrets les ont frappées en 1880, poussant de nombreux religieux à l'exil. Puis le ralliement des catholiques à la République, prôné par le pape Léon XIII, a facilité leur retour. Mais l'affaire Dreyfus ranime l'anticongréganisme de la IIIe République, qui culmine entre 1901 et 1904. On reproche aux religieux d'être une « Internationale noire », de renoncer aux droits de la personne, notamment à la liberté, et de former une jeunesse étrangère à sa patrie et à son temps. Le président

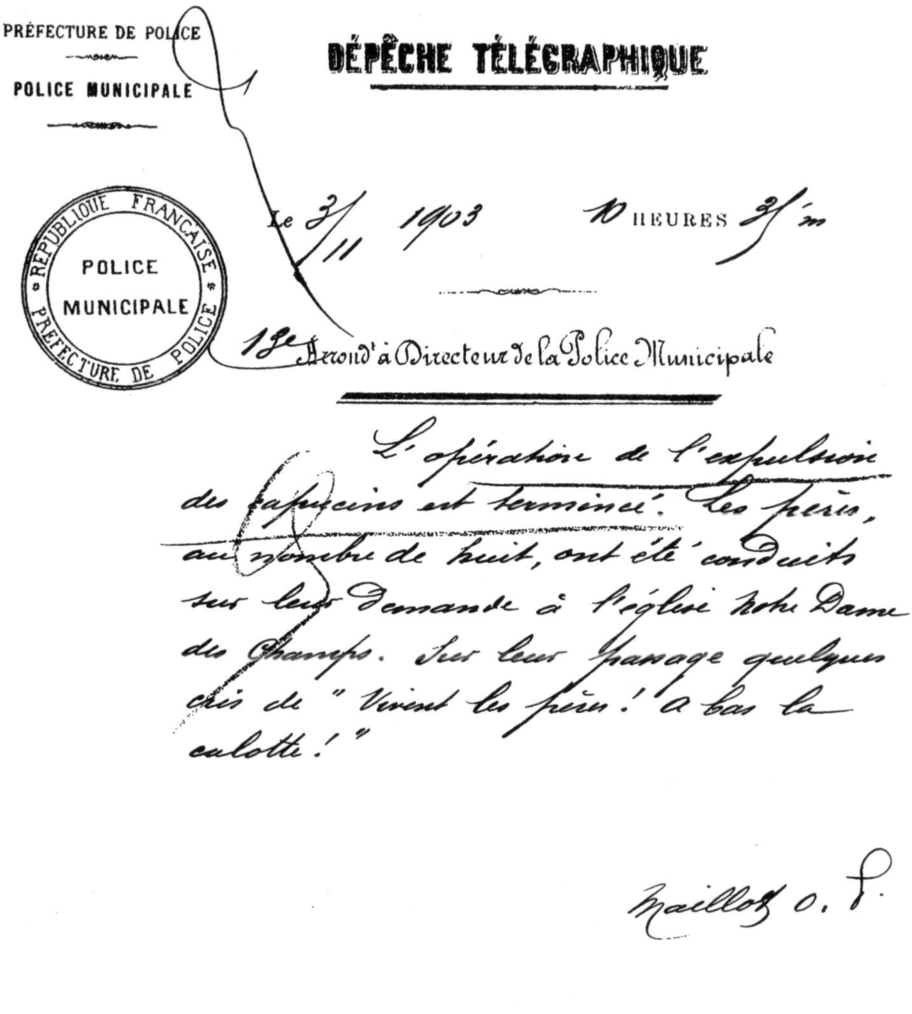
PRÉFECTURE DE POLICE

POLICE MUNICIPALE

DÉPÊCHE TÉLÉGRAPHIQUE

RÉPUBLIQUE FRANÇAISE
POLICE MUNICIPALE
PRÉFECTURE DE POLICE

Le 3/11 1903 10 HEURES 35m

13e Arrond' à Directeur de la Police Municipale

L'opération de l'expulsion des capucins est terminée. Les pères, au nombre de huit, ont été conduits sur leur demande à l'église Notre Dame des Champs. Sur leur passage quelques cris de " Vivent les pères ! a bas la calotte ! "

Maillot O. P.

Dépêche télégraphique, 3 novembre 1903, 10 h 35 : « L'opération de l'expulsion des capucins est terminée. Les pères, au nombre de huit, ont été conduits sur leur demande à l'église Notre-Dame-des-Champs. Sur leur passage quelques cris de : "Vive les pères ! À bas la calotte !" »

du Conseil, Émile Combes, accuse aussi les religieux prédicateurs de se substituer au clergé paroissial et de paraître en chaire avec arrogance.

Dissolutions en cascade

Selon le titre III de la loi sur les associations du 1er juillet 1901, les congrégations doivent être autorisées par le législateur. Or, seules cinq congrégations d'hommes le sont déjà. Les autres sont tenues de déposer une demande d'autorisation, qui doit être examinée par les deux chambres ; en cas de refus, la congrégation est dissoute. Combes transforme la procédure par décret. Classées en trois groupes correspondant aux congrégations enseignantes, aux prédicantes – au premier rang desquelles, les capucins – et aux chartreux, les demandes, toutes repoussées par la Chambre, ne sont pas transmises au Sénat.

Interdiction d'enseigner

Estimant la loi violée, les capucins demeurent dans le couvent de la rue de la Santé où, le 4 avril 1903, un commissaire de police leur donne quinze jours pour partir. Ils restent. Le 20 avril, on leur signifie leur infraction. Le 7 mai, ils sont dix-sept à comparaître devant le tribunal correctionnel de la Seine, qui les condamne à vingt-cinq francs d'amende – à l'exclusion d'un frère de passage à Paris. Ils font appel mais, le 23 juin, la Cour confirme le jugement. Déboutés en cassation le 22 octobre, ils sont expulsés une dizaine de jours plus tard.

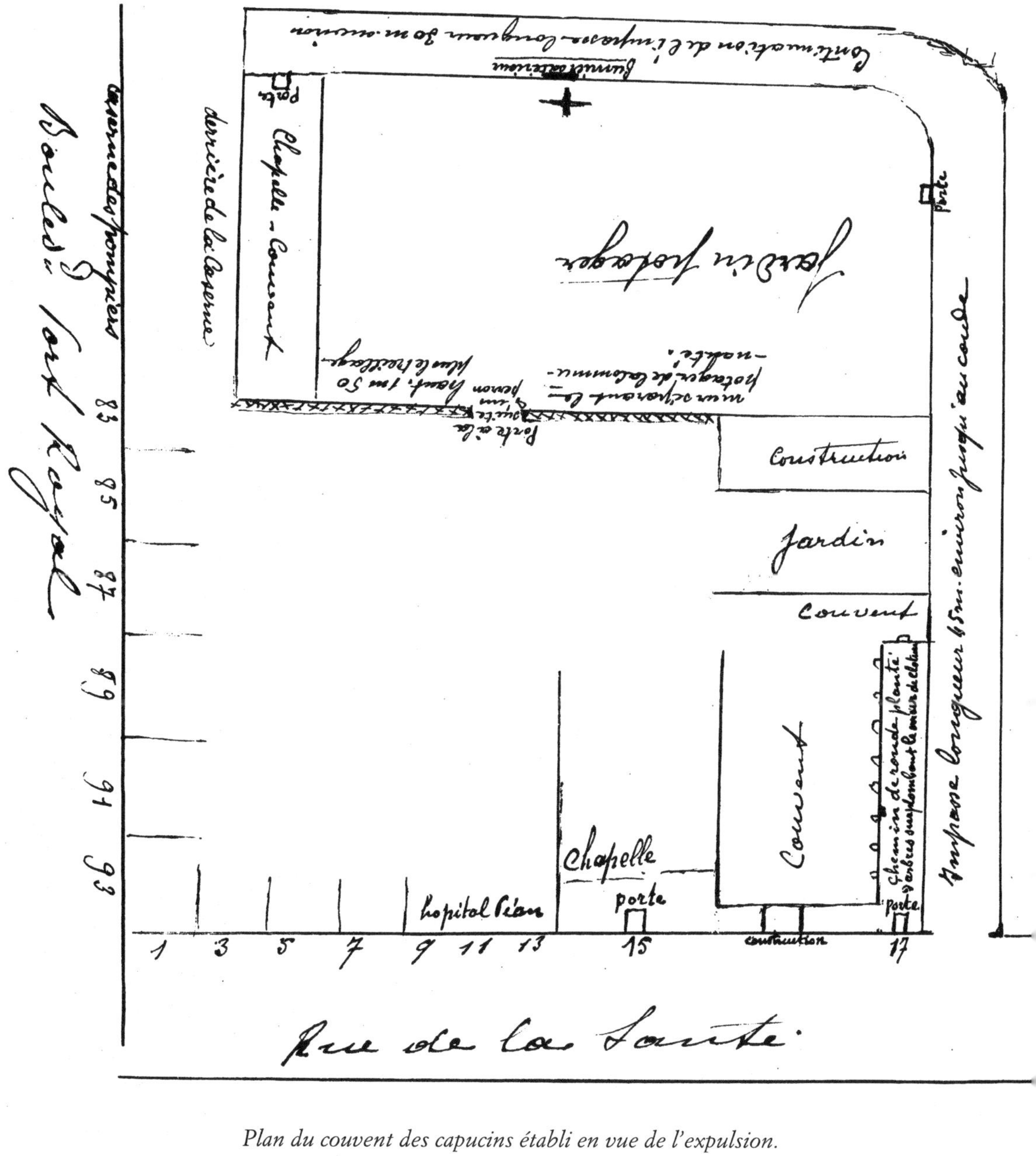

Plan du couvent des capucins établi en vue de l'expulsion.

Le 7 juillet 1904, une loi encore plus drastique interdit à tous les congréganistes d'enseigner, y compris dans les établissements privés. En 1905, enfin, la loi sur la séparation des Églises et de l'État dispose que les associations cultuelles devront être constituées « conformément aux articles 5 et suivants de la loi du 1er juillet 1901 ».

L'INONDATION DE 1910

Une ville sous l'emprise du fleuve

Kathia Gilder

En ce début d'année 1910, Paris se veut moderne. Le gaz et l'électricité se répandent dans les foyers, et la moitié des immeubles reçoit déjà l'eau potable, grâce aux kilomètres de canalisations qui courent en sous-sol. Dans la deuxième quinzaine de janvier, la Seine monte. D'heure en heure, l'eau envahit les berges, les caves et les rez-de-chaussée. Elle jaillit des trottoirs et s'infiltre dans les transformateurs électriques, plongeant dans le noir une grande partie de la rive gauche. Tour à tour, les usines, les chemins de fer, le tramway et le métro, fiertés de la ville, sont paralysés. Le 21 janvier, quand est inondée l'usine à air comprimé qui alimente les horloges publiques, le temps s'arrête à 22 heures 53.

Personne n'avait prévu la catastrophe, sans précédent depuis 1658. Le Préfet Lépine organise la résistance. Il enfile bottes de cuir et pantalon ciré pour venir en personne au secours des populations sinistrées, tout en appelant les militaires à la rescousse. De Brest, Dunkerque et Toulon, les

PREFECTURE DE POLICE

POLICE MUNICIPALE

4e District
(5e Arrondt.)

M. BOULANGER
Commissaire de Police
Officier de Paix

Inondations 1910

Maximum de hauteur atteint par les eaux dans chacune des voies ci-après :

Rue de Bièvre	1m90	Rue de la Clef	0m70
Quai de la Tournelle	1.80	Rue du Fer à Moulin	0.60
Rue Maître Albert	1.80	Rue de la Harpe	0.60
Impasse Maubert	1.80	Rue des Fossés St Bernard	0.60
Rue des Grands Degrés	1.70	Rue des Chantiers	0.60
Rue de la Bucherie	1.70	Rue de la Huchette	0.40
Rue Frédéric Sauton	1.60	Rue Broca	0.40
Rue de Buffon	1.50	Rue de Poissy	0.40
Rue Cuvier	1.15	Rue des Anglais	0.40
Quai Montebello	1.10	Rue Galande	0.30
Rue des Bernardins	1.05	Rue Lagrange	0.20
Quai St Bernard	0.95	Rue St Victor	0.20
Rue des Trois Portes	0.95	Rue Cochin	0.20
Rue de Pontoise	0.80	Rue Geoffroy St Hilaire	0.15
Rue de l'Hôtel Colbert	0.70		

Rapport du commissaire Boulanger détaillant la hauteur d'eau dans les rues du Ve arrondissement de Paris.

marins débarquent avec de curieux canots en bois et en toile : légers et démontables, les « Berthon », du nom de leur inventeur, peuvent emmener une douzaine de personnes et rendent de grands services ; les députés eux-mêmes s'habituent à prendre ces « torpilleurs » pour aller siéger.

Un élan de solidarité

Dans l'épreuve, la ville se mobilise. On construit des passerelles et des digues de fortune, faites de sacs de ciment et de pavés. Les pompiers, qui s'épuisent à faire ronfler leurs pompes à vapeur, sont envoyés en force au quartier de la Gare, dans le XIIIe arrondissement, où ils sauvent des dizaines de familles. Les gardiens de la paix montent la garde nuit et jour, pour traqucr lcs pillcurs. Dans lcs quarticrs submcrgés, c'cst le sauve-qui-peut pour tenter de mettre au sec les vivres et le charbon. Héroïque, un résident du VIIe arrondissement utilise le battant de son armoire comme radeau pour ravitailler des voisins, bloqués par les eaux. En barque ou à cheval, les Parisiens se débrouillent pour « marcher sur l'eau ». Mais cette eau, qui coule au fond des rues, est froide et sale. Et la nuit tombée, on s'éclaire à la flamme des bougies, des lampes à pétrole ou à acétylène.

Dans ce combat contre le fleuve, un bel élan de solidarité se forme, à l'image des femmes de la Croix-Rouge qui se relaient pour porter repas chauds et vêtements aux plus démunis. Les « soupes populaires » font leur apparition.

La ville respire enfin le matin du 29 janvier, lorsque la Seine amorce sa décrue. Commence alors le grand nettoyage

RÉPUBLIQUE FRANÇAISE

Liberté – Égalité – Fraternité

PRÉFECTURE DE POLICE

SECRÉTARIAT GÉNÉRAL — INSPECTION DIVISIONNAIRE DE LA CIRCULATION ET DES TRANSPORTS

AVIS

Par suite de la crue de la Seine, une grande quantité d'épaves sont entraînées sur divers points de la rivière, et il arrive parfois qu'elles sont détournées par les personnes qui en opèrent le sauvetage.

Le Préfet de Police croit devoir rappeler que les épaves (bois et autres objets) abandonnées par le fleuve n'appartiennent pas à ceux qui les recueillent.

Aux termes de l'article 143 de l'Ordonnance de Police du 30 avril 1895, il est enjoint à tous ceux qui auront repêché des bois, des débris de bateaux, des marchandises ou autres objets naufragés d'en faire la déclaration dans les 24 heures à l'Inspection de la Navigation Commerciale et des Ports, ou au Commissaire de police de la Circonscription.

Les objets repêchés seront consignés pour être rendus à leurs propriétaires, après justification de leurs droits et acquittement des frais de repêchage et autres auxquels ces objets auront pu donner lieu.

Les repêcheurs qui s'attribueraient, cacheraient ou vendraient tout ou partie des objets repêchés, seront, ainsi que les acheteurs ou recéleurs, poursuivis conformément aux lois.

Le Préfet de Police,

LÉPINE

Paris, le 26 janvier 1910.

Paris. — Imprimerie CHAIX (Succursale B), 11, boulevard Saint-Michel. — 326-10.

Affiche signée Louis Lépine, rappelant aux Parisiens que le « repêcheur » d'un objet n'en est pas le propriétaire.

des rues, où l'eau, en se retirant, laisse place à la boue et aux détritus. Par crainte des épidémies, consigne est donnée de brûler ou de faire bouillir tout ce qui a été contaminé par le fleuve.

Avec courage et sang-froid, les Parisiens ont surmonté l'épreuve. En seraient-ils capables aujourd'hui, si le fleuve sortait une nouvelle fois de son lit ?

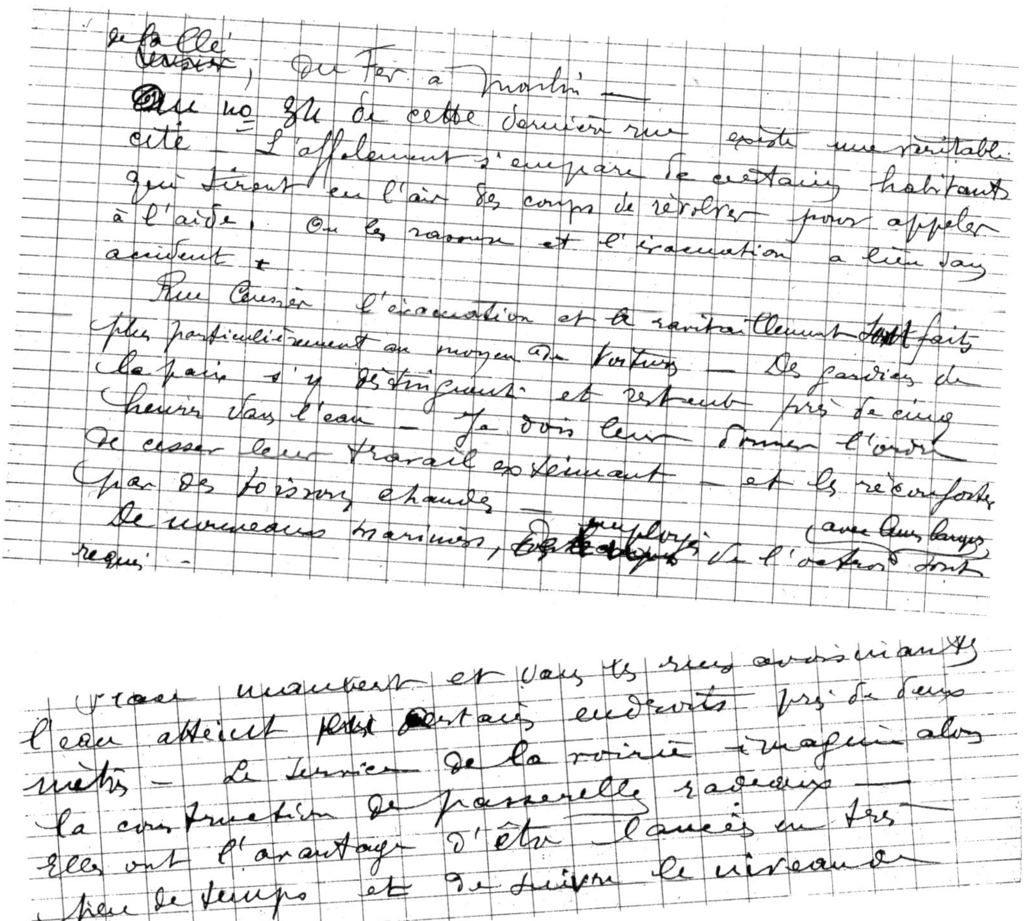
de la Clé ~~Censier~~, du Fer à Moulin —
Au no 24 de cette dernière rue existe une véritable
cité — L'affolement s'empare de certains habitants
qui tirent en l'air des coups de révolver pour appeler
à l'aide. On les rassure et l'évacuation a lieu sans
accident +
Rue Censier l'évacuation et le ravitaillement ~~sont~~ faits
plus particulièrement au moyen de voitures — Des gardiens de
la paix s'y distinguent et restent près de cinq
heures dans l'eau — Je dois leur donner l'ordre
de cesser leur travail obstinément — et les réconforter
par des boissons chaudes —
De nouveaux marins, ~~[illegible]~~ employés (avec leurs barques) de l'octroi sont
requis —

Place Maubert et dans les rues avoisinantes
l'eau atteint ~~plus~~ en certains endroits près de deux
mètres — Le service de la voirie imagine alors
la construction de passerelles radeaux —
Elles ont l'avantage d'être lancées en très
peu de temps et de suivre le niveau de

Extrait d'un journal anonyme de l'inondation : d'une écriture fébrile, ce document décrit au jour le jour la montée des eaux, le pic du 28 janvier puis la décrue. Rue du Fer-à-Moulin, « l'affolement s'empare de certains habitants qui tirent en l'air des coups de revolver pour appeler à l'aide. On les rassure et l'évacuation a lieu sans accident ».

SUFFRAGETTES EN COLÈRE

Le siège du Sénat

Bruno Fuligni

Le 28 juin 1928, les télégrammes pleuvent sur la Préfecture de police. Les sénateurs, alarmés, réclament le concours de la force publique pour disperser des groupes de suffragettes qui, bloquant le palais du Luxembourg, scandent des slogans hostiles. Les agents interviennent, confisquent les pancartes : la routine…

Ce jour-là, pourtant, le Sénat ne s'est rendu coupable d'aucun propos antiféministe. Modification de loi sur l'avancement dans l'armée, projet sur l'inhumation des généraux et maréchaux de la Grande Guerre aux Invalides : rien, à l'ordre du jour, ne concerne directement ces dames qui manifestent chapeautées et gantées. Mais justement, ce « rien » les irrite. Combien de temps encore les sénateurs vont-ils différer la grande réforme du suffrage féminin ?

Distribution de chaussettes

Une proposition de loi tendant à accorder le droit de vote aux femmes a été déposée par le député Dussaussoy en 1906. Treize ans plus tard, en considération du rôle joué par les femmes pendant la guerre, elle est adoptée à la Chambre des députés : le 20 mai 1919, les Françaises croient avoir gagné la partie. Or, les sénateurs bloquent le texte. Après avoir fait durer trois ans l'examen en commission, ils refusent, le 21 novembre 1922, de passer à la discussion des articles.

À droite, on veut protéger la famille ; à gauche, les vieux anticléricaux se méfient des Françaises, insuffisamment dégagées des croyances religieuses. En 1925, en 1927, les députés votent plusieurs lois et motions en faveur du suffrage féminin, que les sénateurs jugent plus sage d'enterrer. Les manifestations de suffragettes ne les feront pas changer d'avis. « Allez dans les réceptions diplomatiques, dans les réunions mondaines, dites-moi sérieusement si la femme de France se trouve humiliée parce qu'elle ne vote pas », demande à ses collègues le sénateur Lefebvre du Preÿ, le 7 juillet 1932. « Non ! Cela ne peut gêner que quelques femmes naturellement aigries, mécontentes, jalouses, qui veulent essayer de devenir des hommes, à leur grand dommage d'ailleurs. En vérité, les femmes de France ne s'inquiètent pas de cette question. »

Le 2 juin 1936, Louise Weiss et les militantes de La Femme nouvelle reviennent devant le Sénat et distribuent des chaussettes sur lesquelles on lit : « Même si vous nous donnez le droit de vote, vos chaussettes seront raccommodées. » Trois femmes entrent au gouvernement et, le 30 juillet 1936, les députés approuvent pour la sixième fois, à l'unanimité, le vote des femmes. Initiatives sans suite à la Haute Assemblée. Il faudra une guerre de plus pour que l'ordonnance du 21 avril 1944 dispose : «Les femmes sont électrices et éligibles dans les mêmes conditions que les hommes.» Une réforme que le Sénat n'aura jamais votée.

24 6 28 16H55 7 ÈME DT.
UNE DOUZAINE DE SUFFRAGETTES SONT VENUES DEVANT LE SÉNAT POUR MANIFESTER CERTAINS PORTANT A LA POITRINE UNE PANCARTE AVEC INSCRIPTIONS LES FEMMES VEULENT VOTER LE SÉNAT NE VEUT PAS . INVITÉES A CESSER LEUR MANIFESTATION ELLES ONT RETIRÉ LEUR PANCARTE ET ACTUELLEMENT SE PROMÈNENT DANS LES ENVIRONS PAR GROUPES DE 2 OU 3+ PHILIPON .

28/6/28 16H35 ~~7 EME DT~~ . 7 EME DT.

6 SUFFRAGETTES AVEC PANCARTES PORTANT INSCRIPTION PAS DE VOTE DE FEMMES PAS D IMPOTS VIENNENT DE PASSER DEVANT LE SÉNAT CIRCULANT DEUXHPAR DEUX .INVITÉES A LES ENLEVER LES ONT ENLEV-ÉES AUSSITOT.
PEYROT DES GACHONS. 16H10 R G AVISES.

28/6/28 16H50 7 EME DT A PM.

UNE DIZAINE DE SUFFRAGETTES SONT REVENUES DEVANT LE SÉNAT AVEC DES PANCARTES PORTANT INSCRIPTION PAS DE VOTE PAS D IMPOTS LES FEMMES VEULENT VOTER LE SÉNAT NE VEUT PAS .TROIS D ENTRE ELLES VIENNENT D ETRE CONDUITES AU CRIAT DE L ODÉON .
. PEYROT DES GACHONS. 16H30 .

Télégrammes des 24 et 28 juin 1928 décrivant les actions et les pancartes des militantes suffragistes aux abords du Sénat.

« Tenez bon, nous arrivons »

Au cœur des combats pour libérer Paris

Grégory Auda

Le 18 août 1944, le colonel Rol-Tanguy, commandant des FFI d'Île-de-France, donne l'ordre de mobilisation générale. Lc Parti communiste appelle au soulèvement libérateur, tandis que la CGT et la CFTC délivrent une consigne de grève générale. Quant aux agents de la Préfecture, le Comité de Libération de la police parisienne les a appelés à la grève à partir du 15 août. Le 19 au matin, des centaines de policiers convergent vers le parvis de Notre-Dame. Ils investissent la caserne de la Cité pour en faire le point central des combats parisiens. Aussitôt, le Préfet de la collaboration, Amédée Bussière, est arrêté et remplacé par un fidèle du général de Gaulle, Charles Luizet. Des corps francs composés de policiers et de FFI s'emparent des points stratégiques. Le soulèvement de la police indique à la population que l'ordre a définitivement changé de camp. Paris se couvre de barricades, c'est l'insurrection.

Manquant d'armes et de munitions, de nombreux policiers et civils meurent au cours des combats. Sans le renfort de troupes régulières, ils ne pourront tenir longtemps. C'est dans ce contexte dramatique que, le 24 août 1944, un avion piper-cub allié largue un billet qui rend espoir à tous les patriotes. « Le général Leclerc vous fait dire : Tenez bon, nous arrivons. » Le lendemain, la 2e DB entre dans Paris. La reddition de la garnison allemande est signée le jour même. Paris est libéré.

Au cours des combats, cent soixante-sept policiers parisiens sont tombés sous les balles ennemies. Dans la soirée, le général de Gaulle se rend à la caserne de la Cité. Il y est accueilli par la Musique des gardiens de la paix, corps exemplaire pour son engagement dans la Résistance, qui joue la première *Marseillaise* de la Libération.

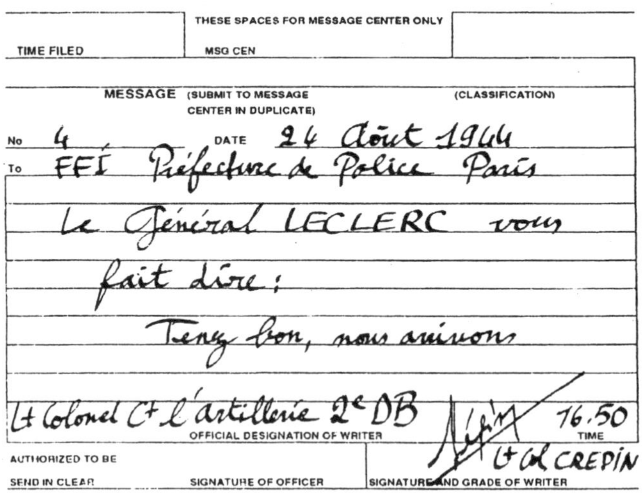

THESE SPACES FOR MESSAGE CENTER ONLY

TIME FILED — MSG CEN

MESSAGE (SUBMIT TO MESSAGE CENTER IN DUPLICATE) — (CLASSIFICATION)

No 4 — DATE 24 Août 1944

To FFI Préfecture de Police Paris

Le Général LECLERC vous fait dire :

Tenez bon, nous arrivons

Lt Colonel Ct l'artillerie 2e DB — OFFICIAL DESIGNATION OF WRITER — 16.50 TIME

AUTHORIZED TO BE SEND IN CLEAR — SIGNATURE OF OFFICER — SIGNATURE AND GRADE OF WRITER — Lt Col CREPIN

« Tenez bon, nous arrivons » : le télégramme du général Leclerc, largué sur la Préfecture de police par un avion piper-cub, le 24 août 1944.

LE GÉNÉRAL MICROBIEN

La guerre froide à Paris

Françoise Gicquel

Qui se souvient du général Ridgway ? Formé à West Point, il s'est illustré pendant la Deuxième Guerre mondiale, avant de succéder à MacArthur pendant la guerre de Corée. Les communistes lui reprochent d'avoir utilisé des armes bactériologiques contre les forces chinoises et nord-coréennes, ce qui lui vaut le surnom de « général microbien ».

« Ridgway-la-Peste »

Le Préfet de police Jean Baylot sait que la visite à Paris du général, prévue le 28 mai 1952, va être mouvementée. À l'appel du Conseil de la paix de la Seine, satellite pacifiste du puissant Parti communiste français, une grande manifestation est organisée pour protester contre la venue de « Ridgway-la-Peste ».

« La manifestation communiste du 28 mai 1952 a été précédée d'une intense propagande », résumera le Directeur général de la police municipale dans son rapport du 9 juin 1952. « Le fait nouveau et marquant fut que cette propagande tendait essentiellement à galvaniser les troupes » en persuadant celles-ci de la « crainte des gouvernants et des forces du maintien de l'ordre ». Dès le 24 mai en effet, sous la signature d'André Stil, l'éditorial de *L'Humanité* contient une menace non déguisée contre « les gardiens de l'ordre capitaliste », invités « à sentir la vigueur du flot qui monte, se demandant de quoi demain serait fait », et à penser aux comptes qu'il faudrait rendre... Des policiers ont reçu à leur domicile des tracts menaçants. De son côté, la police « a réprimé la propagande illicite et plusieurs procédures pour provocation à l'attroupement ont été établies à l'encontre de personnes arrêtées en flagrant délit ».

Un mouvement insurrectionnel

Vers 19 heures, ce 28 mai, « des groupes grossissent et se forment en colonnes ». Bientôt surgissent « de véritables formations organisées », dont les membres « sont porteurs de pancartes » ou de « triques ». Les commissaires de police signalent à leur direction que les hampes sont « de forte dimension » et présentent « des arêtes vives ». Plus grave : « Les pancartes métalliques sont constituées d'un tube sur lequel un panneau métallique très résistant se trouve boulonné ou soudé, constituant ainsi une sorte de hache. »

Les manifestants se montrent très agressifs, au point que les gardiens de la paix sont attaqués dès leur descente des cars. Des renforts doivent être dirigés rapidement sur les lieux, de nombreux blessés sont signalés, dont le commissaire

Morisot qui est grièvement atteint. Les escadrons de la Garde des chars, cantonnés à Satory, se dirigent aux portes de Paris, la manifestation prenant un caractère insurrectionnel. « Au cours d'un engagement place de Stalingrad, un brigadier en état de légitime défense, qui va succomber sous les coups qui lui sont portés par des manifestants déchaînés et très supérieurs en nombre, fait usage de son pistolet administratif. »

Le leader communiste Jacques Duclos est interpellé, dans une voiture dont l'appareil radio est calé sur les ondes de la Préfecture. *L'Humanité* reconnaît dans son édition du 29 mai que « la nouvelle tactique avait réussi ».

Plus de trois cent cinquante gradés et gardiens de la paix sont blessés, dont trente-deux hospitalisés. On déplore un mort parmi les manifestants : il n'est pas neutre qu'il s'agisse d'un Nord-Africain, qui a succombé à ses blessures.

Conclusion du Directeur général de la police municipale : « La rapidité et la violence des attaques des groupes de manifestants n'ont à aucun moment permis de procéder aux sommations légales. »

Le 17 octobre 1961

La manifestation des Algériens de Paris

Jean-Pierre Rioux

Signée « Ami », c'est une note de renseignement précieuse qui est transmise depuis Nanterre au Service d'assistance technique aux Français musulmans d'Algérie. La note est claire : la Fédération de France du Front de libération nationale algérien (FLN) a organisé minutieusement, dès le 13 octobre 1961, une série de manifestations, échelonnées du mardi 17 au vendredi 20 octobre, pour dénoncer le couvre-feu imposé le 5, de manière tout à fait discriminatoire, à tous les travailleurs algériens de la région parisienne.

Cette mesure drastique – les cafés « arabes » doivent fermer à 19 heures, interdiction de circuler au petit matin, etc. – a été prise en réponse à des attentats contre des policiers isolés, des harkis et des commissariats : la Fédération de France du FLN continue de sévir, malgré la trêve demandée par le Gouvernement provisoire de la République algérienne depuis l'ouverture, enfin, d'une négociation de paix avec le gouvernement français à Évian.

Dispersés, pourchassés et raflés avec violence

En bon ordre, souvent endimanchés comme le montrent les photographies au Palais des Sports, rarement en famille mais solidement encadrés par les « choquistes » – des militants aguerris –, vingt à trente mille Algériens ont donc manifesté, venus à pied de toute la région parisienne ou sortant des bouches de métro en plein centre de la capitale. Les 1 658 hommes sous les ordres de Maurice Papon, policiers, gendarmes mobiles et CRS confondus, les ont dispersés, pourchassés et raflés avec une violence que les documents de police ne laissent pas soupçonner, mais qu'attestent de nombreux témoignages et les photographies d'Élie Kagan. Au pont de Neuilly, notamment, où dix mille manifestants ont tenté de forcer le passage vers l'Étoile, les forces de police ont fait feu et il y a eu mort d'hommes. Leur nombre est encore discuté aujourd'hui ; les documents conservés à la Préfecture de police n'en disent rien.

L'extrait du bordereau (page 460) comptabilisant les Français musulmans appréhendés et conduits aux premières heures par des cars de police ou dans des autobus réquisitionnés au Palais des Sports de la porte de Versailles précise les trois « provenances » : le flux d'ouest, via les ponts de Neuilly, de Colombes, de Puteaux ou de Bezons, pénétrant jusqu'à la Concorde ; le flux nord, entré par les portes des Lilas et de Pantin, disloqué après une chasse à l'homme sur les Grands Boulevards entre l'Opéra et la République ; le flux sud, jusqu'au Quartier latin.

Sur d'autres bordereaux, on note l'heure tardive des évacuations de blessés et de l'installation d'un poste sanitaire au

Palais des Sports. Du 17 au 19 octobre, les forces de police installent avec efficacité, pour « identification », environ quatorze mille hommes, dont six mille six cents au Palais des Sports.

Bien informées, elles n'ont semble-t-il été ni surprises ni démotivées.

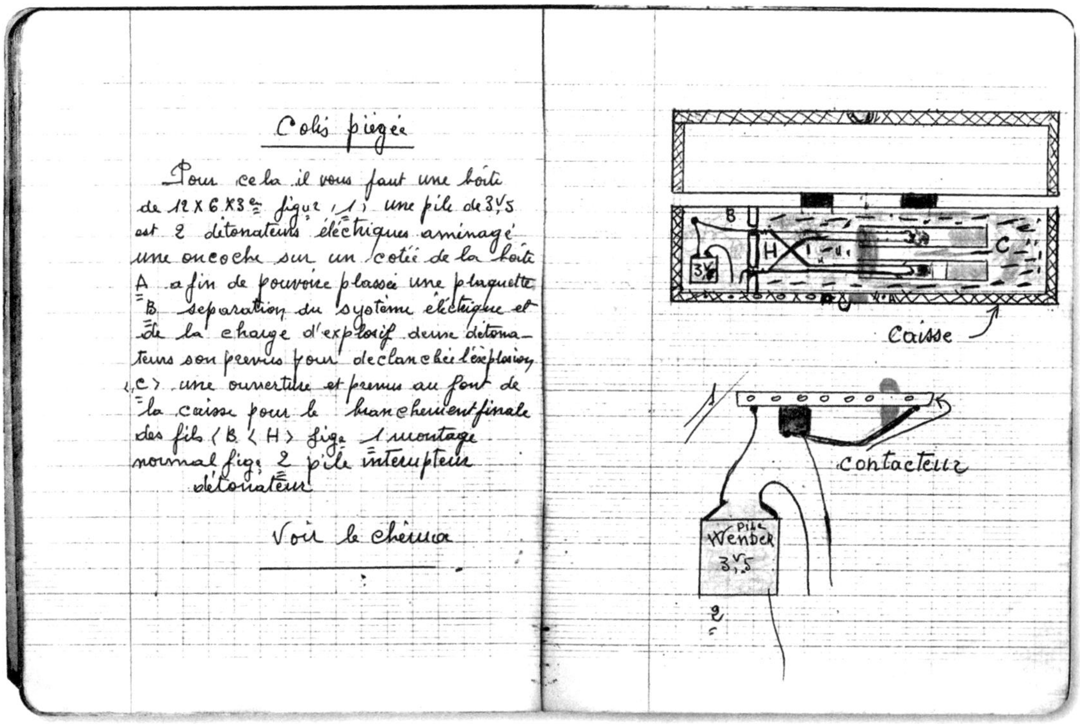

Cahier d'écolier saisi à Paris chez un artificier du FLN : le colis piégé, si souvent utilisé pendant la guerre d'Algérie, reste aux yeux des forces de l'ordre et de la population le symbole même de la lâcheté des terroristes.

◆

Du renseignement à la répression

Rapport de renseignement du SAT-FMA au Préfet de police, 18 octobre 1961

Source : AMI.
Date de recueil : 17 et 18 octobre 1961.
Valeur : source ordinairement sûre.
Exactitude probable.

Renseignements concernant la manifestation FMA[1] du 17 octobre 1961 (communiqués par téléphone vu l'urgence).

L'informateur avait entendu parler des manifestations prévues dès le vendredi 13. Entre le 13 et le 17, il s'était présenté trois fois au 1er secteur, mais n'avait pas vu le chef de secteur, absent. Il n'y a donc rien d'anormal à ce que AMI ait prévenu le chef de secteur le 17 après-midi seulement.

Les consignes et mots d'ordre concernant les manifestations avaient été transmis par la voie normale des directives données au cours des réunions périodiques (hebdomadaires ?) de responsables, selon le schéma suivant :

– le dimanche : Région -------> Secteurs
– le lundi : Secteur -------> Kasma
– le mardi : Kasma -------> Sections
– le mercredi : Section -------> Groupes
– le jeudi : Groupe -------> Cellules
– le vendredi 13 : Cellule -------> éléments

Au dernier moment (après-midi du 17), l'exécution des directives a été plus spécialement confiée aux choquistes de

1. FMA : Français musulman d'Algérie.

la région, qui ont fait du porte-à-porte pour faire sortir les FMA, en les menaçant de mort en cas de dérobade.

La masse des manifestants était menée par les petits responsables (jusqu'à Secteur inclus) non armés. Les Régionaux, en principe, sont restés chez eux, après avoir fait partir les autres. Exemple pour Nanterre (bidonville Pâquerettes-Dequéant) : Mansouri Mohammed, né 30.10.29 (notes n° 92, 152 et 236). Les choquistes armés, eux, encadraient cette masse sur les côtés.

De la même façon, manifestants et petits cadres sont venus de la Seine-et-Oise (Argenteuil, Bezons, Houilles, Sartrouville, Saint-Germain, etc.) par le pont de Bezons ou le pont de Chatou, le rendez-vous étant fixé au rond-point de la Défense.

La riposte des forces de l'ordre (au pont de Neuilly) a satisfait 60 % des FMA (notamment les familles) qui n'avaient aucune envie de pousser jusqu'à l'Étoile. Quant aux commerçants, ils devaient fermer leurs boutiques le 18 au matin, puis manifester le 19 à 20 heures à l'Étoile.

AMI n'a pas entendu parler de manifestations « refus du couvre-feu », ni de manifestation féminine pour le 20.

AMI prévoit naturellement la manifestation principale pour le 1er novembre.

Le capitaine Montagné
Officier des Affaires algériennes
Chef du 1er secteur SAT-FMA

Paris, SAM [Série H1b, carton n° 34]

◆

SERVICE D'ASSISTANCE TECHNIQUE
AUX FRANÇAIS MUSULMANS
D'ALGÉRIE

1° SECTEUR

RÉPUBLIQUE FRANÇAISE

PRÉFECTURE DE POLICE

NOTE DE RENSEIGNEMENT

Source : AMI
Date de recueil : 17 et 18 Octobre 6I
Valeur : Source ordinairement sûre. Exactitude probable.

PARIS, LE

n° 384/S/SAT I/Clt Renseignement

SECRET

RENSEIGNEMENTS CONCERNANT LA MANIFESTATION F.M.A. DU 17 OCTOBRE I96I

(communiqués par téléphone vu l'urgence)

L'informateur avait entendu parler des manifestations prévues dès le vendredi 13. Entre le 13 et le 17, il s'était présenté trois fois au 1er Secteur, mais n'avait pas vu le chef de Secteur, absent. Il n'y a donc rien d'anormal à ce que AMI ait prévenu le Chef de secteur le 17 après-midi seulement.

Les consignes et mots d'ordres concernant les manifestations avaient été transmises par la voie normale des directives données au cours des réunions périodiques (hebdomadaires ?) de responsables, selon le schéma suivant :

- le dimanche : Région ....▸ Secteurs
- le Lundi : Secteur ....▸ Kasma
- le Mardi : Kasma ....▸ Sections
- le Mercredi : Section ....▸ Groupes
- le jeudi : Groupe ....▸ Cellules
- le vendredi 13 : Cellule ....▸ Eléments

Au dernier moment (après-midi du 17), l'exécution des directives a été plus spécialement confiée aux choquistes de la Région, qui ont fait du porte à porte pour faire sortir les FMA, en les menaçant de mort en cas de dérobade.

La masse des manifestants était menée par les petits responsables (jusqu'à Secteur inclus) non armés. Les Régionaux, en principe, sont restés chez eux, après avoir fait partir les autres. Exemple pour Nanterre (bidonville Pâquerettes-Dequéant) : MANSOURI Mohammed, né 30.10.29 (Notes n° 92, 152 et 236).

Les choquistes, (armés, eux), encadraient cette masse sur les côtés.

De la même façon, manifestants et petits cadres sont venus de Seine et Oise(Argenteuil, Bezons, Houilles, Sartrouville, St-Germain, etc...) par le Pont de Bezons ou le Pont de Chatou, le rendez-vous étant fixé au Rond Point de la Défense.

La riposte des Forces de l'ordre (au Pont de Neuilly) a satisfait 60 % des FMA (notamment les familles) qui n'avaient aucune envie de pousser jusqu'à l'Etoile

.../...

15481 Cab. 1/CAA
19.10.61 20.10.61
7321

Première page du rapport de renseignement du SAT-FMA, 18 octobre 1961.

◆

Rapport du commissaire principal du XVe arrondissement, 18 octobre 1961

À 19h05 arrivait le premier car. Les arrivées se sont succédé ensuite sans interruption jusqu'à 0h30.

Au total, 6600 FMA ont été placés au Palais des Sports dont la surveillance a été renforcée à 23 heures par un second escadron.

Ci-joint [le] bordereau des arrivées avec le n° des cars, le nombre de FMA arrivés par car et leur provenance.

À 0h50, le Palais des Sports étant plein, les 32 derniers cars étaient dirigés sur le stade Coubertin.

Conformément aux instructions, une vingtaine de FMA paraissant assez sérieusement blessés ont été refoulés sur Vaugirard et Boucicaut.

À 0h20, deux médecins de l'hôpital Bégin assistés d'infirmiers militaires ont installé un poste sanitaire.

M. Grunwald, président-directeur de la société anonyme du Palais des Sports, a formulé une protestation énergique contre la mesure dont il était l'objet et a réclamé une réquisition écrite. J'ai répercuté cette demande au cabinet de M. Pezet à 18h15.

Paris, SAM [Série He, carton n° 72]

◆

PRÉFECTURE DE POLICE

DIRECTION GÉNÉRALE
DE LA POLICE MUNICIPALE

15e ARRONDISSEMENT

Raymond JAUBERT
Commissaire Principal

PARIS, LE 18 Octobre 1961
(154, RUE LECOURBE - VAU. 43-78)

PM - XVe Arrt
ARRIVÉE | DÉPART
18 10 61
N° 10386

Le Commissaire Principal
du I5eme Arrondissement
à
Monsieur le DIRECTEUR GENERAL
de la POLICE MUNICIPALE .

OBJET : Installation d'un Centre d'Identification au Palais des Sports .

J'ai l'honneur de vous faire connaitre , que ce jour , conformément aux instructions contenues dans le télégramme nr I7 du I7.IO.6I, j'ai installé à I7 heures un centre d'identification au Palais des Sports .

J'ai disposé une section P.M. aux abords de la salle pour la garde extérieure , et ai utilisé mes trois pelotons pour la garde intérieure .

A I9 heures 05 arrivait le premier car . Les arrivées se sont succédées ensuite sans interruption jusqu'à 0 heure 30 .

Au total 6.600 F.M.A. ont été placés au Palais des Sports dont la surveillance a été renforcée à 23 heures par un second escadron.

Ci-joint bordereau des arrivées avec le nr des cars , le nombre de F.M.A. arrivés par cars et leur provenance.

A 0 heure 50 , le Palais des Sports étant plein , les 32 derniers cars étaient dirigés sur le Stade Coubertin .

Conformément aux instrutions une vingtaine de F.M.A paraissant assez sérieusement blessés ont été refoulés sur Vaugirard et Boucicaut .

A 0 heure 20 , deux médecins de l'hopital Bégin assistés d'infirmiers militaires ont installé un poste sanitaire .

Destinataires :
Direction des Services d V.P....... (2ex)
S.C.A.A............................ (1ex)
6ème District...................... (1ex)
Archives I5eme .

....../...

Rapport sur l'ouverture d'un centre d'identification provisoire au Palais des Sports. Transcription page suivante.

VOTEZ LOP !

Le candidat pittoresque du Quartier latin

Bruno Fuligni

Impossible d'apposer une affiche sur les boulevards ou de distribuer un tract place de la Sorbonne sans qu'un exemplaire n'arrive dans les collections de la Préfecture de police, véritable conservatoire de la rue parisienne. Parmi ces milliers de documents électoraux, ceux du « grand tribun » Ferdinand Lop méritent une place à part, ne serait-ce que pour cette mention extraordinaire : « Candidat à la Présidence des États-Unis d'Europe et leader de la Conciliation Mondiale ».

Ferdinand Lop… Ce n'est même pas un pseudonyme. Bien connu des services, l'individu est né à Marseille le 10 octobre 1891, dans une famille de petits commerçants. En 1919, ce nouveau Rastignac se lance à la conquête de la capitale : secrétaire d'un député, puis journaliste parlementaire, il obtient l'investiture radicale-socialiste pour les législatives de 1928. Hélas, c'est à Versailles, où le programme de la gauche laïque ne recueille pas 5 % des voix !

Après cet échec, rien ne va plus. Moqué par ses confrères journalistes, qui lui font parvenir de fausses convocations

POUR L'UNITE EUROPÉENNE ET LA DEFENSE DE LA PAIX

Venez assister

Le Lundi 19 Avril 1948 à 17 h. 30

SALLE DU

THEATRE DE LA POTINIERE

7, rue Louis-le-Grand (Métro OPERA)

AU

GRAND DEBAT POLITIQUE & CONTRADICTOIRE

SUR LES PRINCIPES

D'UNE ASSEMBLEE, EUROPEENNE, POPULAIRE ET FEDERALE

LE GRAND TRIBUN

FERDINAND LOP

Candidat à la Présidence des E. U. d'Europe et leader de la Conciliation Mondiale

DEFENDRA

LES GRANDES LIGNES DE SON PROGRAMME PACIFIQUE ET FEDERAL

CONTRE

DE NOMBREUX CONTRADICTEURS

Venez nombreux, **le sort de l'Europe en dépend**

Location ouverte au Théâtre de la Potinière et dans les agences

Participation aux frais : 150 fr. - Etudiants 75 fr.

Affiche de 1948 annonçant un débat avec Ferdinand Lop, sur l'idée d'une « assemblée européenne », au Théâtre de la Potinière : l'entrée est payante, les étudiants bénéficiant d'un demi-tarif.

à l'Élysée par temps de crise ministérielle, Ferdinand Lop devient encombrant au Palais-Bourbon. Il perd son accréditation et se replie sur le Quartier latin, où les étudiants le présentent à tous les scrutins. De longs monômes défilent au cri de « Lop, Lop, Lop ! ». Des meetings ont lieu dans des locaux plus ou moins dignes, qu'un écriteau rebaptise « salle Lop »… Ses partisans, les « lopettes », affrontent ses ennemis les « anti-Lop », les deux camps s'entendant néanmoins pour fustiger les mous, les tièdes, les « inter-Lop »…

« Le Maître » ne veut révéler son programme qu'une fois arrivé au pouvoir, craignant de se le faire chiper… Heureusement, ses disciples ont des revendications à revendre : un pont de trois cents mètres de large pour abriter tous les clochards, des trottoirs roulants pour faciliter le labeur des péripatéticiennes, l'octroi d'une pension à la veuve du soldat inconnu… Tout est bon pour rire entre potaches, mais aussi pour s'exercer à parler en public. Le « Front lopulaire » trouve de réels soutiens chez les étudiants en droit qui se destinent au prétoire ou à la politique.

Une « tête de Turc »

Après la guerre, Lop continue de faire campagne : il se présente à tout comme Républicain indépendant de rénovation, sans paraître se rendre compte qu'il est le candidat du RIR.

« Très populaire au Quartier latin et bien connu des Parisiens, M. Ferdinand LOP est le candidat fantaisiste de toutes les élections, au cours desquelles, sans se lasser et sans crainte du ridicule, il expose son programme », explique un rapport de police de novembre 1952. « On le voit souvent, lors des crises ministérielles, aux abords du Palais de l'Élysée ou des ministères, attendant avec une patience jamais lassée, que l'on fasse appel à son concours, et ce, à la très grande joie des journalistes parlementaires, qui en ont fait leur "tête de Turc". »

Devenu une figure du Boul'Mich dans les années 1960, il vit de ses dessins et brochures, vendus aux terrasses des cafés.

Quand il s'éteint, le 28 octobre 1974, la presse lui consacre des nécrologies présidentielles. Ne vient-il pas, en avril, de briguer la succession de Georges Pompidou ? Vainqueur de l'élection, Valéry Giscard d'Estaing lui aussi appellera de ses vœux, mais très sérieusement, la désignation d'un « Président de l'Europe ».

De l'autre côté des barricades

Mai 68 vu depuis la Préfecture de police

Danielle Tartakowsky

À la veille des événements de mai-juin 1968, le Quartier latin demeure l'une des plus fortes concentrations étudiantes au monde, malgré la construction d'universités nouvelles comme Nanterre. La croissance des effectifs, qui ont quadruplé en vingt ans, s'est accompagnée d'une démocratisation certes relative, mais réelle.

Les étudiants sont plus massivement issus des classes moyennes qu'avant guerre, ce qui n'est pas sans affecter la physionomie politique d'un quartier que les « camelots du roi » avaient longtemps maîtrisé presque sans partage. Près de 65 % des manifestations syndicales ou politiques déployées au Quartier latin depuis la Libération sont le fait d'organisations étudiantes très majoritairement situées à la gauche ou à l'extrême gauche de l'échiquier politique. À partir de 1964, la constitution du groupe d'extrême droite Occident puis l'émergence d'organisations trotskistes et maoïstes valent à ce qui demeure un territoire social homogène de se fragmenter politiquement.

Des places fortes s'érigent, certes invisibles au regard, mais du moins propres à servir de soutiens logistiques ou de bases arrière lors d'affrontements parfois violents : trotskistes à la Sorbonne, maoïstes à l'École normale supérieure de la rue d'Ulm, extrême droite à Assas... Les librairies La Joie de lire, Clarté, Norman Bethune, Gît-le-Cœur ou la salle de la Mutualité, familièrement appelée « la Mutu », remplissent des fonctions similaires.

Le siège de la Sorbonne

Le 3 mai 1968, l'Union nationale des Étudiants de France (Unef) et le Mouvement du 22-Mars, réunis dans la cour de la Sorbonne pour dénoncer la fermeture de Nanterre, appellent à manifester trois jours plus tard, quand huit militants devront comparaître devant le conseil de discipline. En fin d'après-midi, les forces de l'ordre investissent la Sorbonne. La contestation, qui tendait à se cantonner à l'intérieur des universités, investit alors brusquement la voie publique, par défaut, comme le soulignent des mots d'ordre exprimant la volonté de rendre « la Sorbonne aux étudiants » ou de « reprendre la Sorbonne à l'État bourgeois ».

L'Unef a lancé un appel à la grève nationale illimitée à partir du 6 mai. Quatre jours durant, des manifestations se succèdent pour la libération des étudiants interpellés et la réouverture des universités. La fermeture de la Sorbonne interdit aux étudiants de se déployer dans le périmètre étroit qui, précisément, constitue leur objectif. Elle les contraint à des rassemblements à distance, dans des lieux rarement visés jusqu'alors, place Denfert-Rochereau et place des Gobelins.

« Tous au Quartier latin ! »

Le 7 au soir, Jacques Sauvageot, vice-président de l'Unef, appelle les manifestants à la dispersion, mais les invite à continuer l'action « tant que nous n'aurons pas obtenu la libération du Quartier latin et rendu la faculté aux étudiants ».

« Tous au Quartier latin ! » crient certains de ceux qui l'entourent, tandis que d'autres appellent à investir et à occuper la Sorbonne, cette nuit-là sans succès. Les manifestations présentent une longueur inhabituelle : vingt kilomètres le 7 mai, seize le 10. Conduites à diverses reprises jusque sur la rive droite, elles se prolongent jusqu'à des heures tardives, selon des itinéraires sinusoïdaux dont les inflexions sont négociées, nous apprend un rapport, « au fur et à mesure, le plus souvent après des palabres entre les représentants des diverses tendances ». Avant qu'un phénomène de resserrement sur le Quartier latin ne s'opère, au contraire, dans la nuit du 10 au 11 mai.

Le cœur de Paris, alors en rénovation, est couvert de chantiers. Dès le 3, les manifestants dépavent la chaussée et dressent des obstacles autour de la Sorbonne, d'abord place Maubert, puis le 6 mai sur le boulevard Saint-Germain, enfin sur le boulevard Raspail dans la nuit du 7 au 8. Jusqu'au 10 mai, les forces de l'ordre parviennent sans trop de difficultés à les prendre à revers, en provoquant l'effondrement des « fronts ». La stratégie déployée dans la nuit du 10 au 11 complique singulièrement la tâche des CRS : les barricades, en nombre accru, sont cette fois construites de manière à permettre une résistance tous azimuts : elles dessinent une série de réduits dans le périmètre limité par les rues Gay-Lussac et Mouffetard. Un « camp retranché » que les étudiants s'essaient à « défendre », la nuit durant, avec l'appui remarqué des riverains.

Paris renoue avec un héritage du lointain XIXe siècle, revivant des scènes dont la rare violence est, en sus, spectaculaire et médiatisée. Barricades, incendies, cocktails Molotov d'un côté, gaz lacrymogènes et canons à eau de l'autre, en évitant le corps à corps. Au prix d'un millier de blessés parmi les manifestants, dont certains grièvement, et de quatre cents parmi les forces de l'ordre. Aucun mort, il est vrai : un bilan qui prend sa pleine valeur comparé à ce qu'il est advenu à Paris, pendant la guerre d'Algérie, le 17 octobre 1961 ou bien en février 1962, au métro Charonne, sans parler de la répression meurtrière déployée en 1968 contre les étudiants contestataires dans d'autres pays, comme le Mexique.

Une grève générale

Mais, dans la France de 1968, cette violence franchit le seuil du tolérable aux yeux du plus grand nombre. Parce que la France, depuis 1962, a cessé de se sentir en guerre, parce que la répression ne frappe plus les « classes dangereuses » mais un milieu qui doit à son âge et à son statut de jouir d'un fort capital de sympathie dans l'opinion, les barricades des premiers jours de mai sont vues comme le prolongement d'un passé romantique. Les cris de « CRS SS », l'invocation des « ratonnades » et l'assimilation des gaz lacrymogènes au napalm amplifient l'émotion. La riposte s'organise sous l'espèce d'une grève générale, accompagnée de manifestations dans la France entière, à l'appel de l'Unef, de la CGT, de la

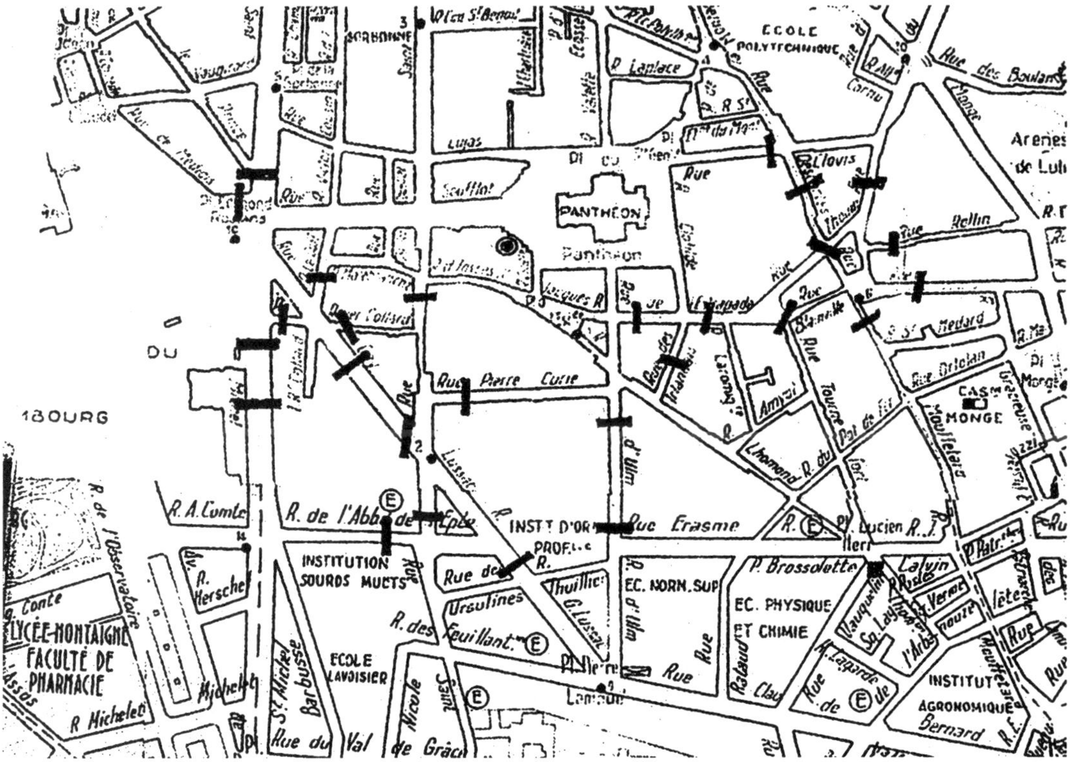

Plan des barricades érigées dans la nuit du 10 au 11 mai.
La plupart sont des amoncellements de grilles d'arbres brisées et de voitures, symboles de la « société de consommation ».

CFDT et de la FEN – rejointes, à Paris par FO et la CGC sur des appels séparés.

Le parcours négocié à Paris débute place de la République, dans le périmètre convenu des manifestations syndicales, puis emprunte un axe nord-sud caractéristique de la plupart des manifestations étudiantes de mai. Il s'achève symboliquement à proximité du Quartier latin. Rouverte, la Sorbonne est occupée dans la nuit par les étudiants. Le théâtre de l'Odéon connaît, le 15, le même sort, cependant que les grèves se généralisent.

Un million de manifestants

Avec l'occupation des entreprises et des universités, les manifestations de rue perdent leur rôle de premier plan. Celles qui se déploient à Paris entre le 24 et le 29 mai, dont l'une est l'occasion d'une spectaculaire flambée de violence, font apparaître les divisions stratégiques entre l'extrême gauche, la CGT et la « deuxième gauche ».

Il faut attendre le 30 mai pour qu'une manifestation de rue redevienne déterminante, mais elle vient à l'initiative des partisans du général de Gaulle. D'abord hostile, le Président s'est finalement rallié au principe d'une telle mobilisation. Le rassemblement est prévu place de la Concorde, un lieu qui n'a fait l'objet d'aucun investissement politique d'importance depuis 1934, à l'exception des fêtes de souveraineté.

Le Préfet de police, Maurice Grimaud, informé du projet de manifestation après qu'il a été rendu public, tient à alerter les organisateurs. « Savez-vous, monsieur le député, combien de personnes tiennent sur la place de la Concorde ?

Trois cent mille», explique-t-il au gaulliste Pierre-Charles Krieg.

Contre toute attente, les manifestants vont s'y trouver plus nombreux encore, s'autorisant alors à remonter les Champs-Élysées, sous la conduite de ministres et de parlementaires, jusqu'à l'Arc de Triomphe, tendu pour la circonstance d'un imposant drapeau tricolore marqué de la croix de Lorraine. Les photographies aériennes conservées aux archives de la Préfecture de police montrent l'importance du mouvement. Le trajet, la «forêt» de drapeaux tricolores, la présence de déportés, d'anciens combattants et de FFI arborant décorations et brassards réactivent le récit d'août 1944.

Depuis le succès de cette démonstration, les grands rassemblements inopinés investissent volontiers cet espace longtemps sanctuarisé.

TROISIÈME PARTIE

L'amour

À CÔTÉ DES « DOSSIERS BLEUS » à caractère politique que renfermait avant guerre « l'armoire de fer du Préfet de police », se trouvaient les « dossiers blancs » consacrés aux affaires de mœurs. Non que la police parisienne se signale par une pudibonderie extrême : l'ouverture des « maisons de tolérance » se négocie officiellement dans ses bureaux et certaines courtisanes se révèlent être des sources précieuses de renseignement. Paris, capitale du plaisir, attire de nombreux visiteurs, mais tout se passe sous la surveillance diffuse d'une administration dont les préoccupations ne se bornent pas au domaine sanitaire.

Parce que les passions peuvent se montrer suffisamment impérieuses et violentes pour dériver jusqu'au crime, parce que savoir les secrets d'alcôve des personnalités procure un petit pouvoir d'influence, des rédacteurs bien informés ont noirci de très indiscrets registres, dans lesquels femmes vénales en crinoline, homosexuels proustiens et amants « Belle Époque » nous lèguent leurs folies mises en fiches. Tarifé ou non, l'amour demeure le puissant mobile du scandale.

I. La prostitution

Jusqu'à la «loi Marthe Richard» de 1946, la France considère ses maisons closes comme un moindre mal. Un proxénète ayant pignon sur rue n'hésite pas à écrire au Préfet de police pour se plaindre de la concurrence déloyale que lui font les filles des rues. La prostitution n'est pas interdite, du moment que les «filles soumises» se conforment aux exigences du contrôle sanitaire. Si le souvenir des grandes courtisanes qui reçoivent à domicile est entretenu par la littérature, la majorité des prostituées connaît un sort difficile et précaire. Au bas de l'échelle, les «pierreuses» faméliques, pour la plupart mineures, hantent les rues, les immeubles en construction, les ruines des «fortifs».

La police observe avec attention cette population contrastée, mais aussi les hommes politiques, écrivains et industriels identifiés parmi leur clientèle, surtout si les sommes dépensées atteignent un montant digne d'intérêt.

Pour le moins indifférente au sort des jeunes femmes, les brigades se montrent sourcilleuses dès lors que la prostitution semble sortir des enceintes confinées : l'ouverture des volets et le racolage par les fenêtres sont interdits, de même que la publicité… Petit rectangle de carton rose orné de lapins suggestifs, un curieux «bon pour une nuit d'amour» au Sphinx dort ainsi depuis soixante-dix ans dans les dossiers.

◇

Courtisanes sous surveillance

Un registre de la police des mœurs

Gabrielle Houbre

Les Françaises Sarah Bernhardt et Blanche d'Antigny, l'Anglaise Cora Pearl ou la Russe Païva, parties de rien ou de peu, comptent parmi les plus prestigieuses représentantes de l'élite galante. Cette fine fleur de la séduction peut s'enorgueillir d'avoir fait tourner la tête et vider leur portefeuille aux personnalités les plus éminentes du Second Empire. À elle seule, Cora Pearl a fait chavirer une partie du gotha européen, du prince Napoléon au duc de Morny, sans dédaigner de simples roturiers pourvus qu'ils soient généreux ou profitables : ainsi de l'écuyer Maurice, qui l'aide à devenir l'une des amazones les plus admirées de la capitale.

L'argent reste souverain dans ces relations interlopes. Si certaines s'étourdissent à dépenser leurs gains dans l'heure, comme Cora Pearl tenue pour noceuse et prodigue, d'autres, telle La Païva, préfèrent se constituer un patrimoine qui leur permettra à terme de « décrocher » : atteintes du virus haussmannien de l'immobilier, elles ambitionnent d'abord un logis digne de leur réputation.

Déjà très célèbre et fantasque, Sarah Bernhardt accorde ainsi de capricieuses et brèves rencontres lorsque la construction du palace de ses rêves nécessite des liquidités. Mais toutes sont éclipsées par La Païva, que son richissime amant prussien Henckel dote d'un mirifique hôtel particulier sur les Champs-Élysées, où on la soupçonne un temps de se vouer à l'espionnage au profit de Bismarck.

Cet éclairage parfois cru des coulisses de la fête impériale provient d'un registre établi au début de la IIIe République. Le Préfet de police, Léon Renault, s'inquiète alors des chiffres de la prostitution : si le bureau des mœurs a officiellement enregistré quatre mille prostituées, ce sont près de trente mille clandestines qui sont soupçonnées d'œuvrer dans la capitale en échappant à tout contrôle – et notamment à l'injonction des visites sanitaires. Déterminé à juguler la syphilis et à protéger l'intérêt des familles menacé par des adultères tapageurs et dispendieux, Renault songe aussi sans doute à conserver des informations compromettantes sur les élites politiques, diplomatiques, économiques, militaires ou culturelles du Second Empire lorsqu'il lance une « guerre soutenue » contre ces « insoumises », épiées assez étroitement pour identifier leurs clients.

Les aléas de la fortune

Inquisitoriaux en diable, les agents des mœurs font flèche de tout bois, sans éprouver la solidité des renseignements récoltés auprès des domestiques et des concierges :

ils observent, filent, espionnent leurs proies jusqu'à briser le secret des alcôves. Plus de quatre cents femmes sont ainsi fichées, photo parfois à l'appui, dans un épais registre qui centralise des rapports de surveillance se référant pour l'essentiel au tournant du Second Empire et de la IIIe République. Elles viennent d'horizons sociaux et de fortunes très contrastés, des sans-grade qui logent en garni et racolent sur le trottoir aux courtisanes les plus fameuses qui mènent grand train. Ce sont ces « archi-drôlesses », fustigées par Émile Zola dans *Le Figaro* du 3 janvier 1867 pour posséder « des diamants partout, des robes de velours, des blasons, des laquais à livrée, six chevaux dans leur écurie et autant d'amants dans leur cœur », qui cristallisent l'attention des autorités. L'actrice Blanche d'Antigny ne rafle-t-elle pas en une nuit passée avec un prince russe vingt mois de traitement de l'agent des mœurs qui rédige son rapport ?

Mais ce flot capricieux d'argent ne doit pas masquer la précarité de trajectoires mouvantes. Au gré de leur fortune, ces femmes changent d'appartement, de ville, voire de pays. À l'heure du développement des transports, elles partent volontiers tenter leur chance à Londres ou à Bruxelles, et osent à l'occasion les lointaines Russie, Amérique, Égypte ou Turquie.

Instable, leur vie est aussi, souvent, terriblement âpre : avortement, inceste, maladie, violence, folie émaillent les rapports du registre, tandis que les tentatives de suicide témoignent d'une souffrance qui n'épargne pas les hommes. En 1872, celle du jeune Duval, éconduit aussitôt que plumé par Cora Pearl, vaut à la jeune femme une expulsion temporaire du territoire français et le déclin de son emprise sur la scène vénale. Car les destinées de ces femmes hors du commun n'échappent pas toujours au pathétique : si Sarah Bernhardt et La Païva rompent avec leur vie de courtisane, l'une absorbée par ses triomphes d'actrice, l'autre par la gestion avisée de ses millions au sein d'une union fidèle, l'extravagante Cora Pearl disparaît désargentée et oubliée de tous, tandis que la précoce disparition de Blanche d'Antigny inspire à Zola la fin dramatique de *Nana*.

◆

Quatre reines de beauté

Fiches de Sarah Bernhardt, Cora Pearl,
Blanche d'Antigny et La Païva,
tirées de « l'album des courtisanes »

Bernhart [sic]

Avril 1873

A eu pour amant le sieur Basilewski qui demeure rue Blanche 59, qui a été l'amant de la Ferraris, et lui a laissé une somme considérable.

Quand elle est entrée au Français, elle avait pour amant le jeune Konor qui a gagné au jeu 400 000 f. et lui en a donné le quart avant de retourner à son régiment.

23 mars 1874

Sarah Bernhart, qui aurait été surnommée, depuis qu'elle a été aux eaux, Sarah retour des os, à cause de sa maigreur, aurait des idées les plus lugubres.

Ainsi elle aurait chez elle un cercueil en palissandre, capitonné, dans lequel elle se couche parfois. Elle aurait en outre dans son salon, sous un meuble, une tête de mort qu'elle aurait rapportée de Champigny, laquelle serait placée dans un plat d'argent.

Elle porterait habituellement sur elle une tête de mort montée en épingle, qu'elle appelle Sophie.

Elle habite rue de Rome n° 2 mais doit bientôt aller demeurer rue Mansart. Elle aurait des tentures sur lesquelles on voit des larmes et des têtes de mort qu'elle se propose de faire poser dans son nouveau logement.

Janvier 1875

Le 27 courant, M. Amédée Gautray, demeurant rue du Cirque n° 10, s'est rendu chez l'actrice Sarah Bernhart rue de Rome 4. Il a eu des rapports intimes avec elle et lui a remis 1 000 f. pour prix de ses faveurs. M. Gautray serait très lié avec la famille Laffitte.

23 mars 1875

M. Henri Ducasse, qui a déjà fait l'objet d'une précédente note, a de nouveau eu des relations intimes avec l'actrice Sarah Bernhart, samedi dernier. Cette fois, elle l'a reçu dans son domicile rue de Rome 4 et il lui a remis 25 louis pour prix de ses faveurs.

31 mars 1875

M. Henri Ducasse est reparti pour Lyon samedi dernier. Avant son départ, il a eu des relations intimes avec Sarah Bernhart et, en dehors de la somme qu'il lui donnait d'habitude, il lui a fait cadeau d'une paire de boucles d'oreilles en brillants d'une très grande valeur. Il ne doit être que huit à dix jours absent et il a promis à Sarah Bernhart de revenir la voir aussitôt son retour.

28 mai 1875

M. Henri Ducasse, député, qui a déjà fait l'objet de différentes notes, était hier chez une proxénète à laquelle il a dit qu'il allait cesser ses relations avec Sarah Bernhart attendu qu'il l'avait surprise avec le comte de Rémusat, son collègue à l'Assemblée, et aussi avec M. Amédée Gautray, demeurant 10 rue du Cirque.

Que lorsqu'il arrivait chez Sarah, rue de Rome n° 4, il était parfois obligé de faire antichambre, en attendant que l'un ou l'autre de ces messieurs soient sortis et qu'il était lassé de jouer une pareille comédie pour une femme à laquelle il avait

Bernhart

Sarah.

Bernhart. Avril 1873.

a eu pour amant le Sr Terzileski, qui demeure Rue Haute 59. qui a été l'amant de la Ferraris et lui a laissé une somme considérable.

Quand elle est entrée au Français elle avait pour amant le jeune Manoir qui a gagné au jeu 200000f et lui en a donné le quart avant de retourner à son régiment.

23 mars 74. Sarah Bernhart aurait été surnommée depuis qu'elle a été aux cama Sarah retour des os, à cause de sa maigreur, aurait des idées les plus lugubres.

Ainsi elle aurait chez elle un cercueil en palissandre, capitonné dans lequel elle se couche parfois. Elle aurait en outre dans son salon sous un meuble, une tête de mort qu'elle aurait rapportée de Champigny laquelle serait placée dans un plat d'argent.

Elle porterait habituellement sur elle une tête de mort montée en épingle, qu'elle appelle Sophie.

Elle habite rue de Rome No 2. mais doit bientôt aller demeurer rue Mansart. Elle aurait aussi des tentures sur lesquelles seraient des larmes et des têtes de mort qu'elle se propose de faire poser dans son nouveau logement.

Janvier 75. Le 27 du courant Mr Amédée Gauthey d[t] rue du Cirque No 17 s'est rendu chez l'actrice Sarah Bernhart rue de Rome 4.

Il a eu des rapports intimes avec elle, et lui a remis 1000f pour prix de ses faveurs.

Mr Gauthey serait très lié avec la famille Laffitte.

23 Mars 75. Mr Henri Ducasse qui a déjà fait l'objet d'une précédente note a de nouveau eu des relations intimes avec l'actrice Sarah Bernhart samedi dernier.

Cette fois, elle l'a reçu dans son domicile rue de Rome No 4 et il lui a remis 25 louis pour prix de ses faveurs.

31. Mars 75 Mr Henri Ducasse est reparti pour Lyon, samedi dernier.

Avant son départ il a eu des relations intimes avec Sarah Bernhart et en dehors de la somme qu'il lui donnait d'habitude il lui a fait cadeau d'une paire de boucles d'oreilles en brillants d'une très grande valeur.

Il ne doit être que huit ou 10 jours absent et il a promis à Sarah Bernhart de revenir la voir aussitôt son retour.

28 Mai 1875. Mr Henry Ducasse député, qui a déjà fait l'objet de différentes notes était hier chez une proxénète, à laquelle il a dit qu'il allait cesser ses relations avec Sarah Bernhart attendu qu'il l'avait surprise avec le Comte de Remusat son collègue à l'assemblée et aussi avec Mr Amédée Gautrey, d[t] 10 Rue du Cirque.

Que lorsqu'il arrivait chez Sarah rue de Rome No 4. il était parfois obligé de faire antichambre, en attendant que l'un ou l'autre de ces Messieurs soient sortis. et qu'il était lassé de jouer une pareille comédie pour une femme à laquelle il avait donné plus de 30000f depuis 3 mois.

Il a ajouté qu'il ne comprenait pas comment cette actrice consentait à recevoir des hommes aussi âgés.

Il est bon de remarquer que Mr Ducasse est lui même très âgé, et de plus infirme, il est paralysé d'une partie du côté gauche.

Extrait du registre des courtisanes. Immense artiste, Sarah Bernhardt (1844-1923) débute au théâtre en 1862 et gagne vite la réputation de meilleure comédienne de son temps. Elle est l'une des demi-mondaines les plus recherchées et les plus chères.

donné plus de 30 000 f. depuis trois mois. Il a ajouté qu'il ne comprenait pas comment cette actrice consentait à recevoir des hommes aussi âgés.

Il est bon de remarquer que M. Ducasse est lui-même très âgé, et de plus infirme, il est paralysé d'une partie du côté gauche.

Cruch Emma, dite Cora Pearl

Septembre 1865

Cruch Emma, dite Cora Pearl, dite le Plat du jour, demeurant rue de Ponthieu n° 61.

Elle appartient à une bonne famille, et est née à Plymouth (Angleterre) en 1837.

Ses parents s'étant séparés, pour vivre chacun à sa guise, elle fut placée dans un pensionnat de Boulogne-sur-Mer, où elle resta pendant deux ans, puis elle fut admise dans une autre institution à Calais et y séjourna sept ans.

Elle alla ensuite passer deux ans à Jersey, chez sa grand-mère, qui la plaça chez un modiste de Londres très en réputation, et qui lui apprit son état. Dans cette maison, où elle resta jusqu'à l'âge de vingt ans et demi, elle écouta les propositions du baron Oelsen, originaire de Courlande, qui vécut avec elle pendant un an à Londres.

Lorsqu'il la quitta, elle devint la maîtresse d'un Anglais fort riche du nom de Bignell, qui l'entretint pendant quinze mois. On suppose que c'est cet individu qui l'a emmenée en Russie, où elle a eu comme danseuse quelques succès sur les principaux théâtres.

C'est aussi lui qui l'a amenée à Paris, et l'a lancée dans le monde des femmes galantes.

À son arrivée dans la capitale, elle fit la connaissance d'un sieur Marschall, Anglais qui après l'avoir quittée, lui a envoyé pendant quelque temps de l'argent de Londres, où était sa résidence.

Elle a fait quelques études pour entrer à l'Opéra mais, retenue par les plaisirs, elle n'a pu continuer et n'a jamais débuté. Le comte Sénéty, qui a dépensé beaucoup d'argent avec elle, a succédé au sieur Marschall et a lui-même cédé la place à M. Héricourt de Thury, qui a aussi été très prodigue pour elle. Abandonnée par M. Héricourt, Cora redevint la maîtresse de M. Sénéty; puis elle a encore eu pour amant M. le comte de Chabrillant, beau-frère de Mogador. Il lui donnait 3 000 ou 4 000 f. par mois.

À M. de Chabrillant a succédé le comte de Beaurepaire, qui l'a emmenée à Bade et à Hambourg, où il a joué et perdu énormément d'argent. On cite aussi comme lui ayant sacrifié une partie de son avoir le duc de Grammont-Caderousse. On prétend qu'elle aurait également accordé ses faveurs à Maurice, le marchand de chevaux de l'avenue des Champs-Élysées; on dit même qu'il aurait été pendant quelque temps son amant de cœur, et qu'en retour de ses faveurs, il lui aurait donné des leçons d'équitation dont elle a bien profité.

Pendant un moment, Cora est restée sans amant (octobre et novembre 1860), mais elle recevait presque tous les jours vers une heure de relevée un petit jeune homme aux manières distinguées qui restait chez elle jusqu'à quatre heures. Ensuite, une de ses voitures venait la prendre pour se rendre au bois de Boulogne, et rarement ce jeune homme l'accompagnait.

Un autre jeune homme, mais plus âgé que le précédent, venait aussi la voir. Il arrivait dans une voiture de maître. Son cocher portait une livrée blanche, mais ses visites étaient moins fréquentes.

Cora avait à cette époque cinq chevaux et trois voitures, et ses écuries étaient situées rue de Miromesnil n° 50.

Cruch
Emma, dite Cora-Pearl

Septembre 1865

Cruch Emma, dite Cora-Pearl, dite le plat du jour, demeurant rue de Ponthieu N° 61.

Elle appartient à une bonne famille et est née à Plymouth (Angleterre) en 1837.

Ses parents s'étant séparés, pour vivre chacun à sa guise, elle fut placée dans un pensionnat de Boulogne-sur-mer, où elle resta pendant deux ans, puis elle fut admise dans une autre institution à Calais et y séjourna 7 ans.

Elle alla ensuite passer deux ans à Jersey chez sa grand-mère, qui la plaça chez une modiste de Londres très en réputation, et qui lui apprit son état.

Dans cette maison où elle resta jusqu'à l'âge de 20 ans ½, elle écouta les propositions du baron Celsen, originaire de Courlande qui vécut avec elle pendant un an à Londres.

Lorsqu'il la quitta elle devint la maîtresse d'un Anglais fort riche du nom de Bignell qui l'entretint pendant quinze mois.

On suppose que c'est cet individu qui l'a emmenée en Russie, où elle a eu comme danseuse quelques succès sur les principaux théâtres.

C'est aussi lui, qui l'a amenée à Paris, et l'a lancée dans le monde des femmes galantes.

À son arrivée dans la capitale, elle fit la connaissance d'un Sr Marschall, anglais, qui après l'avoir quittée, lui a envoyé pendant quelque temps de l'argent de Londres, où était sa résidence.

Elle a fait quelques études pour entrer à l'Opéra, mais retenue par les plaisirs elle n'a pu continuer et n'a jamais débuté. Le comte Sénéty, qui a dépensé beaucoup d'argent avec elle a succédé au Sr Marschall et a lui-même cédé la place à Mr Héricourt de Thury qui a aussi été très prodigue pour elle. Abandonnée par Mr Héricourt, Cora redevint la maîtresse de Monsieur Sénéty, puis elle a encore eu pour amant Mr le comte de Chabrillant, beau-frère de Mogador. Il lui donnait 3 ou 4000 francs par mois.

À Monsieur de Chabrillant a succédé le comte de Beaurepaire, qui l'a emmenée à Bade et à Hambourg, où il a joué et perdu énormément d'argent. On cite aussi comme lui ayant sacrifié une partie de son avoir le duc de Grammont-Caderousse. On prétend qu'elle aurait également accordé ses faveurs à Maurice le marchand de chevaux de l'avenue des Champs-Elysées; on dit même qu'il aurait été pendant quelque temps son amant de cœur, et qu'en retour de ses faveurs, il lui aurait donné des leçons d'équitation dont

Extrait du registre des courtisanes. Figure emblématique de la fête impériale, Cora Pearl (vers 1835-1886), diva de la prostitution, a compté parmi ses nombreux clients le gotha du Second Empire. Gagnant et dépensant des sommes folles, elle meurt démunie et oubliée.

En novembre 1861, Cora était la maîtresse de M. de Mourgues, imprimeur, lequel avait loué la loge n° 10 du théâtre des Italiens, et à chaque première représentation Cora étalait son luxe affichant dans cette loge. Elle avait ainsi éludé les obstacles apportés par M. le ministre d'État à la location à l'année des loges des Italiens par des femmes galantes.

En octobre 1863, elle a occupé l'administration et elle a été mandée au cabinet de M. le chef de la 1re division le 23 janvier 1864.

Le 7 mars 1865, elle a donné un bal avec Caroline Assé; les invités du sexe féminin étaient choisis parmi les femmes galantes à la mode, à l'exclusion des actrices. On a dansé toute la nuit. Il y a eu un souper superbe qui aurait coûté, dit-on, 12000 f. Il y avait deux tables de quarante couverts chacune; toutefois, on n'a pas joué et à six heures du matin tout le monde était parti.

Cora Pcarl cst unc dcs habitučcs du cabinct n° 6 dc la maison d'Or.

Dans le courant d'avril 1865, elle se trouvait dans ce cabinet avec une de ses amies Mme de Joya, d'origine italienne; après elles sont arrivés M. de Masséna, le prince Robertskoff, et M. Hérisson.

On soupa. Au milieu du festin une altercation eut lieu entre Cora et le prince Robertskoff, et une autre entre Joya et M. Hérisson. Ces deux femmes se sont mises dans une colère affreuse, elles étaient furieuses, rien ne pouvait les calmer : elles ont lancé des verres, des bouteilles à la tête de ces deux messieurs, qui ont été blessés, personne n'osait les approcher.

Cora a une maison des mieux montées; elle conduit souvent ses chevaux elle-même, et un jour elle a versé au milieu de l'avenue des Champs-Élysées. Son groom fut grièvement blessé; mais elle en prit grand soin.

Elle est très bonne pour ses gens, ainsi elle tolère que les amants de ses servantes, et les maîtresses de ses domestiques, viennent manger avec ceux-ci à l'office, aussi ses dépenses de maison sont-elles énormes. Elle ne sort jamais à pied, est encore d'une physionomie passable quoique un peu fatiguée. Elle mène une vie des plus accidentées et fréquente les villes d'eaux.

En 1862 au mois d'août, elle aurait fait dit-on un voyage à Vichy, pendant le séjour de l'Empereur, puis aurait visité plusieurs villes des bains, et serait ensuite allée à Londres, avec M. Sénéty. Elle était à cette époque la maîtresse de M. de Galliffet, officier d'ordonnance de Napoléon III.

Cora est une noceuse.

Elle se grise souvent. (...)

D'Antigny Ernestine Blanche

Ce 11 février 1873

Ernestine Blanche d'Antigny à l'âge de 17 ou 18 ans, elle habitait en garni cité d'Antin n° 6. Elle vivait alors au jour le jour, allant dans tous les endroits publics. À Mabille, elle fit la connaissance du prince Gorschakoff qui lui conseilla de partir en Russie, ce qu'elle fit.

Elle connut à Saint-Pétersbourg le chef de la police, un Russe fort riche et pendant un certain temps, elle fut une des femmes les mieux entretenues. Elle revint à Paris, débuta aux Folies-Dramatiques.

On parla beaucoup de ses 500 000 f., de diamants dont elle se parait sur la scène. Elle se fit meubler un splendide hôtel 19 bis avenue Friedland où elle habite encore. Elle fit la connaissance du jeune Paul de Turenne, 26 rue de Berry, qui dépensa pour elle plus de 300 000 f. Le père fit donner un conseil judiciaire à son fils. Elle connut également le fils de M. Waleski, M. Bischostein. Elle donna de grands déjeuners,

d'Antigny

Ernestine, Blanche.

d'Antigny. Ernestine Blanche — Le 11 Février 73.

Ernestine Blanche d'Antigny, à l'âge de 17 à 18 ans, elle habitait en garni Cité d'Antin n° 6. Elle vivait alors au jour le jour allant dans tous les endroits publics, à Mabille elle fit la connaissance du Prince Gortschakoff qui lui conseilla de partir en Russie, ce qu'elle fit.

Elle connut à St Pétersbourg le chef de la Police en Russe fort riche et pendant un certain temps elle fut une des femmes les mieux entretenues.

Elle revint à Paris débuta aux Folies dramatiques.

On parla beaucoup de ses cinq cent mille francs de diamants dont elle se parait sur la scène. Elle se fit meubler un splendide hotel 19 bis avenue Friedland où elle habite encore. Elle fit la connaissance du jeune Paul de Caumont 26 rue de Berry qui dépensa pour elle plus de 800000 f... Le père fit donner un conseil judiciaire à son fils.

Elle connut également le fils de Monsieur Waleski, Monsieur Bischoffsheim, elle donne de grands déjeuners, de grands dîners, voir même les soupers, son installation est des plus riches et élégante.

Le Russe a continué à lui faire une fort belle pension, on ne sait s'il la lui continue, chaque fois qu'il vient à Paris descend chez elle et devant lui tous les adorateurs disparaissaient. Elle a eu aussi le Duc de Castries. Le Prince Demidoff a payé ses faveurs pour une nuit 2000 f... huit jours avant sa mort. En ce moment on la dit fort gênée.

Elle joue aux Menus plaisirs prêtée à ce théâtre pour la pièce actuelle par le théâtre des Folies Dramatiques auquel elle appartient. Son prix actuel est de 500 francs.

14 Février Son mobilier vient d'être vendu par autorité de Justice. Elle loge rue de la Paix au splendide hotel.

Pepita Sanchez et elle sont des amies intimes de la Princesse.

8 Mai 1873. Blanche d'Antigny demeure actuellement rue d'Antin n° 17. On lui attribue le duc d'Aumale pour amant.

octobre 1873. Elle a en outre pour entretenir un tout jeune homme officier de dragons qui fait des folies pour elle.

Décemb. 73. Blanche d'Antigny se rend au Caire où elle va débuter au théâtre de cette ville.

Février 74. Elle n'y obtient aucun succès, et déçue dans ses espérances, elle y contracte une maladie de poitrine très grave.

On assure qu'elle a dépensé le peu qu'elle possédait, et qu'elle se dispose à revenir à Paris.

Mai 74. Elle est de retour dans la capitale et comme est très malade c'est une de ses amies Caroline Letessier demeurant Boulevart Haussmann 93 qui lui donne asile et la fait soigner.

28 Juin 74 Blanche d'Antigny est morte hier au soir des suites d'une fièvre typhoïde. On l'enterre le lendemain, et à son convoi on remarque Laure Heymann, Berthe Legrand, Lucie Lévy, Louise Manvoye, Alice Régnault, Marguerite de Bosredon, Hortense Schneider, Lucie Verneuil, Pauline Nozières et Barté du Vaudeville.

On y voit aussi MM. Dolfus agent de change, Guntzbourg, Mequier banquier, le fils du Comte de Cambridge et les acteurs Crain et Dupuis.

Extrait du registre des courtisanes. Actrice raillée, mais courtisane recherchée, Blanche d'Antigny (1840-1874) gagne des fortunes, ce qui ne l'empêche pas de partir jouer en Égypte pour fuir ses créanciers. Sa vie comme sa mort ont inspiré la Nana de Zola.

de grands dîners, voire même des soupers. Son installation est des plus riches et des plus élégantes.

Le Russe a continué à lui faire une fort belle pension, on ne sait s'il la lui continue, chaque fois qu'il vient à Paris, il descend chez elle et devant lui, tous les adorateurs disparaissent. Elle a eu aussi le duc de Castries. Le prince Demidoff a payé ses faveurs pour une nuit 2 000 f. huit jours avant sa mort. En ce moment, on la dit fort gênée.

Elle joue aux Menus-Plaisirs, prêtée à ce théâtre pour la pièce actuelle par le théâtre des Folies-Dramatiques auquel elle appartient. Son prix actuel est de 500 f.

14 février

Son mobilier vient d'être vendu par autorité de justice. Elle loge rue de la Paix au Splendide Hôtel. Pepita Sanchez et elle sont des amies intimes de la Guimont.

8 mai 1873

Blanche d'Antigny demeure actuellement rue d'Antin n° 17, on lui attribue le duc d'Aumale pour amant.

Octobre 1873

Elle a en outre pour entreteneur un tout jeune homme, officier de dragons, qui fait des folies pour elle.

Décembre 1873

Blanche d'Antigny se rend au Caire où elle va débuter au théâtre de cette ville.

Février 1874

Elle n'y obtient aucun succès et, déçue dans ses espérances, elle y contracte une maladie de poitrine très grave. On assure qu'elle a dépensé le peu qu'elle possédait, et qu'elle se dispose à revenir à Paris.

Mai 1874

Elle est de retour dans la capitale et, comme elle est très malade, c'est une de ses amies, Caroline Letessier, demeurant boulevard Haussmann 93, qui lui donne asile et la fait soigner.

29 juin 1874

Blanche d'Antigny est morte hier au soir des suites d'une fièvre typhoïde. On l'enterre le lendemain, et à son convoi on remarque Laure Eymann, Berthe Legrand, Lucie Lévy, Louise Manvoye, Alice Régnault, Marguerite de Bosredon, Hortense Schneider, Lucie Verneuil, Pauline Nozières et Barté du Vaudeville. On y voit aussi MM. Dolfus, agent de change, Guntzbourg, Alequier, banquier, le fils du comte de Cambridge et les acteurs Train et Dupuis.

De Païva

18 novembre 1872

Mme de Païva, demeurant avenue des Champs-Élysées, qui fournissait avant la guerre des renseignements au gouvernement prussien, avait alors pour amant M. Henckel de Donnersmarck, qu'elle a épousé après la guerre.

On dit qu'elle est la fille d'un tailleur de Saint-Pétersbourg. C'est le pianiste Hertz qui l'a amenée à Paris et la faisait passer pour sa femme. Elle quitta cet artiste et épousa le marquis de Païva avec lequel elle ne tarda pas à divorcer. Ce divorce causa un très grand scandale ; les deux époux se reprochaient mutuellement leur faute et leur inconduite. Le divorce fut prononcé en Angleterre grâce à l'intervention de M. Henckel.

Quelques années plus tard, M. de Païva, complètement ruiné et n'ayant plus pour vivre qu'une modeste pension, espérait toujours que son ex-femme mourrait avant lui et exploita cette espérance auprès de ses fournisseurs. Mais ceux-ci, ne touchant pas d'argent, poursuivirent M. de Païva qui, se trouvant sans ressources, se tira un coup de pistolet au cœur et, après plusieurs jours de souffrances, mourut à l'hôpital Beaujon où il avait été transporté.

Décembre 1872

Mme de Païva est la fille d'un aubergiste. Elle a épousé un tailleur puis quelques mois après elle a fait la connaissance du pianiste Hertz qui l'emmena avec lui et la fit passer dans le monde pour sa femme légitime.

Après la rupture de cette liaison, elle retourna à Saint-Pétersbourg. Elle y connut un Russe, qui venait d'hériter d'une grande fortune qu'elle lui fit convertir presque toute en valeurs.

Peu de temps après, le Russe mourut subitement. Elle faillit même être arrêtée car des bruits étranges circulaient sur la mort de cet homme, et on croyait qu'elle l'avait empoisonné.

Elle fut de nouveau obligée de quitter Saint-Pétersbourg et se rendit en Italie, où elle épousa M. de Païva sans se soucier que le tailleur, son premier mari, habitait toujours à Saint-Pétersbourg. C'est à cette époque qu'elle revint à Paris et se fit construire son bel hôtel des Champs-Élysées; ensuite, elle divorça et prit pour amant le Prussien Donnersmarck, qu'elle a épousé après la guerre.

Ce dernier recevait tous les jeunes attachés d'ambassade. On causait de la France et des rapports étaient envoyés à Guillaume par Mme de Païva. Pour la récompenser des services qu'elle lui avait rendus, l'Empereur Guillaume la présenta à l'Impératrice Augusta, malgré la répugnance qu'elle inspirait à cette dernière.

C'est aussi Mme de Païva qui acheta le collier de 600 000 f. que vendit l'Impératrice Eugénie, mais sachant qu'on ne voulait pas lui vendre à elle, elle imagina un stratagème et se présenta sous un faux nom et masquée chez le vendeur où elle s'était fait accompagner par M. Cremer, son marchand de diamants. Aujourd'hui, elle porte ce collier à chaque fois qu'elle assiste aux représentations des Italiens.

Elle a pour femme de chambre une nommée Pepita qui est depuis très longtemps à son service. Mme de Païva a adopté la fille de cette dernière et est dans l'intention de lui laisser une partie de sa fortune. À propos de femme de chambre, on peut citer le fait suivant. Dans le courant de l'année 1868, une jeune fille de 18 ans, d'origine anglaise, fut arrêtée par le service des mœurs, pour provocation à la débauche sur la voie publique, et elle raconta qu'ayant été pendant plusieurs mois au service de Mme de Païva, elle avait été obligée de quitter cette place, malgré les bénéfices qu'elle en retirait, parce que cette femme, qui prenait un bain de senteur tous les jours, voulait qu'elle la masturbât pendant qu'elle était dans la baignoire, qu'elle avait cédé plusieurs fois à ces exigences, mais qu'ensuite elle avait refusé et que Mme de Païva l'ayant battue, elle avait immédiatement quitté cette maison.

12 février 1874

Mme de Païva, qui est mariée depuis la guerre avec un Prussien, entretiendrait toujours des rapports avec M. Bismarck au sujet de la politique.

Elle donnait, dans son hôtel des Champs-Élysées, de grandes soirées où étaient invités et où se rendaient nos attachés d'ambassade de qui l'on surprenait la bonne foi et que l'on faisait causer sur notre politique avec profit pour la Prusse, aussi Mme de Païva a-t-elle été avant, pendant et après la guerre très bien accueillie et en cour auprès de l'Empereur Guillaume.

Paris, SAM [Série Bb, registre n° 1]

◆

Zola au bordel

Les sources de Nana

Paris, 5 juillet 1891

Au sujet
d'Émile Zola

Émile Zola continuerait ses visites chez la proxénète Louise Bremond, rue Bréda, 4, non pour avoir des relations avec les clientes de celle-ci, mais pour recueillir (sans doute en vue d'un ouvrage) leurs impressions et souvenirs.

Il paraît qu'il insiste surtout auprès d'elles pour savoir si elles ont des maquereaux (sic) et pourquoi elles en ont.

Jamais il ne serait satisfait de ce qu'on lui dit, ne trouvant pas les choses assez corsées.

Paris, SAM [Série Ba, carton n° 1302]

◆

Clichés et objets licencieux

Moins prestigieux que « l'album des courtisanes », le registre noir conservé sous la cote Bb 3 n'est pas moins révélateur des turpitudes parisiennes sous le Second Empire. De 1855 à 1869 sont recensés, au fil des arrestations, tous les pornographes professionnels de la capitale, ainsi que les prostituées qui leur servent de modèles. Des photos encollées dans les marges laissent entrevoir les débuts d'une industrie de l'image obscène : aux anciennes « académies », comme les policiers appellent par raccourci les dessins de nus à prétexte artistique, se substituent les clichés qu'on vend sous le manteau et les tirages dédoublés pour stéréoscope, appareil permettant de voir en relief. D'inventifs marchands proposcnt dcs objcts coquins, dcs préscrvatifs imprimés… Blasés, les policiers n'accordent qu'une attention modérée à Gustave Courbet, dénoncé pour exposer publiquement L'Origine du monde.

Le registre des pornographes

6923. Vorimore Jacques ; né à Boissy St Laurent la Gatine (Eure et Loire) le 15 mai 1825 ; M^{d} d'estampes. Marié, 1 enfant.

24 fév. 59 Arrêté à la suite d'une perq^{on} faite par Mr Blanchet. Il avait remis à l'insp^{r} Remise deux jeux de cartes obscènes. Saisie dans son magasin, rue Rambuteau 62 et chez la D^{e} Trézet m^{de} de casquettes, dans la même maison, d'un album contenant 50 lithographies obscènes, de 3 jeux de cartes à transparents obscènes, de 6 photographies obscènes, sur verre, pour stéréoscope, de 13 épreuves sur plaque ou sur

papier, obscènes, égalem^{t} pour stéréoscope, de 186 académies sur papier. Les académies sortent des ateliers Lamiche ; les jeux de cartes lui auraient été remis par un n^{é} Langelot qui serait mainten^{t} en Amérique. Il ne sait d'où lui viennent les obscénités. Il habite rue Quincampoix 63.

30 juin 59, Avis favorable pour un recours en grâce au sujet de ses amendes.

16 X bre 59. Il habite passage du G^{d} Cerf 53.

Dem^{de} à vendre des livres de piété. Avis défavorable. Refus 20 janvier 60.[1]

[…]

7035. Demesse Marie Léopold ; né à Roncy (Aisne) le 11 août 1824. Photographe.

29 avril 59 Mandat de M. Rohault de Fleury. A vendu à Remise 18 reproductions obscènes.

29 avril 59 Ordonnance de M. Rohault, perquis^{on} par Mr Chartier, avenue St Ouen 19 à Batignolles. Saisie de :

1° Un cliché plaque entière, représentant deux tribades (reproduction),

2° 4 clichés, quart de plaque, représ^{t} des sujets obscènes tirés d'un ouvrage érotique,

3° Une épreuve sur papier de l'un des dits clichés,

4° 4 photographies s/papier pour stéréoscope représ^{t} des femmes nues dans des poses licencieuses,

5° Une photographie sur papier égalem^{t} p/stéréoscope représent^{t} un homme et une femme nus dans une attitude obscène,

6° Un châssis-presse ayant servi au tirage des sus-dites épreuves.

1. On lit en marge la mention : « 13 avril 59 (6e Ch^{e}) 3 mois 200 f et 1000 f envers le timbre ».

8 mai 59, Avis favorable à un recours en grâce.

Il est maître de chapelle à l'église de Batignolles.[1]

[…]

7960 Collet Louis Gustave, né à Paris, le 6 9bre 1830. Fab^{t} de cordes à boyaux, marié, père de famille.

13 avril 60, Arrêté à 10 h ½ du matin, porteur de 6 grosses de préservatifs illustrés qu'il allait livrer. Dem^{re} r. du Vert-Bois 65. Déclare que ces préservatifs ont été imprimés par un n^{é} Garnier F^{ois} Eugène d^{t} à Paris, rue des Fossés du Temple, n°…[2]

[…]

6644. Mongin née Héloïse Antoinette Vagnier, née à Paris, le 4 juin 1801. Marchande de tabac.

Demeure carrefour de l'Odéon 4. Par ordre de M. le Ministre de l'Intérieur et de M. le Préfet de police, le 31 juillet 58, saisie opérée à son débit par M. Allard, comm^{re} de police de pipes représentant des sujets obscènes.

[…]

Courbet

Artiste peintre dem^{t}[3]

31 mai 1867. Est signalé comme possédant et faisant partie de son exposition particulière ouverte au public Rond point de l'Alma, un tableau obscène. Vérification faite, il n'a été constaté qu'un seul sujet, tout au plus une académie.

Paris, SAM [Bb 3]

◆

1. On lit en marge la mention : « 17 mai 59 (6e Ch.) 1 mois 100 f ».
2. Le numéro n'est pas précisé. On lit en marge la mention : « 21 juin 60 (6e Ch.) 1 mois ».
3. L'adresse n'est pas indiquée.

◆

Doléances d'un tenancier

C'est en honnête commerçant, payant patente, ayant pignon sur rue, que Léon Joseph Malbranque écrit au Préfet de police. Tenancier de la maison de tolérance du 106, boulevard de la Chapelle, il va jusqu'à invoquer des arguments moraux pour étayer sa réclamation contre la concurrence déloyale que les filles des rues font subir à son établissement. Au-delà de son caractère pittoresque, ce document des années 1910 met en évidence les deux visages de la prostitution parisienne jusqu'à la «loi Marthe Richard» de 1946 : d'un côté, les «filles soumises», encartées, passant à la visite médicale et officiant dans le cadre réglementé des maisons closes ; de l'autre, les «insoumises» qui racolent dans la rue ou dans les lieux mal famés.

Lettre de Joseph Malbranque au Préfet de police

Monsieur le Préfet,

Poussé à la dernière extrémité, je me vois obligé de venir à nouveau porter plainte entre vos mains.

Tenancier de la susdite maison, je suis de tous côtés envahi par la prostitution clandestine ; et ce serait le cas de dire tout est prostitution ici, excepté moi ; les femmes de la rue font devant chez moi un racolage incessant et sans être dérangées depuis le matin jusqu'au soir elles sont les reines du trottoir, de la chaussée et de tout le boulevard, constamment elles coudoient les gardiens de la paix dans l'exercice de leurs fonctions. Quand arrive le soir, et la nuit accompagnées de leurs souteneurs, c'est s'exposer au scandale public ou aux pires représailles que de les déranger ou d'y toucher

Quand une ou deux fois dans la nuit (généralement de onze heures à deux heures) passent comme un éclair les agents des mœurs, toute la séquelle prévenue par la télégraphie sans fil de leurs souteneurs ou entre elles par un cri convenu, elles ont tôt fait de déguerpir, elles se faufilent dans les (hôtels et marchands de vins) maisons borgnes, leurs complices en vols et entôlages et échappent ainsi aux agents, elles ressortent quand ceux-ci sont passés pour ne plus être dérangées de toute la nuit.

Toutes les personnes, sociétés de Provinciaux ou d'Étrangers ne peuvent venir à la maison sans avoir été harcelés, tirés et racolés cent fois, elles leur disent ne va pas là cela te coûtera trop cher, tu seras volé battu, etc. Quand une voiture de gens en train de s'amuser vient à arrêter pour venir à la maison les filles constamment aux aguets ne savent que faire pour les détourner et les emmener dans leurs repaires à côté.

La nuit, enhardies, les gardiens de la paix les laissant faire et poussées par leurs souteneurs, elles sont d'une audace à toute épreuve, que de passants sont molestés et insultés même les gardiens. C'est à ne pas y croire sans l'évidence.

Outre les racoleuses de la rue, à droite et à gauche de chez moi, à l'hôtel 104 boulevard de la Chapelle, on entretient constamment 15 à 20 filles de prostitution, majeures ou mineures, cela ne fait rien, elles font du racolage à la porte, devant la maison et devant chez moi elles rentrent dans le couloir de l'hôtel à la moindre alerte pour reparaître aussitôt.

Le marchand de vins même n° ne vit que de prostitution, c'est là que les souteneurs attendent et la pitance ou le coup à faire ; le marchand de vins 102 même trottoir ne vit également [que] de ce trafic 50 filles de prostitution et leurs souteneurs s'y succèdent toute la journée et la nuit ; à côté, l'Hôtel du midi véritable maison de tolérance ouverte. 3 ou 4 filles sont installées à 3 ou 4 portes différentes et font le racolage, avec tout le sans-gêne et l'audace des salons les plus cotés. Ce n'est plus comme dans certaines maisons (un peu plus scrupuleuses) derrière une fenêtre ou derrière les rideaux mais sur la voie publique devant enfants, adolescents et vieillards ; ces trois maisons sont de véritables coupe-gorge que la police locale connaît, y fait souvent des descentes et des arrestations mais dit toujours ne pas avoir d'ordres pour purger complètement.

Les maisons 114-116 boulevard de la Chapelle et 3 rue des Islettes sous le couvert d'hôtels ne font que de la prostitution.

Monsieur le Préfet, toute cette prostitution clandestine me fait un tort considérable. C'est le marchand des quatre-saisons installé en permanence devant le fruitier puis ces filles de rues qui ne sont que des voyous et des apaches ainsi que leurs souteneurs rendent le quartier mal famé et dangereux. Combien de rixes d'agressions et d'entôlage dont les victimes ne se font pas connaître. Voilà huit ans que je suis ici mais jamais nous n'avions vu un pareil envahissement de filles en face notre porte.

J'avais eu l'honneur d'écrire à M. le Préfet de police il y a 5 ou 6 ans en pareille circonstance ; des ordres furent donnés qui avaient amené un grand épurement et une surveillance plus stricte ; quand il y avait relâchement j'allais voir M. le Commissaire de police ou M. l'officier de paix qui donnaient à nouveau des ordres et tout se passait pour le mieux ; mais cette année, démarche ou lettre au Commissaire de police ou l'officier de paix rien n'y fait et les agents des mœurs à qui je fais très souvent des plaintes me disent « nous n'y pouvons rien, nous n'avons pas d'ordres », quand j'insiste ils ajoutent « plus de trois cents rapports ont été faits sur ce que vous vous plaignez ! nous attendons des ordres, la prostitution est trop libre ».

Des plaintes de négociants, commerçants et nombreux propriétaires et particuliers du quartier restent également lettres mortes, une pétition couverte de nombreuses signatures fut remise à M. Cachin[1], Conseiller municipal de la Goutte-d'Or qui s'engagea à la remettre à M. le Préfet de police et la porter devant le Conseil municipal, n'a pas eu d'écho.

Monsieur le Préfet, la présente plainte émanant d'un personnage aussi peu important que le tenancier d'une maison de tolérance est peut-être un peu hardie ! Mais, Monsieur le Préfet, elle est tellement fondée, tellement vraie que j'ai l'honneur de solliciter ardemment de votre bienveillance de bien vouloir la prendre en parfaite considération car s'il y a quelques personnes peu scrupuleuses qui ne tendent pas à faire considérer la corporation il s'en trouve beaucoup : bons pères de famille, très honnêtes commerçants, contribuables sérieux et qui s'ils étaient un peu soutenus rendraient de réels services à la police, à la morale, et aux bonnes mœurs depuis bientôt dix ans que j'ai eu le malheur d'engager mes quelques pécules dans cette affaire que j'ai défendue avec abnégation et courage. J'ai fait des études de mœurs réelles et beaucoup de mes collègues travaillant dans mon genre honnêtement et moralement seraient je crois utiles d'être convoqués et entendus par

1. Il s'agit de Marcel Cachin (1869-1958), conseiller municipal socialiste de la Goutte-d'Or de 1912 à 1914. Ensuite député puis sénateur et de nouveau député jusqu'à sa mort, il deviendra directeur de *L'Humanité*, membre du Comité central et du Bureau politique du Parti communiste français.

les chefs de services au moment des changements de détail des règlements.

Monsieur le Préfet, si vous le croyez nécessaire et si vous croyez que je puisse vous intéresser un instant, j'ai bien l'honneur de solliciter de votre bienveillance une audience[1] de quelques minutes afin de pouvoir vous expliquer quelques détails au sujet d'un remaniement partiel des règlements sur la prostitution qui ferait un grand bien à la morale publique et à la ville de Paris tout entière qui est infestée de ce grand fléau. On dit de vive voix des choses de vive voix qu'il est difficile d'expliquer même dans de longues lettres.

Dans l'espoir d'un accueil favorable, veuillez agréer, Monsieur le Préfet, votre très humble et dévoué serviteur,

Malbranque

Paris, SAM [Série Ba, carton n° 1689]

◆

1. Le mot « audience » est souligné du même crayon qui a porté la mention « Non » en marge.

Un client molesté

Lorsqu'il insiste sur les dangers que fait courir aux clients la prostitution non réglementée, Léon Joseph Malbranque n'a pas tout à fait tort, comme le montre ce rapport de routine, à l'en-tête de la police municipale, daté du 9 décembre 1902 : sobrement intitulé « Coups de couteaux », il relate un de ces incidents fréquents dans les ruelles obscures du XVIIIe arrondissement.

Rapport de l'officier de paix E. Xavier-Guichard.

À 4 heures du matin boulevard de Clichy, face le 20, un individu qui a refusé de faire connaître son état civil, a déclaré aux gardiens Eger et Besancenot que vers 3 heures une fille l'avait racolé et conduit dans un hôtel passage de l'Élysée des Beaux-Arts, et lui avait donné cinq francs pour prix de ses faveurs. Celle-ci lui en avait réclamé 10, et sur son refus, le souteneur de cette fille qui était dissimulé dans un coin du passage l'avait frappé de deux coups de couteau l'un à la main gauche et l'autre sous le bras du même côté, tous deux sans gravité.

Le déclarant a refusé des soins disant qu'il était marié, père de famille et qu'il ne voulait pas que sa femme le sache.

M. Dupuis c^re^ de police informé.

Paris, SAM [Série Ba, carton n° 1689]

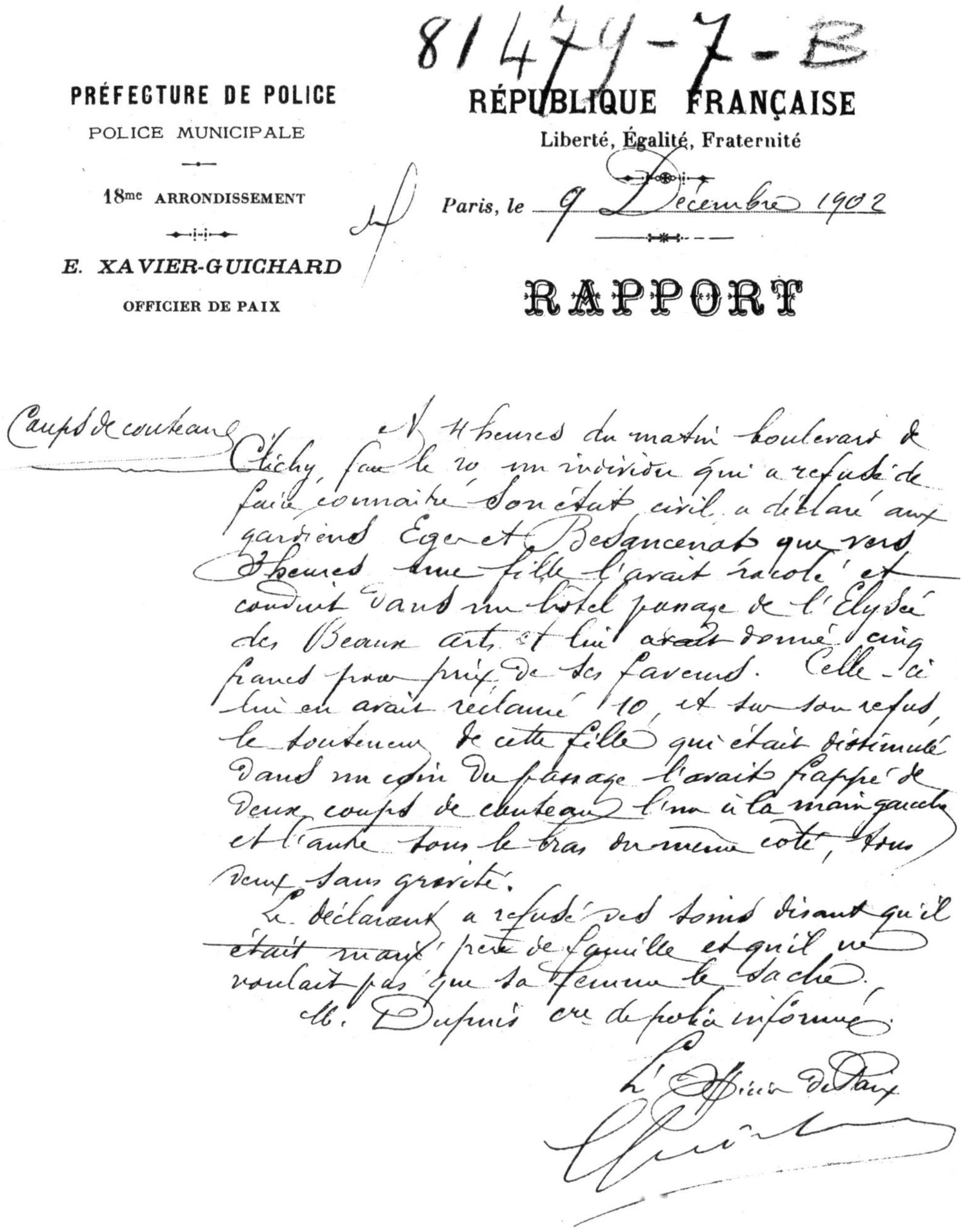

81479-7-B

PRÉFECTURE DE POLICE
POLICE MUNICIPALE
18me ARRONDISSEMENT
E. XAVIER-GUICHARD
OFFICIER DE PAIX

RÉPUBLIQUE FRANÇAISE
Liberté, Égalité, Fraternité

Paris, le 9 Décembre 1902

RAPPORT

Coups de couteau

A 4 heures du matin boulevard de Clichy, face le 20 un individu qui a refusé de faire connaître son état civil a déclaré aux gardiens Eger et Besancenat que vers 3 heures une fille l'avait racolé et conduit dans un hôtel passage de l'Elysée des Beaux arts et lui avait donné cinq francs pour prix de ses faveurs. Celle-ci lui en avait réclamé 10, et sur son refus, le souteneur de cette fille qui était dissimulé dans un coin du passage l'avait frappé de deux coups de couteau l'un à la main gauche et l'autre sous le bras du même côté, tous deux sans gravité.

Le déclarant a refusé des soins disant qu'il était marié père de famille et qu'il ne voulait pas que sa femme le sache.

M. Dupuis Cre de police informé.

L'Officier de Paix

Rapport de la police municipale sur l'agression d'un client par un souteneur, 9 décembre 1902.

Transcription page précédente.

◆

Une « vie de débauche » à quatorze ans

Née dans le Puy-de-Dôme en 1892, Marcelle Mathias a suivi sa mère dans la capitale. À quatorze ans, elle fugue. Deux souteneurs ne tardent pas à exploiter la petite Auvergnate, arrêtée le 1er juin 1906 pour vagabondage. Envoyée en maison de correction, elle retrouve ensuite sa mère. Mais celle-ci alerte la police le 15 décembre 1906 : la jeune fille, sortie faire une course, a de nouveau disparu. Trois jours plus tard, c'est une lettre pathétique qui arrive au domicile familial : un document exceptionnel car, si les archives de la prostitution sont abondantes, il est très rare que les prostituées elles-mêmes laissent des écrits. La lettre est transmise au commissariat par la mère, avec ce commentaire fataliste : « Je demande qu'aucune poursuite ne soit exercée contre elle, elle me reviendra sûrement, et je la reprendrai. »

Lettre de Marcelle Mathias à sa mère

Chère maman,

Il m'est absolument impossible de rentrer samedi mes anciens maqueraux m'ont vus il m'on fichu une détemprer puis m'ont obliger à travailler toute la nuit il me suive constamment puis ils m'ont fait travailler toute la nuit dans une brasserie de femmes et ce matin ils m'ont encore rebattus. Je suis dans un état épouvantable et tous les jours ça sera pareille m'ont-il dit. Je me suis couchée à 5 heures du matin, ce n'est pas moins qui t'écrit mais une de mes camarades qui est gentille et qui l'a mets à la poste ils sont toujours deux qui me suivent continuellement. J'ai fait 40 f hier soir ils m'ont tout pris.

J'espère que tu voudras toujours de moi car ça n'est pas ma faute cette fois : Ce que je le regrette de n'avoir pas suivi les conseils que tu m'a donnée depuis que je suis à Paris j'ai que fait pleurer tout le temps, ce tu savais ce que je m'ennuie et dire que tous les jours sa sera pareille il m'est impossible de me sauver ils sont toujours deux qui me surveillent. Je voudrais bien que tu m'écrives un mot tu sais ce que je le regrette le 262 de la rue Saint-Honoré. Je m'ennuie tant où je suis. Une autre fois dès que j'aurai de l'argent que je pourrai ne pas leur donner je te l'enverrai parce que sa me dégoûtes. Si je pouvais fiche le camp je le ferai bien et j'irai te retrouver. Je t'assure que sa m'a passée l'envie de sortir.

Au revoir maman je t'embrasse bien fort. Tu sais je commence à comprendre ce que c'est que de mener une vie de débauche et je t'assure que si je n'était pas forcé à coups de pieds et à coup de poings que je ne le ferai pas.

Je t'embrasse bien fort.

Fernande

/ Marcelle Mathias

Paris, SAM [Série Ba, carton n° 1689]

◆

Naissance d'une maison chic : Le Sphinx

Un bordel de luxe dans les années 30

Pierre Assouline

« Boulevard Edgar-Quinet », disent entre eux les initiés, et cela suffit. Sans même préciser le numéro, 31. Inutile d'en dire davantagc aux chauffeurs. Ils savent. Sur la façade, un lion à tête humaine monte la garde. Le Sphinx, c'est l'Égypte à Paris, un temple de la galanterie française voué aux plaisirs, à la conversation et à la débauche. Mais de quel pharaon incarne-t-il la puissance souveraine ?

Une maison de premier ordre

Au début des années 30, Le Sphinx n'est pas encore un mythe qu'il a déjà sa légende. Le décor néo-égyptien plonge les visiteurs dans un autre monde, plus près de Gizeh que de Montparnasse. L'architecte Henri Sauvage a bien fait les choses, laissant libre cours à son éclectisme « Art nouveau modernisé ». Il y avait urgence à capter cette clientèle aussi cosmopolite que fortunée, exigeante dans ses fantasmes comme dans ses caprices, que les Expositions Universelles ont entraînée à Paris.

Tout est si bien organisé, policé, surveillé. Le Sphinx marque au fond la rencontre triomphale de la sexualité et de l'administration. On y a autant le goût de la fête que le souci de la mise en scène. Dès le salon, ces dames attendent que les clients se décantent à leur arrivée autour d'une bouteille de champagne. D'autres font une haie d'honneur afin d'annoncer le programme des réjouissances. Certaines ont bien l'air de ce qu'elles sont, des demi-mondaines. La maison s'ouvre au saphisme tandis que l'inventaire des perversions se fait de plus en plus raffiné. Les cannes à système déposées par les messieurs recèlent une cravache, un fouet ou un martinet. On se croirait dans un harem de haute lignée, n'eût été la présence de celle que l'on n'appellera pas la tenancière par égard pour la tenue de son établissement.

Un jour, Marthe Le Mestre dite Martoune, la maîtresse des lieux, publiera ses Mémoires, *Madame Sphinx vous parle*, titre qui annoncerait la suite des aventures de Blake et Mortimer plutôt que la chronique d'une dame de haute maison. Expulsée par son propriétaire de la rue Pasquier où elle tenait une maison de rendez-vous, elle a jeté son dévolu sur cet immeuble en 1929 alors qu'elle avait trente ans. Près de vingt chambres et trois salons répartis sur quatre étages, selon la fiche très précise de la Police judiciaire. La Brigade mondaine a donné son accord « dans un but de santé publique » (délicieuse litote !) et dans la mesure où il n'y a ni église ni école dans les parages. Juste un restaurant, un marchand de vins, un plombier, un épicier et un marchand de porcelaines. Rien que de très convenable.

Tout y est très réglementé. La Préfecture n'accorde son autorisation qu'à la condition que le registre des passes soit parfaitement tenu, et le contrôle sanitaire régulier. La propreté est impeccable. Un médecin attitré visite régulièrement les lieux et reçoit dans une pièce équipée en cabinet médical. Le rapport de contrôle de la Mondaine en date du 10 septembre 1936 ne tarit pas d'éloges sur la haute tenue des lieux : « Maison de premier ordre. Femmes sélectionnées. Les dames accompagnées sont admises dans l'estaminet. »

Trois passes par jour, le Pérou !

La maîtresse veille à tout. Cinq sous-maîtresses font office de contremaîtres, de régisseuses et d'inspectrices des travaux finis. Cinq, cc n'est pas trop pour tenir soixante-cinq femmes aux heures d'ouverture, de 15 à 5 heures. Elles font chacune trois passes par jour en semaine, deux le dimanche. Tarif unique : trente francs, sans compter pourboires et cadeaux. Le Pérou ! Dans les taules d'abattage du côté de Clichy, ça peut aller jusqu'à la centaine par jour pour quelques pièces. Le Sphinx est tellement chic et mondain, comme le Chabanais et le One-Two-Two, qu'on ose à peine parler de bordel. On y monte même de véritables spectacles pornographiques avant d'y projeter des films du même esprit. S'il en était autrement, cela jurerait non seulement avec le raffinement du cadre mais avec l'esprit de la clientèle : des artistes, des publicistes, des hommes politiques, des députés, des ministres et des gens d'affaires. En se soulageant ici, les grands bourgeois préservent leur patrimoine.

Il faut la «loi Marthe Richard» du 13 avril 1946 pour que l'on ferme les maisons closes. «Plus qu'un crime, un pléonasme», lance Arletty. Cent soixante-dix-sept d'entre elles doivent mettre la clef sous la porte rien qu'à Paris. Les plus prestigieuses paient leur succès auprès des occupants allemands. Ainsi le veut Marthe Richard, ancienne prostituée devenue conseillère municipale de Paris, qu'Antoine Blondin surnomme fort à propos «la veuve qui clôt». Le Sphinx est classé monument historique. On ne touche pas au carrelage en céramique rouge vif de la façade, non plus qu'aux plaques en faïence «Aux belles poules», comme disaient les pharaons du boulevard Edgar-Quinet.

Un «bon pour une nuit d'amour» suggestif et publicitaire.

◆

L'avis de la Brigade mondaine

Rapport du 24 décembre 1929

La nommée Marguerite, Marthe, Césarine, née à Limours (Seine-et-Oise) le 16 mai 1898, ex-tenancière de la maison de rendez-vous 18, rue Pasquier, fermée le 12 mars dernier par suite de l'expulsion de la part du propriétaire de l'immeuble, qui demande à se réinstaller 31, boulevard Edgar-Quinet en maison de tolérance, habite depuis le 25 mars suivant rue de Rome, 99, où elle occupe un appartement meublé du loyer mensuel de 1200 f.

Célibataire, elle n'exerce actuellement aucune profession et est entretenue par un sieur Georges Lemestre, âgé de 40 ans environ, se disant courtier en automobiles, demeurant 5 rue Fontaine, avec qui elle doit prochainement contracter mariage.

Le terrain sur lequel la nommée Marguerite a l'intention d'installer sa maison de tolérance est situé 31, boulevard Edgar-Quinet et est d'une contenance de 289 mètres 55 centimètres carrés. Il n'existe à proximité aucune école ou église.

Les immeubles avoisinants sont occupés, le n° 29 par un débit de vin-hôtel, le n° 33 par un commerce d'épicerie ; en face, au n° 72, existe un atelier de plomberie et au n° 74 un restaurant et un marchand de porcelaines.

Ledit terrain est situé derrière la gare Montparnasse, où le nombre d'habitants est plutôt restreint. Ce terrain sera la propriété de l'amant de la nommée Marguerite, le sieur Lemestre.

Ce dernier possède en effet une option en date du 20 décembre 1929, expirant le 14 janvier suivant, du terrain

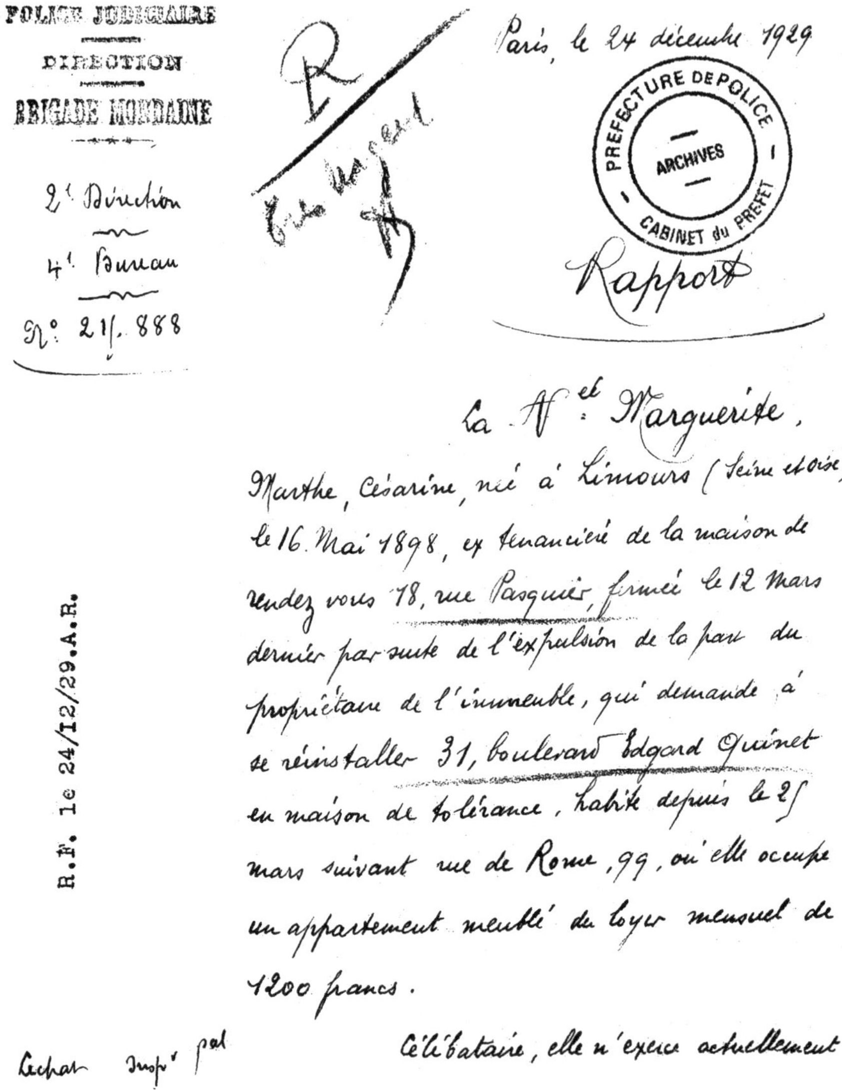
POLICE JUDICIAIRE
DIRECTION
BRIGADE MONDAINE

2e Direction
4e Bureau
N° 21/888

R

Paris, le 24 décembre 1929

PREFECTURE DE POLICE
ARCHIVES
CABINET du PREFET

Rapport

R.F. le 24/12/29.A.R.

La Nlle Marguerite,

Marthe, Césarine, née à Limours (Seine et Oise) le 16 Mai 1898, ex tenancière de la maison de rendez vous 78, rue Pasquier, fermée le 12 mars dernier par suite de l'expulsion de la part du propriétaire de l'immeuble, qui demande à se réinstaller 31, boulevard Edgard Quinet en maison de tolérance, habite depuis le 25 mars suivant rue de Rome, 99, où elle occupe un appartement meublé du loyer mensuel de 1200 francs.

Célibataire, elle n'exerce actuellement

Lachat Inspr pal

Première page du rapport du 24 décembre 1929 :
l'avis favorable de la Brigade mondaine va permettre
à « Martoune » de devenir « Madame Sphinx ».

sus-désigné, qui lui a été consentie par M. Bonnard, agissant au nom de sa mère Mme Le Maistre, résidant à Paris, 6 rue Gaston-de-Saint-Paul.

Au cas où la nommée Marguerite serait autorisée à se réinstaller 31, boulevard Edgar-Quinet, M. Lemestre s'engage, ainsi qu'en fait foi l'attestation ci-jointe, à faire édifier pour le compte de sa maîtresse un immeuble composé d'un sous-sol, d'un rez-de-chaussée et de trois étages. Cet immeuble, d'une façade de 14 mètres 53, se décomposerait comme suit :

Sous-sols

Au rez-de-chaussée : salle d'estaminet et trois salons

Au 1er étage : sept chambres

Au 2e étage : sept chambres

Au 3e étage : une chambre, une salle à manger, une salle de bains servant d'appartement particulier pour la tenancière et trois chambres affectées au personnel.

Dans le quartier de la gare Montparnasse n'existe aucune maison de tolérance ou de rendez-vous et la prostitution clandestine s'opère sur une grande échelle dans des débits de vin-hôtels situés rues Poinsot, Jolivet, boulevards de Vaugirard, Edgar-Quinet, etc., où aucune règle d'hygiène n'est observée.

Les maisons de tolérance les plus proches, boulevards Auguste-Blanqui 9 et de Grenelle 162, se trouvent placées à une distance d'au moins deux kilomètres.

Dans ces conditions et dans un but de santé publique, il semble que la demande formulée par la nommée Marguerite peut être prise en considération. Cette dernière fera parvenir à bref délai au 4e bureau de la 2e direction un plan de l'immeuble que son amant se propose de faire édifier.

Les renseignements recueillis sur cette femme ne lui sont pas défavorables ; elle n'est pas notée aux sommiers judiciaires.

Paris, SAM [Série Bm1, carton n° 43]

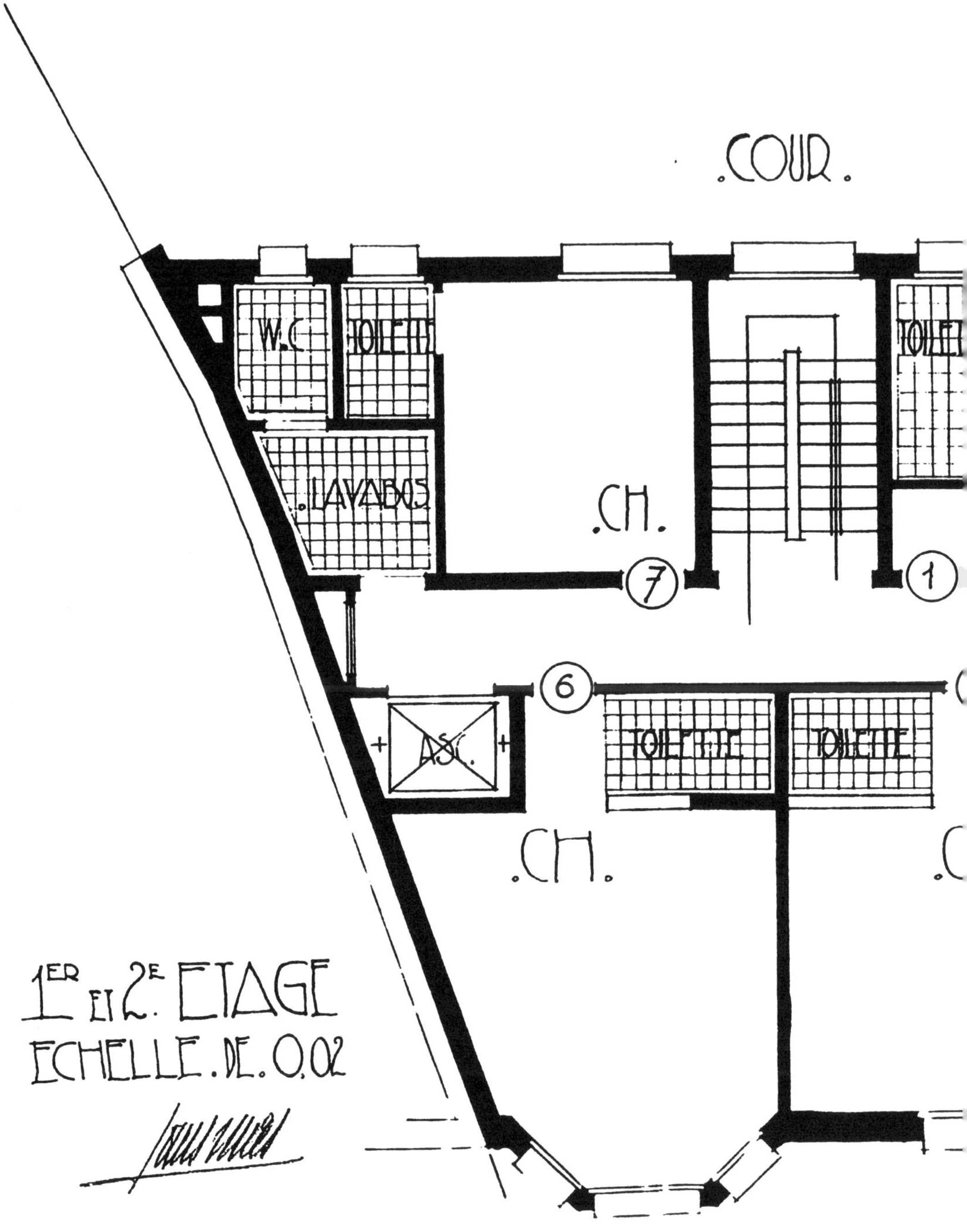
.COUR.
W.C
TOILETTE
.LAVABOS
.CH.
7
1
6
ASC.
TOILETTE
TOILETTE
.CH.
1ER ET 2E ETAGE
ECHELLE . DE . 0,02

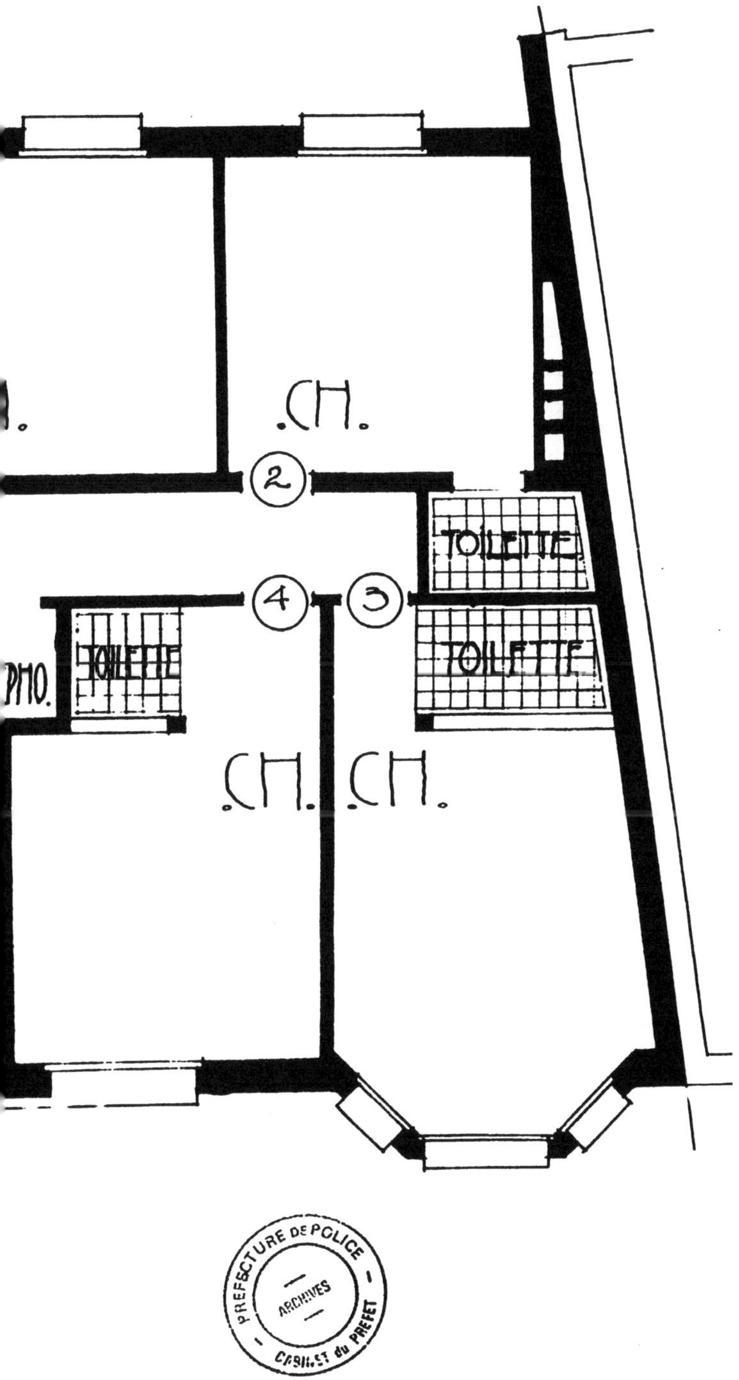

Le plan du Sphinx a été déposé à la Préfecture de police : aux étages, chaque chambre est équipée d'un cabinet de toilette.

DIRECTION DE LA POLICE JUDICIAIRE

BRIGADE MONDAINE

I 211

Tournée N° Un
Viseur M Ballerat
Contrôle du 10 novembre 19 36

PRÉFECTURE DE POLICE
ARCHIVES

Maison de Tolérance
Adresse 31, Boulevard Édgar Quinet
N° de Téléphone Danton : 95-72

Nom du prédécesseur Transfert du 18, rue Pasquier (10 janvier 1930)

Tenancière
Mme Le Mestre née Marguerite Marthe Césarine
le 16 mai 1898
à Limours (Seine et Oise)
Surnom : « Le Sphinx »
Mariée à Le Mestre Georges Charles
Né le 16 décembre 1888
à Nantes (Loire Inférieure)
domicile particulier 31 Boulevard Edgar Quinet

Titre de l'occupation : Propriétaire ou ~~Locataire~~
Immeuble en totalité oui
Nombre d'étages 4
Heure d'ouverture 15 heures
Heure de fermeture 5 heures du matin

Personnel
Sous-Maitresse 5
Femmes de chambre 2
Bar 2

Femmes : Inscrites = 65
Présentes 45
de Sortie 20

Cartes d'identité toutes
Carnet de traitement toutes

Nombre de passes par femme et par jour
Semaine 3
Dimanche 2

Tenue des Femmes fantaisie

Clientèle
Française oui
Etrangère oui

Prix
Français
Unique 30 francs plus pourboire
Civils
Militaires
Etrangers

Salle d'estaminet oui
Bar oui
Grande Licence non
Petite Licence oui

Une fiche d'hygiène de la Brigade mondaine. Au Sphinx, les fiches décrivent icic des prostituées en parfaite santé. Les maisons de passe pour les classes moyennes et les maisons d'abattage pour ouvriers et immigrés montrent une tout autre réalité.

◆

La traite des blanches

Peu regardante sur les trafics de femmes à l'intérieur du territoire national, la police s'émeut lorsque, dans les années 1920, se développe une véritable filière à destination des colonies et de l'Amérique latine. Enrichies par leurs fournitures aux belligérants pendant la Première Guerre mondiale, les républiques sud-américaines sont avides de Franchuchas, *ces jeunes Françaises qui ont traversé l'Atlantique pour se prostituer dans leurs* casitas. *Albert Londres, qui s'empare du sujet, publie* Le Chemin de Buenos-Aires *en 1927. La «traite des blanches» fascine d'autant plus l'opinion qu'elle témoigne d'un renversement du rapport entre l'Europe et le reste du monde, incarné par ces «riches rastaquouères» que décrit complaisamment la presse de l'époque. Le 10 janvier 1929 est transmis au Préfet de police la copie d'un long rapport du brigadier Durand sur le fonctionnement de cette filière.*

Rapport du brigadier Durand sur la traite des blanches

La traite des blanches est bien, en effet, une question importante qui préoccupe à l'heure actuelle l'opinion publique.

De tout temps, on a parlé de la traite des blanches, mais, à la suite des écrits et des révélations dont elle a fait l'objet et qui ont été répandus dans le public, puis transportés sur la scène et sur l'écran, elle est devenue une question d'actualité.

Mais qu'est-ce que la traite des blanches ?

Quels sont ses caractères déterminants et limitatifs ?

On se représente généralement la traite des blanches pratiquée par de vulgaires souteneurs qui emploient, pour leurs fins, des moyens et des arguments qui leur sont propres.

Cependant, en dehors de cette catégorie de malfaiteurs qui sont les seuls recherchés et déférés aux tribunaux répressifs, il existe, à Paris et dans quelques grandes villes de France, des officines connues sous le titre d'agences théâtrales, lesquelles pratiquent la traite des blanches sous une autre forme qui échappe à la loi.

Ces agences sont nombreuses à Paris, et, pour ne parler que des principales, il faut citer l'Agence South American Tour, 20, rue Laffitte; l'Agence Modei, 36, rue Montholon; l'Agence Dahan, 11, rue Moncey; l'Agence Dharlay, 62, rue du Faubourg-Saint-Martin, etc.

Elles organisent des tournées à l'étranger, avec un nombreux personnel féminin où figurent même des fillettes.

Pour s'absenter, ces jeunes filles, mineures pour la plupart, sont munies de l'autorisation de leurs parents. Ceux-ci rêvent déjà de leur popularité, et, sous l'illusion de la carrière artistique et du talent qu'ils supposent à leur enfant, ils leur délivrent assez facilement l'autorisation qui leur permet d'obtenir un passeport pour se rendre à l'étranger.

Grâce à une publicité intense, ces agences attirent un grand nombre de jeunes femmes qu'elles embauchent comme danseuses entraîneuses ou danseuses mondaines, bien que, la plupart du temps, elles ne possèdent aucun talent chorégraphique.

Ce qui importe le plus, ce sont les avantages physiques de la jeune danseuse, car elle devra s'exhiber en public dans une tenue légère, et se faire remarquer.

Dans le dancing pour lequel elle est destinée elle devra se montrer d'un abord facile, pousser le client à la consommation et ne rien lui refuser.

Souvent d'ailleurs, elle n'aura d'autre rémunération que la part qui lui est attribuée sur le champagne qu'elle consomme et fait consommer.

Cette rétribution est généralement fixée à cinq francs par bouteille de champagne, et un franc par coupe.

Cette façon de faire incite la jeune danseuse à garder longtemps le client pour en tirer le plus d'argent possible.

Dans certains autres établissements de ce genre, des mensualités de 600 à 1 000 francs sont offertes aux danseuses.

L'agence prélève pour ses honoraires 10 % sur les consommations et autres dépenses que les femmes font faire par les clients dans les dancings.

Pour la France, les contrats d'embauchage ont généralement une durée de 15 jours à un mois ; pour les colonies et l'étranger, la durée est variable.

Le retour en France ou à Paris n'est pas payé, et ceci a pour conséquence d'obliger la danseuse à rester dans l'établissement, car souvent elle ne possède pas la somme nécessaire à son retour, et, comme son contrat stipule qu'il leur est interdit de s'engager dans un autre dancing de la localité, elle reste attachée à l'établissement.

Quand elle le quitte, c'est généralement pour suivre l'amant qu'elle y a connu, ou pour se livrer résolument à la prostitution.

D'autre part, la direction de l'établissement se réserve le droit de résilier le contrat lorsqu'elle juge le talent de l'artiste insuffisant.

Cette clause du contrat permet de se débarrasser d'une femme qui, pour une raison quelconque, ne plaît pas ; car, comme il a été dit plus haut, son talent est subordonné à sa façon de faire vis-à-vis des hommes qui fréquentent l'établissement et au nombre de bouteilles de champagne qu'elle fait consommer.

Il arrive naturellement que des jeunes femmes ne veulent pas se soumettre aux exigences des dirigeants. Elles sont alors plantées là, sans ressources, et, par nécessité, obligées d'avoir recours à la galanterie pour vivre.

Il n'est donc pas douteux que certaines agences théâtrales ne sont que des officines louches qui, sous le couvert d'un contrat de travail fantaisiste, embauchent des jeunes femmes comme artistes, dont beaucoup sont mineures, dans un but de débauche.

Comme il a été dit, nombreux sont en France, dans les colonies et à l'étranger, les dancings à caractère mixte de maisons de prostitution, qui reçoivent leurs danseuses, entraîneuses, par l'intermédiaire des agences indiquées plus haut.

Nombreuses sont également les jeunes femmes qui s'expatrient de cette façon, et qui, se trouvant éloignées de leur famille et sans ressources, se livrent à la débauche.

À la tête de ces officines se trouvent des individus dont le moins que l'on puisse dire c'est qu'ils sont d'une moralité douteuse.

L'un d'eux, le plus puissant, le nommé SEGUIN, Charles-René-Gustin, alias SEGAL, né le 28 janvier 1877, à Bienne (Suisse), de parents français, dirige la « South American Tour » avec un nommé TOLOMÉ.

Il possède, dans les principales villes de l'Amérique du Sud, les dancings les plus luxueux qu'il approvisionne en femmes par des envois hebdomadaires.

Cet homme a une mauvaise réputation et, parmi les artistes, il est considéré comme un homme dépravé et un trafiquant de femmes.

Un autre directeur, le nommé MODEI, n'opère pas différemment.

Il incite les jeunes danseuses à être aimables et faciles avec les clients, qu'elles peuvent ainsi tripler leur salaire.

Il y aurait beaucoup à dire dans cet ordre d'idées sur toutes les agences théâtrales. [...]

Paris, SAM [Série Ba, carton n° 1689]

AGENCE "SOUTH AMERICAN TOUR"

Directeur R. TOLOMEI

Adresse télégraphique :
CASNOTOUR - PARIS

20, Rue Laffitte, Paris (9e)

Téléphone :
CENTRAL 48-72

Engage pour n'importe quelle date

ARTISTES & ATTRACTIONS

de premier ordre

POUR L'AMÉRIQUE DU SUD

1° Contrats fermes de 10 semaines prolongeables à 20 semaines ;

2° Voyages deuxième classe aller et retour payés sur Navires rapides Français ou Anglais (**Lutetia, Massilia** : 17 jours de **Bordeaux à Buenos-Aires; Asturias Almanzora** : 19 jours de **Southampton** ou **Cherbourg**.

Ecrire ou se présenter tous les jours, de 14 à 18 heures, à l'Agence 20, rue Laffitte, à PARIS.

NOTA

L'Agence "**SOUTH AMERICAN TOUR**" engage des Nos d'Attractions pour travailler en plein air l'après-midi au Jardin d'Acclimatation-Bois de Boulogne à Paris (contrats de 7 ou 14 jours), les jours de pluie étant payés sans travailler).

Publicité de l'agence South American Tour spécialisée dans la traite des blanches.

◆

Une « maison de couture » très particulière

À côté des bordels dûment contrôlés par la Préfecture de police, Paris recèle une multitude de maisons de rendez-vous, cinq-à-sept et autres mauvais lieux dont les initiés, aidés par quelques agences spécialisées, s'échangent confidentiellement les adresses. Cette prostitution clandestine s'opère sous des raisons sociales en apparence honorables : hôtels, établissements de bains, boutiques... Ainsi, c'est dans une « maison de couture » de la rue des Petits-Champs que se réunissent les amateurs de parties fines, jusqu'à la descente de police décrite dans ce rapport du 24 octobre 1931. On notera que seule l'identité des femmes est relevée.

Rapport du commissaire Priolet au sujet d'une descente au 77, rue des Petits-Champs

J'ai l'honneur de porter à votre connaissance les faits suivants :

Il existe, 77, rue des Petits-Champs, à Paris, au 1er étage au-dessus de l'entresol, une maison de couture qu'exploite une demoiselle LAGRAVOIR, Blanche, née le 14 mars 1887 à Paris (I) plus connue sous le surnom de « Béatrice ».

Or depuis un certain temps, il m'était signalé que cette femme, pour combler le déficit de son exploitation commerciale, organisait chez elle des thés, des dîners au cours ou à la suite desquels, les amateurs de « partouzes » pouvaient, moyennant paiement préalable d'une somme variant de 150 à 200 francs, satisfaire librement leurs passions.

La plupart des clients étaient envoyés chez « Béatrice » par deux agences parisiennes, l'une l'agence « Decourcelle » sise à

Paris 28, rue Saint-Georges, l'autre, l'agence « Lisler », 22, rue Vignon, qui toutes deux recevaient évidemment une commission pour prix de leur complaisance.

Les femmes qui se prostituaient au cours de ces « partouzes » étaient également envoyées par ces agences, mais rémunérées par la demoiselle Lagravoir.

Le vendredi 16 octobre, 6 hommes et 5 femmes se réunirent ainsi chez cette femme qui mit, comme d'habitude, sa chambre et sa salle de bain à la disposition de ses visiteurs.

Hier soir, une nouvelle réunion devant avoir lieu, je me suis rendu, vers 17 heures 30, 77, rue des Petits-Champs.

Ce n'est qu'après dix minutes d'attente que la porte de l'appartement me fut ouverte par la demoiselle Lagravoir en personne qui, encore qu'elle eût pris soin de faire habiller, en hâte, les quatre couples qu'elle hébergeait, ne pouvait celer l'inquiétude que lui causait cette visite inattendue.

D'ailleurs la tenue des hommes et des femmes présents témoignait de la rapidité avec laquelle tous avaient, à mon coup de sonnette, endossé leurs vêtements. Dans un angle du salon, une femme cherchait en vain à empêcher de tomber sur ses talons les bas qu'elle n'avait pas eu le temps d'attacher, tandis qu'un des hommes tentait de dissimuler, sous le col de son pardessus, son faux col qui, faute de bouton sans doute, ne tenait pas à la chemise.

Tous, d'autre part, ont très vite confirmé l'exactitude des renseignements que j'avais recueillis et avoué que mon arrivée avait interrompu leurs ébats.

J'ai dirigé sur le quatrième bureau de la deuxième direction les quatre femmes qui toutes étaient déjà venues se prostituer, à plusieurs reprises, chez la demoiselle Lagravoir.

Ce sont les nommées :

I° WETTER, Anne, 31 ans, sans profession, demeurant 8, rue Colette à Paris.

II° GUESDON, Hélène, Victorine, 25 ans, couturière, demeurant à Paris, 66, rue du Mont-Cenis.

III° BRIGAND, Marcelle, 33 ans, sans profession, demeurant à Paris, 22, rue d'Armaillé.

IV° POULIN, Gabrielle, 27 ans, infirmière, demeurant à Paris, 31, rue Pelleport.

Deux d'entre elles, les nommées Brigand et Poulin, étaient d'ailleurs déjà connues pour fréquenter habituellement les agences dites matrimoniales.

J'ai enfin relevé à la charge de la demoiselle Lagravoir, dite « Béatrice », une contravention aux dispositions de l'arrêté du 23 mars 1926.

Le Commissaire de Police
A. Priolet

Paris, SAM [Série Ba, carton n° 1689]

◆

◆

Des « massages fantaisistes »

Enquête sérieuse ou bizutage ? Ce rapport manuscrit de la Brigade mondaine, modèle du genre au point de vue formel, décrit par le menu les prestations proposées dans un établissement de bains et massages visité par un policier qui se fait passer pour un client. Daté du 20 octobre 1945, ce document montre que les proxénètes n'ont pas attendu le vote de la « loi Marthe Richard » de 1946 pour trouver de nouvelles couvertures légales à leur activité.

Rapport de la Brigade mondaine sur un salon de massages

Le 19 courant à 16h45, je me suis rendu sur ordre dans l'établissement de bains situé 23 bis, rue Guillaume-Tell Paris 17e, dans lequel avait été signalées des femmes se livrant à des massages fantaisistes.

La caisse se trouve dès l'entrée dans le hall, ayant demandé un bain massage, le patron me remit une fiche et me fit payer la somme de 150 frs en me recommandant de rendre la fiche lors de mon départ et me dit de monter au 2e étage.

L'escalier y accédant se trouve derrière la caisse. Au 2e étage en haut de l'escalier, une porte s'ouvrant sur un couloir d'une dizaine de mètres dans lequel donnaient 6 à 7 portes.

Une jeune femme de service vint au-devant de moi, regarda ma fiche, me prépara mon bain et me fit entrer dans la cabine portant le n° 6 en me disant de sonner lorsque je voudrais la masseuse.

Après avoir pris mon bain, je fus dans l'obligation de sonner à plusieurs reprises… car je ne voyais personne venir, au bout d'une vingtaine de minutes j'entends frapper à ma porte, une femme entra, elle devait avoir une quarantaine d'années, de taille moyenne, décolorée en rousse, outrageusement fardée, ayant l'air « tout à fait poule », elle me déclara être la masseuse.

N'ayant pas vu de table de massage dans ma salle de bain, je lui demandai s'il n'y en avait pas une, elle s'excusa en me disant qu'elle allait en chercher une tout de suite. Ce qui me fit penser qu'avec les clients habitués, elle n'avait même pas besoin d'aller chercher la table, elle opérait sûrement sans elle.

Elle revint quelques instants plus tard avec une grande planche large d'environ 60 cm et longue de 1 m 90 avec un accoudoir sur le haut, qu'elle plaça sur la baignoire. Elle étendit un drap dessus, celui-ci semblait avoir servi maintes fois. Elle me dit de m'allonger sur le dos et commença à me masser les mollets et les cuisses avec du talc, le massage sur toute la partie du dos fut correct.

Durant ce laps de temps elle engagea la conversation en me disant qu'il faisait beau, après quelques banalités elle me dit s'appeler Odette et qu'elle travaillait dans cet établissement depuis 2 ans et ½ environ. Elle me demanda si quelqu'un m'avait indiqué la maison, lui ayant répondu qu'un de mes amis était déjà venu et ayant été très satisfait il m'avait indiqué l'adresse. Elle me dit ensuite qu'il y avait deux masseuses, elle et une grande fille blonde tout ébouriffée, que j'avais entrevue en arrivant.

Quand elle eut fini de me masser le dos, elle me dit de me retourner et commença à me masser la poitrine et le ventre en s'attardant longuement autour des parties sexuelles. N'étant pas insensible à ces attouchements, la femme désigna ma verge en me disant si je voulais qu'elle me masse à cet endroit-là, ayant répondu affirmativement elle commença à passer sa main tout doucement dessus, elle me demanda ensuite si j'aimais être embrassé à cet endroit, je lui répondis que oui.

Alors elle se mit à passer sa langue tout autour de la verge, à faire des succions buccales. Elle exerçait son art avec beaucoup de talent, semble-t-il. Lui ayant demandé d'accomplir l'acte sexuel normal, elle ne voulut pas, disant qu'elle se contentait de sucer ses clients. Après force succions sur la verge, j'éjaculai dans sa bouche.

Je lui demandai combien je lui devais, elle me répondit qu'elle était au pourboire et à la générosité du client. Avant de partir elle me dit de la redemander lorsque je reviendrais.

[Signature illisible]

Paris, SAM [PJ BRP, carton 4, dossier 121962]

◆

II. L'HOMOSEXUALITÉ

« Depuis quelque temps, la galerie d'Orléans au Palais-Royal était infestée de pédérastes qui provoquaient à la débauche comme des filles publiques, ce qui avait provoqué l'indignation des promeneurs et les commerçants du Palais. Hier dans la soirée nous avons chassé de cette galerie seize individus reconnus pour se livrer à l'infâme passion de la pédérastie et que l'on nomme vulgairement *tantes* », nous apprend un rapport de la Police municipale daté du 7 février 1843.

Si l'homosexualité en tant que telle n'est pas légalement répréhensible, la police se montre attentive aux formes de prostitution, de proxénétisme et de chantage auxquelles peut donner lieu « l'amour antiphysique ». La Préfecture tient de véritables registres, dans lesquels le pégriot surnommé « Serre-Couilles » voisine avec les notabilités les plus influentes de la vie publique. Une surveillance d'autant plus facile que les homosexuels parisiens, très tôt, ont leurs quartiers de prédilection : « La prostitution pédéraste n'a pas, on le comprend, d'asile toléré, mais elle n'est pas pour cela reléguée dans les ténèbres des lieux écartés et déserts. Si certains points de la voie publique [...] sont le théâtre le plus ordinaire des provocations et même des actes obscènes des pédérastes, il est aussi des maisons attitrées qui les attirent et les recueillent », note ainsi le médecin légiste Ambroise Tardieu, dès 1857.

◇

« TANTES » ET « JÉSUS »

La police des homosexuels sous le Second Empire

Michael Sibalis

Depuis l'époque de Louis XIV, les policiers parisiens surveillent un monde clandestin qui les fascine autant qu'il les écœure. « Vous voyez ces hommes orduriers circuler dans Paris, au Palais-Royal, dans certains cafés, où une élégance recherchée les distingue presque toujours. [...] Le soir, au déclin du jour, vous en signalerez bon nombre sur les quais Saint-Nicolas, du Louvre et de l'Archevêché ; place du Marché-Neuf, de la Sorbonne et aux Champs-Élysées ; et partout vous verrez avec quelle assurance, quelle impudeur on ose vous faire les plus dégoûtantes propositions. »

Voilà comment, en 1826, un policier décrit les agissements des homosexuels parisiens. « Sodome existe, dira l'écrivain Marc André Raffalovich en 1896, vénale et menaçante, la ville invisible. » Invisible au commun des mortels sans doute, elle est bien connue des médecins légistes – tel Ambroise Tardieu – et des fonctionnaires de la Préfecture de police qui les premiers, au XIXe siècle, révèlent l'existence à Paris d'une vie homosexuelle dont le grand public soupçonne à peine l'existence. Les deux registres conservés aux archives, banalement étiquetés « Pédérastes n° 1 » et « Pédés n° 2 » (page 537), sont la preuve de l'intérêt que la police porte à ce milieu « pédérastique » dans les années 1840-1850.

Dans l'illégalité

« Sodomite » – mot aux consonances ecclésiastiques – n'est plus guère utilisé depuis un siècle ; « inverti », « uraniste » et « homosexuel » restent à inventer. C'est donc comme « pédérastes » que sont désignés environ mille deux cents hommes, dont on trouve les noms dans ces registres, avec parfois une notice descriptive. Le mot est courant chez les policiers depuis les années 1740, sans aucune connotation de pédophilie d'ailleurs. Les agents emploient même des termes argotiques dans leurs commentaires : « jésus » pour désigner un jeune prostitué – ils signalent par exemple le comte de Saint-Priest comme ayant fréquenté « ce qu'il y avait de plus crapuleux parmi les jésus » – ou encore « tante » quand ils parlent des « bals des tantes » lors du Carnaval ou qualifient le restaurateur Pécourt de « vieille tante cancanière ». Ni l'origine ni l'objet de ces registres ne sont indiqués, mais on peut facilement les deviner.

La sodomie étant illégale sous l'Ancien Régime, la police du XVIIIe siècle traque et fiche les « infâmes » de la capitale. En 1783 déjà, d'après le nouvelliste Mouffle d'Angerville, le commissaire de police Foucault tenait « un gros livre où étaient inscrits tous les noms des pédérastes notés à la police ; il prétendait qu'il y en avait à Paris [...] environ quarante mille ».

Après l'abrogation, en 1791, des lois contre la sodomie, la police abandonne ses « patrouilles de pédérastie » et laisse les sodomites ou pédérastes en paix.

Mais l'attitude change après 1840. Selon Ambroise Tardieu, « une surveillance plus active de l'autorité, excitée par des scandales publics dont on aurait peine à se faire une idée, a amené une répression plus fréquente et plus sévère de la pédérastie ». En effet, explique-t-il, « ces habitudes honteuses sont devenues un moyen et comme un procédé particulier de vol », c'est-à-dire de chantage, et dans plusieurs cas « la pédérastie a servi de prétexte, et en quelque sorte d'amorce, à l'assassinat ». Ces registres policiers témoignent donc d'une inquiétude accrue au sujet de l'homosexualité. Cette préoccupation, et par conséquent ce « fichage », dureront jusqu'en 1982.

Du rentier respectable au jeune désœuvré

La plupart des individus notés dans ces registres sont des hommes obscurs : prêtres et bureaucrates, marchands et artisans, ouvriers et domestiques arrêtés lors des rondes nocturnes, condamnés pour outrage public à la pudeur, ou sans doute dénoncés par des indicateurs. Dans cette longue liste, le nom du rentier respectable côtoie celui du jeune désœuvré qui se prostitue de nuit passage des Panoramas ou au Palais-Royal. Quelques-uns s'affublent de surnoms féminins : Georgina, Mignon-Marie, la Belle-Anglaise, la Bayonnaise, la Princesse de Lamballe ou encore la Reine de Hollande – un Anglais qui prétend avoir connu Louis Bonaparte…

Parfois aussi, la police signale des personnalités de l'époque : des ministres comme Narcisse-Achille de Salvandy,

Abel-François Villemain ou le vieux maréchal Gérard, un député comme le vicomte Dejean, des diplomates étrangers – Rodolphe d'Apponi, Moustapha Rochild Pasha –, le philanthrope Benjamin Appert, le comédien Adolphe Laferrière, l'homme de lettres Étienne-Léon de Lamothe-Langon et même l'ancien bourreau Henri Samson. Toutefois, comme le reconnaîtra Marie-François Goron, chef de la Sûreté de 1887 à 1894, les informations fournies par les agents subalternes de la Préfecture ne sont pas toujours sûres. Parfois, « on croit qu'il a des mœurs contre nature » ne veut rien dire d'autre qu'on « ne lui connaît pas de maîtresse ».

Proust décrira très bien, cinquante ans plus tard, ce monde où tant d'hommes mènent une vie insoupçonnée. Dans le roman, c'est le duc de Châtellerault qui drague un domestique dans les buissons des Champs-Élysées, et dans la réalité des années 1840, c'est un prince de Montmorency qu'on surprend « dans les Champs-Élysées, le long de l'Élysée Bourbon, dans le fragrant délit le plus honteux de pédérastie, avec un individu qui avait les apparences d'un domestique ».

Mais l'Histoire réserve des surprises et il arrive que la réalité croise la fiction. Marcel Proust figure en effet parmi les personnalités homosexuelles dont les archives de la police conservent le secret de la présence dans un bordel d'hommes, constatée lors d'une descente de police en 1918. En somme, ces registres donnent un aperçu – partiel et partial, sans doute, mais infiniment précieux – d'un monde qui, autrement, nous resterait inconnu.

◆

Le chanoine, le pair de France et l'ambassadeur

Ecclésiastiques et personnages officiels voisinent dans ce registre avec de simples domestiques et de jeunes délinquants qui vivent de leurs charmes.

Extraits du « registre des homosexuels »

Sambucy Chanoine – décédé en 1847 ; connu de M. Bequerel de chez M. David.

Droubay, dit la belle André. Demeurant rue Vieille-du-Temple 125. Il est aussi escroc. Il doit avoir demeuré rue Notre-Dame-de-Nazareth 58. Il s'habille souvent en femme. Il a un autre article et un dossier.

Martin ou la badigeonneuse. Rue de Lille n° 27. Il fait faire des passes. Il était aussi signalé, en février 1848, comme se livrant au jeune M. de Priets. C'est lui qu'on appelait le petit fumiste (1848).

De Gasq. Pair de France quai Malaquais n° 9, 21 ou 11. Il doit être l'un des présidents de la Cour des Comptes.

Mallet. Rue du Pont-de-Lodi n° 9, chez qui demeurait la Pecourt en 1845, et rue de l'Ancienne-Comédie n° 31 (1845).

Bonfillio. Italien. A été domestique en septembre 1845 chez la Dame Lafont. Elle ne l'a gardé que quatre jours.

Nantier. Victor, âgé de 28 ans, né à Granville. Prenant le nom de Victor Leroy ou Victor Duval (1846), c'est un ami de la tante Mesnier. [...]

Gérard (Le maréchal). Il n'est pas positivement pédéraste,

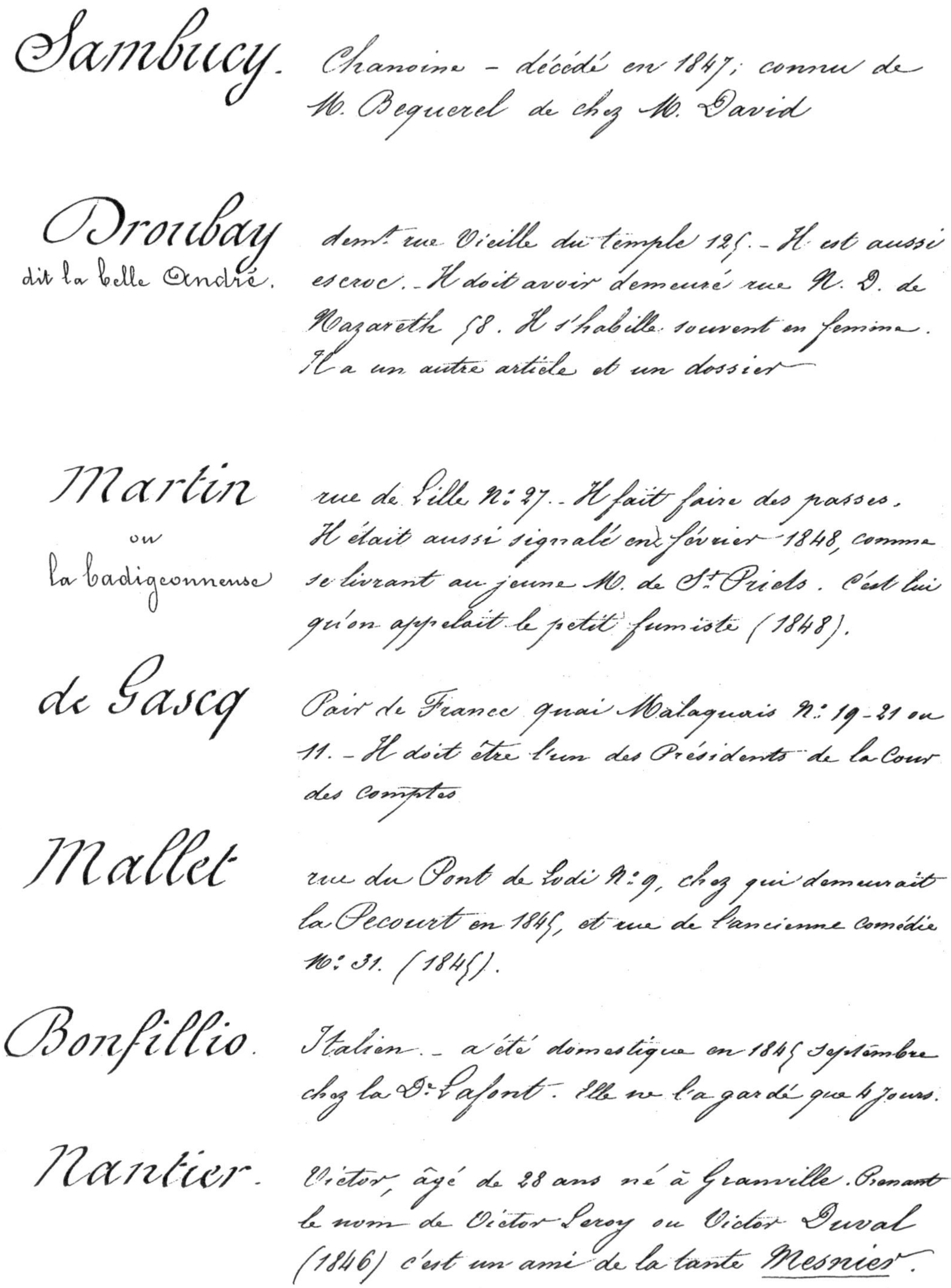

Sambucy. Chanoine – décédé en 1847; connu de M. Bequerel de chez M. David

Droubay dit la belle André. demt. rue Vieille du temple 125. – Il est aussi escroc. – Il doit avoir demeuré rue N. D. de Nazareth 58. Il s'habille souvent en femme. Il a un autre article et un dossier

Martin ou la badigeonneuse rue de Lille N° 27. – Il fait faire des passes. Il était aussi signalé en février 1848, comme se livrant au jeune M. de St Priest. C'est lui qu'on appelait le petit fumiste (1848).

de Gascq Pair de France quai Malaquais N° 19-21 ou 11. – Il doit être l'un des Présidents de la Cour des Comptes

Mallet rue du Pont de Lodi N° 9, chez qui demeurait la Pecourt en 1845, et rue de l'ancienne Comédie N° 31. (1845).

Bonfillio. Italien. – a été domestique en 1845 septembre chez la De Lafont. Elle ne l'a gardé que 4 jours.

Nantier. Victor, âgé de 28 ans né à Granville. Prenant le nom de Victor Leroy ou Victor Duval (1846) c'est un ami de la tante Mesnier.

Les deux « registres des pédérastes » recensent environ mille deux cents homosexuels réels ou supposés. Ils donnent un aperçu unique sur l'homosexualité dans les années 1850 (ici et pages suivantes).

mais il a la passion d'aller voir les filles publiques, dites les *terrineuses,* qui masturbent les hommes le soir dans les Champs-Élysées. Au moment où l'une de ces branleuses tient un homme, le maréchal s'approche pour se faire masturber en même temps de l'autre main, c'est la vue de l'action du masturbage qui produit effet sur ses sens.

Il pelote aussi à nu les fesses de la femme pendant l'opération.

D'Apponi, Alphonse, nom de l'Ambassadeur.

Avenot, employé à la maison du Roi, il est marié, mais il a fait mauvais ménage.

Sully (le Vicomte). Demeurant en décembre 1844 rue Mont-Thabor, 38 ; c'est un pédéraste honteux qui n'est pas connu dans cette caste. Il est âgé d'environ 60 ans. Il occupe un bel appartement au premier étage. On dit que ce vieux vicomte a des relations intimes avec un jeune homme, fort joli garçon, qui travaille dans la même maison chez un corroyeur. Il y a eu rapport le 6 décembre 1844.

Ormancai ou D'Ormencay. Artiste, né à Gray (Haute-Saône), est un pédéraste. Il a fréquenté dans le temps la maison Louis

Perrier, barrière de l'Étoile. Il était en relations avec Jourdier. C'est aussi un escroc qui travaillait avec Conti, Audibert, Bailly et autres faiseurs (voir au dossier Jourdier). Il a été fourni nouveau rapport le 9 juin 1852.

Jourdier. Fils du portier d'une des cours du marché de la Madeleine, il est tailleur de profession. Ce jeune homme a pris le titre de vicomte et le nom de Frejaques. Il se dit homme de lettres. C'est le mignon du sieur Ormencay.

Paris, SAM [Série Bb, registre n° 4]

◆

Gérard Le Maréchal

Il n'est pas positivement pédéraste, mais il a la passion d'aller voir les filles publiques, dites les terrineuses qui masturbent les hommes le soir dans les champs Elysées. Au moment ou l'une de ces branleuses tient un homme le maréchal s'approche pour se faire masturber en même temps de l'autre main, c'est la vue de l'action du masturbage qui produit effet sur ses sens.

Il pelote aussi à nu les fesses de la femme pendant l'opération.

D'Apponi, Alphonse, nom de l'Ambassadeur.

Avenon, employé à la maison du Roi, Il est marié, mais il a fait mauvais ménage.

Sully (le Vicomte)

demeurait en Décembre 1844 rue Monthabor, 38, c'est un pédéraste honteux qui n'est pas connu dans cette caste. Il est âgé d'environ 60 ans. Il occupe un bel appartement au 1er étage. On dit que ce vieux Vicomte a des relations intimes avec un jeune homme, fort joli garçon, qui travaille dans la même maison chez un corroyeur. Il y a eu rapport le 6 Décembre 1844.

Ormancai ou Ormencay

artiste, né à Gray (haute Saône) est un pédéraste. Il a fréquenté dans les temps la maison Louis Perrier, barrière de l'Etoile. Il était en relations avec Jourdier. C'est aussi un escroc qui travaillait avec Conti, Audibert, Bailly et autres faiseurs. (Voir au dossier Jourdier)
Il a été fourni nouveau rapport le 9 Juin 1852.

Jourdier

fils du portier d'une des cours du marché de la Madeleine, est tailleur de profession. Ce jeune homme a pris le titre de Vicomte et le nom de Frejaques. Il se dit homme de lettres. C'est le mignon du sieur Ormencay.

◆

Vidocq et les Gomorrhéens

Malgré son goût personnel du travestissement, Vidocq est nettement porté sur les femmes et ce n'est qu'après de longues précautions qu'il consent, à l'article «Canapé» de son Dictionnaire d'argot*, à évoquer les lieux de rencontre des «Gomorrhéens» : en référence à la cité biblique voisine de Sodome, c'est ainsi qu'il nomme les pédérastes, qu'il qualifie par ailleurs d'«immondes» et de «fangeux». En 1836, le peu d'informations qu'il publie est déjà très choquant pour le large public auquel il s'adresse.*

Extrait du* Dictionnaire d'argot*, Eugène-François Vidocq, Paris, 1836

Canapé s. m. On trouve dans le langage des voleurs, dix, vingt mots même, pour exprimer telle action répréhensible, ou tel vice honteux ; on n'en trouve pas un seul pour remplacer ceux de la langue usuelle qui expriment des idées d'ordre ou de vertu ; aussi doit-on s'attendre à trouver, dans un livre destiné à faire connaître leurs mœurs et leur langage, des récits peu édifiants. J'ai réfléchi longtemps avant de me déterminer à leur donner place dans cet ouvrage ; je craignais que quelques censeurs sévères ne m'accusassent d'avoir outragé la pudeur, mais après j'ai pensé que le vice n'était dangereux que lorsqu'on le peignait revêtu d'un élégant habit, mais que, nu, sa laideur devait faire reculer les moins délicats ; voilà pourquoi cet article et quelques autres semblables se trouveront sous les yeux du lecteur ; voilà pourquoi je n'ai pas employé de périphrases pour exprimer ma pensée ; voilà pourquoi le mot propre est toujours celui qui se trouve sous ma plume. Je laisse au lecteur le soin de m'apprendre si la méthode que j'ai adoptée est la meilleure.

Le *canapé* est le rendez-vous ordinaire des pédérastes ; les tantes (voir ce mot)[1] s'y réunissent pour procurer à ces libertins blasés, qui appartiennent presque tous aux classes éminentes de la société, les objets qu'ils convoitent ; les quais, depuis le Louvre jusqu'au Pont-Royal, la rue Saint-Fiacre, le boulevard entre les rues Neuve-du-Luxembourg et Duphot, sont des *canapés* très dangereux. On conçoit, jusques à un certain point, que la surveillance de la police ne s'exerce sur ces lieux que d'une manière imparfaite ; mais ce que l'on ne comprend pas, c'est que l'existence de certaines maisons, entièrement dévolues aux descendants des Gomorrhéens, soit tolérée ; parmi ces maisons, je dois signaler celle que tient le nommé, ou plutôt (pour conserver à cet être amphibie la qualification qu'il ou elle se donne), la nommée Cottin, rue de Grenelle-Saint-Honoré, n° 3 ; la police a déjà plusieurs fois fait fermer cette maison, réceptacle immonde de tout ce que Paris renferme de fangeux, et toujours elle a été rouverte ; pourquoi ? Je m'adresse cette interrogation, sans pouvoir y trouver une réponse convenable ; est-ce parce que quelquefois on a pu y saisir quelques individus brouillés avec la justice ; je ne puis croire que ce soit cette considération qui ait arrêté l'autorité, on sait maintenant apprécier l'utilité de ces établissements où les gens vicieux se rassemblent pour corrompre les honnêtes gens qu'un hasard malheureux y amène.

◆

1. La définition que donne Vidocq du mot « tante » est plus sommaire : « Homme qui a les goûts des femmes, la femme des prisons d'hommes. »

◆

FLORILÈGE

Lettres de plaintes au Préfet de police

«Dans ces derniers temps plus que jamais les Boulevards [...] sont devenus le rendez-vous de jeunes gens qui, à des heures tardives, font plus ou moins ouvertement aux passants des propositions du plus hideux libertinage.»

(Lettre au Préfet de police, 25 septembre 1836)

«Comment se peut-il que [...] dans une ville comme Paris tous les soirs parmi les flâneurs de la galerie d'Orléans [au] Palais Royal vous laissez une troupe [,] c'est le mot [,] de jeunes garçons de 18-20 tous en casquette & blouse [...] faire un commerce [...] qui repousse toute morale? Ce sont des putains mâles qui se vendent aux habitans de Sodome & tel publiquement. Comment pouvez-vous laisser cet infâme trafic s'opérer tous les soirs [...] ? »

(Lettre au Préfet de police, 25 novembre 1839)

«Les soussignés [...] ont l'honneur de vous exposer que depuis longtemps la Galerie d'Orléans est infestée d'une foule de Vauriens qui l'ont choisie pour l'exploitation de leurs hideuses spéculations que l'on a honte de nommer. Chaque jour ils viennent y étaler un cynisme qui révolte tous les gens, jusqu'aux moins scrupuleux; aussi les Exposants ont-ils acquis la certitude que beaucoup de personnes, et des Étrangers même, craignant d'être coudoyés par cette horde de vagabonds, évitent avec précaution de traverser cette galerie ; ce qui cause un très-grand préjudice aux soussignés. »

(Pétition des marchands du Palais-Royal
au Préfet de police, octobre 1844)

« Depuis quelque temps le Passage des Panoramas et les galeries y adjacentes se trouvent infestés d'une bande de jeunes vagabonds en blouse de 16 à 20 ans. Ce sont, selon toutes probabilités, des voleurs, mais ils y ajoutent visiblement un autre métier [...] car on les voit fréquemment accostés par des hommes d'un âge mur auxquels ils servent de complaisants pour des passions infâmes. »

(Un habitant du passage des Panoramas au Préfet de police,
vers novembre 1844)

◆

Une liaison en enfer

L'affaire Verlaine-Rimbaud

Claude Jeancolas

Le 10 juillet 1873, à Bruxelles, Paul Verlaine tire deux coups de revolver sur Arthur Rimbaud. Dès le 11, un mouchard prévient le Préfet de police et confirme dix jours plus tard : « La cause doit en être attribuée à des relations immorales entre les deux individus. »

Dès réception du message, le Préfet demande une enquête. En moins d'une semaine, le rapport est terminé. Où l'officier Lombard s'est-il informé ? Auprès des Mauté, la belle-famille de Verlaine : aucun doute, car il reprend leurs arguments dans la procédure de divorce en cours et certains détails ne sont connus que d'eux. « Des amours de tigres », aurait dit Verlaine à sa femme parlant de sa relation avec Rimbaud.

Le rapport dresse donc des portraits brutaux : Verlaine est un lâche et Rimbaud, un voyou. Revoyons les faits. Au printemps, ils reprennent la vie commune à Londres, les crises sont continuelles. Le 3 juillet, Paul s'échappe pour Bruxelles. Il écrit à sa femme qu'elle le rejoigne, sinon il se suicide. Elle ne le rejoint pas, mais sa mère accourt. Il ne se suicide pas, songe à s'engager dans les armées carlistes et télégraphie à Arthur de lui apporter ses affaires laissées à Londres. Arthur n'attendait que cette invitation. Il vient d'écrire à Paul : « Reviens, je veux vivre avec toi, je t'aime. » Ils se retrouvent le 8 au soir. Arthur veut aller à Paris. Paul cherche à l'en dissuader pour ne pas compliquer la situation.

Le 10 au matin, Verlaine achète un revolver. Après une nouvelle dispute bien arrosée dans une brasserie, au retour dans la chambre d'hôtel, ivre, il tire sur Rimbaud et le touche au poignet gauche. Accompagné par sa mère, Paul conduit le blessé se faire soigner, avant de l'accompagner au premier train pour Charleville. Sur le trajet de la gare, Rimbaud se réfugie sous la protection d'un policier. Il porte plainte, Verlaine est arrêté. Il retire sa plainte, peine perdue. La justice tient un communard, et de plus un homosexuel : deux ans de prison ferme.

Rimbaud part alors pour Roche, la ferme de sa mère. En arrivant, il s'effondre sur une chaise, très ébranlé, puis s'installe dans le pigeonnier, au-dessus du porche, et dans les sanglots, les gémissements et les malédictions, en quelques jours, il écrit *Une saison en enfer*.

Arthur Rimbaud en Angleterre, dessiné par Paul Verlaine dans une lettre adressée à Ernest Delahaye le 24 août 1875.

◆

« Des amours de tigres »

Rapport de l'officier de paix Lombard, 1er août 1873

La scène se passe à Bruxelles. Le parnassien Robert Verlaine était marié depuis trois ou quatre mois à la sœur de Civry, un compositeur pianiste qui a été emprisonné à Satory après la Commune, pontonné, puis relaxé. Ce mariage s'était opéré au commencement ou au milieu de l'année dernière.

Le ménage allait assez bien en dépit des toquades insensées de Verlaine, dont le cerveau est depuis longtemps détraqué, lorsque le malheur amena à Paris un gamin, Raimbaud [*sic*], originaire de Charleville, qui vint tout seul présenter ses œuvres aux parnassiens. Comme moral et comme talent, ce Raimbaud, âgé de 15 à 16 ans, était et est une monstruosité. Il a la mécanique des vers comme personne, seulement ses œuvres sont absolument inintelligibles et repoussantes.

Verlaine devint amoureux de Raimbaud, qui partagea sa flamme et ils allèrent goûter en Belgique la paix du cœur et ce qui s'ensuit. Verlaine avait lâché sa femme avec une gaieté de cœur sans exemples, et pourtant elle est, dit-on, très aimable et bien élevée.

On a vu les deux amants à Bruxelles, pratiquer ouvertement leurs amours. Il y a quelque temps, Mme Verlaine alla trouver son mari, pour essayer de le ramener. Verlaine répondit qu'il était trop tard, qu'un rapprochement était impossible et que d'ailleurs, ils ne s'appartenaient plus. « La vie du ménage m'est odieuse », s'écriait-il : « Nous avons des amours de tigres ! » et, ce disant, il montra à sa femme sa poitrine tatouée et meurtrie de coups de couteaux que lui avait

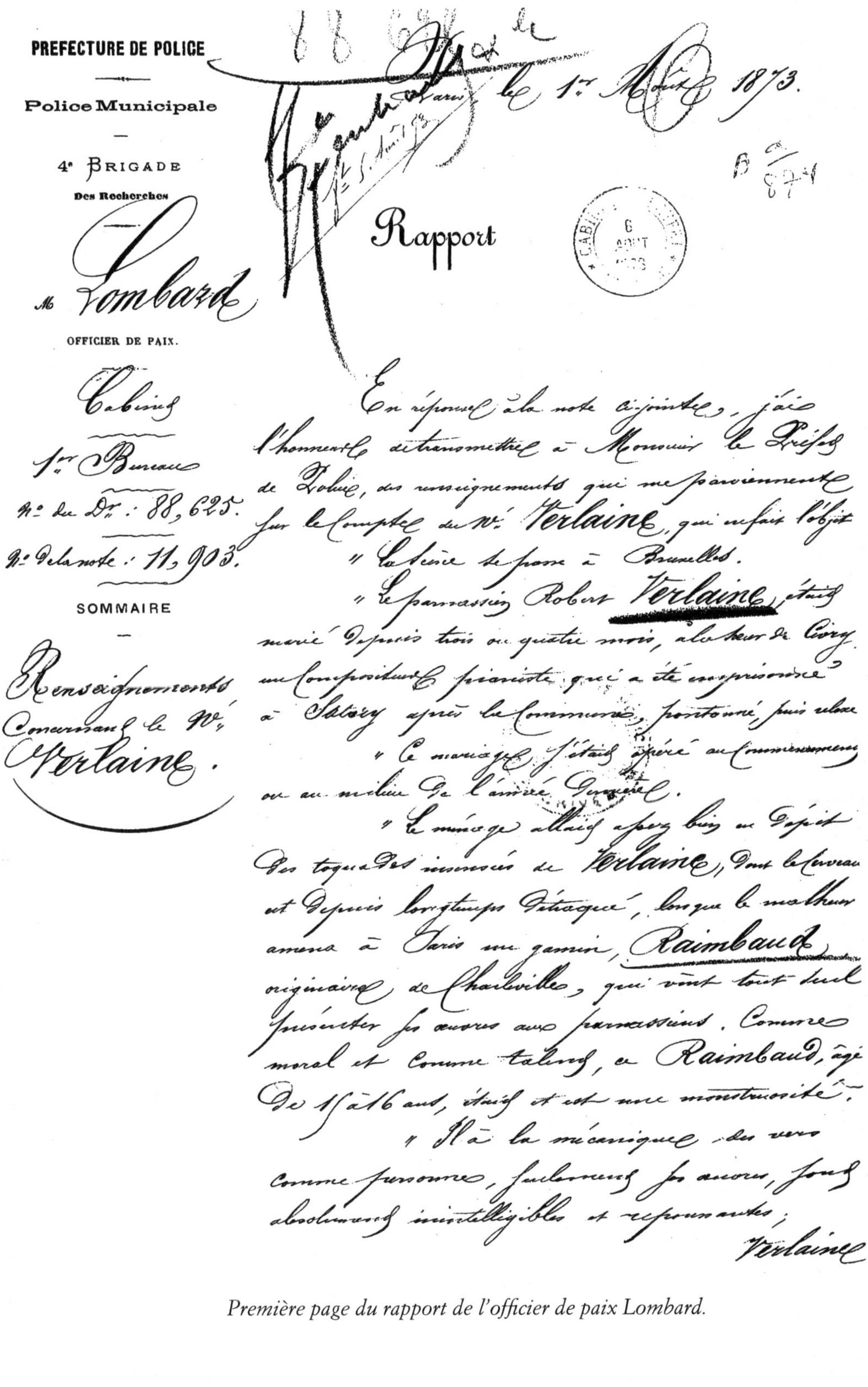
PREFECTURE DE POLICE

Police Municipale

4e BRIGADE

Des Recherches

Mr Lombard

OFFICIER DE PAIX.

Paris, le 1er Août 1873.

Cabinet

1er Bureau

No du Dr : 88,625.

No de la note : 11,903.

SOMMAIRE

Renseignements concernant le Nr Verlaine.

Rapport

En réponse à la note ci-jointe, j'ai l'honneur de transmettre à Monsieur le Préfet de Police, des renseignements qui me parviennent sur le compte du Nr Verlaine, qui en fait l'objet.

« La scène se passe à Bruxelles.

« Le parnassien Robert Verlaine, était marié depuis trois ou quatre mois, à la soeur de Civry, un compositeur pianiste qui a été emprisonné à Satory après la Commune, pontonné, puis relaxé.

« Ce mariage s'était opéré au commencement ou au milieu de l'année dernière.

« Le ménage allait assez bien en dépit des toquades immenses de Verlaine, dont le cerveau est depuis longtemps détraqué, lorsque le malheur amena à Paris un gamin, Raimbaud, originaire de Charleville, qui vint tout seul présenter ses oeuvres aux parnassiens. Comme moral et comme talent, ce Raimbaud, âgé de 15 à 16 ans, était et est une monstruosité.

« Il a la mécanique des vers comme personne, seulement ses oeuvres sont absolument inintelligibles et repoussantes.

Verlaine

Première page du rapport de l'officier de paix Lombard.

appliqués son ami Raimbaud. Ces deux êtres se battaient et se déchiraient comme des bêtes féroces, pour avoir le plaisir de se raccommoder.

Mme Verlaine, découragée, revint à Paris, Mme Verlaine, mère, qui adore son fils, voulut à son tour essayer de ramener Robert au sens des convenances, et c'est à ce propos que s'est passée la scène qui a mis Bruxelles en émoi. Devant sa mère, il y a une semaine ou quinze jours au plus, Verlaine a eu avec son amie [sic] Raimbaud une dispute à propos d'argent et, après toutes les injures imaginables, tira un coup de pistolet sur Raimbaud, qui cria à l'assassin ! La mère Verlaine, ne sachant quel était l'auteur de la tentative de meurtre, cria aussi à l'assassin ! et Verlaine fut arrêté et enfoui à la prison des Carmes, où il attend son jugement. De sa prison, il a écrit à Victor Hugo pour le prier d'intercéder pour lui et pour lui expliquer son amour pour son ami ! Victor Hugo n'a pas répondu et a expédié la lettre à la femme de Verlaine.

Les faits sont exacts, informez-vous-en à Bruxelles. Peut-être est-ce Raimbaud qui a tiré le coup de pistolet à Verlaine, car je n'ai pu savoir au juste l'auteur du revolver en jeu. Cependant je crois ma version bonne, pour la fixation du personnage. La question de l'individualité de l'assassin réservée, tout le reste est parfaitement vrai.

Je transmettrai ultérieurement les autres renseignements qui doivent me parvenir sur cette affaire.

Paris, SAM [Série Ba, carton n° 874]

◆

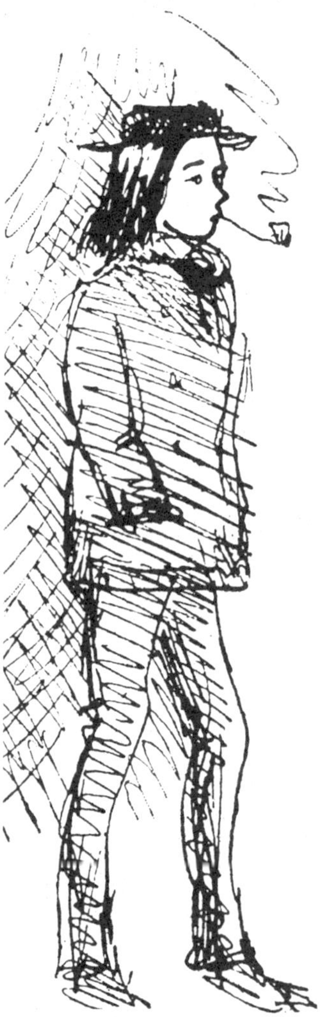

Arthur Rimbaud en juin 1872, dessin de Paul Verlaine. Charleville-Mézières,
Musée-Bibliothèque Arthur Rimbaud.

◆

Une descente chez Jupien

L'hôtel Marigny, rue de l'Arcade, est tenu par Albert Le Cuziat : ancien valet de chambre du prince Radziwill, c'est un intime de Marcel Proust qui s'est inspiré directement de lui pour le personnage de Jupien. Dans ce rapport, le romancier et son rabatteur sont victimes d'une descente qui se soldera par la condamnation du tenancier et la réquisition de l'hôtel au profit des troupes alliées. Ce qui n'empêchera pas Le Cuziat d'ouvrir après la guerre d'autres établissements, que fréquenteront Maurice Sachs et Marcel Jouhandeau.

L'hôtel Marigny, « lieu de rendez-vous de pédérastes majeurs et mineurs »

J'ai l'honneur de rendre compte que je me suis transporté, dans la nuit du 11 au 12 courant à minuit, à l'hôtel Marigny, 11, rue de l'Arcade, tenu par un sieur Le Cuziat (Albert) né le 30 mai 1881 à Tregnier (C. du N.)

Cet hôtel m'avait été signalé comme un lieu de rendez-vous de pédérastes majeurs et mineurs. Le patron de l'hôtel, homosexuel lui-même, facilitait la réunion d'adeptes de la débauche antiphysique. Des surveillances que j'avais fait exercer avaient confirmé les renseignements que j'avais ainsi recueillis.

À mon arrivée, j'ai trouvé le sieur Le Cuziat dans un salon du rez-de-chaussée, buvant du champagne avec trois individus aux allures de pédérastes.

Après lui avoir décliné ma qualité et exhibé le mandat dont j'étais porteur, je l'ai invité à me conduire dans les chambres de l'hôtel.

Au rez-de-chaussée, dans une chambre que Le Cuziat m'a dit être la sienne, j'ai trouvé un individu de mine efféminée, en tête à tête avec un lieutenant belge.

Dans chacune des chambres N° 1 et 2, au 1° étage, dite de « passe », j'ai trouvé un couple d'hommes. Chaque couple se composait d'un majeur et d'un mineur et leur attitude ne laissait aucun doute sur le motif de leur présence dans ces chambres.

Deux de ces mineurs, interrogés, ont fait des aveux complets.

Le nommé Le Cuziat, également interrogé, a avoué, lui aussi, qu'il était un adepte de la débauche antiphysique et qu'il ne croyait pas faire mal en recevant dans son hôtel des homo-sexuels.

Procès-verbaux ont été dressés contre lui pour excitation habituelle de mineurs à la débauche ainsi que pour vente de boissons après l'heure réglementaire de fermeture des établissements publics.

Ci-joint la liste des personnes trouvées à cette adresse au cours de cette opération.

LE COMMISSAIRE DE POLICE
J. TANGUY

LISTE des personnes rencontrées au cours de la descente opérée dans l'hôtel Marigny, rue de l'Arcade N° 11, le 11 janvier 1918, signalé comme étant un lieu servant de refuge à des homo-sexuels et où l'on consomme après les heures réglementaires.

BEUVERIE (salon situé au rez-de-chaussée à droite)

(Bouteille de champagne et 4 verres).

PROUST Marcel, 46 ans, rentier, 102, boulevard Haussmann.

PERNET Léon, né à Paris (15°), le 3 avril 1896, de Auguste et de Amélie Janvier, soldat de 1°classe au 140° Régiment d'Infanterie.

En congé de convalescence illimité, en attendant sa mise à la réforme N° 1 ; demeurant chez son père à La-Ferté-sous-Jouarre, mais séjournant actuellement chez sa sœur Mme Imbert, rue de l'Égalité 14 à Vincennes.

BROUILLET André, né Nention (Dordogne), le 5 mars 1895 de Jean et de Elia Poupy, caporal au 408° d'Infanterie en congé illimité de convalescence en attendant sa mise à la réforme N° 1, demeurant 11, rue de l'Arcade.

Les trois personnes sus désignées consommaient en compagnie du nommé Le Cuziat (Albert), propriétaire de l'hôtel

----

Couples d'hommes présumés homo-sexuels trouvés dans les chambres de l'hôtel.

Au rez-de-chaussée à gauche :

SYMON Alfred Pierre, né à Bruxelles le 12 avril 1883 de Alexis et Julie Devaux, lieutenant de grenadiers (armée belge), chef du service des Magasins de l'Intendance à Paris, rue Villaret-Joyeuse 15.

LONGUETEAU Jean-Marie Raphaël, dit Jehan Demeyl, né à Bordeaux le 23 octobre 1899 de père non dénommé et de Élise Lonqueteau, artiste, demeurant rue de Provence 75.

Au 1° Étage (ch N° 1)

PAUCHET Léon Désiré, né le 15 février 1881 à Gisors de Joseph et Adèle Sédille, médecin aide-major au 140° d'infanterie, secteur n° 101, sans permission.

MARKWALDER Frédérique, né à Nyon (Suisse), le 14 décembre 1898, garçon d'hôtel rue de l'Arcade 11.

Chambre N° 2

ARBELLET DU REPAIRE Henri Gaston, né le 13 mai 1885, à Puteaux, de Pascal et Honorine Gaudin, passementier, demeurant rue Jacob 52, chez sa sœur, soldat 70° d'Infanterie 11° Cie S.P. 74

ROLIN Paul, né le 17 juillet 1900 à L'Isle-Adam (S&O) de Paul et Eugénie Gobet, rue Beaumont 9.

Personnel :

FERRAHOUI Mohamed Said, né à Constantine, le 1° janvier 1890, de Adje Mohamed et de Mebouka Loobit, garçon connu comme homo-sexuel (pas mobilisable).

Paris, SAM [Série Bm2, 4.3]

◆

◆

Les marins de Pigalle

Le même commissaire Priolet qui avait expulsé Trotsky en 1916 (page 319) *pourchasse, en décembre 1928, du plus menu fretin : les permissionnaires de la Marine nationale qui abusent de leur bel uniforme pour tourner la tête des «petits messieurs» parisiens. Les descentes auxquelles il procède ne régleront pas le problème qui va perdurer longtemps. «L'homosexualité ne constitue pas un délit en elle-même, en regard de la loi. J'estime, cependant, qu'il est nécessaire d'intervenir, pour préserver la moralité et le bon renom des équipages de la Flotte», écrira huit ans plus tard le ministre de la Marine au Préfet de police.*

Rapport du commissaire Priolet, 16 décembre 1928

J'ai l'honneur de vous faire connaître qu'au cours de la nuit du 15 au 16 décembre, j'ai procédé à des descentes en divers cafés et hôtels des environs de la place Pigalle.

Le but essentiel de ces opérations était d'appréhender les invertis qui abondent aux alentours de cette place, racolant sur la voie publique ou dans des débits, puis allant «en passe» en certains hôtels qui font l'objet, de la part de mon Service, d'une surveillance constante

En particulier, il s'agissait de mettre fin aux agissements scandaleux de certains soldats et marins qui, en uniforme, racolent ouvertement ou se font racoler par des invertis pour lesquels le costume de marin a un attrait indéniable.

Les débits dénommés «Les noctambules» et «Au Roi du café» situés place Pigalle et boulevard de Clichy, ainsi que le débit-tabacs sis place Pigalle, ont successivement été visités.

Les hôtels de « passe » (fréquentés par la clientèle homosexuelle), qui se trouvent aux adresses ci-dessous, ont reçu également ma visite :

1°– Hôtel, 2, impasse Guelma ;
2°– Hôtel, 6, impasse Guelma ;
3°– Hôtel, 1, rue Germain-Pilon ;
4°– Hôtel, 2, passage Élysée-des-Beaux-Arts.

J'ai terminé en « raflant » sur la voie publique les militaires suspects qui, entre minuit et deux heures du matin, font le va-et-vient place Pigalle, telles de véritables péripatéticiennes dont ils empruntent les allures nonchalamment équivoques et le langage conventionnel.

La fâcheuse notoriété dont jouit cette place est si répandue que nul n'ignore, en les dépôts des Équipages de la Flotte, à Toulon et à Cherbourg particulièrement, l'aisance avec laquelle un jeune matelot peut s'y constituer rapidement un joli pécule pour peu qu'il veuille faire abstraction, un court laps de temps, de ses scrupules sexuels.

J'ai ainsi appréhendé trois marins, les quartiers maîtres SARDAIN, Paul et RICHARD, Marcel ainsi que le matelot JÉGO, Léandre et les soldats MONTANES et SORIANO du 19° escadron du Train des Équipages.

SORIANO et MONTANES ont été surpris en flagrant délit de racolage, alors qu'ils s'offraient à « monter en passe », moyennant rétribution de cinquante francs à chacun d'eux.

En l'hôtel sis 2, impasse Guelma, j'ai découvert dans une chambre deux homosexuels, les nommés GARAU, Henri et VILLARS, Antonin.

En l'hôtel sis 1, rue Germain-Pilon, j'ai trouvé deux homosexuels également couchés dans une chambre. Il s'agissait des nommés WECKERING, Marcel et DARTUS Francis

Ce dernier est âgé de seize ans seulement.

L'enquête à laquelle j'ai procédé m'ayant permis d'établir qu'il venait habituellement « en passe » à l'hôtel précité, sans qu'aucune explication lui soit demandée, le tenancier a été inculpé par mes soins d'excitation habituelle de mineurs à la débauche et sera déféré aux Tribunaux correctionnels.

Enfin, dans le bureau de l'hôtel sis 2, passage Élysée-des-Beaux-Arts, j'ai rencontré une fille soumise, la nommée MERLIN, Alphonsine et une femme qui se prostituait clandestinement, la nommée HENNEQUIN, Aimée. Toutes deux ont été mises à la disposition du 4° Bureau de la 2° Direction.

Parmi les nombreuses personnes interpellées dans les débits, j'ai procédé aux arrestations suivantes :

a) AU ROI DU CAFÉ. De six individus à situation incertaine qui ont été, d'ailleurs, relaxés après les vérifications d'usage.

b) AU DÉBIT-TABAC. D'un sujet belge en infraction à un arrêté d'expulsion, le nommé HEMELAERS, Jules. Il a été envoyé au Dépôt.

c) AUX NOCTAMBULES. De cinq individus démunis de papiers. Parmi eux se trouvaient trois Hollandais, entrés en France comme touristes, mais y travaillant comme salariés sans l'autorisation préalable du ministère du Travail. Ils ont été, pour ce fait, mis à la disposition du Service des Étrangers.

Les deux autres, de nationalité française, ont été relaxés après les vérifications d'usage.

Enfin, alors que je passais rue Duperré, des inspecteurs de mon Service ont reconnu, parmi la foule, un trafiquant notoire de stupéfiants, le nommé TEULON, Marcel. Cet individu, interdit de séjour, a été mis en état d'arrestation et envoyé au Dépôt. Il habitait en hôtel sous un faux nom. Son intention était de reprendre très prochainement un cabaret de nuit, dénommé « LE FURET » et sis 8, rue de Vaugirard.

En ce qui concerne les pédérastes appréhendés, ils ont été relaxés après avoir été photographiés au Service de l'Identité judiciaire.

LE COMMISSAIRE DE POLICE
A. PRIOLET

Paris, SAM [Série Ba, carton n° 1690]

◆

◆

La pédérastie

Ni datées ni signées, ces « Notes sur la pédérastie » forment un document de dix pages dactylographiées qui conclut le carton intitulé : « Rapports divers concernant les pédérastes et la pédérastie ». La référence à l'état de guerre ainsi qu'une allusion antisémite laissent supposer que ce texte a été rédigé vers 1940. Sans doute destinée à la formation des policiers, cette synthèse très systématique et parfois naïvement simplificatrice tend à démontrer qu'il est possible de guérir et donc d'éradiquer l'homosexualité...

Notes sur la pédérastie

CE QU'EST LA PÉDÉRASTIE,
COMMENT ELLE NAÎT ET SE RECRUTE.

La pédérastie est un vice qui remonte à la plus haute Antiquité et qui semble être une des conséquences de l'existence oisive et dépravée ; c'est reconnaître qu'elle se remarque plutôt parmi les gens de qualité que chez les sujets astreints à un labeur manuel et régulier.

Le pédéraste proprement dit est l'individu que sa passion oblige à dédaigner la femme et à rechercher la société de l'homme pour avoir avec lui des relations anti-physiques.

Il est alors pédéraste « ACTIF » et se rencontre plus particulièrement parmi les hommes d'un certain âge, de 30 à 40 ans, par exemple.

Il apparaît bien que cette passion soit chez lui comme une tare originelle due à diverses causes : faiblesse mentale ou dépression nerveuse, atavisme alcoolique, excès des plaisirs de la jeunesse, dégénérescence en tout cas, qu'un maître de la science est vraiment seul capable d'expliquer plus nettement.

Cet être-là ne se recrute pas ; il semble prédestiné pour ce vice qui ne se révèle à lui qu'après l'adolescence, quand il a goûté ou abusé des extases de l'onanisme et des relations féminines.

S'il est un danger social pour la jeunesse qu'il entraîne, il n'est pas d'un naturel mauvais et peut être extrêmement intelligent.

Voyez-le auprès de l'individu qu'il désire ; il ne s'appartient plus, ses yeux sollicitent ou s'égarent. Il est tout à des sensations d'une possession qu'il convoite.

C'est lui qui recherche, qui provoque, qui tente et détourne une autre sorte d'individus qu'on appelle des pédérastes « PASSIFS ».

CLASSES DE PÉDÉRASTES.

La pédérastie se divise donc en deux classes principales : les « ACTIFS » et les « PASSIFS ».

Les pédérastes actifs sont ceux que nous venons d'examiner, les passifs sont d'une autre essence et se recrutent dans la jeunesse.

Certains faits, heureusement isolés et dont la Justice a dû s'occuper officieusement, ont témoigné que nos écoles et nos lycées ne sont point à l'abri de cette tare.

Une jeunesse issue de familles orientales pour la plupart et qui fréquente nos écoles ne doit pas être étrangère à cette démoralisation.

Cette jeunesse, qu'une promiscuité familiale prédispose aux mœurs relâchées et dont l'esprit s'empare plus volontiers des lectures malsaines, a dû être l'un des principaux facteurs de l'entraînement au mal de la jeunesse française.

Celle-ci, pour laquelle la pédérastie n'était autrefois qu'une légende, la discute maintenant comme une chose naturelle et n'en est pas choquée.

Ses études terminées, elle a emporté avec elle des instincts faussés, dans les diverses professions qu'elle s'est choisies et c'est ainsi que nous retrouvons ces éphèbes dans les hôtels, parmi les chasseurs et les grooms, dans les établissements de bains, dans les Postes parmi les jeunes télégraphistes, dans certains milieux artistiques et littéraires, dans le personnel des théâtres, loges d'artistes ou de figuration, voire même dans les hôpitaux, chez les coiffeurs, les tailleurs, partout enfin où des hommes peuvent être rassemblés et se frôler sans s'attirer la malignité publique.

C'est dans tous ces endroits, sans compter la rue où le hasard de la vie le jette, que vient s'approvisionner le pédéraste « ACTIF ».

Le pédéraste passif, toutefois, n'agit pas dans le même but que l'actif. Il est plutôt guidé par l'intérêt que par la passion et s'il cherche à plaire à son conjoint, c'est pour en tirer le meilleur parti possible, comme la fille prostituée, du client de passage.

LEURS LIEUX DE RÉUNION.

Les pédérastes des deux genres, à Paris, sont de tous les quartiers ; mais ils se rassemblent ou se recherchent de préférence dans ceux où le plaisir est plus répandu.

Par contre, dès qu'ils se sont rencontrés, ils s'éloignent et recherchent l'ombre et le mystère pour assouvir leur passion.

Les Grands Boulevards, les music-halls, certains théâtres et concerts, certains bars et les balnéums, sont leurs lieux de rendez-vous.

Ils y promènent leur indolence ; ils y exhibent leur toilette toute particulière ; ils y étalent une impudeur qui choque plus encore que celle de la fille la plus bassement tombée.

C'est dans ces lieux qu'ils passent la plupart de leur temps, qu'ils racolent et nouent leurs relations.

S'ils ne le font pas sur place, ils s'en vont satisfaire le désir qui les hante dans un hôtel qui leur est propre ou dans quelque édicule voisin ; la nuit sur nos promenades et dans nos squares, au mépris de toute convenance, scandalisant le paisible promeneur.

ONT-ILS DES ENDROITS OU DES QUARTIERS SPÉCIAUX QU'UNE CERTAINE CATÉGORIE NE PEUT FRÉQUENTER ?

Nous avons dit plus haut que les pédérastes sont de tous les quartiers de Paris et quels sont les endroits qu'ils affectionnent plus particulièrement ; mais il est bien entendu que si, pour satisfaire son vice, le pédéraste actif est un homme d'une certaine condition sociale ou de fortune, qui n'hésite pas à s'acoquiner avec plus bas que lui, il ne choisit pas moins les lieux de plaisir dont sa situation lui permet l'accès et où il est susceptible de rencontrer le pédéraste passif, dont les goûts et l'éducation sont plus en rapport avec les siens.

Mais le pédéraste passif, à qui son état misérable de la veille n'a pu permettre de rapports avec l'homme important, peut le lendemain facilement le coudoyer si, dans l'intervalle, son vice lui en a fourni les moyens pécuniers.

Ainsi, très rapidement, il saute du trottoir à l'établissement coûteux.

OÙ METTENT-ILS LEUR POINT D'HONNEUR ?

Il ne semble pas qu'il existe un point d'honneur pour le pédéraste actif. Il apparaît au contraire qu'il est porté à cacher son état pathologique dont il a honte.

Mais le pédéraste passif n'hésite pas, quand il est surpris, à trouver matière à s'en flatter, prouvant à l'occasion que ses relations sont préférables à celles de la femme.

À QUELS SIGNES SE RECONNAISSENT-ILS ?

Les pédérastes actifs n'ont point d'allures tout à fait spéciales, sauf qu'ils recherchent tout particulièrement la société des hommes jeunes. Beaucoup peuvent être mariés, pères de famille.

Ils ont évidemment le dédain de leurs épouses. On en rencontre dans tous les milieux, même dans la magistrature, l'armée, le monde ecclésiastique.

S'ils sont dans une situation aisée, ils sont souvent l'objet de diverses manœuvres de chantage de la part des individus qu'ils fréquentent. La tranquillité et la sécurité de leur foyer sont souvent influencées par les tribulations que leur occasionne leur misérable passion.

Les pédérastes passifs sont au contraire très reconnaissables.

Ils sont, naturellement ou non, de manières affectées, d'allures efféminées. Leurs yeux sont provocants, leur voix est douce, c'est pourquoi on dit qu'ils sont « châtrés ». Leur mise est recherchée ou excentrique. Ils font abus de fards et de parfums. On en trouve aussi qui font usage de stupéfiants.

Ils rôdent sur nos Boulevards et font aux femmes de mauvaise vie une concurrence dont celles-ci n'hésitent pas à se plaindre.

QUEL EST LEUR ARGOT ?

Les pédérastes actifs ou passifs n'ont pas d'argot qui leur est propre, mais connaissent et emploient celui du milieu dans lequel ils ont été élevés.

Ils sont eux-mêmes désignés sous les surnoms de « Tante », « Pédoc », « Fiotte », « Tapette », « Fillette », « Lope ».

CONSIDÉRATIONS GÉNÉRALES.

La pédérastie des deux genres paraît s'être plus particulièrement développée depuis une trentaine d'années.

Elle est devenue, si on en croit ceux qui s'y intéressent plus spécialement, un véritable scandale, d'autant plus désastreux qu'il est presque impossible de la réprimer efficacement.

Il n'est pas rare de voir se former entre ces individus de véritables unions d'une intimité révoltante.

Elle a engendré en outre, une autre catégorie d'individus extrêmement dangereux pour la société, qu'on peut considérer comme les souteneurs des pédérastes passifs.

Ces individus ont senti qu'ils pourraient tirer de ce vice un réel profit. Ils en sont devenus les proxénètes et les protecteurs.

Ce sont eux qui, sans crainte de jeter le déshonneur dans les intérieurs, se livrent au honteux métier de maître chanteur.

Ils le font avec d'autant plus de hardiesse que leurs victimes n'ont point envie de se plaindre pour éviter d'étaler publiquement leurs faiblesses ou leurs tares.

L'état de guerre, qui aurait dû modifier profondément et avantageusement ces mauvaises mœurs en diminuant le nombre de ses adeptes, en a fait ressortir au contraire toutes ses laideurs.

Beaucoup de jeunes hommes devenus pédérastes passifs sont, en raison de leur débilité naturelle ou consécutive à leur vice, exemptés de service militaire. Ce sont eux et les étrangers restés nombreux à Paris qui forment ce monde grouillant et détestable qu'on coudoie actuellement sur nos Boulevards et dans beaucoup de nos établissements publics.

Seule une LOI modifiant la législation actuelle sur la prostitution en général et une morale plus sévère pourraient permettre d'endiguer d'abord, puis de supprimer presque radicalement cette passion de la pédérastie et ses tristes conséquences.

COMMENT S'ÉLIMINENT LES PÉDÉRASTES
EN DEHORS DE LA MALADIE ET DE LA MORT ?
QUE DEVIENNENT-ILS DÈS QU'ILS ONT CESSÉ
LEUR MÉTIER ?
COMMENT RENTRENT-ILS DANS LES DIFFÉRENTES CLASSES
DE LA SOCIÉTÉ ?

Pour répondre à ces trois questions, il est tout d'abord nécessaire de rappeler qu'à notre avis il n'existe qu'une sorte de véritable pédéraste : le pédéraste « ACTIF », dont le cas nous semble plutôt relever de la médecine que de la criminalité.

Nous pensons de même que l'individu que l'on appelle le pédéraste « PASSIF » est pour ainsi dire créé par le premier.

Sa débauche n'est que la conséquence de la passion antiphysique de son conjoint et nous estimons qu'il n'existerait pas, si ce dernier n'existait pas avant lui.

Nous considérons donc le pédéraste actif comme un être anormal à certains moments, sinon insensé, et le pédéraste passif, au contraire, comme jouissant de la plénitude de ses facultés mentales.

Qu'ensuite, par l'habitude de la fréquentation, de la vie en commun, le pédéraste passif, généralement très jeune, s'imprègne de la névrose de l'actif et partage ses manies, cela ne nous semble pas extraordinaire ; la folie n'est-elle pas contagieuse à certains esprits ?

Mais nous sommes convaincus que si le pédéraste passif, peut, comme la fille qui n'est pas complètement pervertie, s'amender, changer sa vie pour une vie plus saine et se guérir, le pédéraste actif reste ce qu'il est jusqu'au gâtisme ou jusqu'à la mort.

Le pédéraste passif peut s'éloigner de son vice, s'il est éloigné du milieu qui l'y entraîne.

Réprimer le vagabondage de l'enfance en établissant une morale sévère et l'apprentissage obligatoire.

Envoyer au sain labeur de la terre la jeunesse réfractaire aux lois.

Alors la pédérastie disparaîtra d'elle-même, sinon complètement, du moins dans de telles proportions qu'elle n'apparaîtra plus qu'à l'état de légende et ne sera plus le danger social que tout homme sain d'esprit doit déplorer.

La guerre nous a déjà fourni à ce sujet quelques exemples réconfortants.

Tout récemment, un jeune soldat décoré de la médaille militaire et de la croix de guerre a été arrêté.

Avant la mobilisation, ce jeune homme fréquentait les milieux de pédérastie et il y était si enlisé qu'il avait été arrêté pour ce motif et frappé d'une peine de 4 mois de prison et d'interdiction de séjour.

C'est en vertu du jugement rendu en son absence qu'il avait été arrêté à nouveau au cours d'une permission qui l'avait amené à Paris.

La douleur de ce jeune homme, régénéré par la campagne de guerre et par son héroïsme, était profonde et sincère.

Les policiers qui l'avaient arrêté et que le métier rend habituellement goguenards en présence de ce genre d'individus, se tenaient plus sérieux qu'à l'ordinaire vis-à-vis de leur prisonnier, se rendant compte que celui-ci s'était réhabilité en face de l'ennemi et que la Justice se devait à elle-même de ne pas le conserver.

C'est ainsi que le pédéraste passif, s'il n'est point trop gangrené, peut reprendre le cours de sa vie régulière, mais il faut que la société détruise les mauvais lieux qui pourraient encore l'attirer et le séduire par leur immoralité.

Paris, SAM [Série Ba, carton n° 1690]

◆

III. L'ADULTÈRE

L'adultère au XIXe siècle constitue un délit qui peut conduire l'épouse volage de la meilleure société dans une cellule de Saint-Lazare, à côté des prostituées ramassées dans la rue. Chez les messieurs, le duel est encore un mode admis de règlement des conflits et la jalousie peut avoir pour corollaire le crime passionnel. C'est pourquoi, au temps de Feydeau, les cocus font rire au théâtre, mais sont pris au sérieux par l'institution policière, capable le cas échéant d'intervenir de manière préventive et discrète.

« La Préfecture a le devoir d'éviter les scandales parce qu'ils démoralisent par l'exemple, et d'autant plus que celui-ci part de haut », affirme clairement Louis Lépine dans ses *Souvenirs*. Tandis que les commissaires consacrent une partie de leurs temps à la routine des constats d'adultère, le cabinet du Préfet et quelques officiers de confiance se préoccupent des ménages Falguière, Zola, Willy, sans négliger les historiettes qui se murmurent dans les couloirs de la Chambre et à l'Élysée.

Parfois, ils sont pris en défaut : des jeux amoureux trop complexes débouchent sur une affaire retentissante, comme le crime de l'impasse Ronsin ou l'assassinat de Lætitia Toureaux.

◇

UNE ÉPOUSE BAFOUÉE

Mme Falguière contre « les donzelles »

Bruno Fuligni

Qu'un sculpteur tombe amoureux de son modèle, rien de plus banal. Or, Mme Falguière ne l'entend pas de cette oreille, d'autant que la différence d'âge est grande et le mari, dépensier. Premier grand prix de Rome, professeur à l'école des Beaux-Arts, Alexandre Falguière va bientôt fêter ses soixante ans quand une jeune anonyme, dans l'été 1891, vient lui tourner la tête. Une vie de sculpture académique et de commandes publiques lui a permis d'accumuler un petit capital, que cette amourette tardive menace directement de dilapidation.

Conformément aux usages de la bonne société parisienne, l'épouse bafouée n'hésite pas à alerter le Préfet de police. « C'est mon fils aîné, mon plus sûr messager, qui vous porte cette lettre », indique-t-elle en style romanesque au bas de ce pli daté du 30 juillet 1891, qui laisse deviner des conversations antérieures. Henry Lozé, en poste depuis 1888, n'a guère séduit ses troupes qui l'ont surnommé « le Dindon majestueux », mais enfin c'est un homme du monde et Mme Falguière se sent fondée à le saisir de cette affaire privée.

« Impossible de me procurer la tête de cette fille », déplore l'infortunée, qui n'a pourtant pas ménagé sa peine : « J'ai remué tout l'atelier, et n'ai pu découvrir aucune photographie : elle n'aura pas été faite. De plus, ne voulant pas mettre les élèves au courant de ce que nous avons décidé, je préfère m'en tenir là et la tête de Falguière suffira je l'espère. »

À défaut de cliché, Mme Falguière s'essaie au « portrait parlé », mais le signalement qu'elle nous laisse de sa rivale ne peut certes pas revêtir l'objectivité scientifique voulue par Bertillon : « Grande un peu forte. Brune teint mat. Figure boursouflée. Yeux noirs, grande bouche, énormes pieds. » La coupable porte généralement du clair et des chapeaux volumineux blancs et de couleurs. « Si j'apprends quelque chose d'urgent, je me permettrais, Monsieur le Préfet, de vous le transmettre, en attendant merci, mille et mille fois, pour l'immense service que vous me rendez, croyez à ma discrétion et à mes sentiments les plus reconnaissants. »

À titre officieux

Dès le 31 juillet, la 1re brigade est saisie de l'affaire ; l'atelier fait l'objet d'une surveillance discrète, qui toutefois ne donne rien.

Une seconde lettre, datée du 7 août, nous apprend que la famille s'est retirée en villégiature près de Toulouse, ville natale de Falguière. « Dieu veuille que nous retrouvions tous ici un peu de calme, soupire madame. J'espère que les donzelles ne seront pas appelées (du reste je vais y veiller).

Je dis *les,* car j'ai appris que la sœur du modèle était aussi de la partie pour dépouiller notre pauvre insensé.

« J'ignore, Monsieur le Préfet, ce que vous avez appris, en tout cas, pour le moment, je suis heureuse de ne plus vous ennuyer de toutes nos misères, et vous assure de toute ma reconnaissance pour l'empressement que vous avez mis à m'être utile. »

Entre vaudeville et basse police, la Préfecture a fait son devoir. Pas d'élucidation, puisqu'il n'y a pas à proprement parler d'affaire, juste une intervention à titre officieux. Mais pas de scandale non plus et c'est là l'essentiel. Encore un ménage honorable dont les petits secrets se trouvent enserrés pour toujours dans les archives policières.

Quant à Falguière, il se consolera quelques années plus tard, en moulant d'après nature les formes parfaites de Cléo de Mérode.

◆

Constats d'adultère

Esprit paradoxal, le commissaire lettré Ernest Reynaud récuse la vision popularisée par le vaudeville du constat d'aduktère, dont il détaille la sordide réalité.

Extrait des Souvenirs de police, *Ernest Reynaud, 1908*

Il n'y a pas que les crimes qui passionnent l'opinion. Il y a aussi les histoires d'alcôves et les constats d'adultère. Que de fois, dans un salon, me suis-je entendu dire, à l'heure du thé : « Parlez-nous donc de vos constats d'adultère. Ah ! que ce doit être amusant ! » Et le cercle des dames de se rapprocher aussitôt, avec un frétillement de perruches en appât d'une friandise. Je me gardais bien de répondre à l'invite, autant par discrétion et pour la conséquence que je porte à l'honneur des familles, que par souci de leur éviter une désillusion. Je préférais laisser vagabonder leur imagination.

Les gens se représentent un constat d'adultère dans la vie, comme au théâtre. C'est, pour nos vaudevillistes, prétexte à dilater la rate et chatouiller la sensualité des spectateurs. [...]

Le commissaire a bien d'autres idées en tête lorsqu'il s'achemine à ses constats, que celle d'assister à une apothéose de music-hall. Les Phrynés sont rares de nos jours, et s'il subsistait, en lui, quelque velléité de gaillardise, les conditions où il opère auraient tôt fait de l'en purger. Les constats se font à la première heure, heure légale : quatre heures du matin l'été, six heures, en hiver. On n'a pas tous les jours ce que M. Maurice Rostand appelle des « matins triomphants », surtout quand le devoir vous a tiré implacablement du lit, avant la somme de repos strictement nécessaire. Les commissaires, qui font appliquer la loi sur la journée de huit heures, n'en connaissent pas les bienfaits. On ne les tient pas quittes de besogne après les huit heures de présence à leur bureau. Le reste se passe en services de théâtre et corvées accessoires. Je ne sais pas si, durant toute ma carrière, j'ai jamais joui d'une nuit de repos complète. À six heures du matin, l'hiver, c'est à peine s'il fait jour. On s'est levé hâtivement à la chandelle, ce qui est peu propre à vous donner des idées roses. On descend en courant dans la rue. Après ce bain d'air glacé, on pénètre dans une chambre obscure, matelassée et poissée de sommeil, sensation déjà pénible dans les logis bourgeois, intolérable dans les galetas ouvriers, où flottent des relents d'évier et de cuisine. J'ai vu, un matin, un homme du peuple, pressé de m'ouvrir, culbuter du pied le vase de nuit, placé au milieu de la chambre, et en répandre le contenu sur le plancher. On n'y voyait goutte. Il me fallut patauger là-dedans, et ma narine appelait en vain, pour secours, tous les parfums de l'Arabie Pétrée. Ah ! ce n'était pas la chambre dont parle Ronsard :

> Ô, de liesse et de népenthe pleine !

Cette fois je trouvai la femme :

> Dans le simple appareil
> D'une beauté qu'on vient d'arracher au sommeil

Mais je vous jure que je n'en reçus aucun éblouissement. Comme l'amant, faute d'allumettes, tardait à allumer la lampe, la femme se leva, jurant et pestant contre lui, en vraie mégère qu'elle était. Elle se souciait peu de se montrer en chemise et de laisser flotter au vent deux calebasses, qui eussent fait la fortune d'une école de natation comme bouées de flottaison. Sa chevelure horrible, toute en mèches tordues, véritable nid couleuvrin, lui donnait un tel aspect de sorcière qu'en la voyant se pencher vers les cendres de la cheminée, pour en tirer une étincelle, je m'attendais à l'y voir disparaître, en route vers le Sabbat. Le mari m'accompagnait, mais redoutant la langue de sa femme, il était resté prudemment derrière la porte. Il se réjouissait de ce constat, qui allait lui permettre de régulariser sa situation, car il s'était déjà mis en ménage avec une autre et les « petits vins blancs » consommés chez le bistrot d'en bas, en m'attendant, l'avaient mis de bonne humeur. Il n'avait pas cessé d'être en excellents termes avec l'amant, son camarade d'atelier. L'opération terminée, il lui fit, du seuil, un signe amical, sur lequel l'autre n'eût garde de se méprendre, car, bientôt, tous deux redescendaient trinquer à leurs amours sur le zinc du bistrot. Le mari ne voulait pas me laisser partir : « C'est moi qui régale ! » disait-il, tenant à me montrer qu'il avait du savoir-vivre, et parce qu'amusé de sa naïveté je ne lui avais opposé d'abord qu'un refus sans brusquerie, il revint à la charge : « Un commissaire, c'est un homme comme les autres ! »

◆

◆

Zola, mauvais mari ?

Signé du nom de code « Coquette », ce rapport du 19 avril 1898 est aussi indiscret que malveillant : il ne repose que sur des commérages, mais son auteur a compris qu'en pleine affaire Dreyfus, tout ce qui peut avilir Émile Zola revêt un intérêt spécial.

Un rapport de « Coquette »

Puisque l'affaire Zola revient en actualité, il n'est peut-être pas inutile de savoir que le romancier naturaliste n'est pas meilleur mari qu'il n'est bon patriote.

On raconte qu'il terrorise sa femme et que devant elle, il embrassait sa femme de chambre dont il était l'amant.

On dit aussi qu'il aurait pour une nièce des attentions plus que familiales.

Enfin les mauvaises langues lui attribuent une Née Rozerot pour maîtresse.

Celle-ci est âgée de 30 ans et demeure, 3, rue du Havre au loyer annuel de 4 000 francs.

C'est une grande femme blonde, très élégante et menant grand train de maison. Elle a beaucoup de bijoux et on évalue ses dépenses mensuelles à 1 500 francs.

Paris, SAM [Série Ba, carton n° 1302]

◆

Le crime de l'impasse Ronsin

Procès d'une femme fatale

Bruno Fuligni

Le 31 mai 1908, dans une maison-atelier de l'impasse Ronsin à Paris, le valet de chambre Rémy Couillard découvre les corps sans vie du peintre Steinheil et de sa belle-mère, tous deux étranglés. Seule survivante : Marguerite, l'épouse du peintre assassiné, qui se débat ligotée dans son lit.

La première thèse, celle d'un cambriolage qui aurait mal tourné, est vite abandonnée : dès le 1er juin, les policiers réalisent que Marguerite Steinheil, dite « Meg », n'est autre que « l'héroïne du drame qui a emporté le président de la République Félix Faure », mort neuf ans plus tôt, le 16 février 1899, dans des circonstances peu claires. Est-elle aussi, comme le prétend le rapport, « une lesbienne avérée » ? Rien n'est moins sûr, mais on ne prête qu'aux riches et, pour les enquêteurs, la dépravation de la dame ne fait aucun doute. Tout le monde en France connaît confusément l'histoire du Président qui avait « perdu sa connaissance », passée par une porte dérobée après la mort en épectase du sémillant chef de l'État…

Aucun scénario ne peut mieux convenir à ce Paris 1900

qui aime encore le mélodrame mais court les pantalonnades : le trio classique – la femme, le mari, l'amant – avec cette double particularité que l'amant était à l'Élysée et que les deux hommes périssent successivement dans des circonstances mystérieuses. Il apparaît en outre que Meg, femme ardente et pressée d'argent, a multiplié les relations avec les notabilités de la République : députés, ministres, diplomates, industriels… Ces liaisons intéressées ont eu lieu avec la complaisance du mari, à qui les amants de Meg ont acheté leur bonheur par des commandes de tableaux.

Fait divers ou affaire d'État ?

La belle Meg, enfin, est étrangement mal ligotée, comme si on avait voulu dissimuler sa participation au crime. De victime, elle devient coupable et la grande presse s'empare de l'affaire. Le transfert de Zola au Panthéon, la visite du Président Fallières en Angleterre et en Russie, la grève des cheminots matée par le gouvernement Clemenceau : plus rien n'intéresse l'opinion, que « le crime de l'impasse Ronsin »…

Fait divers ou affaire d'État ? Dans une France excitée par cette histoire à la fois sanglante et grivoise, les thèses les plus folles sont échafaudées, dans tous les registres. Sordide : Meg et son domestique se seraient entendus

Comme le montrent ces croquis d'audience de P. Renouard, Meg Steinheil porte le deuil de son mari à son procès. (Ci-contre et pages 580-581.)

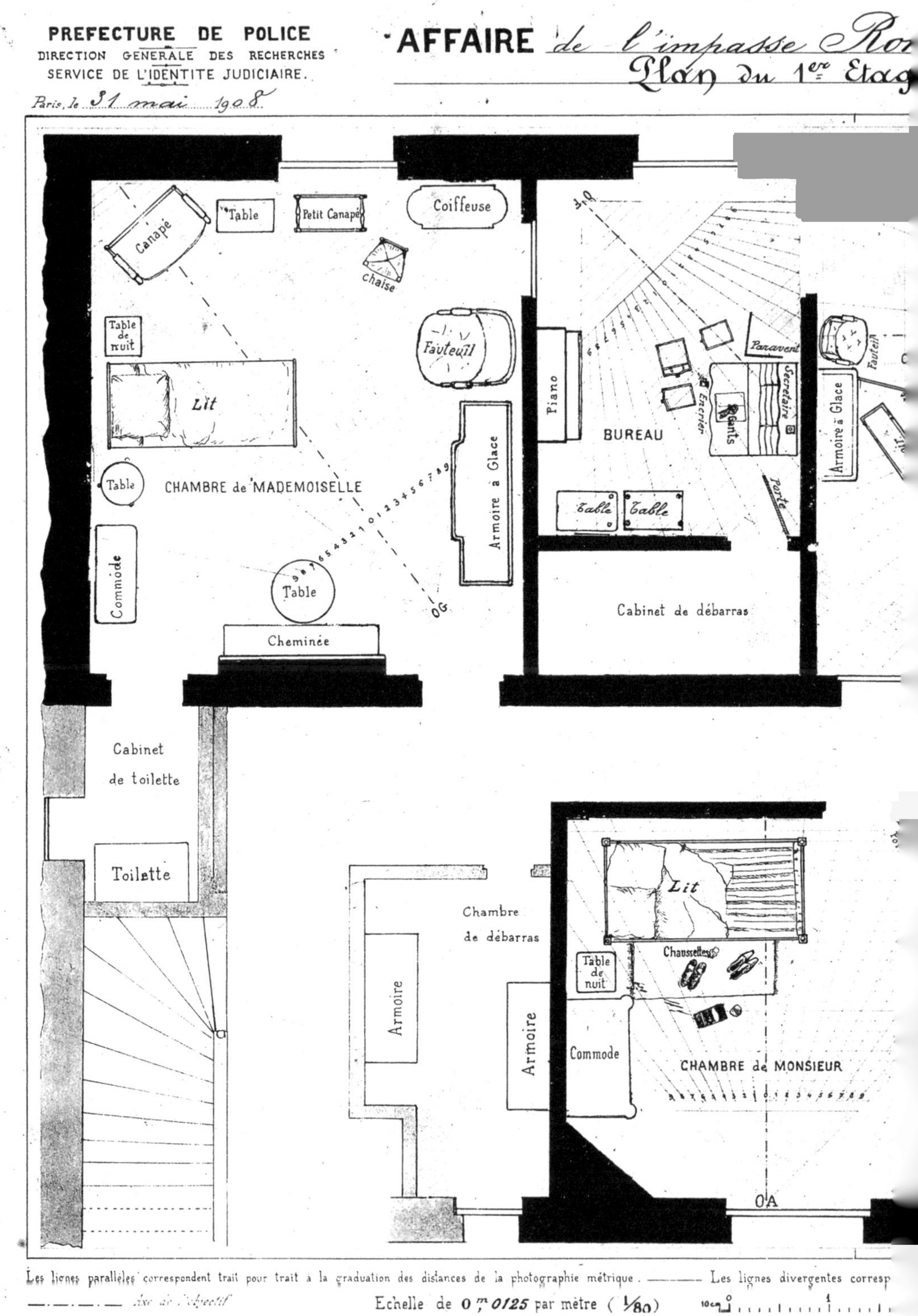

Croquis planimétrique du double crime de l'impasse Ronsin. Détail curieux : on ne relève aucune trace d'effraction ni le moindre indice de lutte. Meg ne recevait généralement pas ses amants au domicile conjugal, mais plutôt à l'hôtel ou bien au Vert-Logis, une discrète garçonnière proche de Meudon.

N° 6 bis. (XVe arrondt)

CROQUIS PLANIMETRIQUE
D'APRES les VUES PHOTOGRAPHIQUES A,B,C,D,F,G
COMPLÉTÉ PAR UN PLAN À MAINLEVÉE DES PARTIES ENVIRONNANTES

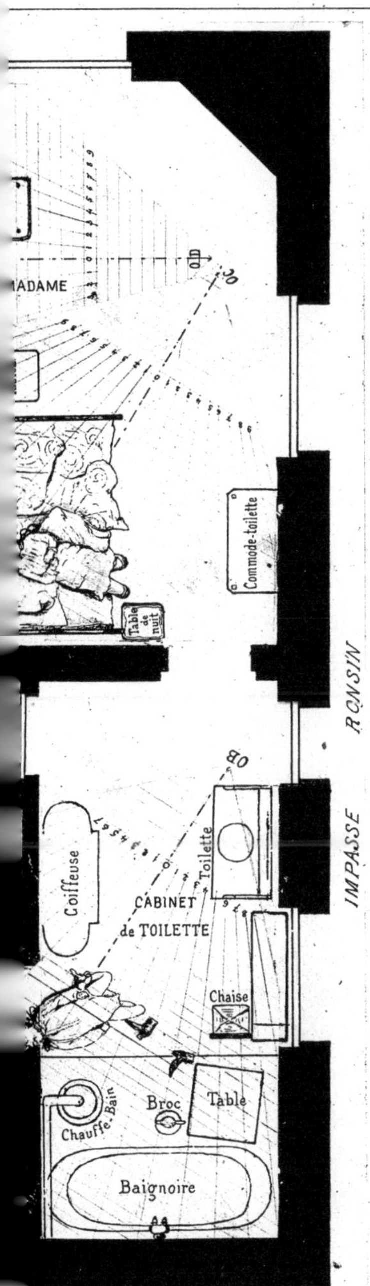

Nord

OA :	Emplacement de l'objectif dans la vue photog.		A
OB	————	d° ————	B
OC	————	d° ————	C
OD	————	d° ————	D
OF	————	d° ————	F
OG	————	d° ————	G

Plan de l'immeuble au 1/500 d'après le plan parcellaire de la Ville de Paris.

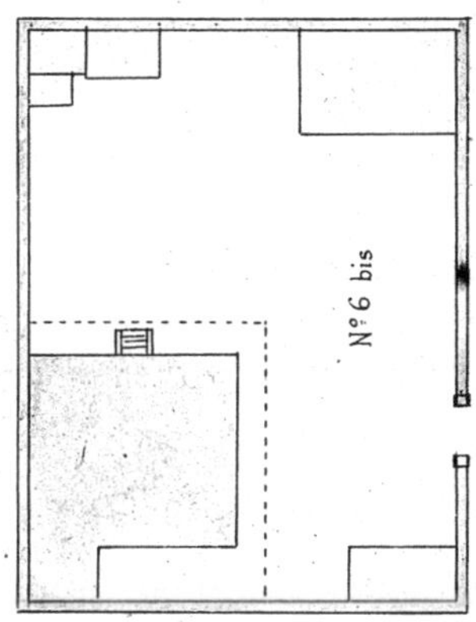

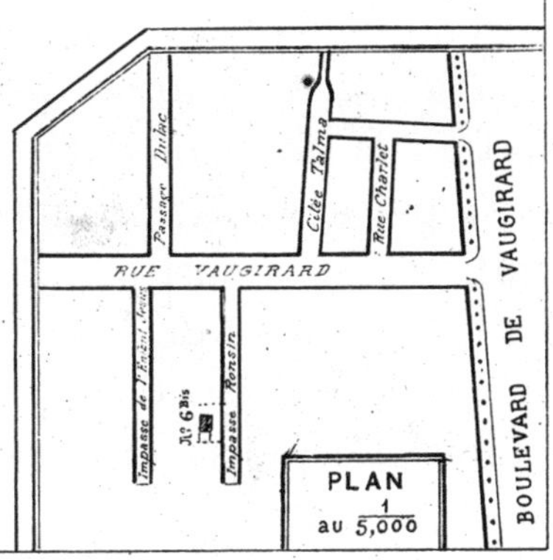

…s de même numéro tracées d'après les graduations horizontales de l'encadrement de la photographie.

3 4 5 m.

pour liquider le mari ; la belle-mère serait morte d'émotion en assistant au crime. Romantique : les Steinheil avaient un fils caché, qui serait revenu se venger. Passionnel : le mari, dans un sursaut de dignité, aurait repoussé un nouvel amant de Meg, lequel l'aurait tué dans la bagarre. Ce mystérieux amant-tueur serait un personnage influent, d'où une mise en scène visant à maquiller la mort du peintre. Plusieurs noms circulent, du sous-secrétaire d'État aux Beaux-Arts Alexandre Dujardin-Beaumetz au ministre de l'Agriculture Joseph Ruau, en passant par l'ambassadeur de Russie.

Mais l'hypothèse la plus brûlante relève de l'assassinat politique : des agents des services secrets auraient pénétré dans la maison pour récupérer des documents que Meg s'apprêtait à rendre publics, documents prouvant qu'elle avait sciemment tué le président de la République. Cette dernière thèse séduit tout particulièrement l'extrême droite antisémite : Félix Faure était opposé à la révision du procès Dreyfus, il aurait donc été assassiné par le « Syndicat juif » qui aurait fourni à Meg des aphrodisiaques meurtriers... Édouard Drumont, ancien député d'Alger, auteur de *La France juive* et directeur du journal *La Libre Parole*, défend avec une fureur haineuse la théorie du complot. « Les Juifs l'appellent "la pompe céleste". De quelque manière qu'elle s'y soit pris, qu'elle ait été déléguée ou que ce soit à son insu, ou par le cigare, ou par le verre d'eau, elle s'est chargée de fermer le livre. Elle a rendu un immense service au parti dreyfusard. Elle les a débarrassés des difficultés qu'ils rencontreraient à l'Exécutif», note Maurice Barrès dans ses *Cahiers*.

«La Sarah Bernhardt des assises»

Cette affaire donne naturellement lieu à un procès sensationnel. Les agents de police doivent canaliser la foule des curieux qui veulent assister au procès. «On n'avait pas encore signalé jusqu'ici ce fait inouï et pitoyable : des miséreux piétinant aux grilles du Palais de Justice pendant des nuits entières pour vendre, après quatorze heures de glaciale immobilité, leur droit d'accès au fond de la salle d'audience, s'indigne l'écrivain et chroniqueur judiciaire Albéric Cahuet. Pendant huit jours, les avocats désertèrent les chambres correctionnelles. Toute la vie judiciaire se trouvait concentrée dans le prétoire de la cour d'assises où, contrairement à tous les précédents, M. le président de Valles avait refusé le public des répétitions générales et des grandes premières.»

Meg a séduit le juge d'instruction Leydet puis le directeur de sa prison, obtenant un traitement de faveur. Forte et déterminée, elle impressionne le jury et met l'accusation en difficulté. Ses mensonges et rétractations ont brouillé les pistes. Rémy Couillard, totalement dominé par Meg, sème lui aussi le trouble par ses témoignages contradictoires. Son patronyme fait la joie des chansonniers, tandis que

Acquittée, Meg Steinheil fuit la foule dans l'auto d'un photographe.

Meg réussit à retourner la situation à son profit. Surnommée « la Sarah Bernhardt des assises », elle est acquittée le 13 novembre 1909, sous les acclamations du public. « Dix-huit mois de recherches, quatre mille cinq cents pièces, quinze mille pages de dossier, deux instructions successives, une longue et minutieuse étude, dont M. l'Avocat général a retracé les difficultés et dit justement la fatigue, tout cela pour arriver à une accusation impuissante à s'exprimer et qui, au dernier moment, s'écroule elle-même », constate Me Antony Aubin, défenseur de Meg.

Seuls les hommes ont été admis au tribunal. Parmi eux, beaucoup de ceux que les criminologues appellent des « enclitophiles », des amoureux de criminelles, fascinés par la mante religieuse Meg Steinheil. Un Anglais, qui n'a manqué aucune audience, demande la jeune veuve en mariage.

Meg franchit la Manche. Devenue Lady Scarlett Abinger, elle finira sa vie riche et sereine, dans la campagne anglaise, où elle s'éteindra le 18 juillet 1954, à l'âge de quatre-vingt-cinq ans.

◆

Une double affaire ?

Sans en-tête ni signature, c'est une note blanche de la police qui, dès le 1er juin 1908, fait le lien entre le crime de l'impasse Ronsin et la mort du président Félix Faure.

Une note blanche indiscrète

Au sujet de Madame Steinheil, on rappelle qu'elle a été l'héroïne du drame qui a emporté le président de la République Félix Faure.

Elle avait connu M. Félix Faure aux grandes manœuvres des Alpes où elle s'était rendue pour suivre son amant M. Lemercier, alors juge d'instruction près le tribunal de la Seine, magistrat qui à ce moment faisait une période militaire.

C'est une lesbienne avérée, actuellement au mieux avec Madame Thors, femme de l'administrateur général de la Banque de Paris et des Pays-Bas, financier fort riche et des plus connus sur la place de Paris.

Paris, SAM [Série Ba, carton n° 1584]

◆

1er Juin 1908. 16

Au sujet de Made Steinheil, on rappelle qu'elle a été l'héroïne du drame qui a emporté le Président de la République Félix Faure.

Elle avait connu Mr Félix Faure aux grandes manœuvres des Alpes où elle s'était rendue pour suivre son amant Mr Lemercier, alors juge d'instruction près le tribunal de la Seine, magistrat qui à ce moment faisait une période militaire

C'est une lesbienne avérée actuellement au mieux avec Madame Thors, femme de l'Administrateur Général de la Banque de Paris et des Pays-Bas, financier fort riche et des plus connus sur la place de Paris.

1 Juin 1908.

PRÉFECTURE DE P... SECRÉTARIAT GÉNÉRAL

Le lendemain du crime, ce document relie l'affaire à la mort subite de Félix Faure.

◆

Grivoiseries au Palais-Bourbon

Il se dit tant de choses, dans les couloirs de la Chambre, que des policiers sont spécialement chargés de rapporter au Préfet de police les potins échangés entre députés et journalistes. L'affaire Steinheil inspire tout particulièrement les représentants du peuple, dont les auteurs des deux notes ci-dessous reprennent les mots d'esprit avec une certaine complaisance. Toutefois, périphrases et gauloiseries à part, il apparaît clairement que les députés redoutent un scandale politique beaucoup plus grave que l'affaire de mœurs en cause.

De l'alcôve à la Chambre, rapports sur les propos échangés dans les couloirs du Palais-Bourbon

24 novembre 1908

Il n'y a pas que le public qui suive avec curiosité la reprise de l'affaire STEINHEIL. Hier, dans les couloirs de la Chambre, c'était aussi le sujet de beaucoup de conversations. GÉRAULT-RICHARD[1], après avoir plaisamment raconté à quelques collègues les histoires de LÉGITIMUS[2], assurait – cette fois sur un ton qui n'était plus badin – que « l'on s'entretenait, même à l'Élysée, de cette affaire STEINHEIL qui va bien finir,

1. Alfred Gérault, dit Gérault-Richard (1860-1911), député de la Seine de 1894 à 1898, député de la Guadeloupe de 1902 à sa mort. Ce personnage sulfureux, qui est aussi poète et rédacteur en chef de *La Petite République*, a, de notoriété publique, commencé dans la vie comme souteneur. Son ancienne compagne, Louise Brémond, tient la maison close de la rue Bréda fréquentée par Zola (cf. p. 496) et passe pour le renseigner sur la vie privée des personnalités parisiennes.

2. Hégésippe Légitimus (1868-1944), député de la Guadeloupe.

quelque jour, par être livrée au public». Là-dessus, on se mettait, dans les groupes, à rappeler la liaison de Félix Faure avec Mme STEINHEIL, et les circonstances de cette mort si imprévue et – pour le public – si mystérieuse de ce président de la République.

Il n'y avait de divergence dans les récits que sur la question de savoir si la mort s'était produite à l'Élysée même ou en dehors, mais il y avait accord complet sur ce point capital : c'est au moment même où Félix Faure se livrait à des épanchements très intimes avec Mme STEINHEIL qu'une crise cardiaque l'a emporté; et sur la nature de ces épanchements, l'accord était également complet : comme le disait GÉRAULT-RICHARD, Mme STEINHEIL, si prodigue d'interviews, avait prouvé dès longtemps, et surtout ce jour-là à FÉLIX FAURE, qu'elle abusait de sa langue... et Félix Faure la laissa causer trop longtemps. Pour sauver Mme STEINHEIL, mariée et mère de famille, en relations de visite avec la famille du Président, on eut recours à Mlle SOREL, qu'on savait également parmi les «connaissances» du Président, et elle accepta le rôle de la dame qui «causait» avec le Président au moment fatal; cependant, son acceptation ne fut pas désintéressée : outre une grosse somme (ici les avis étaient différents 60000, 100000, 150000), on lui accorda l'entrée à la Comédie-Française[1], qu'elle ambitionnait surtout.

De là, les conversations de couloirs examinaient le présent, et une mauvaise nouvelle (c'en était une, du moins pour beaucoup) circula assez rapidement en causant quelque émoi : avant le drame de l'impasse Ronsin, Mme STEINHEIL était la maîtresse du juge d'instruction LEYDET. Or c'est précisément

1. En réalité, Cécile Sorel (1873-1966) n'est entrée à la Comédie-française qu'en 1903.

celui-ci qui instruit cette ténébreuse affaire. « Si c'est vrai, disait-on dans les couloirs, ça explique bien des choses ! mais est-ce tolérable ? »

Là-dessus, on parlait d'une question à poser au garde des Sceaux[1], au moins dans son cabinet, car il apparaissait difficile, en effet, que le chef de la Sûreté, M. HAMARD, pût agir avec liberté dans une affaire où l'héroïne a un passé et un présent – quelques-uns disaient « des états de service » – qui lui assurent des appuis sérieux.

L'opinion très générale était qu'il y a là-dedans un homme dont l'opinion est faite et repose peut-être même sur des certitudes, et qui refuse de prendre le change – mais qui, manifestement, s'arrête parce que des raisons anormales l'y obligent : c'est M. HAMARD, et, hier, à la Chambre, SAINT-LÉON (de *La Libre Parole*) disait que ROCHEFORT[2] lui-même, si acharné dans ses articles contre le chef de la Sûreté, constate dans l'intimité que celui-ci est dans une impasse, qui n'est pas Ronsin, mais qui n'en est pas moins dangereuse pour lui, car s'il agit, il peut lui en cuire par la suite, et, s'il n'agit pas, il passe pour un imbécile. ROCHEFORT ajoutait – d'après Saint-Léon – que ses violences de langage à l'adresse de M. HAMARD n'ont pour but que de l'obliger à marcher, en le représentant comme un imbécile ou un vendu à ceux qui ont intérêt à l'étouffement de l'affaire.

À la façon dont on discutait dans les couloirs, en mêlant à cette affaire tous ces noms et ces dessous, il apparaissait à beaucoup que cette reprise va obliger, cette fois, à marcher,

1. Aristide Briand.
2. Victor-Henry, marquis de Rochefort-Luçay dit Henri Rochefort (1831-1913), ancien député de la Seine, ancien communard, est passé au nationalisme et à l'antidreyfusisme. Pamphlétaire redouté, surnommé « le Prince des polémistes », il s'est battu en duel avec Gérault-Richard.

et que ce n'est pas le COUILLARD – pris actuellement pour bouc-émissaire – qui court les plus grands risques. Mais ce qui dominait comme impression, c'est qu'il « faut en finir ». C'est ce qu'on répétait dans tous les groupes, qui commencent à éprouver quelque énervement de cette affaire, où l'intervention du *Matin*, s'érigeant en policier et en juge d'instruction, semble à tous une concurrence intolérable pour la police et la justice.

28 novembre 1908

L'intérêt de l'affaire STEINHEIL semblait aller, hier, grandissant pour la Chambre. Les couloirs avaient une animation que ne provoquait point, certes, la discussion en séance, puisqu'il s'agissait, à la tribune, da la loi de finances. Georges BERRY[1] et Denys COCHIN[2], très entourés, se disaient décidés à poser au garde des Sceaux une question sur le scandale de cette instruction. Georges BERRY appuyait sur le mot « scandale », qui était, disait-il, celui même dont le président FORICHON venait de se servir dans une conversation avec des députés.

Quant aux potins ou vérités à gros scandale, il y en avait tant qu'on ne savait auquel s'arrêter : l'homme mystérieux que Mme STEINHEIL rêvait d'épouser et pour lequel elle aurait supprimé son mari, c'était, disait-on, M. CHOUANARD (des Forges de Vulcain, rue Saint-Denis) ; le motif pour lequel Mme STEINHEIL exécrait son mari, et qui était, en quelque sorte, une excuse à son inconduite, c'est que celui-ci avait des mœurs très spéciales ; comme disait plaisamment Jules

1. Georges Berry (1855-1915), député royaliste de la Seine de 1893 à sa mort, va interpeller le garde des Sceaux sur cette affaire.
2. Denys Cochin (1851-1922), député royaliste de la Seine de 1893 à 1919.

ROCHE[1] : «Ce sournois n'aimait pas vous regarder en face, il n'agissait que par-derrière», et Mme STEINHEIL répugnant à attitude si peu franche délaissait son mari qui se rattrapait sur les amis et même sur des spécialistes avec lesquels il avait, au-dehors ou chez lui-même, des séances de pose très étrangères à la peinture. Ce peintre disait-on, était un être dégoûtant, qui connaissait l'inconduite de sa femme et acceptait que le ménage en profitât, et qui, de son côté, avait les mœurs les moins avouables, si bien que l'ont peut se demander si le crime n'a pas été commis par un de ses «amants à lui», qu'il prenait dans le monde le plus interlope, crime que Mme STEINHEIL aurait, au besoin, favorisé. Cette hypothèse est, disait Georges BERRY, celle de beaucoup de ceux qui connaissent bien ce ménage et les mœurs de chacun des époux.

Denys COCHIN, lui, disait que Mme Madeleine LEMAIRE, l'artiste peintre, raconte que Mme STEINHEIL a eu, très jeune fille, un fils naturel, qui est devenu un vrai apache, fils qu'elle redoutait fort et dont son mari avait encore plus grand'peur. Ce fils, on le voyait ni ne le recevait dans la maison, mais il menaçait parfois pour obtenir de l'argent. Ne serait-ce pas lui qui serait venu pour voler, et qui, se trouvant en face de M. STEINHEIL n'a pas hésité à le tuer ?

Quant au côté politique qu'on veut prêter à l'affaire, inutile de dire qu'il devient de plus en plus certain que c'est par là que l'opinion va être surexcitée. FÉLIX FAURE, sa mort, son rôle dans l'affaire DREYFUS, sont déjà remis en discussion ; et la thèse des deux camps est fort nette. Les dreyfusards disent : «Votre FÉLIX FAURE qui refusait la révision et voulait éviter

1. Jules Roche (1841-1923), député du Var de 1881 à 1885, député de la Savoie de 1885 à 1898, député de l'Ardèche de 1898 à 1919, ancien ministre du Commerce, est passé au cours de sa carrière de l'extrême gauche au conservatisme.

qu'on reprît l'Affaire, c'était un joli pourceau ! Voyez plutôt : et ici l'exposé des détails scandaleux de sa mort». À quoi les antidreyfusards répliquent : «C'est vous qui le dites, mais vous l'avez fait tuer par cette femme, qui prouve bien maintenant de quoi elle est capable ; FÉLIX FAURE était un obstacle à la révision, vous l'avez supprimé et, de fait, lui mort, toute l'Affaire a repris son cours. Attendez que nous révélions la vérité ! »

Et c'est ce que l'Action française prépare. DAUDET[1] ne cache pas que le plan de ses amis est de provoquer là-dessus des poursuites en cour d'assises contre l'Action Française, afin qu'un acquittement dans cette affaire sensationnelle atténue le fâcheux effet de la condamnation à laquelle ils s'attendent dans les affaires civiles DREYFUS contre l'Action française actuellement engagées ; même ils espèrent que si le tapage énorme et le scandale formidable qu'ils rêvent de provoquer là-dessus arrivent au point qu'ils escomptent, non seulement les procès DREYFUS en seront éteints du coup, mais ce sont eux-mêmes, à l'Action française, qui prendront l'offensive.

Paris, SAM [Série Ba, carton n° 1584]

◆

1. Léon Daudet (1867-1942), écrivain, journaliste royaliste et antisémite, ne deviendra député qu'en 1919.

Portrait d'une affabulatrice

Ernest Reynaud n'a pas mené l'enquête sur le crime de l'impasse Ronsin, mais ce familier du quartier fréquentait le peintre Steinheil avant le drame. Dans ses Souvenirs de police*, il défend la mémoire de son ami et met en doute les affirmations de « la veuve rouge ».*

Extrait des Souvenirs de police, *Ernest Reynaud, 1908*

Ces affaires de ligotage sont toujours suspectes. On ne voit pas pourquoi des gaillards, résolus à supprimer deux personnes, s'abstiendraient d'en supprimer une troisième, capable de les dénoncer. Mme Steinheil parlait du vol d'une somme de 7 000 fr. que son mari aurait touchée, la veille, à la Banque de France – ce dont j'avais tout lieu de douter – et de divers objets que l'on n'avait jamais vus chez elle, notamment d'anciennes tapisseries de sièges, en point de Beauvais, représentant les *Fables* de La Fontaine, et de bijoux de prix dont l'existence me semblait assez problématique, puisque le bruit courait, dans les ateliers, que la plupart de ceux qui lui restaient avaient pris, récemment, le chemin du mont-de-piété. Une chose surtout me troublait. C'est la façon dont Mme Steinheil avait parlé de son mari aux premiers *reporters* accourus sur les lieux. Elle le représentait comme un sadique, adonné aux pires débauches, amenant, pêle-mêle, chez lui, tout ce qu'il ramassait, dans la rue, de conforme à ses vices, et s'enfermant dans son atelier, pour s'y livrer à des orgies en compagnie de modèles nus.

Je ne pouvais voir dans ces odieuses calomnies qu'un moyen d'égarer les soupçons. Même vrais, il me semblait qu'un sentiment de dignité, à défaut de pudeur, eût dû lui commander de cacher la révélation de ces faits au public, ne fût-ce que pour éviter qu'ils vinssent à tomber sous les yeux de sa fille, alors âgée de dix-sept ans. Et le récit qu'elle faisait de la nuit du crime, tandis qu'au-dehors éclatait un violent orage, le signalement qu'elle donnait des assassins, trois hommes masqués, à la juive, de lévites noires et de fausses barbes, armés de lanternes sourdes, accompagnés d'une femme rouquine, fleur du pavé, belle-de-nuit des boulevards extérieurs, tout, jusqu'à cette phrase échappée à ses lèvres : *À ce moment, la pendule sonnait minuit*, me semblait une histoire rocambolesque, renouvelée de Ponson du Terrail, où Mme Steinheil donnait la mesure d'une imagination fertile et débridée. Rien, à mon avis, ne se pouvait retenir de ce récit, sauf les éclairs et les coups de foudre de l'orage. Il avait abondamment plu et tonné cette nuit-là. Mais, chose curieuse, les cordes, qui avaient servi à ligoter Mme Steinheil, provenaient de sa cuisine. Les malfaiteurs n'avaient rien apporté du dehors, pas même la boue de leurs souliers, puisqu'aucune trace n'en avait été relevée sur les tapis et, dans une coupe posée sur la cheminée, à portée de la main, s'étalaient encore (au moment des premières constatations), un billet de cinquante francs et trois bagues (d'ailleurs de minime valeur) auxquels ils n'avaient pas touché.

◆

Colette contre Willy

Histoire d'un chantage

Gérard Bonal

Une banale histoire d'adultère ? Non : une sombre affaire dont l'enjeu, jamais nommé, est l'argent. « Mme de S., qui était ma maîtresse, avoue Willy, m'a remis il y a une dizaine d'années une assez grosse somme d'argent. » Investie, s'empresse-t-il d'ajouter, dans l'affaire familiale d'édition scientifique. Un jour, Mme de Serres, qui traverse des difficultés financières, réclame son capital. En vain, car il s'est évaporé sur le tapis vert des casinos. Que lui dit alors Willy ? Mystère. Mais peu après Juliette de Serres se présente à la librairie Gauthier-Villars, quai des Grands-Augustins, où on la reçoit plus que fraîchement. Elle comprend alors ce qui s'est passé. Willy s'inquiète : « Si elle me fait un procès, je suis perdu. C'est la prison ! » Il se souvient alors des lettres que Juliette – Liette pour les intimes – lui a écrites au plus fort de la passion.

Pris au piège

C'est ici qu'intervient Colette, qui a quitté Willy pour vivre avec la marquise de Belbeuf. En instance de divorce, les époux se combattent à coups d'entrefilets dans la presse, mais ils ont conservé, au privé, des relations à peu près cordiales. Willy explique son stratagème à la jeune femme – ce qu'il appelle « la guerre contre le 58, rue de Courcelles » : elle se rendra chez Liette, où elle jouera le rôle de l'épouse outragée, menaçant de tout révéler. « Quand elle saura que vous avez ces lettres et que vous êtes prête à les porter au mari, elle filera doux. » Autrement dit, elle cessera d'exiger sa créance.

Imprudent Willy ! Non seulement Colette se refuse au chantage, mais elle va utiliser les lettres à son profit. Comme elle l'explique au commissaire de police qui l'entend : « Depuis un an, Willy a entrepris contre la marquise et moi une campagne de diffamation. Je l'ai supplié de cesser ses attaques ; il n'a rien voulu entendre. C'est alors que j'ai eu l'idée de faire intervenir Madame de Serres. » Un beau matin de juin, elle se présente donc rue de Courcelles. La malheureuse Liette, prise en otage, ne peut plus qu'envoyer un « petit bleu » affolé au Préfet de police…

La fin de l'histoire ? Une lettre de Sido, adressée à sa fille Colette le 2 juillet 1910, nous l'apprend : « Je pensais bien que Mme de S. prendrait le parti de tout dire à son mari. L'aveu sera pénible, mais c'est le chemin le plus court. » Sur quoi Mme de Serres, libérée de son lourd secret, se pourvoit en justice. Au grand dam de Willy : « Cette femme haineuse me poursuit donc pour abus de confiance, détournement, etc. S'il y a un procès public, je suis à jamais déshonoré. » Déshonoré peut-être, condamné oui. Où Willy va-t-il trouver l'argent ? C'est bien le dernier souci de Colette !

◆

Un roman épistolaire

Du «petit bleu» fébrile à la lettre de remerciements, c'est une médiation conjugale officieuse que permettent de suivre pas à pas les documents suivants conservés dans les archives de la Préfecture de police.

Carte pneumatique adressée au Préfet de police

Monsieur le Préfet de police

J'ai jadis écrit à M. Gauthier-Villars (Willy) des lettres qui, mises sous les yeux de mon mari, pourraient occasionner les plus grands malheurs.

Ces lettres ont été volées par le secrétaire de M. Willy qui les a portées à Mme Willy, laquelle plaide en divorce contre son mari qu'elle poursuit d'une haine féroce.

Mme Willy qui vit 25, rue Saint-Sénoch, avec la marquise de Belbœuf [*sic*] et que je ne veux pas recevoir, s'est présentée chez moi ce matin, elle va revenir armée de ces lettres. C'est une persécution qui me rend folle et à laquelle je vous supplie de me soustraire.

Ne tardez pas, je vous en supplie, Monsieur le Préfet de police. Je deviens folle.

J. de Serres
58, rue de Courcelles

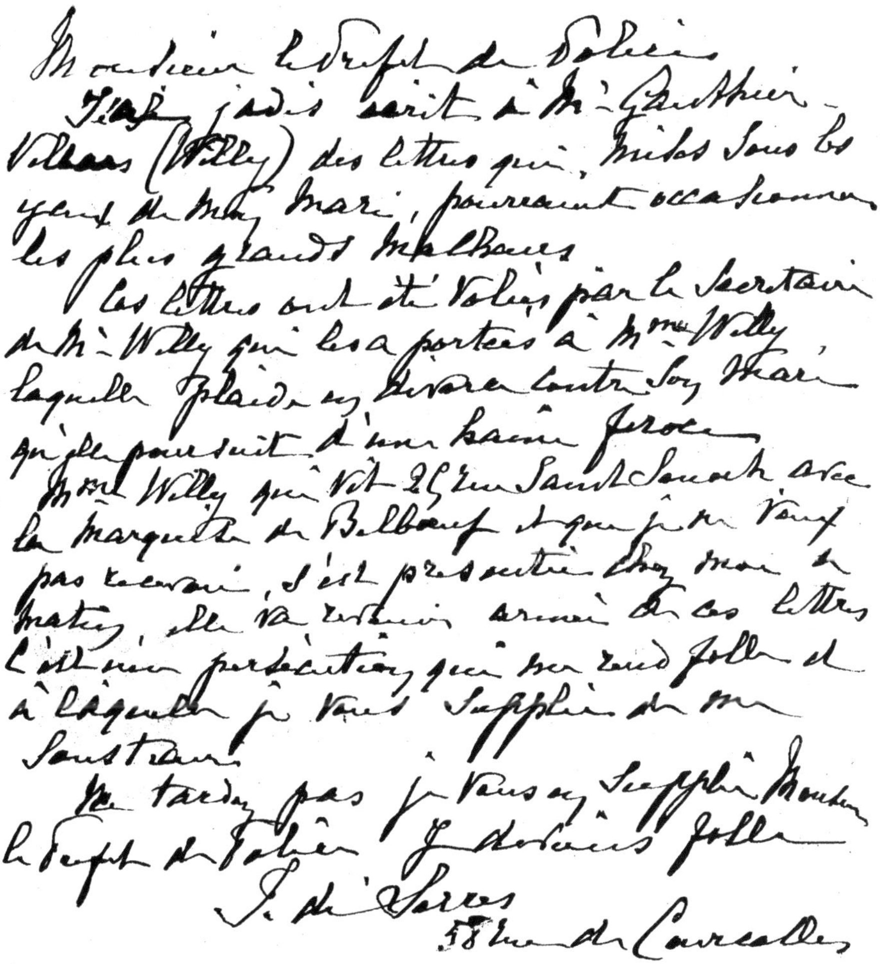
Monsieur le Préfet de Police
J'ai jadis écrit à M. Gauthier-Villars (Willy) des lettres qui, mises sous les yeux de mon mari, pourraient occasionner les plus grands malheurs.
Ces lettres ont été volées par le secrétaire de M. Willy qui les a portées à Mme Willy laquelle plaide en divorce contre son mari qu'elle poursuit d'une haine féroce.
Mme Willy qui vit 25 rue Saint-Sénoch avec la marquise de Belbeuf et que je ne veux pas recevoir, s'est présentée chez moi ce matin, elle va revenir armée de ces lettres. C'est une persécution qui me rend folle et à laquelle je vous supplie de me soustraire.
Ne tardez pas je vous en supplie Monsieur le Préfet de Police. Je deviens folle
J. de Serres
58 rue de Courcelles

Le texte du «petit bleu» envoyé par pneumatique au Préfet de police : l'écriture trahit l'inquiétude et la nervosité de Mme de Serres.

Procès-verbal au sujet de l'affaire opposant Madame de Serres et Madame Gauthier-Villars dite Colette Willy

NOUS, J.-A. COURT, Commissaire de police de la Ville de Paris, Chef du Service mixte des Garnis, Officier de police judiciaire, Auxiliaire de Monsieur le Procureur de la République,

En exécution des instructions de Monsieur le Préfet de police,

Avons entendu Mme de Serres, Juliette née Vuillet, 47 ans, sans profession, demeurant rue de Courcelles n° 58.

Elle nous a déclaré :

Mon mari et moi avons été très liés avec le ménage Gautier Villars [*sic*], depuis plusieurs années je lui ai adressé des lettres horriblement compromettantes.

Or ces lettres ont été volées à M. Gautier Villars par son secrétaire M. Barlet, qui les a remises à Madame Gautier Villars dite Colette Willy.

Les époux Gautier Villars sont en instance de divorce. Ils vivent sous le régime de la séparation de corps depuis trois ans. Willy habite chez sa maîtresse Miss Meg Villars, 69, avenue de Suffren. Sa femme demeure chez la marquise de Belbœuf [*sic*] 25, rue Saint-Senoch.

Mercredi dernier, Colette Willy s'est présentée à mon domicile et a demandé à me voir. Comme je ne voulais pas la recevoir chez moi, je lui ai fait répondre que j'étais absente.

Elle m'a alors adressé une lettre que je vous dépose me fixant un rendez-vous pour le lendemain. Je me suis rendue chez elle dans la matinée. Là, elle m'a déclaré que si Willy ne cessait pas immédiatement la campagne de presse qu'il avait entreprise contre la marquise de Belbœuf, elle n'hésiterait pas à envoyer à mon mari les lettres qui lui avaient été remises par Barlet.

Je vous prie de vouloir bien intervenir afin d'empêcher Colette Willy de mettre ses menaces à exécution.

J. de Serres Le Commissaire de police
Court

P.V. n° 2

Et le seize juin, par acte séparé n° 2 nous avons interpellé Mme Gauthier-Villars dite Colette Willy.

Le Commissaire de police

Et le vingt juin,

Avons mandé à notre cabinet M. Gauthier-Villars dit Willy.

Après échange d'explications ce dernier a consenti à signer l'engagement réclamé par sa femme.

Nous annexons cette pièce au présent.

Le Commissaire de police

Et le vingt-deux juin

Avons fait comparaître à nouveau Madame Gauthier-Villars dite Colette Willy qui, sur le vu de l'engagement pris par son mari, nous a déclaré qu'elle allait restituer sans délai à Madame de Serres les lettres réclamées par cette dernière.

Le Commissaire de police

Et le vingt-cinq juin

Nous avons reçu de Madame de Serres une lettre par laquelle elle nous déclare qu'elle a reçu pleine et entière satisfaction.

Nous annexons cette pièce au présent.

Le Commissaire de police

De quoi nous avons rédigé le présent, qui sera transmis à Monsieur le Préfet de police aux fins qu'il appartiendra.

Le Commissaire de police

Procès-verbal

NOUS, J.-A. COURT, Commissaire de police de la Ville de Paris, Chef du Service mixte des Garnis, Officier de police judiciaire, Auxiliaire de Monsieur le Procureur de la République,

Continuant notre information,

Avons entendu Mme Gauthier-Villars, dite Colette Willy, femme de lettres, demeurant rue de Saint-Senoch, n° 25.

Elle a répondu comme suit à nos diverses interpellations :

Les lettres de Madame de Serres ne m'ont nullement été vendues par M. Barlet qui est actuellement mon secrétaire. Elles m'ont été confiées par Willy lui-même et quelques-unes d'entre elles sont même annotées de sa propre main. Ces annotations sont d'ailleurs plus que désobligeantes pour Madame de Serres.

Depuis un an à peu près, Willy a entrepris contre la marquise de Morny et contre moi une campagne de diffamation épouvantable. Je l'ai supplié à plusieurs reprises de cesser ses attaques ; il n'a rien voulu entendre. C'est alors que j'ai eu l'idée de faire intervenir Madame de Serres.

Cette dernière s'est méprise sur le sens de mes paroles. Je lui ai dit textuellement : « Invoquez le nom de votre mari auprès de Willy afin de l'obliger à cesser la campagne qu'il a entreprise. »

Elle en a inféré à tort que j'avais l'intention d'envoyer à son mari les lettres que je possède. Cependant elle eût dû se souvenir des paroles que je lui ai dites en la quittant et que voici : « Avant de faire quoi que ce soit contre votre mari, j'aimerais mieux courir moi-même le plus grand danger. »

À la vérité j'ai une très profonde affection pour M. de Serres et je ne voudrais pour rien au monde troubler sa quiétude. C'est vous dire que je n'ai jamais eu l'intention de lui adresser les lettres écrites par sa femme à Willy. Toutefois je tiens à conserver ces lettres tout au moins jusqu'à ce que Willy ait pris l'engagement de me laisser en repos.

Quoi qu'il en soit, que Madame de Serres se rassure ; je ne lui veux aucun mal et les lettres ne sortiront pas de mon tiroir.

Le Commissaire de police

Colette Willy,

Je prends volontiers l'engagement de cesser toute campagne contre la marquise de Belbœuf, et contre Madame Colette, à condition que cette dernière restitue les lettres écrites par Madame de Serres dont elle est détentrice.

Il est évident que cet engagement, bilatéral, implique la cessation des attaques de Madame Colette contre moi.

H. Gauthier-Villars
Willy

20 juin 1910
Paris

Vu et joint
Le Commissaire de police

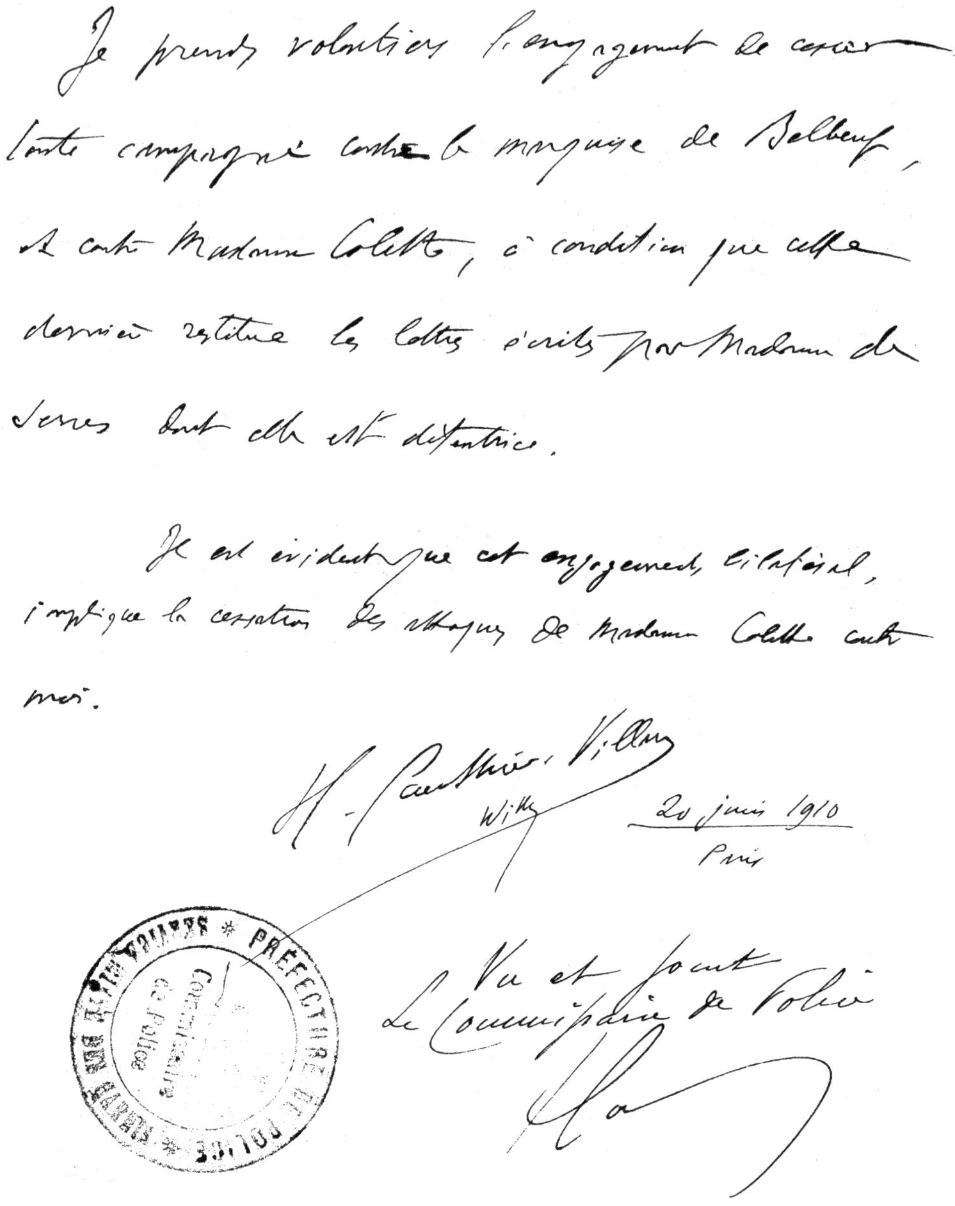

Je prends volontiers l'engagement de cesser toute campagne contre la marquise de Belbeuf, et contre Madame Colette, à condition que cette dernière restitue les lettres écrites par Madame de Serres dont elle est détentrice.

Il est évident que cet engagement, bilatéral, implique la cessation des attaques de Madame Colette contre moi.

H. Gauthier-Villars
Willy
20 juin 1910
Paris

Vu et joint
Le Commissaire de Police

PRÉFECTURE DE POLICE
Commissaire de Police

Billet autographe de Willy, qui s'engage à cesser toute campagne de presse : le document est contresigné par le commissaire Court.

Transcrition page précédente.

Monsieur,

Je me tiens pour satisfaite au sujet de l'affaire des lettres que je considère comme terminée.

Il me reste à vous remercier de tous les soins dont vous avez entouré cette affaire qui grâce à vous a été menée rapidement à bonne fin.

Recevez, Monsieur, l'expression de mes sentiments distingués.

J. de Serres

Paris, SAM [Série Ba, carton n° 2036]

◆

Un crime parfait

La lettre d'aveux de l'assassin de Lætitia Toureaux

Claude Mesplède

C'est une incroyable confession écrite qui arrive, en ce jour de juin 1962, sur la table du directeur de la police judiciaire Max Fernet. « Sans doute vous souvenez-vous de l'assassinat de Lætitia Toureaux qui eut lieu Porte de Charenton, dans le métro, le 16 mai 1937. Je suis l'assassin de Lætitia Toureaux », avoue un rédacteur anonyme.

Lætitia Toureaux ? Une jolie veuve de vingt-neuf ans, poignardée sans témoin, dont le visage a fait la une de tous les journaux avant guerre, quand « le crime du métro » passionnait la France. Chaque jour les lecteurs apprenaient une nouvelle information : ils découvraient que la jeune femme travaillait pour une agence de détectives ; que, native du Val d'Aoste en Italie, elle espionnait les immigrés italiens pour le comte Ciano, ministre de Mussolini. La belle Lætitia était-elle une fasciste convaincue, connaissait-elle trop de secrets ? Était-elle chargée d'une mission qui aurait mal tourné auprès de la Cagoule, cette organisation terroriste d'extrême droite qui narguait le gouvernement du Front populaire ? Autant de pistes explorées en vain, pendant des années. D'autres faits divers, puis les drames de la guerre, ont fait tomber « le crime du métro » dans l'oubli quand cette lettre très romanesque arrive à la PJ.

Mobile passionnel

« Pourquoi l'assassin d'un crime réputé parfait vient-il ainsi raconter son forfait plus de vingt ans après ? Sans doute ai-je besoin de me libérer, peut-être aussi une sorte d'orgueil me pousse-t-il à apporter les éléments nécessaires à la résolution de cette affaire », écrit l'assassin. Originaire de Perpignan, il est monté à Paris en 1935 pour faire sa médecine : après ces maigres informations, il explique son geste.

Lætitia, dont il était amoureux, a toujours repoussé ses avances. Enfin, elle accepte un dîner, qu'elle décommande le jour même. Fou de jalousie, depuis sa voiture il guette la porte de L'Ermitage, un bal musette de Maisons-Alfort où Lætitia a l'habitude d'aller danser. Il la voit sortir à 18 heures : « Elle alla prendre l'autobus et je la suivis en voiture. J'en descendis rapidement à Porte de Charenton de sorte que j'entrai dans le métro juste derrière elle sans qu'elle devinât ma présence. Elle s'installa en première ; je montai juste derrière elle et ne sachant plus ce que je faisais, je l'appelai alors qu'elle venait de s'asseoir. Elle se retourna, je sortis mon couteau et lui plongeai dans la gorge. Elle n'eut pas le temps de pousser un cri. Je recalai le corps qui avait basculé et descendis rapidement pour remonter en deuxième classe dans la voiture suivante. »

Est-ce bien le coupable qui a écrit cette lettre ? Faut-il tenter de l'identifier ? « Affaire prescrite », note le directeur de la police judiciaire, qui classe la lettre anonyme sans suite. Mais cette histoire le conforte dans sa conviction : « Pourquoi chercher bien loin lorsqu'une femme est tuée ? Quatre-vingt-dix-neuf chances sur cent que le mobile soit passionnel... »

◆

« Je suis l'assassin de Lætitia Toureaux »

La lettre d'aveux

Monsieur le Commissaire,

Je ne sais si cette lettre vous parviendra. Peut-être sera-t-elle jetée au panier avant, comme l'œuvre d'un fou, et peut-être cela vaudra-t-il mieux. Sans doute vous souvenez-vous de l'assassinat de Lætitia Toureaux qui eut lieu Porte de Charenton, dans le métro, le 16 mai 1937. Je suis l'assassin de Lætitia Toureaux.

Cette lettre va sans doute vous étonner. Pourquoi l'assassin d'un crime réputé parfait veut-il ainsi raconter son forfait plus de vingt ans après ? Je ne saurai vous le dire exactement. Sans doute ai-je besoin de me libérer (ayant gardé le secret pendant de si longues années que je n'en éprouve plus de remords), peut-être aussi une sorte d'orgueil me pousse-t-il à apporter les éléments nécessaires à la résolution de cette affaire.

Je n'ai nullement l'intention de vous dévoiler mon nom et souhaite rester dans l'anonymat le plus complet, par égard pour ma famille.

Je suis originaire de Perpignan, où je naquis en 1915. À la fin de mes études secondaires, je manifestai le désir de devenir médecin et pour cela, je montai à Paris en 1935. Mon père était aisé, et avec une voiture, m'alloua une substantielle pension. J'arrivai tout droit de ma province assez timide et niais, aussi je vous laisse à penser ma joie à ma soudaine liberté. Entraîné par quelques camarades plus « à la page » que moi, je connus bientôt tous les dancings et cabarets de Paris et de ses environs.

J'étais sans fausse modestie assez beau garçon, mais affligé

Juin 1962

Monsieur le Commissaire,

Je ne sais si cette lettre vous parviendra. Peut-être sera-t-elle jetée au panier avant, comme l'œuvre d'un fou, et peut-être cela vaudra-t-il mieux.

Sans doute, vous souvenez vous de l'assassinat de Laetitia Toureaux qui eut lieu Porte de Charenton, dans le métro, le 16 Mai 1937. Je suis l'assassin de Laetitia Toureaux.

Cette lettre va sans doute vous étonner. Pourquoi l'assassin d'un crime réputé parfait vient-il ainsi raconter son forfait plus de vingt ans après ? Je ne saurai vous le dire exactement. Sans doute ai-je besoin de me libérer (aujourd'hui le seul pendant de si longues années que je n'en éprouve plus de remord), peut-être aussi, une sorte d'orgueil me pousse-t-il à apporter les éléments nécessaires à la résolution de cette affaire.

Très juste

Je n'ai nullement l'intention de vous dévoiler mon nom et souhaite rester dans l'anonymat le plus complet, par égard pour ma famille.

Début de la confession écrite de l'assassin de Lætitia Toureaux, annotée au crayon rouge par le directeur de la Police judiciaire. Aux mots « une sorte d'orgueil », celui-ci ajoute : « Très juste. »

lorsque je fus devant l'établissement, ma timidité (ou mon
orgueil?) reprit le dessus et j'attendis Laetitia devant la
porte - Elle sortit vers 18 heures - Alors que j'hésitais sur ce que
(8) j'allais faire, elle alla prendre l'autobus et je la suivis en
voiture - J'en descendis rapidement à Porte de Charenton,
de sorte que que j'entrai dans le métro juste derrière elle,
sans qu'elle devinât ma présence - Elle s'installa en pre-
mière; je montai juste derrière elle et, ne sachant plus ce que
je faisais, je l'appelai alors qu'elle venait de s'asseoir - Eton-
née, elle se retourna, je sortis mon couteau et lui plongeai
dans la gorge - Elle n'eut pas le temps de pousser un cri - Je
recalai le corps qui avait basculé et descendis rapidement pour
remonter en 2ème classe, dans la voiture suivante - La rame par-
tit aussitôt - Je ne sais comment les gens ne remarquèrent pas
mon trouble - J'avais l'impression que tout le monde me dévisa-
geait - A Porte Dorée, un remue-ménage m'apprit que le corps était
découvert - Comme tous les voyageurs, on me fit descendre de la
rame - A cet instant, j'envisageai d'aller me renseigner pour
savoir si Laetitia était morte, mais j'étais incapable du moin-
dre geste = J'avais peur d'apprendre que je l'avais tuée - Je vis passer
la civière et faillis me trouver mal - On nous garda encore une
demi-heure qui me parut un siècle - Je crois que si un des policiers
m'avait demandé quoi que ce soit, je me serais effondré - Mais
bientôt, on nous laissa aller - Je rentrai à mon hôtel, je

d'un horrible accent qui déclenchait des crises d'hilarité chez mes conquêtes d'un jour. Aussi me faisais-je passer, plus généralement, comme étant d'origine sud-américaine, et mon accent devint alors, pour ces aimables femmes, mon plus précieux atout !…

C'est dans un dancing que je fis la connaissance de Lætitia, en novembre 1936. Elle était très jolie et possédait le charme rare, pour moi jeune homme, d'être une femme ayant déjà vécu. Je tombai immédiatement amoureux et lui fis une cour respectueuse. Elle ne m'accordait aucune faveur et ne me permettait pas de la raccompagner à son domicile. Nous ne nous rencontrions que dans des cafés du Quartier latin ou dans ma voiture. Elle ne m'accordait, à mon goût, que de trop rares rendez-vous. En fait, elle me traitait en gamin et je pense, avec le recul du temps, qu'elle reportait ainsi sur moi son amour maternel vacant ; elle me conseillait, me gourmandait. Mais à mesure que le temps s'écoulait, je devins de plus en plus pressant. Elle traitait mon amour avec une douce ironie, ce qui me blessait, et je commençais à m'impatienter, à faire des scènes ridicules. Bientôt elle écourta nos rendez-vous sous des prétextes plus ou moins risibles. Prenant mon courage à deux mains, je lui demandai de devenir ma femme. Elle me rit gentiment au nez. Blessé dans mon orgueil et mon amour, j'allai jusqu'à la menacer et elle m'éconduisit assez vertement.

Je décidai alors de l'oublier (nous étions au mois de mars) et me plongeai dans le travail en vue de mes examens. Elle ne donna alors plus signe de vie mais je ne pus l'oublier. Ainsi, après plus d'un mois de silence, le 2 mai, j'allai au dancing « L'Ermitage », où je savais la retrouver. Nous sortîmes et je lui proposai de prendre ma voiture. Elle accepta. Je lui demandai alors humblement de me laisser la revoir. Après quelques hésitations, elle accepta et nous prîmes rendez-vous pour le 16 mai. Nous devions nous retrouver à « L'Ermitage » pour dîner ensemble le soir. Mais le 16 mai au matin, en fin de matinée, elle vint me retrouver dans un café du Quartier latin pour se décommander du dîner : elle devait assister à un dîner de Valdotains. Furieux de cette déconvenue, je l'accusai d'aller retrouver un autre homme. Furieuse à son tour, elle me répondit qu'en effet elle avait rendez-vous avec un autre homme, et comme je la défiai de me le prouver, elle sortit un télégramme signé d'un certain Jean lui fixant rendez-vous pour le soir même. Sans attendre ma réaction, elle me déclara qu'elle ne me reverrait plus et sortit sans plus attendre. J'étais fou de rage et m'estimai trompé. Je rentrai dans ma chambre en proie à la plus meurtrière colère. J'y passai plusieurs heures. Au fur et à mesure que les heures passaient, je me calmai, mais je fus alors possédé d'une rage froide, bien plus inquiétante.

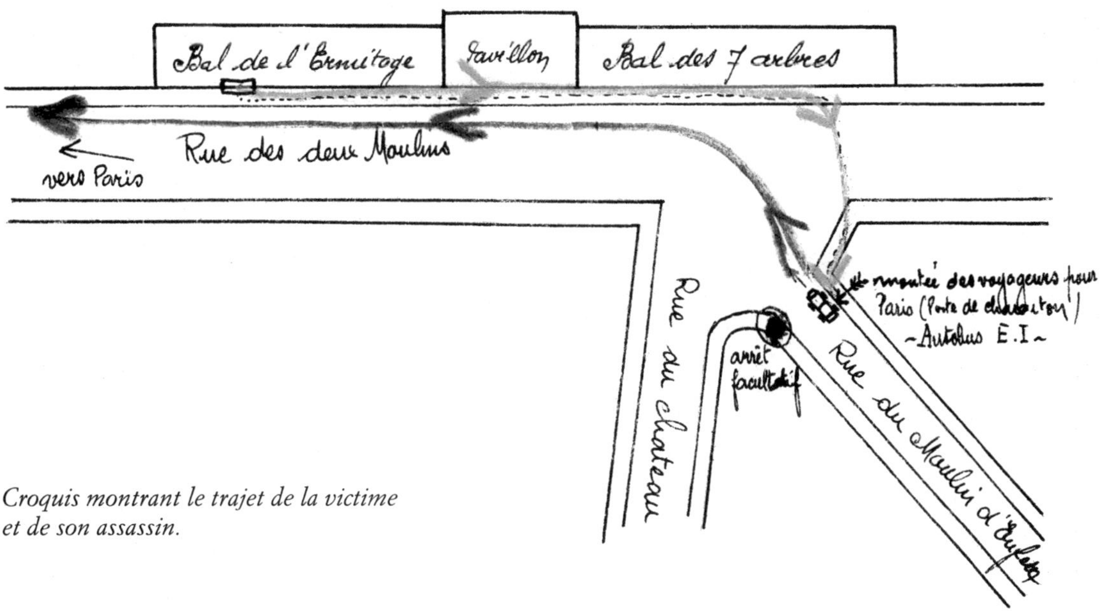

Croquis montrant le trajet de la victime et de son assassin.

Après avoir longtemps hésité, je décidai d'aller la rejoindre à « L'Ermitage » où je pensais qu'elle s'était rendue, malgré tout. Mais avant de partir, je mis dans ma poche un couteau que j'avais acheté en compagnie de camarades, un jour que nous voulions « épater » les filles. Je pris ma voiture et me rendis au dancing. Mais lorsque je fus devant l'établissement, ma timidité (ou mon orgueil ?) reprit le dessus et j'attendis Lætitia devant la porte. Elle sortit vers 18 heures. Alors que j'hésitais sur ce que j'allais faire, elle alla prendre l'autobus et je la suivis en voiture. J'en descendis rapidement à Porte de Charenton, de sorte que j'entrai dans le métro juste derrière elle, sans qu'elle devinât ma présence. Elle s'installa en première, je montai juste derrière elle et, ne sachant plus ce que je faisais, je l'appelai alors qu'elle venait de s'asseoir. Étonnée, elle se retourna, je sortis mon couteau et lui plongeai dans la gorge. Elle n'eut pas le temps de pousser un cri. Je recalai le corps qui avait basculé et descendis rapidement pour remonter en deuxième classe, dans la voiture suivante. La rame partit aussitôt. Je ne sais comment les gens ne remarquèrent pas mon trouble. J'avais l'impression que tout le monde me dévisageait. À Porte Dorée, un remue-ménage m'apprit que le corps était découvert. Comme tous les voyageurs, on me fit descendre de la rame.

À cet instant, j'envisageai d'aller me renseigner pour savoir si Lætitia était morte, mais j'étais incapable du moindre geste : j'avais peur d'apprendre que je l'avais tuée. Je vis passer la civière et faillis me trouver mal. On nous garda environ une demi-heure qui me parut un siècle. Je crois que si un des policiers m'avait demandé quoi que ce soit, je me serais effondré. Mais bientôt, on nous laissa aller. Je rentrai à mon hôtel, je ne sais trop comment. Ce n'est que le lendemain, après une nuit horrible, que j'appris la mort de Lætitia. Lors de l'enquête rapportée dans les journaux, j'appris aussi que Lætitia s'était décommandée auprès de Jean et que ma jalousie n'était pas fondée. Je vous laisse à penser mon état d'esprit.

Quelques jours plus tard, j'allai rechercher ma voiture qui était restée Porte de Charenton. Au fur et à mesure que les jours passaient, je me calmai. La police ignorait totalement mon existence. Je suivais passionnément l'enquête par les journaux et appris aussi que j'avais commis un crime parfait, en fait non imputable à mon intelligence, mais à un extraordinaire concours de circonstances.

Maintenant bien des années ont passé. Je suis médecin, marié et même grand-père, mais ce secret a pesé lourdement, n'étant pas assez croyant pour le confier à un prêtre.

Je n'ai plus de remords et il me semble vous raconter l'histoire d'un autre; aussi mon récit vous paraîtra-t-il froid et sec. Vous, Monsieur le Commissaire, assis derrière votre bureau, vous allez sans doute me juger sévèrement, mais en vérité je ne pense pas être un criminel, du moins pas un criminel-type, et j'aurais sans doute bénéficié de circonstances atténuantes.

En espérant qu'ainsi sera classée l'affaire Lætitia Toureaux, je vous adresse, Monsieur le commissaire, mes salutations distinguées.

Paris, SAM [Série J, affaire Lætitia Toureaux, 1937]

◆

(lettre annotée par M. Fernet Directeur de la P.J.)

DIRECTION DE LA POLICE JUDICIAIRE

CABINET DU DIRECTEUR

RÉPUBLIQUE FRANÇAISE

PRÉFECTURE DE POLICE

Paris, le 16/11/62

à classer dans l'affaire

Laetitia Toureaux.

à la suite de la réception de cette lettre anonyme, large diffusion dans la Presse (cf. France-Soir) et même à la Radio, dans le but d'obtenir plus de précisions et, peut-être la venue de cet intéressé — Rien —

Donc, à classer — affaire d'ailleurs prescrite — à quoi bon tenter d'identifier l'auteur — ce qui serait possible, s'il a dit la vérité —

3) pourquoi chercher bien loin lorsqu'une femme est tuée — 99 chances sur 100 que le mobile soit passionnel...

Dommage — à classer

Max Fernet
directeur P.J.

◆

Affaire classée

Ancien patron de la Brigade criminelle, Max Fernet décèle avant tout dans le récit de l'assassin les caractéristiques d'une enquête ratée.

Rapport de la Police judiciaire, 16 novembre 1962

À la suite de la réception de cette lettre anonyme, large diffusion dans la presse (cf. *France Soir*) et même à la radio, dans le but d'obtenir plus de précisions et, peut-être, la venue de l'intéressé – rien. Donc, à classer – affaire d'ailleurs prescrite – à quoi bon tenter d'identifier l'auteur – ce qui serait possible, s'il a dit la vérité. Né à Perpignan en 1915, médecin, etc. Trop de travail pour lancer la brigade criminelle sur cette piste aléatoire.

Mais j'ai l'impression que c'est bien le criminel qui a écrit. Trop de précisions dans sa lettre (vingt-cinq ans après) pour que l'anonyme n'ait pas été au courant de l'affaire.

Ai relu l'enquête, longue, touffue et, me semble-t-il, assez maladroite. Que de leçons à tirer de cet échec si la lettre dit vrai.

1) Mauvaises réactions dans l'immédiat de la police municipale. Il faut garder tout le monde sur place.

2) Mauvaise enquête sur les relations de Lætitia. Il me paraît impossible qu'elle n'ait jamais parlé de ce Perpignanais à ses proches – a-t-on su les «faire causer» ?

3) Pourquoi chercher bien loin lorsqu'une femme est tuée – quatre-vingt-dix-neuf chances sur cent que le mobile soit passionnel…

Dommage. À classer.

Paris, SAM [Série J, affaire Lætitia Toureaux, 1937]

◆

Extraits du rapport manuscrit de Max Fernet,
directeur de la Police judiciaire au moment où arrive la lettre d'aveu.

ÉPILOGUE

De l’Histoire à la légende

La police dans la littérature et au cinéma

Jean Tulard

C'est avec le chevalier du Guet que la police de Paris est pour la première fois mise en chanson. On plaisantera – peu – et on admirera beaucoup – surtout par crainte – le Lieutenant général de la vieille monarchie, qu'il s'appelle La Reynie ou Sartine, mais c'est sous Joseph Fouché, ministre de la Police de Napoléon, que naît un mythe : celui de la police. « Le ministre de la Police est un homme qui doit se mêler de ce qui le regarde et surtout de ce qui ne le regarde pas », dit-on. « La police sait tout », ajoute-t-on. Tout ? Peut-être pas, mais son habileté est de le faire croire.

Les débuts du roman policier

Il n'y a pas de mythe sans héros et sans écrivain. Le premier chantre de ce nouveau pouvoir est incontestablement Balzac. Il donne à Fouché le rôle de *deus ex machina* dans *Une ténébreuse affaire* et fait de Vidocq le modèle de Vautrin, inquiétant pensionnaire de la maison Vauquer dans *Le Père Goriot*, devenu chef de la Sûreté de Paris dans *Splendeurs et misères des courtisanes*. Vidocq, dont les Mémoires furent l'un des plus grands succès de librairie du XIXe siècle, bagnard transformé en policier, inspire aussi le Jean Valjean des *Misérables* de Victor Hugo et Jackal dans *Les Mohicans de Paris* de Dumas.

Avec Vidocq, la Préfecture de police, à laquelle il appartint, devient une source d'inspiration pour les romanciers. En 1845, Edgar Poe met en scène le Préfet de police Gisquet dans *La Lettre volée*, un conte qui annonce le roman policier. À son tour Émile Gaboriau, sous le Second Empire, imagine M. Lecoq, un agent de la Sûreté dont les méthodes viennent du bien réel Henry, chef de la deuxième division de la Préfecture de police qui, à partir des indices laissés sur les lieux, retrouva les auteurs de l'attentat de la rue Saint-Nicaise. Comme Henry, M. Lecoq dans *Le Crime d'Orcival* ou *Le Dossier 113* « palpe, scrute, interroge tout le terrain, les bois, les pierres et jusqu'aux menus objets, tantôt debout, le plus souvent à genoux, quelquefois à plat ventre ». Un genre nouveau est né : le roman policier.

Le commissaire devient un personnage littéraire : Juve, adversaire de Fantômas, Gilles, Faroux… et surtout Maigret. Ce dernier est imaginé par Georges Simenon en 1930. C'est un fonctionnaire sérieux et discipliné, qui partage son temps entre un appartement modeste du boulevard Richard-Lenoir, où il savoure les petits plats de son épouse, et le 36, quai des Orfèvres qu'il va rendre célèbre et où il se nourrit, entre deux interrogatoires, d'un sandwich et d'une bière. Tout oppose Maigret à son lointain prédécesseur Vidocq : le fonctionnaire contre le truand, la réflexion contre l'action, le héros de papier contre le personnage historique. Et finalement le Maigret de Simenon devient plus réel que le Vidocq des *Mémoires* qui paraît sorti de l'imagination de quelque « teinturier », comme on appelait les rédacteurs de souvenirs plus ou moins authentiques de célébrités du temps.

Maigret a-t-il servi l'image du policier ? Il est le collègue d'un Ganimard qui traque vainement Arsène Lupin, d'un Faroux qui, dans les romans de Léo Malet, a toujours un temps de retard. Ce sont des fonctionnaires zélés mais engoncés dans la routine des enquêtes officielles. Les auteurs leur préfèrent le détective privé, plus jeune et plus moderne. Quant à la bande dessinée, elle est impitoyable. Les trois inspecteurs lancés à la poursuite des Pieds Nickelés sont miteux – chapeaux ronds, parapluies et chaussures à clous. Et que dire des Dupont et Dupond chez Hergé ? Ce n'est que tardivement que la bande dessinée fera enfin du policier officiel un véritable héros et adaptera les enquêtes de Maigret.

Le policier à l'écran

C'est au septième art, relayé par les séries télévisées, que la police doit sa popularité. Pour le cinéma, la Préfecture de police, c'est d'abord un décor. Au cœur de la Cité, rue de Jérusalem, avant de s'installer dans une caserne face à Notre-Dame, elle terrorise les Parisiens. « Dans un quartier désert de Paris, écrit un auteur de romans populaires, côte à côte avec les prisons, le dispensaire, la morgue et le palais des robes noires, entouré de rues aux noms juifs, se cache, obscur et honteux, un monument aux teintes blafardes, sur le portail duquel l'œil peut encore distinguer ces trois mots : Préfecture de police. Des bureaux sans confort s'entassent dans un ensemble hétéroclite de constructions qui entourent l'ancien hôtel des premiers présidents du Parlement de Paris. » La tradition sera conservée par la police judiciaire, installée au 36, quai des Orfèvres.

Le cinéma s'est complu à souligner cet aspect sordide, notamment dans les nombreuses évocations de Vidocq, particulièrement le *Vidocq* de Jacques Daroy en 1938. Mais c'est le 36, quai des Orfèvres qui a le plus inspiré les décorateurs.

Il est plus vrai que nature, reconstitué avec une précision étonnante dans l'admirable *Quai des Orfèvres* de Clouzot, en 1947 : escalier vétuste et étroit qui prend son élan à côté de « la cage aux filles », conduisant d'étage en étage vers des bureaux miteux aux murs sales, au mobilier branlant, au matériel dégradé. Les améliorations sont peu sensibles, sauf pour l'équipement, l'ordinateur remplaçant la machine à écrire, dans *36 quai des Orfèvres*, tourné en 2004 par un ancien policier, Olivier Marchal.

Le lieu du pouvoir policier, plus que dépouillé, quasi misérable n'en est que plus terrifiant. Il est le point de rencontre entre inspecteurs et truands, point d'échange entre le bien et le mal, et tout est fait pour les confondre.

Les hommes sont-ils à l'image du décor ? Le commissaire ou l'inspecteur de la Préfecture de police n'est pas un justicier, un surhomme, un héros au sens antique du terme. C'est encore une fois un fonctionnaire, prisonnier des contingences humaines et qui peut parfois jouer avec les limites de la légalité. L'interrogatoire, bien mené, peut pallier le manque de preuves. Que l'on se souvienne de *Garde à vue* de Claude Miller, en 1981, inspiré par un fait divers authentique.

Et revoici Maigret, sa pipe, son poêle et sa bière, sous les traits de Pierre Renoir, Albert Préjean, Michel Simon ou Jean Gabin. Il ne dégaine pas à la façon des héros de western, il ne se bat pas, il interroge. Mais le septième art a besoin d'action : le policier doit affronter la violence adverse, la difficulté des arrestations, les règlements de comptes. Jean-Paul Belmondo, du *Marginal* à *Peur sur la ville*, incarne le policier à l'américaine : coup de poing facile, tir précis, acrobaties diverses. Un flic mâtiné de Zorro, assez déconnecté de la réalité mais qui fait rêver. Ici on mise sur l'action pour l'action. Le sexe intervient aussi, grâce à la lutte contre la prostitution. Elle est racontée avec quelque complaisance, prétexte à montrer des filles très déshabillées dans *Brigade des mœurs* de Boutel, *Brigade mondaine* de Scandaleri ou encore *La Cage aux filles* de Cloche.

N'attendons pas toutefois une image toujours idéalisée du policier. Les rivalités pour l'avancement qui entraînent des coups tordus (*36 quai des Orfèvres*), les luttes entre services (*La Guerre des polices* de Davis), les bavures (*Inspecteur la Bavure* de Zidi), la corruption (*Les Ripoux* de Zidi), les violences illégales (*Les Aveux les plus doux* de Molinaro), les indics (*La Balance* de Swaim) sont mis en lumière, parfois de manière humoristique. Le passé trouble d'un policier peut être suggéré. Ainsi Jouvet dans *Quai des Orfèvres* : il élève un enfant, fruit d'une autre vie, peut-être non avouable, mais sans interférence avec sa vie professionnelle.

Jusqu'où peut aller la critique d'une institution officielle dont le pouvoir est considérable ? Le rôle de la Préfecture de police dans les années 1940-1944 est occulté. Dans le documentaire sur la libération de Paris ou dans le film de fiction *Paris brûle-t-il ?* la police est même à l'honneur en raison de l'insurrection – jugée par certains bien tardive – des gardiens de la paix en août 1944. Certes, *Un flic* de Maurice de Canonge, en 1947, ne dissimule pas les errements qui suivirent et les compromissions de certains policiers avec le trafiquant du marché noir Joinovici, mais c'est une exception. Roger Hanin, dans un téléfilm, a même tenté de réhabiliter ce douteux personnage. Le côté négatif de la collaboration avec les Allemands n'est assumé en définitive que par la bande Lafont-Bonny, au service de la Gestapo (*Le Bon et les Méchants* de Lelouch).

Des gens ordinaires

Si le cinéma a eu ces derniers temps tendance à privilégier le point de vue des malfaiteurs (Mesrine, Spaggiari ou encore *Truands*), c'est que les séries télévisées ont accaparé le policier.

Maigret est une nouvelle fois fidèle au poste sous les traits de Jean Richard puis de Bruno Cremer, mais il doit compter avec l'inspecteur Bourrel, le commissaire Moulin qui abandonne parfois le costume-cravate pour les jeans-baskets, le commissaire Navarro auquel Roger Hanin prête une chaleur très méridionale et une absence d'illusions sur la société. Il faut aussi ne pas négliger la féminisation de la police, avec notamment Julie Lescaut, incarnée par Véronique Genest.

Dans le sillage de *Navarro* : *PJ*, *Police District*, *La Crim'*… La concurrence étrangère n'étouffe pas ces séries policières qui s'attachent à montrer les flics comme des gens ordinaires, avec pour principal souci, le réalisme. L'image du policier nous renvoie à l'évolution de la société si elle ne la précède. Entre le sympathique Oreste Bignon, héros à partir de 1951 d'une douzaine de romans imaginés par Roger-Francis Didelot, et l'inspecteur Cadin de Didier Daeninckx, apparu en 1982 et qui finit par se suicider, il y a un monde. Dans un film des années 1970, un commissaire de police se trouve face à face avec un dangereux gangster, chacun brandissant son arme contre son vis-à-vis. Il explique au repris de justice que si ce dernier le tue, il est bon pour la guillotine, en revanche si le flic tue son adversaire, il sera décoré. Discours bien différent, trente ans plus tard, dans *36 quai des Orfèvres*... On ne sait plus aujourd'hui où commence la fiction et où finit la réalité.

ANNEXES

1

L'acte de naissance de la Préfecture de police

Paris n'est pas la France, la France n'est pas Paris. Il n'empêche que pendant la Révolution plus qu'à toute autre époque, la capitale a imposé au reste du pays les conséquences de ses enthousiasmes ou de ses rejets. Les vainqueurs du coup d'État de Brumaire, Bonaparte en tête, le savent mieux que personne. Ville grouillante aux passions politiques encore brûlantes sous la cendre, la capitale doit être serrée de près afin d'atteindre ce que le régime consulaire avait promis : la paix intérieure et la fusion nationale. Elle est soumise à un régime spécial par un gouvernement qui élève pourtant l'unité et l'uniformité administrative au rang d'un dogme.

Comme sous le Directoire, Paris reste ainsi une commune sans maire, mais avec douze municipalités (arrondissements) aux compétences réduites à l'état civil et quelques éléments d'administration courante; elle est intégrée au département de la Seine dont elle ne constitue qu'un des arrondissements, avec ceux de Saint-Denis et de Sceaux; la présence militaire, échappant à l'autorité civile, y est renforcée. Surtout, on y décrète une sorte de division des pouvoirs autour d'une création originale : la Préfecture de police, dirigée par le Préfet de police.

Un petit ministère

Successeur du Lieutenant de police de l'Ancien Régime, le premier titulaire de cette fonction est nommé dès le 8 mars 1800 et ses attributions sont précisées par un arrêté du 1er juillet. Elles sont larges et essentielles dans une ville dont Napoléon veut faire le « centre de l'univers ».

Les textes retirent au Préfet de la Seine les compétences de police administrative, de police judiciaire et de maintien de l'ordre dévolues au représentant de l'État dans les autres départements. Ils disposent en outre que le Préfet de police travaille directement sous les ordres des ministres. Il y a donc concurrence entre les deux préfets, mais aussi entre le Préfet de police et Joseph Fouché, ministre de la Police générale, en qui Napoléon n'a qu'une confiance limitée. La fonction se révèle stable. Seulement trois Préfets de police se succèdent sous le Consulat et l'Empire : Louis-Nicolas Dubois de 1800 à 1810, Étienne-Denis Pasquier de 1810 à 1814 et Pierre-François Réal aux Cent-Jours.

Dès sa création, la Préfecture est organisée comme un petit ministère. Ses locaux de la rue de Jérusalem et du quai des Orfèvres abritent un secrétariat général à trois bureaux, quatre divisions et une caisse. Les commissaires, les inspecteurs et les officiers de paix lui sont directement rattachés. Une fois de plus, le régime napoléonien crée, avec la Préfecture de police, une institution efficace et pérenne.

Thierry Lentz

Ancêtres des cartes de service, ces cartes d'entrée devaient être présentées par les fonctionnaires travaillant au ministère de la Police générale pour pénétrer dans le bâtiment, situé quai Voltaire.

◆

Le texte fondateur

Ce texte du Consulat, « déterminant les fonctions du Préfet de police à Paris », a été de nombreuses fois complété. Dès le 3 brumaire an IX (25 octobre 1800), un autre arrêté a ainsi étendu l'autorité du Préfet de police à l'ensemble du département de la Seine et aux communes de Saint-Cloud, Meudon et Sèvres. Mais il reste toujours en vigueur et c'est donc « vu l'arrêté des Consuls du 12 messidor an VIII » que sont pris les arrêtés et circulaires actuels du Préfet de police.

L'arrêté du 12 messidor an VIII

Les Consuls de la République, sur le rapport du Ministre de la Police, le Conseil d'État entendu, arrêtent :

SECTION Ire
DISPOSITIONS GÉNÉRALES

Art. 1er

Le Préfet de police exercera ses fonctions, ainsi qu'elles sont déterminées ci-après, sous l'autorité immédiate des ministres ; il correspondra directement avec eux pour les objets qui dépendent de leurs départements respectifs.

Art. 2

Le Préfet de police pourra publier de nouveau les lois et règlements de police, et rendre les ordonnances tendant à en assurer l'exécution.

SECTION II
POLICE GÉNÉRALE

Passeports
Art. 3

Il délivrera les passeports pour voyager de Paris dans l'intérieur de la République.

Il visera les passeports des voyageurs.

Les militaires ou marins qui auront obtenu des congés limités ou absolus, et qui voudront résider ou séjourner à Paris, seront tenus, indépendamment des formalités prescrites par les règlements militaires, de faire viser leurs permissions ou congés par le Préfet de police.

Cartes de Sûreté
Art. 4

Il délivrera des Cartes de Sûreté et d'Hospitalité.

S'il a besoin, à cet effet, de renseignements, il pourra faire prendre communication par les commissaires de police ou demander des extraits des registres civiques, des tableaux de population que tiennent les municipalités et des états d'indigents : les Bureaux de bienfaisance lui donneront copie de leurs états de distribution.

Permission de séjourner à Paris
Art. 5

Il accordera les permissions de séjour aux voyageurs qui veulent résider à Paris plus de trois jours.

Mendicité, vagabondage

Il fera exécuter les lois sur la mendicité et le vagabondage.

Déterminant les fonctions du Préfet de police de Paris

arrêté du 3 Brumaire an 9. (25 Octobre 1800) portant que l'autorité du Préfet de police s'étendra sur tout le Dépt. de la Seine et sur les Communes de St Cloud, Meudon, & Sèvres.

Arrêtés du 12 Messidor an VIII & 3 Brumaire an 9
(1er Juillet 1800) 25 8bre 1800

Les Consuls de la République sur le rapport du Ministre de la Police, le Conseil d'État entendu

arrêtent :

Section (1ère)

Dispositions Générales.

Art. 1er

Le Préfet de police exercera les fonctions ainsi qu'elles sont déterminées ci-après, sous l'autorité immédiate des Ministres. il correspondra directement avec eux pour les objets qui dépendent de leurs Départemens respectifs

art. 2.

le Préfet de police pourra publier de nouveau les lois et réglemens de police, et rendre les ordonnances tendant à en assurer l'exécution

Section II.

Police Générale

+ Passeports. 4e B 1e D

art. 3.

Il délivrera les passeports pour voyager de Paris dans l'Intérieur de la République.

Il visera les passeports des voyageurs.

Les militaires ou marins qui auront obtenu des congés limités ou absolus et qui voudront résider ou séjourner à Paris seront tenus, indépendamment des formalités prescrites par les réglemens militaires, de faire viser leurs permissions ou congés par le Préfet de police.

+ Cartes de sûreté.

art. 4.

Il délivrera les Cartes de Sûreté & d'hospitalité.

S'il a besoin, à cet effet, de renseignemens, il pourra faire prendre communication par les Commissaires de police ou demander des extraits des registres civiques, des tableaux de population que tiennent les municipalités et des états d'indigens : les Bureaux de bienfaisance lui donneront copie de leurs états de distribution.

Copie manuscrite de l'arrêté du 12 messidor an VIII (1er juillet 1800) et des arrêtés complémentaires relatifs aux pouvoirs du Préfet de police.

En conséquence, il fera envoyer les mendiants, vagabonds et gens sans aveu aux maisons de détention, même à celles qui sont hors de Paris, dans l'enceinte du département de la Seine.

Dans ce dernier cas, les individus détenus par ordre du Préfet de police ne pourront être mis en liberté que d'après son autorisation.

Il fera délivrer, s'il y a lieu, aux indigents sans travail qui veulent retourner dans leur domicile, les secours autorisés par la loi du 30 mai-13 juin 1790.

Police des prisons
Art. 6

Le Préfet de police aura la police des prisons, maisons d'arrêt, de justice, de force, et de correction de la Ville de Paris.

Il continuera de l'exercer dans la maison de Bicêtre.

Il aura la nomination des concierges, gardiens, et guichetiers de ces maisons.

Il délivrera les permissions de communiquer avec les détenus pour fait de police.

Il fera délivrer aux détenus indigents, à l'expiration du temps de détention porté en leurs jugements, les secours pour se rendre à leur domicile, suivant l'arrêté du 23 vendémiaire.

Maisons publiques
Art. 7

Il fera exécuter les lois et règlements de police concernant les hôtels garnis et les logeurs.

Art. 8

Il se conformera pour ce qui regarde la police des maisons de jeux, à ce qui est prescrit par la loi du 19-22 juillet 1791.

Art. 9

En conformité de la même loi du 19-22 juillet 1791, il fera surveiller les maisons de débauche, ceux qui y résideront ou s'y trouveront.

Attroupements. Coalitions d'ouvriers
Art. 10

Il prendra les mesures propres à prévenir ou dissiper les attroupements, les coalitions d'ouvriers pour cesser leur travail ou enchérir le prix des journées, les réunions tumultueuses ou menaçant la tranquillité publique.

Police de la librairie et imprimerie
Art. 11

Il fera exécuter les lois de police sur l'imprimerie et la librairie, en tout ce qui concerne les offenses faites aux mœurs et à l'honnêteté publique.

Police des théâtres
Art. 12

Il aura la police des théâtres en ce qui touche la sûreté des personnes, les précautions à prendre pour prévenir les accidents, et assurer le maintien de la tranquillité et du bon ordre tant au-dedans qu'au-dehors.

Vente de poudres et salpêtres
Art. 13

Il surveillera la distribution et la vente des poudres et salpêtres.

Émigrés
Art. 14

Il fera exécuter, en ce qui concerne la police, les lois relatives aux émigrés.

Art. 15

Il délivrera les certificats de résidence.

Art. 16

Il délivrera les actes de notoriété aux citoyens qui ont voyagé ou séjourné en pays étranger et qui réclament les exceptions portées par l'article 2 de la loi du 25 brumaire an III.

Cultes
Art. 17

Il recevra les déclarations des ministres des cultes et leur promesse de fidélité à la Constitution de l'an VIII ordonnée par la loi, même lorsqu'ils n'auraient pas prêté les serments prescrits par les lois antérieures.

Il surveillera les lieux où on se réunit pour l'exercice des cultes.

Port d'armes
Art. 18

Il recevra les déclarations et délivrera les permissions pour port d'armes à feu pour l'entrée et sortie de Paris, avec fusils de chasse.

Recherche des déserteurs
Art. 19

Il fera faire la recherche des militaires ou marins déserteurs, et des prisonniers de guerre évadés.

Fêtes républicaines
Art. 20

Il fera observer les lois et arrêtés sur les fêtes républicaines.

SECTION III
POLICE MUNICIPALE

Petite voirie
Art. 21

Le Préfet de police sera chargé de tout ce qui a rapport à la petite voirie, sauf le recours au ministre de l'Intérieur contre ses décisions.

Il aura à cet effet sous ses ordres un commissaire chargé de surveiller, permettre ou défendre l'ouverture des boutiques, étaux de boucherie et de charcuterie, l'établissement des auvents ou constructions du même genre qui prennent sur la voie publique, l'établissement des échoppes ou étalages mobiles, d'ordonner la démolition ou réparation des bâtiments menaçant ruine

Liberté et sûreté de la voie publique
Art. 22

Le Préfet de police procurera la liberté et la sûreté de la voie publique et sera chargé à cet effet d'empêcher que personne n'y commît de dégradation, de la faire éclairer, de faire surveiller le balayage auquel les habitants sont tenus devant leurs maisons, et de le faire faire aux frais de la ville dans les plans et la circonférence de jardins et édifices publics, de faire sabler, s'il survient du verglas, et de déblayer au dégel, les ponts et lieux glissants des rues, d'empêcher qu'on n'expose rien sur les toits ou fenêtres qui puisse blesser les passants en tombant.

Il fera observer les règlements sur l'établissement des conduites pour les eaux de pluie et les gouttières.

Il empêchera qu'on y laisse vaguer des furieux, des insensés, des animaux malfaisants ou dangereux ; qu'on ne blesse les citoyens par la marche trop rapide des chevaux ou des voitures ; qu'on n'obstrue la libre circulation en arrêtant ou déchargeant des voitures et marchandises devant les maisons, dans les rues étroites, ou de toute autre manière.

Salubrité de la cité
Art. 23

Il assurera la salubrité de la ville, en prenant des mesures pour prévenir et arrêter les épidémies, les épizooties, les maladies contagieuses ; en faisant observer les règlements de police sur les inhumations ; en faisant enfouir les cadavres d'animaux morts, surveiller les fosses vétérinaires, la construction, entretien et vidange des fosses d'aisance ; en faisant arrêter, visiter les animaux suspects de mal contagieux, et mettre à mort ceux qui en seront atteints ; en surveillant les échaudoirs, fondoirs, salles de dissection, et la basse geôle ; en empêchant, dans l'intérieur de Paris, des ateliers, manufactures, laboratoires ou maisons de santé qui doivent être hors de l'enceinte des villes, selon les lois et règlements, en empêchant qu'on sujette ou dépose dans les rues aucune substance malsaine, en faisant saisir ou détruire dans les halles, marchés et boutiques, chez les bouchers, boulangers, marchands de vin, brasseurs, limonadiers, épiciers, droguistes, apothicaires ou tous autres les comestibles ou médicaments gâtés, corrompus ou nuisibles.

Incendies, débordements, accidents sur la rivière
Art. 24

Il sera en charge de prendre les mesures propres à prévenir ou arrêter les incendies.

Il donnera des ordres aux pompiers, requerra les ouvriers charpentiers, couvreurs, requerra la force publique et en déterminera l'emploi.

Il aura la surveillance du corps des pompiers, le placement et la distribution des corps de garde et magasins des pompes, réservoirs, tonneaux, seaux à incendies, machines et ustensiles de tout genre destinés à les arrêter.

En cas de débordements et débâcles, il ordonnera les mesures de précaution telles que déménagement des maisons menacées, rupture de glaces, garage de bateaux.

Il sera chargé de faire administrer les secours aux noyés. Il déterminera à cet effet le placement des boîtes fumigatoires et autres moyens de secours.

Il accordera et fera payer les gratifications et récompenses promises par les lois et règlements à ceux qui retirent les noyés de l'eau.

Police de la Bourse et du change
Art. 25

Il aura la police de la Bourse et des lieux publics où se réunissent les agents de change, courtiers, échangeurs, et ceux qui négocient et trafiquent sur les effets publics.

Sûreté du commerce
Art. 26

Il procurera la sûreté du commerce, en faisant faire des visites chez les fabricants et les marchands pour vérifier les balances, poids et mesures, et faire saisir ceux qui ne seront pas exacts ou étalonnés.

En faisant inspecter les magasins, boutiques et ateliers des orfèvres et bijoutiers pour assurer la marque des matières d'or et d'argent, et l'exécution des lois sur la garantie.

Indépendamment de ses fonctions ordinaires sur les poids et mesures, le Préfet de police fera exécuter les lois qui prescrivent l'emploi des nouveaux poids et mesures.

Taxes et mercuriales
Art. 27

Il fera observer les taxes légalement faites et publiées.

Art. 28

Il fera tenir le registre des mercuriales et constater le cours des denrées de première nécessité.

Libre circulation des subsistances
Art. 29

Il assurera la libre circulation des subsistances suivant les lois.

Patentes
Art. 30

Il exigera la représentation des patentes des marchands forains.

Il pourra se faire représenter les patentes des marchands domiciliés.

Marchandises prohibées
Art. 31

Il fera saisir les marchandises prohibées par les lois.

Surveillance des places et lieux publics
Art. 32

Il fera surveiller spécialement les foires, marchés, halles, places publiques, et les marchands forains, colporteurs, revendeurs, portefaix, commissionnaires.

La rivière, les chemins de halage, les ports, chantiers, quais qui sont sur la rivière, pour les blanchisseries, le laminage ou autres travaux, les magasins de charbon, les passages d'eau, bacs, batelets, les bains publics, les écoles de natation et les mariniers, ouvriers, arrimeurs, chargeurs, déchargeurs, tireurs de bois, pêcheurs et blanchisseurs, les abreuvoirs, puissiers, fontaines, pompes et les porteurs d'eau, les places où se tiennent les voitures publiques pour la ville et pour la campagne, et les cochers, postillons, charretiers, brouetteurs, porteurs de chaise, porte-falots ; les encans et maisons de prêt ou monts-de-piété, et les fripiers, brocanteurs, prêteurs sur gages, le bureau des nourrices, les nourrices et les meneurs.

Approvisionnement
Art. 33

Il fera inspecter les marchés, ports et lieux d'arrivage de comestibles, boissons et denrées, dans l'intérieur de la ville.

Il continuera de faire inspecter, comme par le passé, les marchés où se vendent les bestiaux pour l'approvisionnement de Paris à Sceaux, Poissy, La Chapelle et Saint-Denis.

Protection et préservation des monuments et édifices publics

Art. 34

Il fera veiller à ce que personne n'altère ou dégrade les monuments et édifices publics appartenant à la nation ou à la cité.

Il indiquera au Préfet du département et requerra les réparations, changements ou constructions qu'il croira nécessaires à la sûreté ou salubrité des prisons et maisons de détention qui seront sous sa surveillance.

Il requerra aussi, quand il y aura lieu, les réparations et l'entretien des corps de garde de la force armée sédentaire, des corps de garde des pompiers, des pompes, machines et ustensiles, des voiries et égouts, des fontaines, regards, aqueducs, conduits, pompes à feu et autres, des murs de clôture, des carrières sous la ville et hors les murs, des ports, quais, abreuvoirs, bords, francs-bords, puisoirs, gares, estacades, et des établissements et machines placées près de la rivière pour porter secours aux noyés ; de la Bourse ; des temples ou églises destinés aux cultes.

SECTION IV

DES AGENTS QUI SONT SUBORDONNÉS AU PRÉFET DE POLICE, DE CEUX QU'IL PEUT REQUÉRIR OU EMPLOYER

Art. 35

Le Préfet de police aura, sous ses ordres, les commissaires de police, les officiers de paix, le commissaire de police de la Bourse, le commissaire chargé de la petite voirie, les commissaires et inspecteurs des halles et marchés, les inspecteurs des ports.

Art. 36

Il aura à sa disposition, pour l'exercice de la police, la Garde nationale et la gendarmerie.

Il pourra requérir la force armée en activité.

Il correspondra, pour le service de la Garde nationale, pour la distribution des corps de garde de la Ville de Paris, avec le commandant militaire de Paris et le commandant de la 14e division militaire.

Art. 37

Les commissaires de police exerceront, aux termes de la loi, le droit de décerner des mandats d'amener, et auront, au surplus, tous les droits qui sont attribués par la loi du 3 brumaire an IV, et par les dispositions de celle du 28 juillet 1791 qui ne sont pas abrogées.

Ils exerceront la police judiciaire pour tous les délits dont la peine n'excède pas trois jours de prison, et une amende de trois journées de travail.

Ils seront chargés de rechercher les délits de cette nature, d'en recevoir la dénonciation ou la plainte, d'en dresser procès-verbal, d'en recueillir les preuves, de poursuivre les prévenus au tribunal de police municipale. Ils rempliront, à cet égard, les fonctions précédemment attribuées aux commissaires du gouvernement.

Le commissaire qui aura dressé le procès-verbal, reçu la dénonciation ou la plainte, sera chargé, selon la loi du 27 ventôse, des fonctions de la partie publique.

En cas d'empêchement, il sera remplacé par l'un de ses trois collègues, du même arrondissement, et au besoin par un commissaire d'un autre arrondissement désigné par le Préfet de police.

Art. 38

Le Préfet de police et ses agents pourront faire saisir et traduire aux tribunaux de police correctionnelle, les personnes prévenues de délits du ressort de ces tribunaux.

Art. 39

Ils pourront faire saisir et remettre aux officiers chargés de l'administration de la justice criminelle, les individus surpris en flagrant délit, arrêtés à la clameur publique, ou prévenus de délits qui sont du ressort de la justice criminelle.

SECTION V
RECETTES, DÉPENSES, COMPTABILITÉ

Art. 40

Le Préfet de police ordonnera, sous l'autorité du ministre de l'Intérieur, les dépenses de réparation et entretien à faire à l'hôtel de la Préfecture de police.

Art. 41

Il sera chargé, sous les ordres du ministre de l'Intérieur, de faire les marchés, baux, adjudications et dépenses nécessaires pour le balayage, l'enlèvement des boues, l'arrosage et l'illumination de la ville.

Art. 42

Il sera chargé de même de régler et arrêter les dépenses pour les visites d'officiers de santé et artistes vétérinaires, transports de malades et blessés, transports de cadavres, retraits des noyés et frais de fourrière.

Art. 43

Il ordonnera les dépenses extraordinaires en cas d'incendie, débordement et débâcle.

Art. 44

Il réglera, sous l'autorité du ministre de la Police, le nombre et le traitement des employés de ses bureaux, et de ceux des agents, sous ses ordres, qui ne sont pas institués et dont le nombre n'est pas déterminé par les lois.

Art. 45

Les dépenses générales de la Préfecture de police, ainsi fixées par les ministres de l'Intérieur et de la Police, seront acquittées sur les centimes additionnels aux contributions et sur les autres revenus de la commune de Paris, et ordonnances par le Préfet de police.

Le Conseil général de département en emploiera, à cet effet, le montant dans l'état des dépenses générales de la commune de Paris.

Art. 46

Il sera ouvert, en conséquence, au Préfet de police, un crédit annuel du montant de ses dépenses, sur la caisse du receveur général du département de la Seine, faisant les fonctions du receveur de la Ville de Paris.

Art. 47

Le ministre de l'Intérieur mettra chaque mois à la disposition du Préfet de police, sur ce crédit, les fonds nécessaires pour l'acquit de ses ordonnances.

Art. 48

Le Préfet de police aura entrée au Conseil général de département pour y présenter ses états de dépenses de l'année, tels qu'ils auront été réglés par les ministres de l'Intérieur et de la Police.

Art. 49

Il y présentera aussi le compte des dépenses de l'année précédente, conformément aux dispositions de la loi du 28 pluviôse sur les dépenses communales et départementales.

Section VI
Costumes du Préfet de police

Art. 50

Le Préfet et les commissaires de police porteront le costume qui a été réglé par les arrêtés des Consuls.

2

Liste chronologique des Préfets de police de la fondation de la Préfecture de police à nos jours

DUBOIS (Comte), Louis, Nicolas, Pierre
Du 8 mars 1800 au 14 octobre 1810

PASQUIER (Baron), Étienne, Denis
Du 14 octobre 1810 au 13 mai 1814

BEUGNOT (Comte), Jacques, Claude[1]
Du 13 mai 1814 au 27 décembre 1814

ANDRÉ (Baron d'), Antoine, Joseph, Balthazar[2]
Du 27 décembre 1814 au 14 mars 1815

BOURRIENNE (de), Louis, Antoine
Du 14 au 20 mars 1815

RÉAL (Comte), Pierre, François
Du 20 mars au 3 juillet 1815

COURTIN Eustache, Marie-Pierre
Du 3 au 9 juillet 1815

DECAZES (Duc), Élie
Du 9 juillet au 29 septembre 1815

ANGLES (Comte), Julien, Jean-Baptiste
Du 29 septembre 1815 au 20 décembre 1821

DELAVAU Guy, Louis, Jean-Baptiste
Du 20 décembre 1821 au 6 janvier 1828

DEBELLEYME Louis-Marie
Du 6 janvier 1828 au 13 août 1829

MANGIN Jean, Henri, Claude
Du 13 août 1829 au 30 juillet 1830

BAVOUX Jacques, François, Nicolas
Du 30 juillet au 1er août 1830

GIROD DE L'AIN, Louis, Gaspard, Amédée
Du 1er août au 7 novembre 1830

TREILHARD (Comte), Achille
Du 7 novembre au 26 décembre 1830

BAUDE (Baron), Jean, François
Du 26 décembre 1830 au 21 février 1831

1. Sous le titre de Directeur général de la police du Royaume.
2. Sous le titre de Directeur général de la police du Royaume.

VIVIEN Alexandre, François, Auguste
Du 21 février au 17 septembre 1831

SAULNIER Sébastien, Louis
Du 17 septembre au 15 octobre 1831

GISQUET Henri, Joseph[1]
Du 15 octobre 1831 au 10 septembre 1836

DELESSERT Gabriel
Du 10 septembre 1836 au 24 février 1848

SOBRIER Marie-Joseph[2]
Du 24 au 28 février 1848

CAUSSIDIÈRE Marc[3]
Du 28 février au 18 mai 1848

TROUVÉ-CHAUVEL, Ariste Jacques
Du 18 mai au 19 juillet 1848

DUCOUX François, Joseph
Du 19 juillet au 14 octobre 1848

GERVAIS DE CAEN François, Guillaume
Du 14 octobre au 20 décembre 1848

REBILLOT (Colonel), Charles
Du 20 décembre 1848 au 8 novembre 1849

1. D'abord Préfet intérimaire, confirmé dans ses fonctions le 26 novembre 1831.

2. Sous le titre de Délégué de la République française au Département de la police.

3. Jusqu'au 17 mars 1848, sous le titre de Délégué de la République française au Département de la police.

CARLIER Pierre
Du 8 novembre 1849 au 26 octobre 1851

MAUPAS (de), Charlemagne, Émile
Du 26 octobre 1851 au 23 janvier 1852

BLOT Sylvain[4]
Du 23 au 27 janvier 1852

PIÉTRI Pierre, Marie
Du 27 janvier 1852 au 16 mars 1858

BOITELLE Édouard, Charles, Joseph
Du 16 mars 1858 au 21 février 1866

PIÉTRI Joseph, Marie
Du 21 février 1866 au 4 septembre 1870

KÉRATRY (Comte de), Émile
Du 4 septembre au 11 octobre 1870

ADAM Edmond
Du 11 octobre au 2 novembre 1870

CRESSON Ernest
Du 2 novembre 1870 au 11 février 1871

CHOPPIN Albert[5]
Du 11 février 1871 au 16 mars 1871

VALENTIN (Général), Louis, Ernest[6]
Du 16 mars 1871 au 17 novembre 1871

RENAULT Léon
Du 17 novembre 1871 au 9 février 1876

4. Préfet intérimaire.

5. Préfet intérimaire.

6. Détaché de l'État-Major et délégué dans les fonctions de Préfet de police.

Liste chronologique des préfets de police

VOISIN Félix[1]
Du 9 février 1876 au 17 décembre 1877

GIGOT Albert
Du 17 décembre 1877 au 4 mars 1879

ANDRIEUX Louis
Du 4 mars 1879 au 16 juillet 1881

CAMESCASSE Jean, Ernest
Du 16 juillet 1881 au 23 avril 1885

GRAGNON Arthur, Jean
Du 23 avril 1885 au 17 novembre 1887

BOURGEOIS Léon
Du 17 novembre 1887 au 10 mars 1888

LOZÉ Henry
Du 10 mars 1888 au 11 juillet 1893

LÉPINE Louis
Du 11 juillet 1893 au 14 octobre 1897

BLANC Charles
Du 14 octobre 1897 au 23 juin 1899

LÉPINE Louis
Du 23 juin 1899 au 29 mars 1913

HENNION Célestin
Du 29 mars 1913 au 2 septembre 1914

LAURENT Émile
Du 2 septembre 1914 au 3 juin 1917

HUDELO Louis
Du 3 juin au 23 novembre 1917

1. D'abord Préfet intérimaire, confirmé dans ses fonctions le 8 mars 1876.

RAUX Fernand
Du 23 novembre 1917 au 13 mai 1921

LEULLIER Robert
Du 13 mai 1921 au 9 juillet 1922

NAUDIN Armand
Du 9 juillet 1922 au 2 août 1924

MORAIN Alfred
Du 2 août 1924 au 14 avril 1927

CHIAPPE Jean
Du 14 avril 1927 au 4 février 1934

BONNEFOY-SIBOUR Adrien
Du 4 février au 17 mars 1934

LANGERON Roger[2]
Du 17 mars 1934 au 27 février 1941

LUIZET Charles
Du 19 août 1944 au 20 mars 1947

ZIWÈS Armand[3]
Du 20 mars au 9 mai 1947

LÉONARD Roger
Du 9 mai 1947 au 12 avril 1951

BAYLOT Jean
Du 12 avril 1951 au 13 juillet 1954

DUBOIS André-Louis
Du 13 juillet 1954 au 12 novembre 1955

2. Révoqué par le gouvernement de l'État français, qui lui donnera pour successeurs Camille Marchand (du 13 février au 14 mai 1941), François Bard (du 14 mai 1941 au 21 mai 1942) et Amédée Bussière (du 21 mai 1942 au 19 août 1944).

3. Préfet intérimaire.

GENEBRIER Roger
Du 12 novembre 1955 au 16 décembre 1957

LAHILONNE André
Du 16 décembre 1957 au 15 mars 1958

PAPON Maurice[1]
Du 15 mars 1958 au 27 décembre 1966

GRIMAUD Maurice
Du 27 décembre 1966 au 13 avril 1971

LENOIR Jacques
Du 13 avril 1971 au 2 juillet 1973

PAOLINI Jean
Du 2 juillet 1973 au 3 mai 1976

SOMVEILLE Pierre
Du 3 mai 1976 au 8 août 1981

PÉRIER Jean
Du 8 août 1981 au 9 juin 1983

FOUGIER Guy
Du 9 juin 1983 au 17 juillet 1986

PAOLINI Jean
Du 17 juillet 1986 au 16 août 1988

VERBRUGGHE Pierre
Du 16 août 1988 au 21 avril 1993

MASSONI Philippe
Du 21 avril 1993 au 9 avril 2001

PROUST Jean-Paul
Du 9 avril 2001 au 6 décembre 2004

MUTZ Pierre
Du 6 décembre 2004 au 11 juin 2007

GAUDIN Michel
Depuis le 11 juin 2007

1. Condamné en 1998 pour complicité de crimes contre l'humanité pour son rôle à Bordeaux entre 1942 et 1944.

3

La Musique des gardiens de la paix Une formation de premier plan

Les formations de plein air des Gardes françaises animent la capitale dès les fêtes civiques de la Révolution. En 1919 se constitue l'Union musicale du 7e district, qui regroupe une soixantaine de fonctionnaires travaillant dans les commissariats des XVIIIe et XIXe arrondissements.

Le 31 mars 1929, à l'occasion du centenaire du corps des gardiens de la paix, le Préfet Jean Chiappe entérine la naissance officielle de l'orchestre : l'Union musicale devient la « Musique des gardiens de la paix », sous la baguette de Jules Bleu, puis de Denis Roussel et de Félix Coulibeuf.

La guerre met la formation en sommeil jusqu'en 1942, où elle crée son propre réseau de résistance. Trois musiciens paient cet engagement de leur vie : Georges Prévôt (tuba), Philippe Chevrier (tuba) et Philippe Sitterlin (clairon). À la Libération, le 19 août 1944, le drapeau tricolore qui flotte sur la Préfecture de police est celui de la Musique, dont on a décousu la lyre. Le 25 août 1944, quand le général de Gaulle entre dans la cour d'honneur de la Préfecture de police, la Musique des gardiens de la paix joue *La Marseillaise*, interdite pendant les quatre années d'occupation. La formation tirera une grande légitimité de son implication particulière dans l'Histoire.

Elle devient professionnelle en 1962, grâce à l'action de Désiré Dondeyne, son chef de musique. Il développe des collaborations artistiques avec des personnalités musicales de premier plan telles qu'Henri Dutilleux, Darius Milhaud, Germaine Tailleferre ou Henri Tomasi. Le répertoire s'en trouve enrichi d'œuvres originales des plus grands compositeurs contemporains. Ainsi, la Préfecture de police dispose aujourd'hui d'une institution musicale de premier plan.

Hugues Blunat

CRÉDITS PHOTOGRAPHIQUES

Tous les documents présentés dans cet ouvrage proviennent du Service des archives et du musée de la Préfecture de police, à l'exception de :

p. 51 : © Bridgeman/Giraudon/Archives Charmet, p. 55 : © Roger-Viollet, p. 58 : © Grop/Kharbine Tapabor, p. 67 : © Jonas/Kharbine Tapabor, p. 121 : © BNF, p. 155 : © BSPP, p. 181 : collection Kharbine Tapabor, p. 185 : collection Kharbine Tapabor, p. 223 : Coll. Part., p. 225 : Coll. part., p. 228 : © BNF, pp. 260-261 : © Bridgeman/Giraudon, p. 345 : © Laboratoire central, p. 347 : © Laboratoire central, p. 349 : © Laboratoire central, p. 351 : © Laboratoire central, p. 355 : © Laboratoire central, p. 356 : © Laboratoire central, p. 433 : © BSPP, p. 450 : © Mémorial du Général Leclerc, p. 535 : © Roger-Viollet, p. 550 : © Musée-Bibliothèque Arthur Rimbaud de Charleville-Mézières, p. 582 : Coll. part., p. 583 : Coll. part.

Table des matières

DEUXIÈME PARTIE
LE POUVOIR

ÉPILOGUE
DE L'HISTOIRE À LA LÉGENDE

ANNEXES